Kritische Geschichte der Meinungen
und Hypothesen zu Platons Atlantis

Kritische Geschichte
der Meinungen und Hypothesen zu
Platons Atlantis

Von der Antike über das Mittelalter
bis zur Moderne – Band 1

Thorwald C. Franke
www.atlantis-scout.de

BoD - Books on Demand
Norderstedt 2021

Bibliographische Information der Deutschen Nationalbibliothek:
Die Deutsche Nationalbibliothek verzeichnet diese Publikation
in der Deutschen Nationalbibliographie; detaillierte
bibliographische Daten sind im Internet über
dnb.d-nb.de abrufbar.

Vom selben Autor:
Mit Herodot auf den Spuren von Atlantis.
Aristoteles und Atlantis.
Platonische Mythen – Was sie sind und was sie nicht sind.

Als Herausgeber:
Gunnar Rudberg: Atlantis and Syracuse.

Addenda & Corrigenda werden auf der Internetseite www.atlantis-scout.de gesammelt.

Zweite, korrigierte, erweiterte und in zwei Bände aufgespaltene Auflage 2021.
Die erste Auflage war 2016 erschienen.

© 2021 by Thorwald C. Franke.
Alle Rechte liegen beim Autor.

Dieses Werk ist einschließlich aller seiner Teile urheberrechtlich geschützt. Jede Verwertung außerhalb der Grenzen des Urheberrechtsgesetzes ist ohne Zustimmung des Autors unzulässig und strafbar. Das gilt insbesondere für Vervielfältigung, Übersetzung, Mikroverfilmung, Verfilmung und die Einspeicherung und Verarbeitung in elektronischen Systemen.

Konzeption, Text, Layout und Umschlaggestaltung: Thorwald C. Franke.
Herstellung und Verlag: BoD - Books on Demand, Norderstedt.
Printed in Germany.

ISBN 978-3-7534-9202-5

Für Thukydides,
den akribischen Beobachter und Beschreiber
von Größe und Niedergang, von Klugheit und Dummheit,
und des gemeinsamen Schicksals aller Menschen im Kriege.

Dank

Mein Dank richtet sich an alle Sammler und Ordner von Atlantishypothesen, die durch ihre Arbeit dazu beitragen, dass die Nebel sich lichten und Überblick entsteht.

Dazu gehören in unseren Tagen z.B. Tony O'Connell und Bernhard Beier et al. mit ihren Internetplattformen *Atlantipedia.ie* und *Atlantisforschung.de*. Dazu gehören Autoren wie Mark Adams mit seinem Buch *Meet me in Atlantis*. Und dazu gehören natürlich auch die griechischen Atlantiskonferenzen mit ihren Organisatoren Stavros P. Papamarinopoulos, Antonis N. Kontaratos und Michael Fytikas.

Sie alle und noch viele, viele andere haben auf je eigene Weise damit begonnen, das Chaos der Hypothesen zu bändigen und Ordnung zu schaffen. Auf der Grundlage dieser Ordnung kann die Spreu vom Weizen getrennt werden, und neue Einsichten können entstehen, die zu besseren Antworten auf die Frage nach Atlantis führen werden.

Inhaltsverzeichnis

Vorwort..27
    Selbsterklärung...29
Vorwort zur zweiten Auflage..31
Einführung..33
1. Die Antike...37
    1.1 Antike Erwähnungen..37
        Theophrast von Eresos (ca. 371-287 v.Chr.)..................................38
        Krantor von Soloi (bis 275 v.Chr.)..39
        Krantor – Ein Beleg für Atlantis unabhängig von Platon?..............40
        Krantor – Atlantis als Spielball im Streit um Platons Originalität....42
        Krantor – Atlantis als Spielball ptolemäischer Propaganda............44
        Krantor – Schlussworte...45
        Poseidonios von Apameia (135-51 v.Chr.)......................................46
        Strabon von Amaseia (ca. 63 v.Chr. - 23 n.Chr.)............................48
        Philon von Alexandria (ca. 15 v.Chr. - 40 n.Chr.)..........................48
        Plinius der Ältere (23-79 n.Chr.)..49
        Plutarch von Chaironeia (ca. 45-125 n.Chr.).................................50
        Plutarch – Exkurs: Der Name des ägyptischen Priesters................52
        Loukios Kalbenos Tauros (um 150 n.Chr.).....................................54
        Numenios von Apameia (um 150 n.Chr.)..55
        Clemens von Alexandria (ca. 150-215 n.Chr.)................................56
        Tertullian (ca. 150-220 n.Chr.)..58
        Athenaios von Naukratis (um 200 n.Chr.)......................................59
        Galenos von Pergamon (ca. 130-214 n.Chr.).................................60
        Marcellus (Datierung unbekannt)...61
        Sextus Iulius Africanus (ca. 165-240 n.Chr.).................................62
        Claudius Aelianus (ca. 175-235 n.Chr.)...62
        Diogenes Laertios (3. Jhdt. n.Chr.)...64
    1.2 Antike Nichterwähnungen vor Platon..65
        Exkurs: Keine Erwähnung vor bzw. unabhängig von Platon?.........66
        Exkurs: Typische Grundmuster des Irrens bei Nichterwähnungen...66
        Ägyptische Mythologie (ab etwa 3000 v.Chr.)................................67
        Ägyptische Mythologie – Der Urhügel über dem Urgewässer........68
        Ägyptische Mythologie – Das Buch der Himmelskuh.....................68
        Ägyptische Mythologie – Das „Totenbuch" der Ägypter................68
        Ägyptische Königslisten (ab etwa 3000 v.Chr.)..............................69
        Ägyptische Königslisten – Narmer-Palette.....................................70
        Ägyptische Königslisten – Palermo-Stein.......................................71
        Ägyptische Königslisten – Turiner Königspapyrus.........................71
        Ägyptische Königslisten – Manetho..72

Ägyptische Literatur (ab etwa 3000 v.Chr.) *72*
Ägyptische Kriegsberichte *73*
Das Gilgamesch-Epos (ab 2400 v.Chr.) *74*
Das Oera-Linda-Buch (angeblich ab 2194 v.Chr.) *74*
Hesiod (um 700 v.Chr.) *75*
Hesiod – Goldenes Zeitalter *75*
Hesiod – Garten der Hesperiden, Insel der Seligen *76*
Hesiod – Titanen und Titanenkampf *76*
Hesiod – Kelaino und Elektra *77*
Homer (um 700 v.Chr.) *77*
Homer – Troja = Atlantis? *77*
Homer – Der Schild des Achilleus *77*
Homer – Das Scheria der Phäaken *78*
Homer – Die Götterversammlung *79*
Popol Vuh / Codex Troano (8. Jhdt. v.Chr. - 16. Jhdt. n.Chr.) *79*
Die Bibel – Das Alte Testament (ab 640 v.Chr.) *80*
Die Bibel – Das Paradies bzw. der Garten Eden *80*
Die Bibel – Die Sintflut *81*
Die Bibel – Henoch, die erste Stadt *82*
Die Bibel – Japhet und Iapetos *83*
Die Bibel – Göttersöhne und Riesen *83*
Die Bibel – Die Israeliten *83*
Die Bibel – Schlusswort *84*
Pseudo-Apollodoros (ca. 6. Jhdt. v.Chr.?) *84*
Hellanikos von Lesbos (ca. 485-400 v.Chr.) *85*
Hellanikos – Kelaino und die Insel der Seligen *85*
Hellanikos – Poseidon und Kerkyra *86*
Hellanikos – Die Atlantiden *86*
Hellanikos – Die Atlantide Elektra *87*
Hellanikos – Exkurs: Patronymikon „Tochter des Atlas" *87*
Herodot von Halikarnassos (ca. 484-425 v.Chr.) *89*
Mahabharata (um 400 v.Chr.) *91*
Mahabharata – Die „Weiße Insel" Atala *91*
Mahabharata – Die Dreistadt Tripura *92*

1.3 Antike Nichterwähnungen seit Platon 92
Exkurs: Fiktionale und utopische Texte *93*
Aristophanes (ca. 450-380 v.Chr.) *93*
Platon (ca. 426-347 v.Chr.) *95*
Platon – Proklos: Krantor oder Platon? *95*
Platon – Exkurs: Atlantis auf Stelen oder Tempelwänden? *96*
Platon – Eine Aussage Platons bei Strabon? *99*
Isokrates (436-338 v.Chr.) *104*
Aristippos von Kyrene (ca. 435-355 v.Chr.) *104*
Aristoteles von Stageira (384-322 v.Chr.) *105*
Theopompos von Chios (ca. 377/8-300/323 v.Chr.) *107*

Timaios von Tauromenion (ca. 345-250 v.Chr.) 117
De mirabilibus auscultationibus (Hellenistische Zeit) 118
De mirab. ausc. – Die „Karthagerinsel-Stelle" 118
De mirab. ausc. – Die „Sargassosee-Stelle" 118
Euhemeros von Messene (ca. 340-260 v.Chr.) 119
Kolotes von Lampsakos (ca. 320 - nach 268 v.Chr.) 124
Dionysios Skytobrachion (3. Jhdt. v.Chr.) 125
Dionysios Skytobrachion – Atlas als Astronom / Atlantiden 129
Manetho von Sebennytos (um 280 v.Chr.) 130
Apollonios von Rhodos (295-215 v.Chr.) 131
Euklid von Alexandria (3. Jhdt. v.Chr.) 131
Sanchuniathon von Berytos (3. - 1. Jhdt. v.Chr.) 132
De mundo ad Alexandrum (vor 200 v.Chr.) 133
Eratosthenes von Kyrene (ca. 276/3-194 v.Chr.) 133
Polybios (ca. 200-120 v.Chr.) 136
Apollodoros von Athen (ca. 180-120 v.Chr.) 137
Iambulos (um 100 v.Chr.?) 137
Marcus Terentius Varro (1. Jhdt. v.Chr.) 139
Marcus Tullius Cicero (106-43 v.Chr.) 139
Diodorus Siculus (bis ca. 30 v.Chr.?) 141
Diodorus Siculus – Überlieferer von Euhemeros 141
Diodorus Siculus – Überlieferer von Iambulos 141
Diodorus Siculus – Überlieferer von Dionysios Skytobrachion 141
Diodorus Siculus – Atlas als Astronom / Atlantiden 142
Diodorus Siculus – Die „Karthagerinsel" 143
Diodorus Siculus – Die Insel der Hyperboräer 144
Timagenes von Alexandria (nach 55 v.Chr.) 145
Strabon von Amaseia (ca. 63 v.Chr. - 23 n.Chr.) 145
Pomponius Mela (um 43/44 n.Chr.) 146
Lucius Annaeus Seneca (ca. 4 v.Chr. - 65 n.Chr.) 147
Statius Sebosus (ab 1. Jhdt. v.Chr.) 148
Plinius der Ältere (23-79 n.Chr.) 149
Pseudo-Eratosthenes (1. Jhdt. n.Chr.) 150
Flavius Josephus (Ende 1. Jhdt. n.Chr.) 150
Plutarch von Chaironeia (ca. 45-125 n.Chr.) 151
Erster Klemensbrief (um 100 n.Chr.) 156
Aelius Aristides (117-181 n.Chr.) 158
Lukian von Samosata (ca. 120-180 n.Chr.) 158
Atticus Platonicus (2. Jhdt. n. Chr.) 160
Alkinoos (2. Jhdt. n.Chr.) 160
Kelsos (um 178 n.Chr.) 161
Theophilos von Antiochia (bis ca. 183 n.Chr.) 161
Antonius Diogenes (vor ca. 200 n.Chr.) 162
Minucius Felix (um 200 n.Chr.) 163
Hippolytos von Rom (ca. 170-235 n.Chr.) 164

    Diogenes Laertios (3. Jhdt. n.Chr.) *165*
1.4 Spätantike Erwähnungen **166**
    Origenes (ca. 185-254 n.Chr.) *168*
    Origenes Platonicus (vor 268 n.Chr.) *169*
    Zotikos (vor 270 n.Chr.) *169*
    Kassios Longinos (ca. 212-272 n.Chr.) *170*
    Amelios Gentilianos (ca. 216/26-290/300 n.Chr.) *174*
    Porphyrios (ca. 233-301/5 n.Chr.) *174*
    Iamblichos von Chalkis (ca. 240/5-320/5 n.Chr.) *175*
    Calcidius (ca. 321 n.Chr.) *175*
    Arnobius Afer (bis ca. 330 n.Chr.) *179*
    Ammianus Marcellinus (ca. 325-395 n.Chr.) *179*
    Johannes Stobaios (frühes 5. Jhdt.) *180*
    Martianus Capella (um 410/429 n.Chr.) *181*
    Syrianos (bis 437 n.Chr.) *182*
    Proklos Diadochos (412-485 n.Chr.) *182*
    Proklos – Überblick über die Neuplatoniker *183*
    Proklos – Überblick über die Meinungen der Neuplatoniker *183*
    Proklos – Die Bedeutung von „historia" *184*
    Proklos – Neigung zur Erfindung von Atlantis? *185*
    Proklos – Einzelnes *186*
    Hermias (5. Jhdt. n.Chr.) *186*
    Damaskios (ca. 462 - 538 n.Chr.) *187*
    Johannes Philoponos (529 n.Chr.) *188*
    Scholion zum Peplos der Kleinen Panathenäen *189*
    Kosmas Indikopleustes (um 550 n.Chr.) *190*
    Severus Sebokht (662 n.Chr.) *192*
1.5 Spätantike Nichterwähnungen **192**
    Gaius Iulius Solinus (um 300 n.Chr.) *192*
    Eusebius von Caesarea (nach 325 n.Chr.) *193*
    Julian Apostata (362 n.Chr.) *193*
    Pseudo-Iustinus Martyr (4. Jhdt. n.Chr.) *194*
    Flavius Lucius Dexter (um 400 n.Chr.) *194*
    Augustinus von Hippo (354-430 n.Chr.) *194*
    Paulus Orosius (ca. 385-418) *195*
    Macrobius (ca 385/390-430 n.Chr.) *196*
    Hesychios von Milet (6. Jhdt.) *197*
    Isidor von Sevilla (ca. 560-636 n.Chr.) *197*
1.6 Zusammenfassung der antiken Rezeption **198**
    Atlantis stand nicht im Zentrum der Wahrnehmung *198*
    Am Anfang Ungewissheit mit Neigung pro Existenz *199*
    Für Außenstehende nicht ganz leicht glaublich *200*
    Die andere Qualität des antiken Zweifels *201*
    Die erste Welle des Zweifels: Antiplatoniker *201*

    Die zweite Welle des Zweifels: Geologie...*202*
    Der wegweisende Ansatz des Plutarch..*203*
    Die dritte Welle des Zweifels: Neuplatonismus......................................*204*
    Die vierte Welle des Zweifels: Religiöse Enge..*204*
    Grundsätzlicher Glaube an die Existenz von Atlantis............................*205*
    Tabellarische Übersicht...*205*

1.7 Die „Schwarze Legende" der antiken Atlantisrezeption.................210
    Vor übereilten Urteilen wird dringend gewarnt!....................................*210*
    Alan Cameron – Methodisch fragwürdig..*212*
    Alan Cameron – Aristoteles..*213*
    Alan Cameron – Schweigen als Argument...*213*
    Alan Cameron – Interpretatorische Debatten..*214*
    Alan Cameron – Krantor...*215*
    Alan Cameron – Poseidonios und Strabon..*217*
    Alan Cameron – Proklos...*218*
    Alan Cameron – Zusammenfassung...*218*
    Vidal-Naquet – Essayistischer Stil...*219*
    Vidal-Naquet – Antike Autoren..*219*
    Vidal-Naquet – Irrige Erwähnungen von Atlantis.................................*221*
    Vidal-Naquet – Spätere Autoren..*222*
    Vidal-Naquet – Spätantike..*222*
    Vidal-Naquet – Zusammenfassung..*223*
    Harold Tarrant – Aristoteles contra Existenz.......................................*223*
    Harold Tarrant – Krantor contra Existenz..*227*
    Harold Tarrant – Weitere antike Autoren umgedeutet.........................*232*
    Harold Tarrant – Erst ab Proklos Glaube an reales Atlantis?.............*234*
    Harold Tarrant – Methodisches Versagen...*235*
    Weitere Autoren..*236*
    Exkurs: Begründung von Roman und Utopie durch Atlantis?.............*238*

2. Das Mittelalter..241
2.1 Lateinischer Westen – Anknüpfung an die Antike.............................241
    Die maßgeblichen spätantiken Autoren...*242*
    Das Alter der Welt...*243*
2.2 Lateinischer Westen – Frühmittelalter...244
    Beda Venerabilis (ca. 672/3-735)..*244*
    Die Karolingische Renaissance..*244*
    Alkuin von York (735-804)..*244*
    Rhabanus Maurus (ca. 780-856)..*245*
    Dicuil (um 825)..*245*
    Johannes Scotus Eriugena (ca. 815-877)...*245*
    Remigius von Auxerre (ca. 841-908)..*246*
    Lanfrank von Bec (ca. 1010-1089)...*246*
    Anselm von Canterbury (ca. 1033-1109)...*246*
    Macrobius-Weltkarte (10. Jhdt. / Santarém 1850)?..............................*249*

Scholion (10./12 Jahrhundert) *249*
Die Edda (10. - 13. Jhdt.)? *250*
2.3 Lateinischer Westen – Hochmittelalter 250
Adelard von Bath (ca. 1070-1160) *250*
Honorius Augustodunensis (ca. 1080-1150) *251*
Die Viktoriner und Hugo von St. Viktor (ca. 1097-1141) *251*
Otto von Freising (ca. 1112-1158) *252*
Theodoricus Monachus (1176/80) *253*
Vincentius Kadłubek (ca. 1218) *253*
Die Schule von Chartres *254*
Bernhard von Chartres (bis ca. 1124) *255*
Wilhelm von Conches (ca. 1090-1154) *257*
Gilbert von Poitiers (ca. 1080-1155) *261*
Thierry von Chartres (ca. 1085-1155) *261*
Bernardus Silvestris (ca. 1085-1160/78) *261*
Clarembaldus von Arras (ca. 1110-1187) *262*
Johannes von Salisbury (ca. 1115-1180) *262*
Alain de Lille (ca. 1120-1202) *262*
Bartholomaeus Anglicus 1235 .... *263*
Thomas von Cantimpré (1241) *263*
Vinzenz von Beauvais 1244/1260 .... *263*
Walther von Metz (um 1246) *264*
Epoche der Kreuzzüge (ca. 1100-1300) *265*
2.4 Lateinischer Westen – Spätmittelalter 266
Averroismus und Aristotelismus *266*
Die kirchliche Inquisition *267*
Albertus Magnus (ca. 1200-1280) *268*
Roger Bacon (1214-1292/4) *269*
Wilhelm von Moerbeke (ca. 1215-1286) *269*
Dietrich von Freiberg (ca. 1240/5-1318/20) *270*
Pietro d'Abano (ca. 1250-1316) *270*
Dante Alighieri (ca. 1265-1321) *271*
Thomas Bradwardine (ca. 1290-1349) *271*
Konrad von Megenberg 1350 .... *272*
Pierre d'Ailly (1350/1-1420) *272*
Coluccio Salutati 1391 .... *273*
Domenico Silvestri (um 1400) *274*
Geographisches Dokument von 1455? *274*
Leonardo Qualea 1470/75 .... *275*
Die Schedelsche Weltchronik 1493 .... *276*
2.5 Lateinischer Westen – Tabellarische Übersicht 276
2.6 Der griechische Osten / Byzanz 278
Georgios Synkellos (um 810) *279*
Suda (ca. 970) *279*

  Michael Psellos (ca. 1018-1078)...279
  Johannes Italos (11. Jhdt.)..280
  Konstantinos Manasses (um 1150)..281
  Ioane Petrizi (um 1300?)...281
 2.7 Arabische Reiche, Islam bzw. Judentum...281
  Der Koran...282
  Islamischer Rationalismus..284
  Übersetzungsbewegung...285
  Arabisch-islamischer Platonismus...286
  Al-Andalus 711?..286
  Albumasar (ca. 787-886)...287
  Al-Tabari (839-923)..287
  Al-Farabi (ca. 872-950)..287
  Avicenna (980-1037)...288
  Zwei-Insel-Allegorie (um 1100)..289
  Al-Ghazali (ca. 1095)...289
  Ibn Tufail (1110-1185)..290
  Messing- oder Kupferstadt..290
  Versunkene Ruinen bei Gibraltar..290
  Nasir ad-Din at-Tusi (13. Jhdt.)..291
  Abulfeda (1273-1331)...291
  Ibn Khaldun (1332-1406)..291
  Anonyme hebräische Abhandlung (1378/9)...292
  Zusammenfassung..293
 2.8 Zusammenfassung der mittelalterlichen Atlantisrezeption...............293
 2.9 Die „Schwarze Legende" der mittelalterlichen Atlantisrezeption...295
3. Der Beginn der Neuzeit..305
 3.1 Die Wiedergeburt Platons..306
  Marsilio Ficino 1484/85..307
  Loys Le Roy de Coutances 1551...308
  Janus Cornarius 1561...308
  Jean de Serres, lat. Serranus 1578...309
 3.2 Die Entdeckung Amerikas 1492...310
  Exkurs: Atlantis beginnt sich aus Platons Kontext zu lösen....................311
  Exkurs: Atlantis als Legitimation für Besitzansprüche in Amerika?.......311
  Alessandro und Onofrio Geraldini ca. 1520..313
  Francisco Lopez de Gomara 1552..313
  Giovan Battista Ramusio 1554..314
  Guillaume Postel 1561..314
  Girolamo Benzoni 1565...314
  Humphrey Gilbert 1566...315
  Pedro Sarmiento de Gamboa 1572..315
  John Dee 1576..316
  Jacobus Pamelius 1584..316

  Guillaume de Saluste du Bartas 1588...*317*
  Hugo Blotius 1589..*317*
  Petrus Albinus 1589..*317*
  Abraham Ortelius 1596..*317*
  Richard Hakluyt 1598/1600..*318*
  Erasmus Schmidt 1602..*319*
  Tomaso Malvenda 1604...*319*
  Gregorio García 1607..*319*
  Adriaan van Schrieck 1614..*320*
  Francis Bacon 1623..*320*
  Philipp Cluverius 1624..*320*
  John Swan 1635..*321*
  Bernhard Varenius 1650...*321*
  Gerhard Johannes Vossius 1650...*321*
  Lucas de Linda 1655..*322*
  Vincentius Placcius 1659...*322*
  Georg Horn 1669..*323*
  Nicolas und Guillaume Sanson 1669..*323*
  John Josselyn 1674...*323*
3.3 Atlantis im Atlantik...324
  Kaiser Maximilian I. 1499..*324*
  Bartolomé de Las Casas 1527..*325*
  Girolamo Fracastoro 1530...*325*
  Girolamo Garimberto 1549..*326*
  Jakob Schegk 1550...*326*
  Augustin de Zarate 1555..*326*
  Francisco Cervantes de Salazar ca. 1560..*326*
  Gerhard Mercator 1569..*327*
  Johannes Goropius Becanus 1580..*327*
  Gilbert Génébrard 1580...*328*
  Michel de Montaigne 1580...*328*
  Leonardo Torriani ca. 1590...*329*
  Tommaso Bozio 1591..*329*
  Juan de Mariana 1592..*330*
  Tommaso Campanella 1595-98...*330*
  Simone Maiolo 1597...*330*
  Justus Lipsius 1604...*331*
  Joseph Langius 1604..*331*
  Claudius Dausquius 1633...*331*
  Peter Heylin 1652...*331*
  Athanasius Kircher 1652/1664...*332*
  François Placet 1666...*333*
  Nicolaus Steno 1669...*334*
  Johann Christoph Becmann 1673...*334*
3.4 Neuzeitliche Staatsutopien...335

  Thomas Morus 1516...........*336*
  François Rabelais 1534...........*337*
  Francesco Patrizi 1553...........*337*
  Tommaso Campanella 1602...........*338*
  Johann Valentin Andreae 1619...........*339*
  Francis Bacon 1623...........*339*
  Exkurs: Francis Bacon löst Atlantis aus dem Kontext Platons...........*341*
  Exkurs: Francis Bacon und „Atlantis" als Eigenname...........*342*
  Exkurs: Francis Bacon und „lost Atlantis"...........*342*
  Exkurs: Francis Bacon als Inspiration für Esoteriker...........*343*
  James Harrington 1656...........*343*
  Denis Vairasse d' Allais 1675...........*344*

3.5 Atlantisskeptiker...........344
  Augustinus Steuchus Eugubinus 1540...........*344*
  Philipp Melanchthon 1549...........*345*
  Theodor Zwinger 1565...........*346*
  Blaise de Vigenère 1578...........*346*
  José de Acosta 1590...........*346*
  Collegium Conimbricense Societatis Jesu 1593...........*347*
  Paolo Beni 1594...........*347*
  Ioannes Fredericus Lumnius 1594...........*348*
  Franciscus Vallesius 1595...........*348*
  Cornelius van Wytfliet 1597...........*348*
  Augustín de Horozco 1598...........*348*
  Antonio de Herrera y Tordesillas 1601...........*348*
  Bartholomäus Keckermann 1603...........*349*
  Adrianus Turnebus 1604...........*349*
  Johannes Kepler 1608...........*350*
  Marc Lescarbot 1609...........*350*
  Samuel Purchas 1614...........*350*
  Juan de Solórzano Pereira 1629...........*351*
  Willem und Joan Blaeu 1635...........*352*
  John Milton 1642...........*352*
  Johannes de Laet 1643...........*352*
  François de La Mothe Le Vayer 1651...........*352*
  Bernhard von Mallinckrodt 1656...........*353*
  Isaac Vossius 1658...........*353*
  Wilhelm Christoph Kriegsmann 1669...........*354*
  Arnoldus Montanus 1671...........*354*
  René Rapin 1671...........*354*

3.6 Neutrale Berichterstatter...........355
  Theodor de Bry 1594...........*355*
  Guido Panciroli bis 1599...........*356*
  Johannes Gryphiander 1624...........*356*

3.7 Interessante Nichterwähnungen ... 356
- Christoph Kolumbus und sein Umfeld 1492 ... 357
- Leonardo da Vinci um 1500 ... 358
- Bibischok 1525 ... 358
- Benedetto Bordone 1528 ... 358
- Gonzalo Fernández de Oviedo 1535 ... 359
- Petrus Johannes Olivarius 1538 ... 359
- Francisco de Orellana / Gaspar de Carvajal 1542 ... 360
- Sebastian Münster 1544 ... 360
- Ulrich Schmidel 1567 ... 361
- Benito Arias Montano 1572 ... 361
- Tommaso Garzoni bis 1589 ... 362
- Jerónimo Román de la Higuera 1619 ... 362
- Hugo Grotius 1642/43 ... 362
- James Ussher 1650 ... 362

4. Die Suche nach dem Ursprungsort ... 365
4.1 Chronologische Motivation ... 367
- Joseph Justus Scaliger 1606 ... 367
- Isaac La Peyrère 1655 ... 367

4.2 Linguistisch-kulturelle Motivation ... 368
- Olof Rudbeck 1675-98 ... 368
- Pierre Bayle 1685 ... 371
- Carl Lundius 1687 ... 371
- Törner / Crucelius 1707 ... 371
- Jacob Wilde 1731 ... 372
- Gian Rinaldo Carli 1780 ... 372

4.3 Religiös-biblische Motivation ... 373
- Petrus van Eys 1715 ... 373
- Augustin Calmet 1720 ... 374
- Claude-Mathieu Olivier 1726 ... 375
- Heinrich Scharbau 1732 ... 375
- Andreas Schick 1746 ... 375
- Johannes Eurenius 1751 ... 375
- Frederic Charles de Baër 1762 ... 376
- Jacques-Julien Bonnaud 1786 ... 376
- Theodor Jakob Ditmar 1789 ... 376

4.4 Naturwissenschaftliche Motivation ... 377
- Nicolas Antoine Boulanger bis 1759 ... 377
- Jean-Sylvain Bailly 1775/1777/1779 ... 378
- Georges-Louis Leclerc de Buffon 1778 ... 378
- Delisle de Sales 1779 ... 379
- Exkurs: Die „kaukasische Rasse" ... 380

4.5 Interessante Nichterwähnungen ... 381
- Johannes Bureus ab etwa 1600 ... 381

   Samuel Bochart 1646............*382*
   Pierre Daniel Huet 1679............*382*
   Guillaume Delort de Lavaur 1730............*382*
   Hafer / Höfer 1745............*383*
   Benoît de Maillet 1748............*383*

5. Das Zeitalter der Aufklärung............**385**
 5.1 Atlantis im Atlantik bzw. in Amerika............385
   John Locke 1676-79............*385*
   Carlos de Sigüenza y Góngora 1680............*386*
   Thomas Burnet 1681/1697............*387*
   Michel Antoine Baudrand 1681............*387*
   Jens Janus Bircherodius 1682/83............*387*
   Christoph Cellarius 1687............*388*
   André Dacier 1695............*388*
   William Whiston 1696............*388*
   Edward Wells 1700............*389*
   John Wallis 1700............*389*
   Giovanni Francesco Gemelli Careri 1700............*390*
   Robert Hooke 1705............*390*
   Raffaello Savonarola 1713............*391*
   Joseph Pitton de Tournefort 1717............*391*
   Cotton Mather 1721............*391*
   Charles César Baudelot de Dairval 1721............*392*
   La Martinière 1726............*393*
   André-François Boureau-Deslandes 1737............*393*
   Claude-Marie Guyon 1740............*393*
   Johann Philipp Cassel 1742............*393*
   Pedro Lozano ca. 1750............*394*
   Nicolas Desmarest 1751............*394*
   Antonio Porlier y Sopranis 1753/55............*394*
   August Ludwig Schlözer 1758............*395*
   Samuel Engel 1767............*395*
   Abbé Raynal 1770............*395*
   Johann Heinrich Gottlob Justi 1771............*396*
   Louis Poinsinet de Sivry 1771............*396*
   José Viera y Clavijo 1772............*397*
   Antoine Court de Gébelin 1773............*397*
 5.2 Andere Lokalisierungen............398
   José Pellicer de Ossau Salas y Tovar 1673............*398*
   Kirchmaier / Bock 1685............*398*
   Isaac Newton 1728............*399*
   Antonio Fernandez Prieto y Sotelo 1738............*400*
 5.3 Atlantisskeptiker............**400**
   Olfert Dapper 1673............*400*

  Johann Albert Fabricius 1707 .... *401*
  Dietrich Hermann Kemmerich 1711 .... *401*
  Johann Christoph Vetter 1712 .... *402*
  Johann Friedrich Stüven 1714 .... *402*
  António Cordeiro 1717 .... *403*
  Joseph-François Lafitau 1724 .... *404*
  Nicolas Fréret 1728/1749 .... *404*
  Benito Jerónimo Feijoo 1730 .... *405*
  Johann Jakob Brucker 1731 .... *405*
  Olof von Dalin 1747 .... *406*
  Voltaire 1756/1764 .... *406*
  Ebenezer Macfait 1760 .... *407*
  Denis Diderot 1762 .... *407*
  Rafael und Pedro Rodríguez Mohedano 1766 .... *408*
  Jean-Baptiste Bourguignon d'Anville 1768 .... *408*
  Cornelis de Pauw 1768/1773 .... *408*
  Jacob Bryant 1774 .... *409*
 5.4 Interessante Nichterwähnungen **410**
  Jacques Audigier 1676 .... *410*
  Juan de Ferreras y García 1700 .... *410*
  Paul-Yves Pezron 1703 .... *411*
  John Hudson 1712 .... *411*
  Simon Pelloutier 1740 .... *411*
  Montesquieu 1748 .... *411*
  Antoine-Joseph Pernety 1758 .... *412*
  Christoph August Heumann vor 1764 .... *412*
  Nicolas-Sylvestre Bergier 1767 .... *413*

6. Die Moderne **415**
 6.1 Atlantis im Atlantik bzw. in Amerika **416**
  James Adair 1775 .... *416*
  Jean Benoît Schérer 1777 .... *417*
  Maximilien-Henri de Saint-Simon 1784 .... *417*
  Einfluss auf Henri de Saint-Simon *424*
  Exkurs: Atlantis als eine Inspiration des Sozialismus *431*
  Exkurs: Henri de Saint-Simon, Goethe und Kanalbauten *432*
  Thomas Pennant 1784 .... *432*
  Jean Marcel Cadet 1785 .... *433*
  Comte de Nogaret 1785 .... *433*
  John Whitehurst 1786 .... *433*
  Charles Vallancey 1786 .... *434*
  Alessandro Tonso-Pernigotti 1787 .... *434*
  Jean-Benjamin de La Borde 1791 .... *434*
  Paul Felix Cabrera 1794 .... *435*
  Jean-Claude Delamétherie 1795 .... *435*

George Stanley Faber 1801 .... *435*
Sylvain Meinrad Xavier de Golbéry 1802 .... *436*
Jean Baptiste Bory de Saint-Vincent 1803 .... *436*
Thomas Taylor 1804 .... *437*
Karl Joseph Hieronymus Windischmann 1804 .... *437*
Adolphe Dureau de la Malle 1807 .... *438*
Edward Davies 1809 .... *438*
Agricol-Joseph Marquis de Fortia d'Urban 1809 .... *438*
Sonnini / Ledru 1810 .... *439*
Georg Friedrich Creuzer 1812 .... *439*
Franz Deuber 1814 .... *439*
Friedrich Ast 1816 .... *440*
Alexander Beatson 1816 .... *440*
James Haines McCulloh 1817 .... *441*
Scipione Breislak 1818 .... *441*
Georg Karl Wilhelm Philipp von Donop 1819/1841 .... *441*
Pierre Louis Ginguené 1820 .... *442*
Samuel Christoph Schirlitz 1822 .... *442*
Antoine Fabre d'Olivet 1822 .... *442*
Johann Nicolaus Bach 1825 .... *444*
Franz Wilhelm Sieber 1825 .... *444*
Friedrich August Ukert 1821 .... *444*
Johann Gottlieb Radlof 1823 .... *445*
Johann Andreas Georg Meyer 1824 .... *445*
August Ferdinand Lindau 1828 .... *445*
Friedrich Schlegel 1828/29 .... *446*
Johann Daniel von Braunschweig 1830/40 .... *448*
Ottomar Friedrich Kleine 1832 .... *448*
August Boeckh 1833 .... *448*
Josiah Priest 1833 .... *449*
Charles-François Farcy 1835 .... *450*
Eugène-François Garay de Monglave 1835 .... *450*
Alexander von Humboldt 1836 .... *451*
Constantine Samuel Rafinesque-Schmaltz 1836 .... *452*
Guillaume Joseph Dupaix / Baradère 1836 .... *453*
David Baillie Warden 1836 .... *454*
Johann Gottfried Stallbaum 1838 .... *454*
Leveson Vernon Harcourt 1838 .... *454*
Cesare Cantù 1838/39 .... *455*
Jean Antoine Gleizès 1840/41/42 .... *455*
Louis Viardot 1840/1851 .... *457*
Jean-François Jolibois 1843 .... *457*
Albert Forbiger 1844 .... *458*
Marie-Armand d'Avezac de Castera-Macaya 1844/48 .... *458*
Eugène Bodichon 1847 .... *459*

Egbert Guernsey 1848..*459*
John B. Newman 1848..*459*
Arthur Schopenhauer 1851...*460*
Hermann Scherer 1852...*460*
Jakob Kruger 1855..*460*
Anders Adolf Retzius 1856...*461*
Antonio Snider-Pellegrini 1858..*462*
Franz Unger 1860..*462*
Johann Jakob Bachofen 1861...*463*
Charles Étienne Brasseur de Bourbourg 1862/1864................................*464*
Edward Taylor Fletcher 1863..*465*
Oswald Heer 1865..*465*
Andrew Murray 1866..*466*
Patrick Neeson Lynch 1867..*466*
Élisée Reclus 1867...*466*
Benjamin Franklin De Costa 1868..*467*
Ami Boué 1868...*467*
John Denison Baldwin 1869...*467*
Paul Gaffarel 1869/1880/1892...*468*
Ernest Théodore Hamy 1870...*468*
Alexander Winchell 1870...*469*
Émile Burnouf 1872..*470*
José Macpherson y Hemas 1873..*470*
Roisel 1874...*470*
Léon de Rosny 1875..*471*
Gustave Lagneau 1875..*472*
Robert Hartmann 1876...*472*
Marie Henri d'Arbois de Jubainville 1877..*472*
Scientific American 1877..*473*
Pedro de Novo y Colson 1879...*473*
John William Dawson 1880..*474*
John Thomas Short 1880..*475*
Marcella Fanny Wilkins 1881..*475*
Federico de Botella y de Hornos 1881..*476*
Augustus Le Plongeon 1881...*476*
Ignatius Donnelly 1882...*477*
William E. Gladstone 1882...*479*
W. Stephens Blacket 1883..*479*
Marquis de Nadaillac 1883..*480*
Théodore Vibert 1883...*480*
Josephus Flavius Cook 1883..*481*
Edwin Guest 1883...*481*
Auguste Nicaise 1884..*482*
William Wilberforce Juvenal Colville 1884...*482*
Hyde Clarke 1885..*483*

Hugo Gyldén 1885...*483*
Richard Dacre Archer-Hind 1888...*484*
6.2 Andere Lokalisierungen...485
Sylvester O'Halloran 1778..*485*
Philip Howard 1797..*485*
Johann Wolfgang von Goethe 1798/1811..............................*486*
Charles-Joseph de Grave 1806..*488*
Gotthilf Heinrich Schubert 1808...*488*
Ali Bey el Abbassi 1814..*489*
Vasily Kapnist 1815..*489*
Pierre André Latreille 1819..*490*
Carl Ritter 1822..*490*
Angelo Mazzoldi 1840..*490*
Frederik Klee 1842...*491*
Hermann Müller 1844...*491*
Hubert d'Anselme de Puisaye 1853/1877..............................*492*
Abraham Sergejewitsch Norov 1854.....................................*492*
Camillo Ravioli 1865..*493*
Dominique-Alexandre Godron 1867.....................................*493*
Louis Figuier 1872...*493*
Alexandre-César Moreau de Jonnès 1873............................*494*
Étienne-Félix Berlioux 1883...*494*
William Fairfield Warren 1885...*495*
Wilhelm von Christ 1886..*495*
Emil Svensén 1887/1895...*496*
Francisco Fernández y González 1890/91............................*496*
A.F.R. Knötel 1893...*496*
6.3 Neutrale Berichterstatter...497
Francisco Javier Clavijero 1780/81......................................*497*
6.4 Die Etablierung der wissenschaftlichen Atlantisskepsis..................497
Die Entwicklung des Dogmas von der Erfindung von Atlantis....*498*
Die Göttinger Empiristen und Materialisten.........................*499*
Die Romantik..*501*
Überkritisches Denken...*501*
Romantik und Überkritik gehören zusammen........................*502*
6.5 Atlantisskeptiker..502
Christoph Meiners 1775..*502*
Pierre-Marie-Stanislas Guérin du Rocher 1776/77...............*503*
Charles de Brosses 1777..*504*
Guillaume de Sainte-Croix 1779...*504*
Abbé L. Creyssent de la Moseille 1779.................................*504*
Giuseppe Bartoli 1779..*505*
Michael Hißmann 1781...*506*
Vincenzio Antonio Formaleoni 1783.....................................*508*

Julius August Remer ca. 1783..*509*
Dietrich Tiedemann 1786..*509*
Friedrich Schiller 1786...*510*
Franz Michael Vierthaler 1787...*511*
Edme Mentelle 1787..*513*
Johann Georg Hamann 1788..*513*
La Tour d'Auvergne-Corret 1792..*513*
Christoph Martin Wieland 1795..*514*
Johann Gottlob Fritsch 1798...*514*
Pascal-François-Joseph Gossellin 1798...*515*
Immanuel Kant 1798...*515*
Forslind / Fant 1800..*516*
Jean-Étienne Montucla 1802..*516*
Jérôme Lalande 1803..*516*
Conrad Malte-Brun 1810...*517*
Georges Cuvier 1812/1818...*517*
Jean-Baptiste Joseph Delambre 1816...*518*
George Bellas Greenough 1819..*519*
Joseph Socher 1820..*519*
Karl Ernst Adolf von Hoff 1822/1832...*519*
Johann Heinrich Voss 1824..*520*
Johann Gottfried Sommer 1825..*520*
Konrad Mannert 1825..*520*
Jean Antoine Letronne 1831...*521*
Joachim Lelewel 1831/36..*522*
Aaron Arrowsmith 1832...*522*
Charles Lyell 1833/68..*522*
Pauly's Realencyclopädie 1837..*523*
Karl Otfried Müller 1838..*524*
Karl Friedrich Hermann 1839...*524*
Thomas Henri Martin 1841...*524*
John Ramsay McCulloch 1841...*525*
François Arago 1844..*526*
George Grote 1846..*526*
John Stuart Mill 1846..*526*
Louis Ferdinand Alfred Maury 1847/48..*527*
Henry H. Davis 1849..*527*
August Christian Adolf Zestermann 1851......................................*527*
Ephraim George Squier 1851...*528*
Henry David Thoreau 1851/57...*528*
Arthur Comte de Gobineau 1853/55..*529*
Johann Eduard Wappäus 1854..*530*
Franz Susemihl 1855/56/57...*530*
Gottfried Bernhardy 1856...*534*
Christian Esselen 1856...*534*

Charles Darwin 1856/60..*534*
Christian Karl Josias von Bunsen 1857..*536*
Maximilian Duncker 1857..*536*
Karl Steinhart 1857..*537*
Gustav Schwanitz 1859...*538*
Eduard Zeller 1859...*538*
Edward Bouverie Pusey 1861..*539*
William Palmer 1861...*539*
Moritz Busch 1861...*540*
Johann Christian Ferdinand Höfer 1862..*541*
Daniel Oliver 1862...*541*
John Ruskin 1864...*542*
Abel-François Villemain 1864..*542*
Jérôme Nicklès 1865..*542*
Pauly's Realencyclopädie 1866..*543*
Wilhelm Siegmund Teuffel 1866..*543*
Armand de Quatrefages 1867..*543*
Benjamin Jowett 1871...*544*
John Francis Arundell of Wardour 1872..*545*
August Heinrich Rudolph Grisebach 1872..*545*
Louis Vivien de Saint-Martin 1873..*545*
Rudolf Virchow 1874..*546*
Gregorio Chil y Naranjo 1875...*547*
Salvador Calderón y Arana 1876...*548*
Erwin Rohde 1876..*548*
Raymond de Block 1876/84...*549*
William Stephen Mitchell 1877...*549*
Edward Herbert Thompson 1879...*550*
Augustus Radcliffe Grote 1879...*551*
Edward Herbert Bunbury 1879...*551*
Adolf Bauer 1882...*552*
Cornelio August Doelter y Cisterich 1884..*552*
Karl Sittl 1884...*552*
Janus Six 1885..*553*
Daniel Wilson 1886...*553*
René Verneau 1888..*553*
Justin Winsor 1889..*554*
William H. Tillinghast 1889..*554*
Otto Kern 1889...*555*
Cecil Torr 1891..*555*
Eduardo Saavedra y Moragas 1891..*555*
Johannes Zemmrich 1891..*556*
Konrad Kretschmer 1892...*556*
Ferdinand Sander 1893..*557*
Pauly's Realencyclopädie 1896..*557*

6.6 Interessante Nichterwähnungen..559
   Nicolas Baudeau 1777..559
   Charles François Dupuis 1781/1795..559
   Jean-Paul Rabaut Saint-Étienne 1787...560
   Charles-Georges-Thomas Garnier 1787-79..................................560
   Condorcet ca. 1794...560
   Wilhelm Gottlieb Tennemann 1798...561
   Richard Kirwan 1799..561
   Louis Claude Cadet de Gassicourt bis 1799................................562
   William Buckland 1820...562
   Heinrich Julius Klaproth 1823...563
   Friedrich Schleiermacher 1828..563
   Jean Frédéric Maximilien de Waldeck 1838...............................564
   Louis Agassiz 1841..565
   Heinrich Schulz 1842...565
   Vincenzo Gioberti 1843..568
   Edward Forbes 1846...568
   Robert Eduard Prutz 1855...568
   Ernst Haeckel 1868/89...569
   Max Müller 1885...570
   Étienne Brosse 1892...570

7. Der Abbruch des wissenschaftlichen Diskurses........................**573**
7.1 Der wissenschaftliche Ausschluss der wörtlichen Lesart.................573
   Die Übersetzung des Gilgamesch-Epos 1872...............................574
   Die Evolutionstheorie von Charles Darwin gilt ab 1875 als akzeptiert....575
   Die Entzifferung der Hieroglyphen offenbart die ägyptische Geschichte........576
   Die Konsolidierung der ägyptischen Chronologie um 1875............576
   Die Erforschung des Meeresbodens konsolidiert sich um 1875......578
   Widerlegung? – Fortschritt!...578
7.2 Der Abbruch des Diskurses züchtete Pseudowissenschaft................579
   Der Abbruch des lebendigen Diskurses.....................................579
   Dogmatismus züchtet Pseudowissenschaft.................................580
   Nicht alle Wissenschaftler sind dogmatisch................................581
   Die Wissenschaft schadet sich selbst...581
7.3 Die Entfesselung der Pseudowissenschaft.....................................582
   Die Explosion der Zahl der Lokalisierungshypothesen................582
   Das Wort „Atlantis" wird endgültig zur Chiffre ohne Bezug zum Original......582
   Der fehlende Diskurs lässt die Irrationalität wild wuchern...........583
   Irrationalität: „Gefallene" Wissenschaft....................................583
   Irrationalität: Esoterik...585

8. Die „Schwarze Legende" der neuzeitlichen Atlantisrezeption.....**587**
8.1 Unmoralische Motive in Platons Atlantisgeschichte?......................587
   Stimuliert Platons Atlantis rassistisches Denken?.......................587
   Fördert Platons Atlantis antidemokratisches Denken?.................589

    Ist Platons Atlantis ein Urbild und Vorbild für Imperialismus? *589*
    Vertrat Platon eine Philosophie des Bösen? *590*
    Fazit: Atlantis ist unschuldig. *592*
  8.2 Die neuzeitliche „Schwarze Legende" im Einzelnen 592
    Kein Gelehrter hielt Atlantis für real? *592*
    Mit der Entdeckung Amerikas explodierte die Zahl der Atlantishypothesen? ... *593*
    Besitzansprüche auf Amerika aufgrund der Atlantisgeschichte? *593*
    Unterdrückung anderer Rassen im Namen der Atlantisgeschichte? *594*
    Das britische Kolonialreich als Abbild von Atlantis? *594*
    Atlantis als antisemitisches Projekt? *594*
    Atlantis als Motiv für Nationalismus? *595*
    Spyridon Marinatos und die griechische Militärdiktatur *597*
    Atlantis als Triebfeder des Kommunismus? *598*
    Die Gegner des Kommunismus als Gegner Platons *600*
    Postmodernes Denken unterminiert die rationale Platoninterpretation *601*
    Zusammenfassung *602*
  8.3 Kulturpessimismus vs. „Goldene Legende" 603
    Destruktive Kulturpessimisten als Gegner von Atlantis *603*
    Die neuzeitliche „Goldene Legende" von Atlantis *603*

9. Nationalsozialismus und Atlantis? 607
  9.1 Der Befund: Eine privat gebliebene Minderheitsmeinung 608
    Klarstellung zu Beginn: Missbrauch statt Gebrauch *609*
    Wegbereiter und Vordenker des Nationalsozialismus *609*
    Exkurs: Warum überhaupt die Idee eines Ursprungsortes? *625*
    Führungspersönlichkeiten des Nationalsozialismus *626*
    Wissenschaft und Bildung im Nationalsozialismus *637*
    Nationalsozialistische Expeditionen nach Atlantis? *643*
    Die Subkultur der Pseudowissenschaftler *647*
    Die Subkultur einer Subkultur: „Okkulte" Gruppen *649*
    Verfolgung der Subkulturen durch den Nationalsozialismus *653*
    Zusammenfassung *654*
    Die Gegenrechnung: Atlantisskepsis als Teil des Nationalsozialismus? *657*
    Ein „atlantidisches" Weltbild? *659*
  9.2 Wie entstand die Fehlwahrnehmung? 662
    Die Wahrnehmung Einzelner *662*
    Rosenberg: Der Mythus des 20. Jahrhunderts *662*
    Rauschning: Gespräche mit Hitler *663*
    Der Sonderfall Frankreich *665*
    Neo-Nationalsozialisten *667*
    Die Suche nach einer Erklärung des Bösen *668*
    Faszination und Sensation *670*
    Fehlinterpretation durch präformierte Erwartungshaltung *670*
  9.3 Die Überwindung des Traumas 672
    Egon Friedell *673*

Thomas Mann...*674*
Max Beckmann...*676*
Michael Ende..*677*
Pierre Vidal-Naquet...*679*
Franz Wegener...*682*
Die endgültige Brechung des Banns: Atlantis finden!.................................*683*

Ausblick: Historische Kritik..**685**
Anhang A: Atlantis und Wolkenkuckucksheim..**687**
Anhang B: Dante und Atlantis...**689**
Anhang C: Der Atlantis-Malta-Schwindel..**695**
Anhang D: Rezension Männlein-Robert, Longin.....................................**699**
Anhang E: Differenz zur ersten Auflage...**719**
Literaturverzeichnis..**727**
Autoren-Index..**789**

Vorwort

Die Rezeptionsgeschichte von Platons Atlantiserzählung ist von großer Bedeutung für die Frage nach Atlantis: War Atlantis eine Erfindung Platons – oder meinte Platon die Atlantiserzählung ernst, und es handelt sich bei Atlantis in Wahrheit um eine verzerrte historische Überlieferung, mit der ein realer Ort gemeint war? Um diese Frage beantworten zu können und etwaige Absichten und Irrtümer Platons erkennen zu können, ist es unabdingbar, die Rezeption von Platons Atlantis in der Antike zu studieren. Aber auch das Studium der nachantiken Atlantisrezeption bringt viel Licht in die Atlantisforschung: Wie kam es dazu, dass Atlantis mal als Erfindung, mal als Realität interpretiert wurde? Von welchen Sekundärmotivationen, Denkblockaden und Irrtümern, die sich in die Atlantisforschung eingeschlichen haben und bis heute fortwirken, müssen sich sowohl Atlantisbefürworter als auch Atlantisskeptiker trennen, um der Wahrheit näher zu kommen?

Bislang wurde dieses Thema nur am Rande und unter höchst einseitiger Perspektive abgehandelt. Die wissenschaftliche ebenso wie die pseudowissenschaftliche Literatur ist voll von faktischen Fehlern, parteilichen Einseitigkeiten, unbeabsichtigten Fehlwahrnehmungen und kollektiven Irrtümern. Die Unzuverlässigkeit der verfügbaren Literatur ist so groß, dass man darauf guten Gewissens keine wissenschaftliche Theorie zu Platons Atlantis aufbauen kann – sei Atlantis nun eine Erfindung, sei es ein realer Ort. Es ist Zeit, aufzuräumen und Ordnung zu schaffen. Es ist Zeit, mit Ordnungssinn und Wahrheitsliebe eine kritische Geschichte der Atlantisrezeption zu erarbeiten, die wieder ein sicheres Fundament bieten kann, um verlässliche Aussagen treffen zu können.

Dazu gehört zunächst Vollständigkeit. Für die Antike wurde diese mit der vorliegenden Arbeit erreicht: Erstmals werden wirklich alle derzeit bekannten antiken Autoren, die über Atlantis geschrieben haben, in einer Publikation zusammengefasst – und zusätzlich um einige bislang völlig unbekannte Autoren ergänzt. Auch für das Mittelalter, in dem sich nach bisheriger Meinung niemand für Atlantis interessierte, werden hier erstmals zahlreiche Autoren genannt. Für die frühe Neuzeit wird ebenfalls Vollständigkeit erreicht. Je näher die Darstellung der Gegenwart kommt, desto mehr Autoren mussten weggelassen werden. Es werden jedoch alle wichtigen und häufig angeführten Autoren genannt, und darüber hinaus eine ganze Reihe von wichtigen Autoren vorgestellt, die bislang noch nirgends erwähnt wurden.

Die Darstellung geht bis in das Jahr 1896, in dem durch den überarbeiteten Lexikonartikel *Atlantis* von Ernst Hugo Berger in *Pauly's Realencyclopädie* die wissenschaftliche Atlantisskepsis endgültig und „offiziell" etabliert war. Daran hat sich bis heute nichts mehr geändert. Seit 1896 explodierte zudem die Zahl der Publikationen von Atlantisbefürwortern, und auch die Zahl der Publikationen der Atlantisskeptiker wuchs stark an. Eine Darstellung der Hypothesen des 20. Jahrhunderts würde den Rahmen dieses Buches sprengen, aber auch keinen echten Mehrwert bringen: Die entscheidenden Weichenstellungen geschahen alle bis zum Jahr 1896.

Das 20. Jahrhundert wird nur noch unter ausgewählten Gesichtspunkten betrachtet, so z.B. die Entwicklung der politischen Situation – sei es Nationalsozialismus, sei es der Kalte Krieg – sowie die Entwicklung der Wissenschaften, so z.B. geologische Erkenntnisse. Im Ausblick verweisen wir schließlich auf die historisch-kritischen Atlantishypothesen, deren schmale aber kontinuierliche Tradition bis heute trägt: Von hier darf man sich den kommenden Durchbruch in der Atlantisfrage erhoffen.

Neben der Vollständigkeit ist die Belegbarkeit von großer Bedeutung: Alle Werke wurden vom Autor selbst in Augenschein genommen, die Quellen genauestens genannt, und verbreitete Meinungen hinterfragt. Dabei konnten zahlreiche Irrtümer aufgedeckt und bislang unbekannte Zusammenhänge erschlossen werden.

Schließlich ist die Einordnung der einzelnen Autoren in einen historischen Kontext wichtig für die richtige Interpretation der Meinungen und Hypothesen zu Platons Atlantis. Diese Einordnung wird je nach Zeitalter in den Artikeln zu den Autoren oder in Einleitungen, Exkursen und Zusammenfassungen gegeben. Auch diese Betrachtungen förderten zahlreiche bislang unbekannte Zusammenhänge zutage.

Eine wichtige Neuerung gegenüber der bisherigen Geschichtsschreibung ist die Aufzählung von „interessanten Nichterwähnungen" von Platons Atlantis, die von den wirklichen Erwähnungen von Atlantis streng getrennt aufgeführt werden. Teilweise handelt es sich um irrtümliche Erwähnungen, die widerlegt werden müssen. Teilweise sind es sogar Fälschungen. Teilweise sind es Texte, die gerade deshalb, weil sie keinen Bezug auf Atlantis nehmen, eine indirekte Aussage über Atlantis von großem Wert machen. Teilweise sind es aber auch bislang unbekannte Bezugnahmen auf Atlantis, die Atlantis zwar nicht explizit erwähnen, jedoch ganz offensichtlich meinen. Insbesondere in der Antike gibt es eine erstaunlich große Zahl von „interessanten Nichterwähnungen", die hier erstmals der Öffentlichkeit vorgestellt werden.

Obwohl die Atlantisbefürworter zweifelsohne quantitativ dominieren, wurde auch großer Wert auf die Nachzeichnung der Geschichte der Atlantisskepsis gelegt. Auch hierzu fanden sich zahlreiche wichtige Autoren, die bislang nirgends erwähnt wurden.

Der Autor dieses Buches ist ein Atlantisbefürworter mit wissenschaftlichem Anspruch. Kritische Kommentare richten sich jedoch grundsätzlich gegen beide Seiten: Atlantisbefürworter und Atlantisskeptiker. Beide Seiten haben eine große Menge an Irrtümern zu überwinden. Beide Seiten haben aber auch wichtige Beiträge geliefert. Es sei von vornherein davor gewarnt, Atlantisbefürworter und Atlantisskeptiker gegeneinander ausspielen zu wollen. Insbesondere sei davor gewarnt, in den Irrtümern von wissenschaftlichen Atlantisskeptikern eine böse Absicht zu vermuten und Verschwörungstheorien aufzustellen. Die Macht des kollektiven Irrens ist größer als manche sich vorzustellen vermögen. Zudem sind die wissenschaftlichen Arbeiten der Atlantisskeptiker auch dann noch von großem Wert, wenn sich ihr Standpunkt als falsch erweisen sollte – ohne ihre Vorarbeiten wäre dieses Buch nicht möglich gewesen.

Die vorliegende Untersuchung wird die Frage nach Atlantis nicht entscheiden können. Sie ist aber ein Meilenstein hin zu einer neuen wissenschaftlichen Theorie von Platons Atlantis. Der moderne Mythos, dass erst in der Neuzeit einige „Spinner" damit begonnen hätten, Atlantis für real zu halten, kann mit großer Klarheit gebrochen werden. Einer von vielen Lerneffekten dieses Werkes besteht darin, dass der Leser eine bessere Vorstellung davon bekommt, was die Menschen in alten Zeiten für wahr halten konnten, denn immer noch wird viel zu oft modernes Denken in die Vergangenheit projiziert, sowohl von Atlantisbefürwortern als auch von Atlantisskeptikern.

Das Nachdenken über Platons Atlantis als einem realen Ort erfährt durch diese kritische Betrachtung der Meinungen und Hypothesen zu Atlantis eine große Unterstützung. Die Räume für Atlantisskepsis werden hingegen enger. Doch eine Entscheidung zwischen Atlantisbefürwortung und Atlantisskepsis wird in einem späteren Werk gesucht werden müssen.

Selbsterklärung

Da der Verfasser in diesem Werk eine ganze Reihe von Ideen und Thesen, die gemeinhin – und teilweise zurecht – als „gefährlich" gelten, in neutralem Ton vortragen oder sogar ihre Plausibilität zu ihrer Zeit gegen eine Fehlwahrnehmung aus der Perspektive einer späteren Zeit verteidigen muss, besteht die Gefahr, dass sich bei flüchtigen Lesern Missverständnisse über die Meinung des Verfassers einstellen könnten. Um diesen Missverständnissen vorzubeugen, erklärt der Verfasser folgendes:

Der Verfasser ist Anhänger der Evolutionstheorie von Charles Darwin. Der Ursprungsort der Menschheit liegt seiner Meinung nach gemäß der Out-of-Africa-Theorie in Afrika. Der Ursprungsort der indoeuropäischen Sprachfamilie liegt – entsprechend den Theorien der modernen Wissenschaft – irgendwo im Umkreis des Schwarzen Meeres. Die Bezeichnung „indogermanisch" ist zwar teilweise noch in Gebrauch, aber nicht sachgerecht, da zur indoeuropäischen Sprachfamilie nicht nur Inder und Germanen, sondern z.B. auch Slawen, Kelten oder Iraner gehören. Der Begriff „Arier" für die Indoeuropäer ist ebenfalls veraltet und nicht sachgerecht, und zudem durch den Nationalsozialismus im öffentlichen Bewusstsein negativ besetzt. Allerdings ist nicht jede Verwendung der Worte „Arier" bzw. „arisch" falsch oder verwerflich, insbesondere nicht vor der Zeit des Nationalsozialismus; es muss jeweils der Einzelfall geprüft werden.

Die Idee der Herkunft einer „arischen Rasse" aus dem „Norden" oder aus der Himalaja-Region lehnt der Verfasser ebenso ab wie die Idee, den verschiedenen Menschenrassen einen unterschiedlichen „Wert" zuzuschreiben.

Der Verfasser vertritt einen humanistischen Standpunkt. Er ist der Auffassung, dass alle Menschen gleich an Würde und Rechten sind, unabhängig von ihrer z.B. durch Bildung oder genetische Ausstattung begründeten Ungleichheit. Der Verfasser befürwortet eine offene Gesellschaft und die Staatsform der Republik, heute oft auch Demokratie genannt. Eine Übertreibung des nationalen oder sozialen Gedankens in Nationalismus und Sozialismus ist von Übel.

Der für den Verfasser hauptsächlich interessante Ursprungsort ist nicht der Ursprungsort irgendwelcher Rassen oder Völker, sondern der Ursprungsort der Philosophie. Die Philosophie kann durch ihren Rationalismus jede Kultur in eine Kultur der Aufklärung, d.h. in einen Teil der zivilisierten Welt, verwandeln. Dieser Ursprungsort ist hauptsächlich die klassische Antike. Er liegt nicht im Norden, auch nicht im Osten, ebenso nicht im Westen, und wiederum nicht im Süden, sondern in der Mitte: Mitten am Mittelmeer, an der Westküste Kleinasiens, in Griechenland und Süditalien, in Athen, Rom und Alexandria. Dieser Ort liegt weder in „vorsintflutlichen" Urzeiten noch in der Gegenwart, sondern auch hier in der Mitte von beidem.

Nach Meinung des Verfassers ist die klassische Antike kein exklusives Erbe der christlich geprägten Welt, die deshalb keine prinzipielle Vorrangstellung vor anderen Kulturen beanspruchen kann. Die klassische Antike steht allen Kulturen der Welt offen, als Erbe der ganzen Menschheit angenommen zu werden. Allerdings ist es nach Meinung des Verfassers zugleich ein moralisches Gebot für alle Kulturen dieser Welt, dieses Erbe tatsächlich auch anzunehmen und sich dem humanistischen Geist zu öffnen. Denn eine zutreffende Erkenntnis der Wirklichkeit von Welt und Mensch ist unter Zurückweisung dieses Erbes nicht möglich – auch deshalb, weil niemand, der einmal ein Rad gesehen hat, das Rad ein zweites Mal erfinden kann. Eine Kultur, die sich diesem Erbe verweigert, verharrt auf einer niedrigeren Stufe der menschlichen Entwicklung und kann zu einer Gefahr für die entwickelte Welt werden.

Platons Atlantis ist nach Meinung des Verfassers eine verzerrte Wiedergabe einer historischen Überlieferung von der Insel Sizilien zur späten Bronzezeit. Der Ort Atlantis und seine Funktion in Platons Atlantiserzählung sind damit real. Eine genaue Darlegung der Atlantishypothese des Verfassers wird in einem späteren Werk erfolgen. Irgendwelche „nordischen", „arischen" oder „germanischen" Bezüge sind in dieser Atlantishypothese nicht enthalten. Die eigentliche Bedeutung der Interpretation von Atlantis als einem realen Ort liegt nicht in der – durchaus wünschenswerten – Auffindung von Atlantis, sondern in der richtigen Interpretation der Philosophie Platons. Die Philosophie Platons liegt der Kultur von Humanismus und Aufklärung zugrunde: Sie richtig zu verstehen ist ein Wert an sich.

Thorwald C. Franke
Frankfurt am Main, 4. Juli 2016

Vorwort zur zweiten Auflage

Das Projekt, alle in der populären und wissenschaftlichen Atlantisliteratur verstreut genannten Autoren zu Platons Atlantis – bis möglichst 1896 – systematisch zu sammeln und zu ordnen, hat sich als äußerst fruchtbar erwiesen und ist inzwischen weit über das ursprüngliche Ziel hinausgewachsen. Wie ein Magnet hat dieses Werk begonnen, weitere Informationen an sich zu ziehen. Es fing mit Hinweisen auf Fehler an, die nun endlich einen festen Ort gefunden haben, um korrigiert werden zu können – man denke nur an das nie enden wollende Fehlerchaos in der populären und pseudowissenschaftlichen ebenso wie – leider – in der wissenschaftlichen Atlantisliteratur! Es setzte sich fort mit vielen weiteren Funden von bislang unbekannten aber wichtigen Atlantisautoren, die einem wie von selbst in den Schoß fallen, wenn man nur weiter an den Fäden zieht, an denen man einmal zu ziehen begonnen hat. Und schließlich erreichten mich Hinweise auf weitere Autoren von Lesern, die sich von diesem Projekt überzeugt, ja begeistert gezeigt haben!

Ein besonderer Dank geht hierbei an Prof. Malcolm Heath aus Leeds, der selbst bereits eine beachtliche Liste von Autoren gesammelt hatte, die er für dieses Projekt zur Verfügung stellte. Dabei waren eine ganze Reihe von Autoren, die höchst erwähnenswert sind, so z.B. Jakob Schegk 1550, Collegium Conimbricense Societatis Jesu 1593, Paolo Beni 1594, Franciscus Vallesius 1595, Bartholomäus Keckermann 1603, Claudius Dausquius 1633, Willem und Joan Blaeu 1635, Pierre Bayle 1685, Johann Friedrich Stüven 1714, Jean Benoît Schérer 1777, Franz Michael Vierthaler 1787, Julius August Remer ca. 1783 und auch Lauzun 1908 als Quelle für den Brief von Bory de Saint-Vincent von 1822. Herzlichen Dank!

Malcolm Heath hatte auch auf einen bedeutsamen Fehler aufmerksam gemacht, dass nämlich die Werke von *Maximilien*-Henri de Saint-Simon irrtümlich für die Jugendwerke von dessen Neffen Henri de Saint-Simon gehalten worden waren. Für diesen wichtigen Hinweis ein Extra-Dank! Tatsächlich stellte sich heraus, dass diese Werke in der Tat eine Rolle für den jungen Henri de Saint-Simon gespielt haben müssen, was bisher offenbar niemandem aufgefallen war! Auch das war eine überraschende und wertvolle Erkenntnis, die sich zwangsläufig einstellte, nachdem das Sammeln und Ordnen einmal begonnen worden war.

Prof. Heinz-Günther Nesselrath aus Göttingen hatte für das *Jahresheft der Göttinger Freunde der antiken Literatur* eine dreizehnseitige Besprechung dieser neuen Rezeptionsgeschichte verfasst und dabei viele wertvolle Hinweise für Ergänzungen, Verdeutlichungen und Korrekturen speziell zur Rezeptionsgeschichte der Antike gegeben, die dankbar entgegengenommen wurden.

In Heinz-Günther Nesselraths Veröffentlichung *Platons Atlantis-Geschichte – ein Mythos?* von 2014 fanden wir außerdem gleich drei weitere antike Autoren, die sich explizit zu Platons Atlantis äußerten, die uns aber aus der gesamten übrigen Atlantisliteratur noch nicht bekannt waren: Clemens von Alexandria (bisher nur als implizite Erwähnung bekannt), Hermias und Damaskios. Im Longinos-Kommentar von Prof.

Irmgard Männlein-Robert, der allerdings nicht zur Atlantisliteratur im eigentlichen Sinne gezählt werden kann, fanden wir noch Loukios Kalbenos Tauros, der uns bereits durch Zufall anderweitig bekannt geworden war, und über Tauros dann auch Johannes Philoponos.

Für das 19. Jahrhundert wurden für diese zweite Auflage etliche Autoren aufgearbeitet, die in der ersten Auflage noch bewusst weggelassen worden waren, was unweigerlich zur Entdeckung weiterer Autoren führte. Auf diesem Weg sind über 50 Autoren hinzugekommen.

Auch die Lektüre von Werken, die sich kritisch mit pseudowissenschaftlichen Theorien zu Atlantis befassen, brachte einige weitere wertvolle Autoren ein. Hier ist insbesondere das Werk *The Mound Builder Myth* von Jason Colavito von 2020 zu nennen.

Nicht zuletzt half aber auch das Glück, denn es gelang uns unverhofft, ein Exemplar der *Bibliographie de l'Atlantide et des questions connexes* von Jean Gattefossé und Claudius Roux von 1926 zu erwerben. Dadurch konnten wir weitere 35 bislang gänzlich unbekannte Autoren erschließen, darunter 7 Atlantisbefürworter, 11 Atlantisskeptiker sowie 16 interessante Nichterwähnungen von Atlantis. Überhaupt ist die Autorenliste von Gattefossé und Roux sehr disjunkt zu den sonst bekannten Listen; offenbar deshalb, weil sie sich sehr auf den frankophonen Sprachraum konzentriert hatten. Das ist einmal mehr ein Beleg dafür, dass bislang kaum jemand dieses Buch wirklich gesehen und gelesen hatte.

Eines der erstaunlichsten Ergebnisse dieses Projektes ist es, dass selbst für die Antike die Anzahl der unbekannten und in der wissenschaftlichen Atlantisliteratur nur versteckt – oder gar nicht! – genannten Autoren zu Atlantis so groß ist, dass man immer noch mehr davon findet. Das ist ganz und gar erstaunlich, denn insofern jede Wissenschaft mit Sammeln und Ordnen beginnt, bedeutet das nichts anderes, als dass die Wissenschaft in Sachen Atlantis schlicht ihre Hausaufgaben nicht gemacht hatte.

Wir werden das Sammeln und Ordnen fortsetzen, und hoffen auch weiterhin auf Anregungen und Hilfe durch die interessierten Leser, sowie auf das Glück, das sich immer einstellt, wenn man ihm nur die Gelegenheit gibt, sich zu zeigen.

Thorwald C. Franke
Frankfurt am Main, 18. Januar 2021

Einführung

Diese kritische Geschichte der Meinungen und Hypothesen über Platons Atlantis gliedert sich nach klassischen Vorbildern grob in folgende drei Zeitabschnitte:

    Antike.
    Mittelalter.
    Neuzeit.

Innerhalb dieser drei Zeitabschnitte werden jeweils eigene Gliederungsschemata verwendet, die den Besonderheiten der jeweiligen Zeitalter gerecht werden, und die deshalb von den aus anderen Werken gewohnten Gliederungen abweichen:

- In der Antike wird die Spätantike als eigener Zeitraum betrachtet. Zudem wird in der Antike streng zwischen Erwähnungen und interessanten Nichterwähnungen von Atlantis unterschieden.

- Im Mittelalter unterscheiden wir nach den drei großen mittelalterlichen Herrschaftsbereichen: Das lateinische Mittelalter, Byzanz und die arabisch-islamische Welt.

- In Antike und Mittelalter führen wir Atlantisbefürworter und Atlantisskeptiker gemischt auf, weswegen wir sie jeweils noch einmal in einer Tabelle zusammenfassen, um Überblick herzustellen.

- Die Neuzeit ist in die verschiedenen Abschnitte des Voranschreitens des Aufklärungsprozesses eingeteilt. Innerhalb jeden Abschnitts wird nach Atlantisbefürwortern, Atlantisskeptikern und interessanten Nichterwähnungen von Atlantis unterschieden.

- In der Antike präsentieren wir den historischen Kontext vorwiegend beim jeweiligen Autor, weil die antiken Autoren zeitlich oft weit auseinanderliegen. In späteren Kapiteln präsentieren wir den historischen Kontext vorwiegend in Einleitungen, Exkursen und Zusammenfassungen.

- Am Ende des 19. Jahrhunderts wird der historische Kontext sogar fast wichtiger als die einzelne Hypothese: Hier wird die Frage zu klären sein, warum es ausgerechnet zu diesem Zeitpunkt zur Explosion der Zahl der Lokalisierungshypothesen kam, und wie das Verhältnis von Nationalsozialismus und Atlantis zu bewerten ist.

Diese Einteilung erfüllt die Anforderungen wissenschaftlicher Zweckmäßigkeit, um Erkenntnisse sauber zu gliedern und zu sichern. Dafür leidet manchmal die Gefälligkeit und die Schönheit der Darstellung. Dieses Buch erwartet einen Leser, der wirklich wissen will, was „Sache" ist, nicht einen Leser, der unterhalten werden möchte; ganz im Sinne Ciceros:

> „In der Geschichtsschreibung zielt alles auf die Wahrheit, in der Dichtung das meiste auf Unterhaltung."[1]

Das Ziel dieses Buches ist es, die Geschichte der Atlantisrezeption unter dem Gesichtspunkt der Frage nach Atlantis verlässlich darzustellen. Die Frage nach Atlantis ist vor allem die Frage nach Erfindung oder Existenz. Deshalb wurden moderne literarische und andere künstlerische Verarbeitungen so gut wie nicht in Betracht gezogen.

Beim Lesen wird der Leser schnell bemerken, dass das Thema Atlantis an praktisch alle großen Themen von Politik und Geistesgeschichte rührt. Die Betrachtung der Weltgeschichte unter dem Gesichtspunkt von Atlantis führt zu einem höchst seltsamen Querschnitt durch die Geschichte, der quer zu allen gewohnten Einteilungen und Perspektiven von Geschichte liegt. Die angeschnittenen großen Themen können hier natürlich nur rudimentär besprochen werden.

An manchen Stellen wird der Leser versucht sein, das Fehlen eines Autors zu bemängeln, der Wichtiges zu einem angeschnittenen Thema beizutragen hatte – doch in Wahrheit fehlt er nicht, weil er nämlich „nur" zu dem angeschnittenen Thema etwas beizutragen hat, nicht jedoch zum Thema Atlantis. Der Impuls des Lesers ist im Grunde nicht falsch: Denn das Thema Atlantis ist – obwohl es ein Randthema ist – tief in unsere Geistesgeschichte hineinverwoben, und selbstverständlich steht zu hoffen, dass das vorliegende Buch noch viele Forscher dazu anregen wird, Querverbindungen und Bezüge aufzudecken, die bislang verborgen waren, und jetzt erst ans Tageslicht gelangen.

Ursprünglich sollte dieses Buch nur ein Kapitel in einem umfassenderen Werk sein, das die Grundlagen für eine neue wissenschaftliche Theorie von Platons Atlantis legt. Das „Kapitel" hat sich zu einem eigenständigen, ausgewachsenen Buch verselbständigt. Deshalb hängen einige Bezüge zu anderen Bereichen der neuen wissenschaftlichen Theorie in der Luft.

Insbesondere für Erklärungen zu Platonischen Mythen bzw. dem *mythos*-Begriff bei Platon muss auf die spätere Publikation der umfassenderen wissenschaftlichen Theorie zu Platons Atlantis verwiesen werden. Für den Moment mag es genügen, dass der Leser weiß, dass ein Platonischer Mythos nicht notwendigerweise ein Mythos ist. Unter dem griechischen Wort *mythos* verstand Platon keineswegs dasselbe wie wir heute, wenn wir von „Mythos" sprechen. Platon verstand darunter jedwede unbelegte

---

[1] M. Tullius Cicero De legibus I 5

Aussage, also nicht nur Mythen. Ein *eikos mythos* ist ein „wahrscheinlicher *mythos*", also eine unbelegte Aussage, die mit einer großen Wahrscheinlichkeit wahr ist bzw. der Wahrheit sehr nahe kommt.

Unter dem „Überlieferungslogos" wollen wir all jene Teile der Atlantisdialoge Platons verstehen, die sich mit der Überlieferung der Atlantisgeschichte über Ägypten und Solon bis hin zu Sokrates bzw. Platon befassen.

Auch fehlt im vorliegenden Buch natürlich jede Argumentation, warum die These von der Erfindung von Atlantis falsch ist, und welche Argumente für die Existenz von Atlantis als einem realen Ort im Sinne einer verzerrten Überlieferung sprechen. Manche kurz hingeworfene Kritik an der Erfindungsthese wird deshalb erst dann voll erkennbar werden, wenn die ausführliche Argumentation in der umfassenderen wissenschaftlichen Theorie publiziert sein wird.

Das alles sollte aber dem Verständnis dieses Werkes keinen Abbruch tun.

Griechische Worte werden in lateinischer Transkription in Kleinschreibung und kursiv wiedergegeben, z.B. *mythos*. Die Akzentuierung wird nicht wiedergegeben. Das *ypsilon* wird alleinstehend als *y*, im Umlaut als *u* wiedergegeben, z.B. *mythos* und *eudaimonia*. Lange und kurze Vokale werden nicht unterschieden. Das griechische Chi wird als *ch* wiedergegeben, das griechische Xi als *x*, das griechische Omega als o.

Die Weglassung der Akzentuierung geschieht aus praktischen Gründen. Insbesondere die Wiedergabe von mehreren Akzenten auf einem Buchstaben ist in der lateinischen Transkription ein Problem. Zudem werden spiritus-Zeichen durch das Setzen von *h* oder nicht-*h* angemessen berücksichtigt. Querstriche über den Buchstaben zur Kennzeichnung langer Vokale würden das Schriftbild zusätzlich verschandeln. Die Akzentuierung ist zudem eine ewige Quelle von Fehlern und wir erheben hier nicht den Anspruch, eine philologisch korrekte Wiedergabe von Urtexten auf höchstem Niveau gewährleisten zu können. Wer den Urtext sehen möchte, der greife zu einer wissenschaftlichen Edition.

Die Wiedergabe einer lateinischen Transkription griechischer Worte soll für den kundigen Leser eine anschauliche Hilfe sein, um ein ständiges Nachschlagen zu ersparen, mehr aber auch nicht. Das gewählte Verfahren ist in wissenschaftlichen Arbeiten nicht unüblich.

Zur Unterstützung des Lesers enthält dieses Buch einen Index. Im Anhang werden zudem einige ältere Artikel des Verfassers zum Thema wiedergegeben, damit deren bibliothekarische Verfügbarkeit gesichert ist. – Zitate aus älteren Werken wurden meistens an die heute geläufige Rechtschreibung angepasst.

1. Die Antike

Die Rezeption der Atlantisgeschichte in der Antike ist von größter Bedeutung, denn sie kann uns helfen, Antworten auf die Frage zu finden, in welcher Weise Platon die Atlantisgeschichte verstanden wissen wollte. In der Antike sind wir noch ganz nah dran an Platon und seiner Gedankenwelt, und wir haben es trotz mancher Brüche und Verwerfungen mit einer kulturellen Kontinuität zu tun, die erst in der Spätantike anfängt, verloren zu gehen.

Die Reihe der antiken Erwähnungen von Platons Atlantis beginnen wir mit Theophrast von Eresos, dem Schüler und direkten Nachfolger des Aristoteles. Obwohl das Zeugnis des Theophrast in Fachkreisen bekannt ist, wird Theophrast so gut wie nie in den üblichen Aufstellungen der antiken Erwähnungen von Atlantis erwähnt. Das trifft auch für weitere antike und spätantike Autoren zu, die wir hier natürlich aufführen:

- Theophrast von Eresos.
- Philon von Alexandria.
- Clemens von Alexandria.
- Diogenes Laertios.
- Calcidius.
- Johannes Stobaios.
- Hermias.
- Damaskios.
- Scholion zum Peplos der Kleinen Panathenäen.

Folgende antike und spätantike Autoren, die Platons Atlantis erwähnen, werden hier erstmals im Rahmen der Atlantisliteratur der Öffentlichkeit vorgestellt:

- Loukios Kalbenos Tauros.
- Galenos von Pergamon.
- Sextus Iulius Africanus.
- Martianus Capella.
- Johannes Philoponos.

1.1 Antike Erwähnungen

Die expliziten antiken Erwähnungen von Platons Atlantis geben uns einen direkten Zugang zum Denken der Antike über Platons Atlantis.

Theophrast von Eresos (ca. 371-287 v.Chr.)

Theophrast war Schüler und direkter Nachfolger des Aristoteles in der Leitung von dessen Philosophenschule. Es liegt ein Fragment aus seinem Werk *Opiniones Physicorum*, d.h. *Lehrmeinungen der Naturphilosophen* vor, in dem Atlantis als ein realer Ort erwähnt wird[2]. Aufgrund seiner Nähe zu Aristoteles, dem wichtigsten Schüler Platons, kommt diesem Fragment des Theophrast ein hohes Gewicht zu.

Das Fragment ist überliefert im Werk *De aeternitate mundi* des jüdisch-hellenistischen Philosophen Philon von Alexandria (ca. 15 v.Chr. - 40 n.Chr.), der es zur Rechtfertigung biblischer Vorgänge nutzte. Der für uns interessante Teil des Theophrast-Fragments lautet in der Übersetzung von Jacob Bernays:

> „Was aber den von der Abnahme des Meeres hergeleiteten Beweis angeht, so lässt sich dagegen mit Fug folgendes sagen: fasst doch nicht immer lediglich die aufgetauchten Inseln ins Auge und dass etwa einige vormals überflutete Landstreifen später wieder Festland geworden; denn Rechthaberei ist das Widerspiel von Naturforschung, welche keine höhere Sehnsucht kennt als die Wahrheit aufzuspüren. Vielmehr lassen sich auch entgegengesetzte Thatsachen hervorheben, dass vielfach auf dem Festlande nicht bloss Meeresufer sondern auch Theile des Binnenlandes in die Tiefe gesunken sind, dass trokkener Boden zur See geworden und jetzt von tausendlastigen Schiffen befahren wird.
>
> Ist euch die in Betreff der hochheiligen sikelischen Meeresstrasse allverbreitete Erzählung unbekannt, nach welcher vor Alters Sikelia mit dem Festland Italia zusammenhing? Als die grossen Meere zu beiden Seiten unter gewaltigen Stürmen auf einander trafen, da ward das Zwischenland überflutet und zerriss, und die an demselben gegründete Stadt erhielt einen von diesem Ereignis entlehnten Namen, Rhegion [Riss-Stadt]. Damals trat das Gegentheil von Allem ein, was man erwarten konnte; denn die bisher geschiedenen Meere wurden im Zusammenfliessen geeint und verbunden, das früher geeinte Land hingegen ward durch die dazwischentretende Meeresstrasse getrennt und hierdurch Sikelia aus einem Festland gewaltsam zur Insel gemacht.
>
> Auch viele andere Städte sollen, wie überliefert wird, beim Steigen des Meeres verschlungen und verschwunden sein; im Peloponnesos z.B. sollen drei, [die ein Dichter in folgenden Versen nennt] 'Aigeira, Bura und die ragende Stadt Helikeia, Welche die Mauern gar bald wird dicht überkleiden mit Seemoos' nachdem sie lange glücklich gewesen, von einer starken Meeresfluth überschwemmt worden sein.
>
> Die Insel Atlantis ferner, 'welche grösser war als Asien und Libyen zusammengenommen, sank', wie Platon im Timäos [p. 24e und 25c] sagt, 'binnen einem Tage und einer Nacht unter gewaltigen Erdstössen und Ueberschwemmungen im Meere unter, und verschwand plötzlich', und an ihrer Stelle entstand eine nicht schiffbare, sondern mit Untiefen besäete Wasserfläche.
>
> Für die Zerstörung der Welt kommt demnach die angebliche Verminderung des Meeres nicht in Betracht, da es offenbar hier zurückweicht und dort überströmt. Man

---

[2]Vgl. auch Luce (1978) S. 68 und Vidal-Naquet (2006) S. 46 f. (dt.) und Fußnote 72 bzw. S. 53 (frz.) und Fußnote 15

hätte also nicht im Hinblick auf bloss Eine Reihe von Thatsachen sondern auf beide Reihen das schliessliche Urtheil sich bilden sollen, da ja auch in den alltäglichen Rechtsstreitigkeiten kein pflichtmässiger Richter seinen Spruch fällen wird, bevor er die Gegenpartei gehört hat."³

Philon schreibt nicht explizit von Schlamm als dem Grund für die Unbefahrbarkeit des Meeres. Vidal-Naquet meint, dass Philon eine explizite Aussage über den von der untergehenden Insel zurückgelassenen Schlamm wegließ, weil das nicht in das biblische Konzept von Philon passte⁴.

Neben vielen Kommentatoren, die sich offenbar nicht im Geringsten daran zu stören schienen, dass Theophrast von der Existenz von Atlantis ausging, darunter wie gesehen auch Pierre Vidal-Naquet, gibt es zwei Autoren, die mutmaßen, dass das Atlantisthema an dieser Stelle nicht von Theophrast stammt, sondern von Philon von Alexandria eingeschoben wurde: Francis Henry Colson und David T. Runia.

Colson meint: „but I cannot help suspecting that ... the account from the Timaeus of Atlantis ... belong to Philo and not to Theophrastus."⁵ Einen Grund für seinen Verdacht nennt Colson jedoch nicht. – Runia meint über die Erwähnung von Atlantis in Philons Text: „In all probability it has been added by Philo"⁶, gibt dafür aber als einzigen Grund an, dass Aristoteles gemäß Strabon II 102 bzw. XIII 598 gegen eine Existenz von Atlantis eingestellt gewesen sei. Dieses Argument ist heute natürlich hinfällig, siehe unter Aristoteles bei den antiken Nichterwähnungen. Runia weiß um die mangelhafte Beweislage und verschweigt sie nicht:

„our scanty evidence points to a Philonic intrusion, as suspected by Colson ... (but he gives no reason for his suspicion).“⁷

Mit der Entkräftung der Einwände von Colson und Runia gibt es keine ernst zu nehmenden Gründe mehr gegen die Auffassung, dass Theophrast tatsächlich der Autor der Aussagen zu Atlantis bei Philon ist. Davon geht ohne nähere Argumentation auch John V. Luce aus⁸.

Krantor von Soloi (bis 275 v.Chr.)

Krantor von Soloi war ein beliebtes Mitglied der von Platon gegründeten Akademie in Athen und war als deren nächster Leiter im Gespräch. Krantor starb jedoch, bevor er

---
³Philo Alexandrinus De aeternitate mundi I 26, andere Zählungen: 138-142 oder II 514 f.; Diels Doxographi Graeci fr. 12, S. 490; Übersetzung Bernays (1877)
⁴Vidal-Naquet (2006) S. 46 f. (dt.) / S. 53 (frz.)
⁵Colson (1941) S. 172 ff.
⁶Runia (1986) S. 85
⁷Runia (1986) S. 85
⁸Luce (1978) S. 68 und Fußnote 8 auf S. 222

zum Leiter der Akademie aufsteigen konnte. Krantor ist zudem der Autor des ersten Kommentars zu Platons Timaios. Die Meinung des Krantor hat also hohe Relevanz. Krantor von Soloi ist einer der wichtigsten Zeugen für Platons Atlantis. „Zeuge" natürlich nicht in dem Sinne, dass er Atlantis „gesehen" hätte, sondern „Zeuge" in dem Sinne, dass er „Zeugnis" dafür ablegt, dass Platons Atlantis in der Akademie für real gehalten wurde, und dass er – Krantor – angeblich sogar einen Beleg dafür kannte, der unabhängig von Platons Atlantisgeschichte war!

Die Meinung des Krantor über Platons Atlantis ist uns bei Proklos direkt aus Krantors Kommentar überliefert und lautet im Volltext:

> „Einige sagen, dass jene Erzählung [*logos*] über alles, was mit den Atlantern zusammenhängt, reine Geschichte [*historia psile*] sei, wie (z.B.) der erste Kommentator Platons, Krantor. Dieser [Krantor] sagt nun, dass er [Platon] von den Damaligen verspottet worden sei, weil er nicht der Schöpfer (seiner) Politeia sei, sondern (nur) der Umschreiber der (Staatsordnung) der Ägypter. Er [Platon] habe sich aus diesem (Wider-)wort der Spötter aber (so viel) gemacht, dass er [Platon] jene Geschichte [*historia*] über die Athener und Atlanter auf die Ägypter zurückführte, dass die Athener einst gemäß dieser Politeia gelebt hätten. Es bezeugen dies aber die Priester [*prophetai*] der Ägypter, sagt er [Krantor!], indem sie sagen, dass dies auf noch existierenden Stelen [*stelai*] geschrieben stünde."[9]

Dieser Satz hat bei manchen Interpreten immer wieder Verwirrung hervorgerufen, weil sie nicht wussten, an welcher Stelle von Krantor und an welcher Stelle von Platon die Rede ist. Der Originaltext lässt dies jedoch durch Satzstruktur und Zeitgebrauch sehr deutlich werden. Mehr zu diesen Irrtümern siehe unter Platon bei den „interessanten Nichterwähnungen" von Atlantis in der Antike.

Halten wir zunächst fest, dass Krantor in jedem Fall ein Zeuge dafür ist, dass in der von Platon gegründeten Akademie die Atlantisüberlieferung für grundsätzlich wahr gehalten wurde. Denn Krantor lieferte einen Beleg für die Wahrheit der Überlieferung.

Krantor – Ein Beleg für Atlantis unabhängig von Platon?

Unabhängig vom Zeugnis Krantors ist die Frage zu diskutieren, ob Krantor über einen Beleg für Atlantis verfügte, der unabhängig von Platons Atlantisgeschichte ist. Das Gewicht eines solchen Beleges hat Alan Cameron richtig erkannt:

> „Either way, if there is any truth in the story at all, unbelievers have more than Plato to contend with."[10]

Natürlich ist es völlig legitim, daran zu zweifeln, dass Krantors Beleg für Atlantis korrekt ist – die Behauptung des Krantor, über einen Beleg zu verfügen, bleibt dennoch

---

[9]Proklos In Timaeum 24A f. oder I 1,75 f.; Übersetzung Thorwald C. Franke
[10]Cameron (1983) S. 82

bestehen. Es ist deshalb schlicht unseriös, wenn wissenschaftliche Atlantisskeptiker in apodiktischem Ton schreiben:

> „It is worth noting that no one in the ancient world seems to have had any evidence about the status of Plato's story, or about his motives in telling it, which is not also available to us."[11]

Von welcher Art war nun der Beleg des Krantor? Viele Atlantisbefürworter gehen davon aus, dass Krantor selbst in Ägypten war und dort von ägyptischen Priestern die Atlantisgeschichte „auf Stelen" gezeigt bekam. Das ist möglich. Es gibt aber auch die Möglichkeit, die Werner Jaeger bevorzugt, dass Krantor seinen Beleg durch die Lektüre der *Geschichte Ägyptens* des Hekataios von Abdera fand[12]. Dieses Buch erschien nach Werner Jaeger nicht vor dem Jahr 305 v.Chr., nach Cameron um 315-305 v.Chr. Eine der Angaben in diesem Werk des Hekataios von Abdera – offensichtlich über Kriegsberichte auf Stelen in Ägypten – könnte Krantor als Bezug zu Platons Atlantisgeschichte gedeutet haben. Eine solche Deutung durch Krantor ist übrigens auch dann noch möglich, wenn Hekataios von Abdera gegen die Existenz von Atlantis eingestellt gewesen sein sollte, was wahrscheinlich ist, wie wir gleich noch sehen werden. Denn es ist keine Seltenheit, dass man Material und Argumente für die eigene Sache gerade in den Schriften des Gegners findet.

Damit wäre das Zeugnis des Krantor zwar ein ehrliches, doch kein hinreichend zuverlässiges Zeugnis mehr. Denn es besteht natürlich aus heutiger Sicht keine hinreichende Sicherheit darüber, dass tatsächlich ein Bezug zu Atlantis gegeben war. Grundsätzlich wäre es aber möglich, dass diese Stelen tatsächlich von demselben Ereignis berichteten, von dem Solon und der ägyptische Priester in Sais sprachen, und dass Krantor damit tatsächlich einen Beleg gefunden hatte – doch dieser Beleg ist uns nicht in einer überprüfbaren Form überliefert worden.

Aber auch wenn Krantor persönlich in Ägypten war, erheben sich Zweifel. Schließlich ist ein ägyptischer Tempel keine öffentliche Bibliothek, und auch das Stichwort „Atlantis" kam ja in der ägyptischen Originalquelle nicht vor. Krantor hätte sich also schon sehr viel Mühe geben müssen, um nach den originalen Texten zu forschen, und das ohne das Ansehen und den Status eines Solon. Tatsächlich will Krantor ja auch keine Papyri gefunden haben, sondern Stelen. Das deutet bereits daraufhin, dass seine Suche – so er denn in Ägypten war – nicht völlig erfolgreich gewesen sein kann, und er sich mit einem Zeugnis zufrieden geben musste, das nicht der vollen Atlantisüberlieferung gleichkam, wie Solon sie zu sehen bekam. Womöglich kannten die ägyptischen Priester Platons Timaios in dieser Zeit bereits, und spiegelten dem Griechen Krantor nur ein Stück seiner eigenen Kultur zurück? Womöglich zeigten sie ihm einfach irgendwelche Stelen und glaubten, dass deren Inschriften schon irgendwie zu den Fragen des Krantor passen würden? Da Krantor die ägyp-

---
[11] Gill (1980) S. vii
[12] Jaeger (1938) S. 128 f.; vgl. auch Cameron (1983) S. 86-88

tische Sprache nicht beherrschte, lag die Überprüfung auf Übereinstimmung mit Platons Atlantisüberlieferung bei den ägyptischen Priestern. Bei Priestern, die nicht über das historische Verständnis und ein platonisches Wahrheitsethos wie Krantor verfügten.

Grundsätzlich ist es aber richtig, dass Platon selbst mit der Herkunft der Atlantisüberlieferung aus dem ägyptischen Sais eine zumindest im Prinzip überprüfbare Quelle für die Atlantisgeschichte nannte. Es ist deshalb grundsätzlich möglich, dass Krantor tatsächlich einen von Platon unabhängigen Beleg für die Atlantisgeschichte fand. Allerdings hätte dies einiger Mühe bedurft. Man hätte erwarten können, dass diese Mühe sich in mehr als nur einer kurzen Notiz in der Überlieferung niederschlägt. Die Kürze der Überlieferung deutet darauf hin, dass Krantor tatsächlich nicht persönlich in Ägypten war, oder dort nicht soweit kam, wie er hätte kommen sollen, um einen verlässlichen Beleg zu erschließen. Vielmehr wird sich Krantor direkt oder indirekt in oberflächlicher Weise auf einen Beleg gestützt haben, der vielleicht zutreffend gewesen sein mag, doch ohne dass dies mit Verlässlichkeit feststand.

Das ändert nichts daran, dass Krantor ein Zeuge dafür ist, dass in der platonischen Akademie grundsätzlich davon ausgegangen wurde, dass die Atlantisüberlieferung wahr ist. Denn Krantor war ein wichtiges und beliebtes Mitglied der Akademie, und wäre wohl Schulhaupt geworden, wenn er nicht zu früh gestorben wäre. Dieser mit Autorität versehene Krantor war zudem der erste, der einen Kommentar zu Platons Timaios verfasste, der seinerseits Autorität entfaltete, wie seine Rezeption z.B. durch Poseidonios und Plutarch zeigt. Hätte es eine Kontroverse zu dieser Frage in der Akademie gegeben, so hätte sich diese mit großer Wahrscheinlichkeit in der Überlieferung niedergeschlagen; das ist nicht geschehen.

Krantor – Atlantis als Spielball im Streit um Platons Originalität

Der Umstand, dass Krantor sich genötigt sah, einen Beleg für Platons Atlantisgeschichte vorzubringen, deutet darauf hin, dass es zu Krantors Zeit zu Zweifeln gekommen sein muss. Die Zweifler werden allerdings nicht namentlich genannt. Die Motivation dieser Zweifler scheint gemäß den Angaben bei Proklos eher Spott gegen Platons Politeia als ein spezieller Zweifel an Atlantis gewesen zu sein.

Man vermutet, dass Krantor mit den Spöttern gegen Platons Politeia vor allem den Isokrates meinte, der in seinem Werk *Busiris* in den 370er Jahren v.Chr. die Frage aufwarf, ob Platon seine Vorstellungen von einem Idealstaat nach dem Vorbild Ägyptens gestaltet hatte[13]. Der Kern des Spottes war also der Vorwurf, dass Platon kein origineller Denker war, dass Platon die Ideen der Politeia aus Ägypten „geklaut" hatte.

---

[13] Vgl. Eucken (1983) S. 206-212

1.1 Antike Erwähnungen

Krantor versteht Platons Ausführungen im Timaios, dass sowohl Ur-Athen, das dem Idealstaat der Politeia entspricht, als auch Ägypten ihre jeweiligen Verfassungen *unabhängig* voneinander aus *derselben* Quelle, nämlich von der Göttin Athene bzw. Neith, empfingen, in diesem Sinne als eine Antwort auf Isokrates' *Busiris*. Damit wäre nämlich erklärt, warum Platons Politeia und Ägypten sich so ähneln, *ohne* dass an Platons Originalität gezweifelt werden muss.

Die Tatsache, dass Ur-Athen 1000 Jahre früher als Sais entstanden sein soll, hat damit übrigens nichts zu tun, denn entscheidend ist in diesem Zusammenhang allein die Entstehung *unabhängig* voneinander. Manche Autoren vertreten hier die irrige Meinung, dass Platon mit dem Abstand von 1000 Jahren sagen wollte, dass Sais eine späte Kolonie von Ur-Athen sei[14]. Das ist falsch.

Wie man sieht, drehte sich die Auseinandersetzung zu Platons Lebzeiten noch nicht um Atlantis. Allerdings konnte Platons Antwort auf Isokrates' *Busiris* – also die Atlantisgeschichte – natürlich nur dann Sinn und Kraft haben, wenn sie von Platon ernst gemeint war. Daraus kann man ableiten, dass Platon auch die Atlantisgeschichte ernst meinte.

Einige Zeit später fand der Streit offenbar unter den Erben von Platon und Isokrates seine Fortsetzung. Jetzt scheint sich der Spott des Isokrates-Lagers nicht nur gegen die Politeia, sondern auch gegen die Aussagen des Timaios gerichtet zu haben. Denn nur so konnte der Vorwurf an Platon, er habe seine Politeia aus Ägypten abgekupfert, aufrecht erhalten werden. Dies war der Moment, in dem Krantor nach einem Beleg für die Richtigkeit von Platons Angaben im Timaios, d.h. für die Atlantisgeschichte, suchte.

Bemerkenswert ist zunächst, dass die Verspottung des Timaios ein weiteres Indiz dafür ist, dass die Atlantisgeschichte ernst gemeint war. Denn nur das, was ernst gemeint ist, kann von Spott getroffen werden. Man beachte dabei, dass es auch jetzt *nicht* um Atlantis ging, sondern dass die Frage nach Atlantis zum Opfer und Spielball von ganz anders gelagerten Interessen geworden war. Ganz so wie heute rationalitätsfeindliche Romantiker, Poppersche Platonhasser oder verirrte Kommunismusfreunde eine Haltung pro oder contra Atlantis vor allem deshalb einnehmen, weil sie damit ihre Grundideologie bestätigt sehen können: Atlantis ist ihnen im Grunde völlig egal.

Das spricht natürlich nicht für die Glaubwürdigkeit der Argumentation des Krantor. Es spricht aber auch nicht dagegen. Wovon wir ausgehen können ist, dass Krantor hier gegen äußere Gegner einfach den Standpunkt verteidigte, der schon immer in der Akademie gegolten hatte. Ob dieser richtig war, ist eine andere Frage. Es ist kaum anzunehmen, dass Krantor das erste Mitglied der Akademie war, das eine Meinung zu Atlantis hatte. Es ist ebenfalls kaum anzunehmen, dass Krantor seine Meinung von der Wahrheit der Atlantisgeschichte gegen die bisherige Meinung der Akademie gebildet hat. Krantor ist und bleibt ein Zeuge dafür, dass in der Akademie von der Wahrheit der Atlantisgeschichte ausgegangen wurde. Und nur darauf kommt es an.

---

[14] Vgl. z.B. Heidel (1933) S. 194

Schneiden wir noch kurz die Frage an, ob Platon bei der Abfassung seines Idealstaates wirklich von Ägypten „abgekupfert" hat. Zunächst müssen wir diese Aussage einschränken, denn Platon war zwar selbst in Ägypten, doch hat er seine Vorstellungen über Ägypten vermutlich hauptsächlich aus der Literatur seiner Zeit geschöpft. Hier mag er vielleicht tatsächlich Anleihen gemacht haben. Man denke etwa an das Kastenwesen, über das bereits Herodot berichtete. Doch solche Ideen gab es auch unabhängig von Ägypten. So nennt Aristoteles den Hippodamos von Milet (ca. 498-408 v.Chr.) als den ersten Nichtpolitiker, der eine Staatsverfassung mit drei Klassen erdachte[15].

Grundsätzlich wäre es aber kein Fehler im Sinne Platons, sich an der Verfassung Ägyptens zu orientieren. Denn nach Platons Auffassung ist eines der Kennzeichen eines Idealstaates, dass er lange Bestand hat. Das war für Ägypten definitiv der Fall, erst recht in den Augen der Griechen. Was für Isokrates und seine Anhänger wie ein simples Plagiat aussah, war für Platon empirische politologische Forschung. Auch das ständige Wiederentstehen derselben Ideen in den Zyklen der Zeit ist eine Vorstellung, die für Platon und seine Anhänger Sinn machte, bei Isokrates und seinen Anhängern aber wohl nur Spott hervorrief. Es ist ein grundlegender Mangel an Einsicht in das platonische Denken, wenn manche dem Platon unterstellen[16], er habe einfach irgendetwas – hier also Atlantis und Ur-Athen – erfunden, um auf die Vorwürfe des Isokrates antworten zu können. Abgesehen davon, dass eine Erfindung keinerlei argumentative Kraft hätte, nicht einmal in den Augen von Platons eigenen Anhängern.

Krantor – Atlantis als Spielball ptolemäischer Propaganda

Im Zusammenhang mit dem Streit zwischen den Anhängern des Platon und des Isokrates um die ägyptische Inspiration von Platons Politeia bzw. die Frage von Athen und Sais als Schwesterstädten gibt es eine interessante Anekdote bei Proklos über Theopomp von Chios, den bekanntesten Schüler des Isokrates:

> „Kallisthenes und Phanodemos berichten, dass die Athener die Vorväter der Saiten seien, doch Theopompos sagt hingegen, dass sie Kolonisten von ihnen gewesen seien. Der Platoniker Atticus sagt, dass Theopomp die Geschichte zum Zwecke der Verleumdung umgedichtet hätte; denn zu seiner Zeit kamen einige aus Sais, um die gemeinsame Abstammung mit den Athenern zu erneuern. Platon sagt dazu nur über sie, dass die Saiten Freunde Athens und auf gewisse Weise verwandt sind. Er konnte das sagen, weil es eine einzige Stadtbeschützerin gibt."[17]

Wir sehen hier zunächst, dass die Beziehung von Athen und Sais Gegenstand einer Diskussion mit vielen Teilnehmern war. Kallisthenes von Olynthos und der attische

---

[15] Aristoteles Politica II 8 1b bzw. 1267b30
[16] Vgl. z.B. Eucken (1983) S. 210
[17] Proklos In Timaeum I 1,97 f. bzw. 30CD; Übersetzung Thorwald C. Franke

Geschichtsschreiber Phanodemos wurden etwa um 370/60 v.Chr. geboren. Wir erinnern uns, dass Platon Athen und Sais nicht voneinander abhängig machte, sondern gemeinsam von derselben Göttin abhängig sein ließ. Wir sehen weiter, dass der Isokrates-Schüler Theopomp das Verhältnis von Athen und Sais wieder als Abhängigkeit beschrieb.

Doch in Wahrheit handelte es sich gar nicht um eine Äußerung des Theopomp. Sie stammte vielmehr aus dem Werk *Trikaranos* von Anaximenes von Lampsakos (ca. 380-320), und wurde von diesem dem Theopomp untergeschoben, um diesen in den Augen der Athener zu diskreditieren[18]. Hier wurde also dem Theopomp auf geschichtlicher Ebene genau das unterstellt, was er selbst wiederum dem Platon auf philosophischer Ebene unterstellte: Eine Abhängigkeit Athens bzw. Platons von Ägypten.

Diese Debatte um das Verhältnis von Athen und Sais gilt als ein weiterer möglicher Anlass für Krantor, sich zu Platons Atlantis zu äußern. Denn einige Jahrzehnte nach der Provokation des Anaximenes von Lampsakos veröffentlichte Hekataios von Abdera um 305 v.Chr. seine *Geschichte Ägyptens*, also genau in dem Zeitraum, in dem auch Krantor seinen Timaios-Kommentar verfasst haben dürfte. In dieser *Geschichte Ägyptens* brachte Hekataios von Abdera erneut die Provokation vor, dass Athen nur eine Kolonie von Sais sei. Man geht davon aus, dass Hekataios von Abdera diese These im Rahmen der ptolemäischen Propaganda zugunsten einer kulturellen Vorherrschaft Ägyptens vertrat.

In der Forschung gibt es nun die Vermutung, dass alle, die Platons Variante des Verhältnisses von Athen und Sais unterstützten, deshalb auch Atlantis für einen realen Ort hielten – während alle, die die Version des Hekataios von Abdera favorisierten, Platons Beschreibung von Ur-Athen und folglich auch die Realität von Atlantis ablehnten[19]. Es gibt für diese Vermutung keine Anhaltspunkte, doch sie ist plausibel. Das würde bedeuten, dass bereits kurz nach Platons Tod die Frage nach Atlantis zum Spielball von ganz anders gelagerten Interessen geworden war.

Krantor – Schlussworte

Höchstwahrscheinlich kannte Poseidonios den Timaios-Kommentar des Krantor[20]. Deshalb ist Poseidonios' Neigung, Atlantis für wahr zu halten, ein Indiz dafür, dass dies auch Krantors Meinung war. Denn sonst hätte man mit großer Wahrscheinlichkeit erwarten können, dass Poseidonios seinen Dissens mit Krantor, dessen Werk hohe Autorität hatte, zum Ausdruck bringt. Auch Plutarch, der davon ausging, dass die Atlantisgeschichte einen historischen Kern enthält, kannte den Timaios-Kommentar des Krantor: Er verwendete ihn in seinem Werk *De Animae Procreatione in Timaeo*[21].

---

[18] Görgemanns (2000) S. 418 Fußnote 28
[19] Nesselrath (2001a) S. 34 f.; vgl. Cameron (1983) S. 86-88
[20] Tarrant (2006) S. 63 Fußnote 92: Tarrant nach Philip Merlan (1960)
[21] Plutarch Moralia XIII 70

Plutarchs Glaube an einen historischen Kern der Atlantisgeschichte ist also zugleich ein starker Hinweis dafür, dass auch Krantor dies so sah.

Man beachte, dass das Wort *historia* bei Proklos nicht zwingend „Geschichte" im Sinne von Geschichtsschreibung bedeutet, wie Tarrant zeigen konnte, sondern allgemeiner im Sinne von „eine Geschichte" verwendet wird. Dennoch ist durch den von Krantor vorgebrachten Beleg für Atlantis und weitere Aussagen des Proklos klar, dass im Falle Krantors mit *historia* Geschichte im Sinne einer wahren Geschichte gemeint ist. Mehr zur Bedeutung von *historia* siehe bei Proklos.

Wie oben schon genannt, lädt die Proklos-Stelle über Krantor zu einer falschen Lesart ein, die einen Teil der Aussage nicht Krantor sondern Platon zuschreibt. Mehr dazu unter Platon bei den antiken Nichterwähnungen.

Poseidonios von Apameia (135-51 v.Chr.)

Poseidonios war ein stoischer Philosoph, der in Athen lehrte. Auch Cicero und Pompeius haben seine Vorlesungen besucht. Er machte sich u.a. als Ethnograph und Geograph einen Namen. Sein Werk ist uns nur durch Zitate bei anderen Autoren in Fragmenten überliefert. Möglicherweise hat Poseidonios einen eigenen Kommentar zu Platons Timaios verfasst; die Frage ist umstritten[22]. Bei Strabon ist uns eine explizite Aussage des Poseidonios aus dessen Werk *De Oceano* überliefert:

> „Dass hingegen die Erde einst angehoben worden ist und sich gesenkt und die durch Erdbeben und alle die übrigen ähnlichen Vorgänge ... verursachten Veränderungen erlitten hat, das steht richtig bei ihm. Dazu zitiert er auch gut Platons Meinung, dass möglicherweise auch die Geschichte von der Insel Atlantis keine Erfindung ist, der Insel, von der jener sagt, Solon habe berichtet, die ägyptischen Priester hätten ihm erzählt, dass sie einst existiert habe und dann verschwunden sei, obwohl sie an Größe einem Kontinent nicht nachstand. Und dies, meint er [Poseidonios], könne man besser behaupten, als dass ihr Erfinder sie habe verschwinden lassen wie der Dichter die Mauer der Achäer."[23]

Poseidonios äußert hier eine differenzierte Meinung über Platons Insel Atlantis. Er bringt keinen entschiedenen Glauben an deren Existenz zum Ausdruck, sondern meint, dass es „besser" sei, von der Existenz der Insel auszugehen. Poseidonios gibt also seine Unwissenheit, ob die Insel Atlantis existierte, zu erkennen, neigt aber gleichzeitig zu der Annahme, dass sie doch existierte.

Die Einwände der namentlich nicht genannten Zweifler benutzen dabei ein offenbar sprichwörtlich gewordenes Wort des Aristoteles, das mutmaßlich aus dessen verlorenem Werk *Aporemata Homerika* stammt: Dort kommentiert Aristoteles die Ilias des Homer, in der die Mauer um das Lager der Achäer durch die Götter wieder

---

[22] Abel (1964); vgl. Cameron (1983) S. 89 und Fußnote 29
[23] Strabon II 102 bzw. 2.3.6; Übersetzung Stefan Radt

zum verschwinden gebracht wird[24], und meint, Homer habe diese Mauer der Achäer aus literarischen Gründen entstehen und wieder verschwinden lassen. Die namentlich nicht genannten Zweifler argumentieren hier also literarisch. Eine genaue Aufschlüsselung dieser verschachtelten Stelle hat der Verfasser dieses Buches in seinem Werk *Aristoteles und Atlantis* 2010 vorgelegt[25].

Poseidonios hingegen scheint in dieser Stelle rein geologisch zu argumentieren, und zu glauben, damit hinreichend auf die Zweifler geantwortet zu haben. Das literarische Argument gegen die Existenz von Atlantis scheint also gar nicht das Hauptargument der Zweifler zu sein. Vielmehr müssen die Zweifler zuerst geologisch argumentiert haben, denn sonst würde Poseidonios nicht mit einem geologischen Argument antworten. Denn das literarische Argument verliert nach Meinung von Poseidonios ganz offenbar seine Kraft, sobald die Existenz der Insel Atlantis geologisch grundsätzlich für möglich erachtet wird. Erst dann, wenn man eine solche Insel aus geologischen Gründen für unmöglich hält, beginnt es, sich zu lohnen, nach alternativen – in diesem Fall literarischen – Erklärungen für diese Insel zu suchen. Mit anderen Worten: Das literarische Argument von der Mauer der Achäer ist hier gar kein Argument gegen die Existenz von Atlantis, sondern eine alternative Erklärung, die erst dann von Interesse ist, nachdem ein anderes, ein geologisches Argument, gegen die Existenz vorgebracht wurde.

Auch heute bauen die literarischen Argumente zur Erklärung von Platons Atlantis oft unausgesprochen auf der Grundannahme auf, dass es bereits durch andere Argumente bewiesen sei, dass Atlantis nicht existierte. Dabei wird völlig übersehen, dass wir heute neben literarischen Erklärungen insbesondere auch historisch-kritische Erklärungen für Abweichungen alter Texte von der Realität kennen.

Wir können aus den Worten des Poseidonios schließen, dass es zur Zeit des Poseidonios namentlich nicht näher bezeichnete Zweifler gab, die an der Existenz von Atlantis aus geologischen Gründen zweifelten. Poseidonios selbst kannte höchstwahrscheinlich den Timaios-Kommentar des Krantor[26] und ist deshalb mit seiner Neigung, Atlantis für wahr zu halten, ein Zeuge dafür, dass dies auch Krantors Meinung war. Insofern Poseidonios sich eng an die geographischen und geologischen Überlegungen des Aristoteles anschloss, ist die Haltung des Poseidonios auch ein starkes Indiz für die Haltung des Aristoteles zu Atlantis.

Man beachte, dass die Übersetzungen der angeführten Strabon-Stelle zu einem Missverständnis einladen, welche Aussagen der Stelle von Platon bzw. von Poseidonios stammen. Deshalb wollen manche in dieser Stelle ein Platon-Zitat über Atlantis sehen, das nicht in den bekannten Dialogen und Briefen Platons überliefert wird. Doch das ist unzutreffend. Mehr dazu siehe unter Platon bei den antiken Nichterwähnungen.

---

[24]Homer Ilias VII 436 ff.
[25]Franke (2010/2016)
[26]Tarrant (2006) S. 63 Fußnote 92: Tarrant nach Philip Merlan (1960)

Strabon von Amaseia (ca. 63 v.Chr. - 23 n.Chr.)

Strabon ist der Autor der *Geographica*, eines bedeutenden geographischen Werkes. In diesem Werk diskutiert Strabon auch geologische Phänomene und überliefert uns in diesem Zusammenhang die Meinung des Poseidonios von Apameia über Platons Insel Atlantis. Strabon schließt sich dabei der Meinung des Poseidonios über Atlantis an. Das ist eindeutig daran ablesbar, dass er das argumentative Vorgehen des Poseidonios für „gut" befindet:

> „Dazu zitiert er auch gut Platons Meinung, dass möglicherweise auch die Geschichte von der Insel Atlantis keine Erfindung ist, ... Und dies, meint er, könne man besser behaupten, als dass ihr Erfinder sie habe verschwinden lassen wie der Dichter die Mauer der Achäer."[27]

Wie Poseidonios vertritt Strabon also eine grundsätzliche Unwissenheit über die Existenz von Atlantis, jedoch mit einer klaren Neigung zu der Annahme, dass Atlantis existierte. Die Wissenschaft ist in der Frage, ob Strabon ein Befürworter oder Gegner der Existenz von Platons Atlantis war, ziemlich genau in zwei gleich große Lager geteilt. Doch das liegt nur an einer allzu flüchtigen Bearbeitung des Themas. Bei genauer Betrachtung ist der Sachverhalt klar. Näheres dazu hat der Verfasser dieses Buches in seinem Werk *Aristoteles und Atlantis* 2010 vorgelegt[28].

Aus der Tatsache, dass Strabon die Meinung des Poseidonios explizit für gut befindet, kann man schließen, dass es die Zweifler, gegen die Poseidonios sich wandte, vermutlich auch zu Strabons Zeiten noch gab.

Philon von Alexandria (ca. 15 v.Chr. - 40 n.Chr.)

Philon von Alexandria war ein einflussreicher jüdischer Philosoph und Theologe, der als erster versuchte, die Kosmologie der Bibel mit Platons Timaios in Übereinstimmung zu bringen. Alle späteren Versuche dieser Art gehen auf Philon von Alexandria zurück.

Wie wir oben sahen, ist Philon der Überlieferer einer Aussage des Theophrast, in der Atlantis lapidar als reale Gegebenheit hingenommen wird[29]. Dem entsprechend können wir natürlich davon ausgehen, dass auch Philon von Alexandria selbst diese Sicht teilte, die er als Beleg für seine Thesen referierte, und damit Atlantis für real hielt, auch wenn er sonst nichts weiter dazu sagte.

---

[27] Strabon II 102 bzw. 2.3.6; Übersetzung Stefan Radt
[28] Franke (2010/2016) S. 57 f.
[29] Philo De aeternitate mundi I 26, andere Zählungen: 138-142 oder II 514 f.; Diels Doxographi Graeci fr. 12, S. 490

1.1 Antike Erwähnungen

Plinius der Ältere (23-79 n.Chr.)

Gaius Plinius Secundus Maior, auch Plinius der Ältere genannt, war ein römischer Offizier und Beamter, der sich insbesondere als Naturforscher mit seinem Werk *Naturalis historia* hervortat. Darin behandelt Plinius natürlich auch geologische Sachverhalte. In diesem Zusammenhang erwähnt Plinius auch Platons Atlantis:

> „Auch entzog sie [die Natur] uns ganze Länder, hauptsächlich aber dasjenige, welches, wenn man dem Plato glaubt [*si Platoni credimus*], den ungeheuren Raum, wo sich jetzt der Atlantische Ozean befindet, einnahm."[30]

Atlantisskeptiker wie Pierre Vidal-Naquet wollen darin Zweifel an der Existenz von Atlantis sehen[31]. Doch Heinz-Günther Nesselrath hat mit Recht darauf hingewiesen, dass die Satzstellung dazu führt, dass sich der Zweifel nur auf den „ungeheuren Raum" bezieht, nicht aber auf die Existenz der Insel Atlantis[32]. Hinzu kommt, dass der Einschub *si Platoni credimus*, d.h. „wenn wir Platon glauben", nur einen neutralen Zweifel zum Ausdruck bringt, der sich zu keiner Seite hin neigt. Plinius kann demnach nicht als Zweifler an der Existenz von Platons Atlantis eingeordnet werden, sondern schlimmstenfalls als ein neutraler Beobachter, der beide Möglichkeiten – Existenz und Nichtexistenz – für möglich hält, bestenfalls jedoch als jemand, der tatsächlich von der Existenz von Atlantis ausging.

An dieser Stelle ist es interessant zu bemerken, dass Plinius offenbar die Sichtweisen von Platon und Aristoteles vermischte, und deshalb zweifelte. Bei Platon ist Atlantis tatsächlich eine Insel im Atlantik, die vollständig vom Meer umflossen ist. Bei Aristoteles deutet sich jedoch an, dass er die Unterbrechung der Ökumene, die sich wie ein Band um die Nordhalbkugel der Erde herum legt, an der Stelle des Atlantiks für unnatürlich hält. Auch deutet Aristoteles an, dass das Vorkommen von Elefanten im Westen und im Osten auf die Existenz einer ehemaligen Landverbindung über den Atlantik von Afrika bis nach Indien hinweist. Die Auffassung, dass das untergegangene Land den gesamten Raum des Atlantischen Meeres einnahm, ist also aristotelisch, nicht platonisch. Doch genau diese aristotelische Sichtweise bringt Plinius hier im Zusammenhang mit Platons Atlantis zum Ausdruck.

Das ist zunächst ein weiterer schöner Hinweis darauf, dass auch Aristoteles vermutlich von der Existenz von Atlantis ausging. Es ist aber auch eine schöne Erklärung für den Zweifel des Plinius. Denn dieser Zweifel, den Plinius an die Adresse des Platon richtet, müsste sich eigentlich besser an die Adresse des Aristoteles richten. Denn erst Aristoteles sprach – in den uns überlieferten Texten indirekt – davon, dass der ganze Raum des Atlantischen Meeres von Land überbrückt worden sein soll. Eine Un-

---

[30]Plinius d.Ä. Naturalis Historia II 90; andere Zählungen: 92 oder 205; Übersetzung Philipp H. Külb 1840
[31]Vgl. z.B. Vidal-Naquet (2006) S. 44 (dt.) / S. 51 (frz.)
[32]Nesselrath (2008b) Fußnote 20

tersuchung der Meinung des Aristoteles hat der Verfassers dieses Buches in seinem Werk *Aristoteles und Atlantis* 2010 vorgelegt[33]. – Vielleicht ist das, was Aristoteles zum Ausdruck bringt, in Wahrheit auch eine spätere Meinung des Platon gewesen? Wir wissen es nicht.

Man beachte, dass Plinius auch an periodisch wiederkehrende Katastrophen glaubte, und dass er seine Zeit auf eine nahende Verbrennungskatastrophe zugehen sah.[34]

Plutarch von Chaironeia (ca. 45-125 n.Chr.)

Plutarch war ein an moralischen Fragen interessierter Philosoph, der in diesem Zusammenhang auch Biographien berühmter Leute verfasste, und so auch als Geschichtsschreiber tätig wurde. Außerdem war er politisch tätig und hatte zeitweise ein Priesteramt in Delphi inne.

Plutarch glaubte ganz offensichtlich an einen historischen Kern von Platons Atlantisgeschichte. Das geht aus mehreren Stellen seines Werkes klar hervor: Am deutlichsten wird dies in Plutarchs Solon-Biographie, wo Plutarch die Auffassung äußert, dass Platon eine historische Überlieferung üppig ausgeschmückt habe. Denn nur dort, wo eine historische Vorlage vorhanden ist, kann diese ausgeschmückt werden. Ausdrücklich verwendet Plutarch hier auch das Wort *hypothesis*, das „Vorlage" oder das „Zugrundeliegende" bedeutet. Man beachte, dass man das altgriechische Wort *hypothesis* nicht einfach mit dem modernen Wort „Hypothese" übersetzen darf.

Plutarch hatte offenbar keine genauere Vorstellung davon, nach welchen Regeln und mit welchen Methoden Platon seine *logoi* bzw. *mythoi* entwickelt hatte. Deshalb scheint Plutarch von frei phantasierenden Ausschmückungen und Hinzufügungen auszugehen. Die Stelle lautet:

> „Die unvollendete Atlantische Geschichte [*hypothesin*] des Solon ist gleichsam ein verlassener angelegter Grund in einer sehr schönen Gegend gewesen, welchen Platon, dem er aus einer Art von Verwandtschaft gehörte, weiter aufzubauen und auszuzieren sich bestrebte. Er setzte große Eingänge, Mauern und Vorhöfe zum Anfange des Gebäudes, dergleichen Kostbarkeiten noch keine Rede, noch Fabel, noch Gedicht [*hoia logos oudeis allos eschen oude mythos oude poiesis*] gehabt hatte. Aber er fing zu spät an, und endigte daher eher sein Leben als das Werk. Je mehr uns aber das, was noch davon vorhanden ist, ergötzt, desto mehr muss man das, was zurück geblieben ist, mit bedauern. Platons Weisheit ließ unter so vielen schönen Werken die einzige Atlantische Geschichte unvollkommen, so wie die Stadt Athen den Tempel des Olympischen Jupiters."[35]

---

[33]Franke (2010/2016) S. 23-25, 38
[34]Plinius d.Ä. Naturalis Historia VII 16, andere Zählung VII 73
[35]Plutarch Vitae parallelae – Solon 32; Übersetzung Gottlob Benedict von Schirach 1777

1.1 Antike Erwähnungen

Hier und an anderen Stellen der Solon-Biographie behandelt Plutarch die Herkunft der Atlantisüberlieferung aus Ägypten als historische Tatsache. Dabei bleibt Plutarch an einer Stelle unentschieden, ob die Atlantisgeschichte als *„logos* oder *mythos"* zu werten ist, doch ändert das nichts an der Tatsache, dass Plutarch einen historischen Kern sieht. Plutarch ist sich offenbar nur nicht sicher, wie groß dieser historische Kern ist. Die Stellen lauten:

> „Zuerst schiffte er [Solon] nach Ägypten, und hielt sich einige Zeit auf, wie er selbst sagt: 'Am Ausflusse des Nils, an der Küste bei Kanobis.' Hier unterhielt er sich einige Zeit in philosophischen Sachen mit dem Psenophis von Heliopolis, und dem Sonchis von Sais, den gelehrtesten der damaligen Priester, von denen er auch, wie Platon sagt, die Erzählung von der Atlantischen Insel [*ton Atlantikon logon*] hörte, die er seinem Vaterlande in griechischen Versen bekannt machen wollte. Von da schiffte er nach Zypern ..."[36]

> „Solon hatte, wie schon gemeldet worden, ein großes Werk angefangen, welches die Geschichte der Atlantischen Insel [*peri ton Atlantikon logon e mython*] enthalten sollte, so wie er sie von den Weisen zu Sais gehört hatte, und die sich sehr gut auf die Athenienser schickte. Dieses Werk ließ er, nicht wegen Geschäfte, wie Platon sagt, sondern vielmehr aus Mattigkeit des Alters liegen, weil ihn die Größe des Werkes abschreckte. ..."[37]

In einer Abhandlung über den Epikureismus stellt Plutarch Platons Atlantisgeschichte in den Kontext geistiger Genüsse, von Geschichtsschreibung aber auch von Lüge, Erfindung und Dichtung. Da Plutarch in der Atlantisgeschichte sowohl historische Wahrheit als auch üppige Ausschmückungen Platons vermutet, steht diese Stelle nicht im Widerspruch zur Auffassung von Plutarch, dass die Atlantisgeschichte einen historischen Kern hat:

> „Zuerst stellen sich die Geschichten dar, welche bei aller angenehmen Unterhaltung, die sie gewähren, die stete Begierde nach Wahrheit unbefriedigt lassen, so dass man des Vergnügens niemals überdrüssig wird; und dieses Vergnügens wegen sind auch die Lügen [*pseudos*] nicht ohne Annehmlichkeit, und die Fabeln und Erdichtungen [*kai plasmasi kai poiemasi*] haben immer für uns viel Anziehendes, wenn sie gleich keine Überzeugung bewirken können. Man überlege nur zum Beispiel, welchen Eindruck Platons Erzählung von der Insel Atlantis und die letzten Gesänge der Iliade beim Lesen auf uns machen, wie wir da mit ungeduldiger Begierde, nicht anders, als wenn Tempel und Theater vor uns verschlossen würden, auf den Ausgang der Fabel [*mythos*] warten."[38]

---

[36] Plutarch Vitae parallelae – Solon 26; Übersetzung Gottlob Benedict von Schirach 1777
[37] Plutarch Vitae parallelae – Solon 31; Übersetzung Gottlob Benedict von Schirach 1777
[38] Plutarch Moralia – Non posse suaviter vivi secundum Epicurum 9 f.; Übersetzung Johann Friedrich Salomon Kaltwasser 1798

Man beachte, dass Plutarch hier Atlantis und die Ilias parallel setzt. Auch die Ilias war für Plutarch natürlich keine reine Erfindung, sondern eine Mischung aus Wahrheit und Dichtung. Deshalb wiederholt Plutarch auch nicht einfach die Bezeichnungen *pseudos* oder *plasma*, sondern weicht auf den Begriff *mythos* aus.

Abschließend können wir sagen, dass Plutarch in der Atlantisgeschichte einen wahren Kern sah, der von Platon in freier Phantasie ausgeschmückt worden sei. Doch mehr weiß Plutarch dazu nicht zu sagen. Denn weder verfügt Plutarch über ein historisch-kritisches Denken noch über genügend Kenntnisse darüber, wie Platon seine *mythoi* bzw. *logoi* konstruierte.

Es ist gewiss kein Zufall, dass wir von Plutarch wissen, dass er den Timaios-Kommentar des Krantor kannte. Diesen verwendete Plutarch in seinem Werk *De Animae Procreatione in Timaeo*[39]. Von Krantor wird Plutarch den Gedanken übernommen haben, dass die Atlantisgeschichte auf einer historischen Überlieferung aufbaut. Plutarch gehört eindeutig zu denjenigen, die die Atlantisüberlieferung grundsätzlich für historisch und damit Atlantis grundsätzlich für real hielten.

In der Sertorius-Biographie des Plutarch gibt es noch eine weitere Stelle, die irrtümlich mit Atlantis in Verbindung gebracht wird. Berühmt ist außerdem ein *mythos* des Plutarch in seinem Werk *De facie in orbe lunae*, der ebenfalls irrtümlich mit Platons Atlantis in Verbindung gebracht worden ist, und der einmal mehr zeigt, dass Plutarch eine irrige Vorstellung davon hatte, wie Platon seine *mythoi* konstruierte. Dazu mehr unter Plutarch bei den antiken Nichterwähnungen.

Plutarch – Exkurs: Der Name des ägyptischen Priesters

In zwei Werken nennt Plutarch einen Namen für den Priester, mit dem sich Solon in Sais angeblich unterhalten haben soll:

> „Zuerst schiffte er [Solon] nach Ägypten, und hielt sich einige Zeit auf, wie er selbst sagt: 'Am Ausflusse des Nils, an der Küste bei Kanobis.' Hier unterhielt er sich einige Zeit in philosophischen Sachen mit dem Psenophis von Heliopolis, und dem Sonchis von Sais, den gelehrtesten der damaligen Priester, von denen er auch, wie Platon sagt, die Erzählung von der Atlantischen Insel [*ton Atlantikon logon*] hörte, die er seinem Vaterlande in griechischen Versen bekannt machen wollte. Von da schiffte er nach Zypern ..."[40]

> „Eudoxos soll den Chonuphis aus Memphis gehört haben, Solon den Sonchis aus Sais, Pythagoras den Oinuphis aus Heliopolis."[41]

---

[39] Plutarch Moralia XIII 70
[40] Plutarch Vitae parallelae – Solon 26; Übersetzung Gottlob Benedict von Schirach 1777
[41] Plutarch De Iside et Osiride 10; Übersetzung Gustav Parthey 1850

Es ist nun zunächst völlig unwahrscheinlich, dass so spät nach Solons und Platons Zeit noch der Name eines Priesters auftaucht, mit dem sich Solon unterhalten haben soll. Hier wurde ganz offensichtlich von einer späteren Zeit rückprojizierend eine Annahme getroffen. Vermutlich hatte der Name von Sonchis eine hohe Autorität und Symbolkraft, und man konnte es sich gar nicht anders vorstellen, als dass Solon sich genau mit diesem Priester unterhalten haben soll.

Die Atlantisgeschichte legt hingegen etwas anderes nahe: Kein namhafter Priester, sondern ein älterer Priester meldet sich zu Wort, ein Priester, der offenbar nicht hatte reden sollen und auch nicht hatte reden wollen, sondern der von Solons Unwissenheit so sehr provoziert wurde, dass er nicht an sich halten konnte und den berühmten Ausruf tat: „O Solon, Solon, ihr Hellenen bleibt doch immer Kinder, und einen alten Hellenen gibt es nicht!" So jedenfalls stellt es Platons literarische Ausgestaltung der Priesterszene dar.[42]

Diese Darstellung ist durchaus glaubwürdig: Denn nicht die „hohen" Priester verfügten über das nötige Spezialwissen, sondern im Gegenteil eher Priester von „niedrigeren" Graden, denn die „hohen" Priester hatten in ägyptischen Tempeln die Funktion von Managern. Der besondere Zugang Solons zu den „hohen" Priestern aufgrund seiner Eigenschaft als Staatsmann ist in diesem Zusammenhang nur deshalb von Bedeutung, da nur die „hohen" Priester Zugang zu den „richtigen" Priestern von „niedrigeren" Graden verschaffen konnten, die über das nötige Fachwissen verfügten. Der namenlose ältere Priester wird als ein solcher Experte für die Fragerunde mit Solon ausgewählt worden sein. Vielleicht eher deshalb, weil man ihm dadurch im Alter eine Ehre erweisen wollte, und weniger deshalb, weil man von ihm einen wichtigen Beitrag erwartete.[43]

Der Name Sonchis für den Priester aus Sais ist also unwahrscheinlich, auch wenn Plutarch selbst vermutlich daran glaubte[44]. Untermauert wird dies dadurch, dass spätere Quellen noch andere Namen angeben: Proklos stellte die Vermutung auf, dass der Priester von Sais Pateneit hieß:

> „Solon traf in Sais einen Priester namens Pateneit, in Heliopolis Ochaapi und in Sebennytos Ethemon, laut den Aufzeichnungen der Ägypter. Und vielleicht war es dieser saitische Priester, der folgendes zu ihm sagte: O Solon Solon ..."[45].

Auf den früher bei Plutarch genannten Namen Sonchis geht Proklos nicht ein. Alan Cameron vermutet, dass Proklos auf die *Geschichte Ägyptens* des Hekataios von Abdera zurückgriff, in der dieser anhand von Priesterlisten die entsprechenden Namen herausgesucht haben soll[46].

---

[42] Vgl. Franke (2006/2016) S. 76
[43] Vgl. Franke (2006/2016) S. 47
[44] Vgl. Franke (2006/2016) S. 75
[45] Proklos In Timaeum I,1 101 = 31D; Übersetzung Thorwald C. Franke
[46] Cameron (1983) S. 88

Bei Clemens von Alexandria (ca. 150-215) begegnen uns weitere Priesternamen und weitere Varianten, welcher Grieche mit welchem Priester sprach:

> „Es wird auch berichtet, dass Pythagoras ein Schüler des ägyptischen Oberpriesters Sonchis, Platon des Sechnuphis von Heliopolis und Eudoxos von Knidos des Konuphis, gleichfalls eines Ägypters, war."[47]

Die Permutation der Priesternamen, und wer wessen „Schüler" gewesen sei, nimmt immer verwirrendere Ausmaße an. Allein das Konzept von „Lehrer" und „Schüler" ist fragwürdig: Spätere Zeiten suchten nach Erklärungen und Quellen für die Einsichten der klassischen Denker, und glaubten sie vor allem in Ägypten finden zu können. Doch das ist höchstens die halbe Wahrheit. Die griechischen Denker ließen sich durch Ägypten gewiss inspirieren, doch die Entwicklung des abstrakten philosophischen und historischen Fragens und Denkens war eine Eigenleistung der Griechen. So ließ sich Pythagoras vielleicht durch ägyptische Faustregeln zur Berechnung von Fläche, Volumen und Größe inspirieren – doch die abstrakten mathematischen Gesetze sind die Eigenleistung des Pythagoras.

Bei Kosmas Indikopleustes, einem fanatischen Christen, finden wir schließlich, wie der ägyptische Priester zum biblischen König Salomon mutiert, um die Atlantisgeschichte mit Gewalt auf biblische Quellen zurückführen zu können[48].

Loukios Kalbenos Tauros (um 150 n.Chr.)

Der in Beirut geborene Loukios Kalbenos Tauros unterhielt eine private Philosophenschule in Athen und zählt zu den Mittelplatonikern. Im Jahr 145 n.Chr. soll er 40 Jahre alt gewesen sein. Tauros stellte die Unterschiede zwischen Platon und Aristoteles sowie zwischen der platonischen und der stoischen sowie der epikureischen Lehre heraus, und verfasste zahlreiche Kommentare zu Platons Dialogen, darunter auch zum Timaios. Seine Werke sind nur in Fragmenten erhalten.

Wie viele Platoniker vertrat Tauros die Meinung, dass Platon die Welt nicht für erschaffen hielt. Die Erschaffung der Welt durch den Demiurg im Dialog Timaios sei nur metaphorisch zu verstehen und von Platon aus didaktischen Gründen so beschrieben worden. Gegen diese Meinung solle man auch nicht mit Platons Dialogen Kritias oder Politikos argumentieren, meinte Tauros. Überliefert ist die entsprechende Stelle des Tauros bei dem christlichen Philosophen Johannes Philoponos.

Durch die Erwähnung des Kritias in einem Atemzug mit dem Politikos wird deutlich, dass der überzeugte Platoniker Tauros die Inhalte dieser beiden Dialoge völlig ernst nahm. Der Bezug geht vor allem auf die kosmologischen Aspekte in beiden Dialogen, also auf das zyklische Weltbild Platons. Michael Share vermutet zudem mit

---

[47] Clemens Alexandrinus Stromateis I 303 = I XV, 69, 1
[48] Kosmas Indikopleustes Topographia Christiana XII 379

Recht, dass im Falle des Kritias insbesondere auch die Verteilung der Welt unter den Göttern und die chronologischen Angaben des ägyptischen Priesters die gemeinten Bezüge sind. Das alles sind aber integrale Bestandteile der Atlantisgeschichte. Wir dürfen es deshalb für sehr wahrscheinlich halten, dass Tauros Atlantis für einen realen Ort hielt. Hätte er dies nicht getan, hätte er nicht auf diese Weise argumentieren können.[49]

Numenios von Apameia (um 150 n.Chr.)

Numenios, auch: Noumenios, war Pythagoreer und Platoniker zugleich. Er wird dem Mittelplatonismus zugerechnet. Zugleich war er ein früher Vordenker des späteren Neuplatonismus. Denn Numenios sah in Platon den wahren Fortsetzer der pythagoreischen Tradition. Dieser Ansatz verleitet dazu, überall Zahlen und Symbolik sehen zu wollen, wo von Platon gar keine symbolische Aussage beabsichtigt worden war. Aus heutiger Sicht ist diese Auffassung eindeutig zu extrem. Numenios wurde später vor allem von den Neuplatonikern Plotin und Porphyrios rezipiert, die symbolische Interpretationen bevorzugten.

In Platons Timaios glaubte Numenios besonders viel pythagoreisches Gedankengut wiedererkennen zu können. Die Meinung des Numenios zu Platons Atlantisüberlieferung ist uns bei Proklos überliefert. Dort heißt es:

> „Origenes [Platonicus] aber sagte, dass die Darlegung erfunden sei, und in diesem Punkt ging er konform mit dem Kreis um Numenios, (aber) nicht, dass es als Kunstgriff zur Erbauung im Sinne von Longinos erfunden wurde."[50]

Numenios hält die Darlegung über Atlantis also für erfunden. Sie dient im Timaios nicht nur zur Erbauung des Lesers, wie Longinos meinte, sondern Numenios lässt nur einen „höheren" symbolischen Sinn gelten[51]: Seiner Meinung nach streiten hier die besseren Seelen gegen die übrigen Seelen. Die besseren Seelen stehen unter der Leitung der Athene, die die Vernunft und Beständigkeit repräsentiert, während die übrigen Seelen unter der Leitung des Poseidon stehen, der Veränderung und Leidenschaft repräsentiert.

Numenios ist – 500 Jahre nach Platon! – der erste namentlich bekannte Atlantisskeptiker. Seine Skepsis lässt sich auf den zentralen Irrtum zurückführen, bei Platon überall pythagoreische Zahlensymbolik sehen zu wollen. Gegen diese irrige Tendenz, die sich tragischerweise im späteren Neuplatonismus verfestigte, kämpfte nicht zuletzt Longinos an, siehe bei den spätantiken Erwähnungen.

---

[49]Philoponos De aeternitate mundi contra Proclum VI 189,1; vgl. Share (2014) S. 141 Notes 264 und 265
[50]Proklos In Timaeum I 1,83 oder 26C; Übersetzung Thorwald C. Franke
[51]Proklos In Timaeum I 1,76 f. oder 24B f.

Ein weiterer Grund, warum gerade zu dieser Zeit der erste namentlich bekannte Atlantisskeptiker in Erscheinung tritt, könnte darin zu finden sein, dass genau zu dieser Zeit die literarische Gattung des Romans einen weiteren wichtigen Entwicklungsschritt machte: Mit Lukian von Samosata (ca. 120-180 n.Chr.) tauchen jetzt zum ersten Mal literarische Wahrheitsbeteuerungen und fingierte Überlieferungswege, die vom Leser als solche erkannt werden sollten, in romanhaften Erzählungen auf[52]. Es liegt nicht fern zu vermuten, dass diese neuen Konzepte irrigerweise auf Platons Atlantisgeschichte rückprojiziert wurden und so zu dem Fehlschluss führten, dass die Atlantisgeschichte eine Erfindung Platons ist. Diese ahistorische Rückübertragung von späteren Konzepten auf die um Jahrhunderte früher verfasste Atlantisgeschichte findet sich auch heute noch weithin in wissenschaftlichen Texten über Platons Atlantis.

Clemens von Alexandria (ca. 150-215 n.Chr.)

Der Leiter der Katechetenschule von Alexandria Titus Flavius Clemens war zuerst Anhänger des Mittelplatonismus, bevor er sich zum Christentum bekehrte. Clemens versuchte, die grundsätzliche Vereinbarkeit der Lehren der Philosophen mit den Lehren des Christentums zu zeigen. Clemens glaubte, dass Platon und andere Philosophen all ihre Weisheit aus Ägypten hatten, und dass die Ägypter wiederum ihre Weisheit von Moses empfingen. So vor allem in seinem Hauptwerk *Stromateis*, d.h. „Teppiche":

> „Und Platon sagt, dass die Erde in bestimmten Zeiträumen durch Wasser und Feuer gereinigt werde, mit etwa folgenden Worten: 'Schon gar oft und in mannigfacher Weise ist Verderben über die Menschen gekommen und wird weiterhin kommen, am schlimmsten durch Feuersbrünste, Wasserfluten, aber auch auf unzählige andere Weisen mit geringerem Umfang.' Und ein wenig später fügt er hinzu: 'In Wahrheit handelt es sich um eine Abweichung der Körper, die sich am Himmel um die Erde bewegen, von ihrer Bahn und um eine in langen Zeiträumen sich wiederholende Vernichtung des Lebens auf der Erde durch ein gewaltiges Feuer.' Sodann fügt er von der Überschwemmung noch hinzu: 'Wenn aber die Götter die Erde wieder mit Wasser reinigen wollen und sie überschwemmen, dann bleiben die Leute auf den Bergen am Leben, Rinderhirten und Schäfer; die Menschen aber, die in unseren Städten wohnen, werden von den Strömen ins Meer hinabgeschwemmt.' Wir legten aber in dem ersten Buche der 'Teppiche' [*stromateis*] dar, dass die Philosophen der Griechen 'Diebe' heißen, weil sie von Moses und den Propheten die wichtigsten Lehren genommen haben, ohne Dank dafür zu sagen."[53]

---

[52] Brandenstein (1951) S. 41
[53] Clemens von Alexandria Stromateis V I, 9, 5 - 10, 1; Übersetzung Otto Stählin

1.1 Antike Erwähnungen

Clemens bezieht sich direkt auf Platons Timaios:

„Und im Timaios lässt er [Platon] den so überaus weisen Solon von dem Barbaren lernen. Die Stelle lautet aber wörtlich so: 'O Solon, Solon, ihr Griechen seid immer Kinder, und unter den Griechen ist keiner ein Greis, denn ihr habt kein altersgraues Wissen.' "[54]

Clemens erwähnt Platons Atlantisgeschichte auch direkt:

„Außerdem (sind) weder (nur) die (Lehren) der barbarischen Philosophie, noch (nur) die pythagoreischen *mythoi*, sondern auch die (*mythoi*) bei Platon in der Politeia über Er, den Sohn des Armenios, und im Gorgias über Aiakos und Rhadamanthys, und im Phaidon der (*mythos*) über den Tartaros, und im Protagoras der (*mythos*) über Prometheus und Epimetheus, und neben diesen (*mythoi*) der (*mythos*) über den Krieg der Atlanter und Athener im Atlantikos (d.h. im Dialog Kritias) nicht einfach gemäß allen den Schilderungen zu deuten, sondern (gemäß) allen den (*hosa*) Bedeutungen der auf's Ganze gehenden Überlegung; und diese (Bedeutungen) nun, (die) durch Zeichen unter eine Hülle (getan sind), mögen wir wohl herausfinden, (indem) (die Bedeutungen) mithilfe der Allegorie angezeigt (werden)."[55]

Dieses Zitat ordnet Platons Atlantisgeschichte im Dialog Kritias als *mythos* ein und fordert, den Blick auf allegorische Bedeutungen zu lenken. Hingegen legte das erste Zitat sehr nahe, dass Clemens von Alexandria auch die Atlantisgeschichte selbst ohne Bedenken für eine grundsätzlich historische Überlieferung hielt. Wie geht das zusammen?

Wir müssen genau hinsehen: Im letzten Zitat wird nämlich keineswegs die ausschließliche Konzentration auf einen „höheren" Sinn gefordert, sondern im Gegenteil die Beachtung aller möglicher Bedeutungen, die ein *mythos* Platons haben kann. Und das kann neben einer „höheren" Bedeutung auch eine direkte und reale Bedeutung sein. Abgelehnt wird lediglich, alle Schilderungen in einem *mythos* einfach nur wörtlich zu nehmen. Diese Gleichzeitigkeit einer doppelten Bedeutung wird auch durch den direkt folgenden Kontext der Stelle bestätigt, in dem von der doppelten Bedeutung der pythagoreischen Lehren die Rede ist. Wir finden diese Meinung später auch bei Neuplatonikern wie Proklos.

Man beachte auch, dass sich Clemens hier nur auf den Dialog Kritias bezieht, nicht aber auf die Atlantisdarstellung im Timaios. Das deutet an, dass Clemens hier zwischen einer historischen Überlieferung aus Ägypten und der „mythischen" Darstellung des Kritias unterscheidet.

Da Clemens keine direkte Wahrheitsaussage zu Platons Atlantis macht, gibt es keine letzte Gewissheit dafür, dass Clemens Atlantis für real hielt.

---

[54] Clemens von Alexandria Stromateis I XV, 69, 3; Übersetzung Otto Stählin
[55] Clemens von Alexandria Stromateis V IX,58,6; Übersetzung Thorwald C. Franke

Nachfolger des Clemens als Leiter der Katechetenschule von Alexandria wurde sein Schüler Origenes, der den hohen Jahreszahlen bei Platon klar widersprach und auch die Ägypter als Quelle von Wissen ablehnte.

Tertullian (ca. 150-220 n.Chr.)

Tertullian war ein einflussreicher Autor des westlichen Christentums. Er lebte in Karthago und Rom und schrieb als erster christlicher Autor in Latein statt Griechisch. In seinen Schriften griff er auf die bekannten Topoi der damaligen Literatur zurück, darunter auch Platons Atlantis und Theopomps Meropis. Um 193 n.Chr. schrieb Tertullian in *De Pallio*:

> „Meinetwegen mag Anaximander mehrere Welten annehmen, meinetwegen mag es auch noch irgendwo eine andere Welt geben bei den Meropern, wie Silenus dem Midas vorschwatzte, dessen Ohren freilich noch größere Fabeln vertragen können. Die Welt, welche Plato annimmt, von welcher die unsrige ein Abbild sein soll, befindet sich ebenso in der Notwendigkeit, sich verändern zu müssen. ... ... Einst hat sich auch die ganze Erdoberfläche verändert, indem sie mit allen Wassern bedeckt war. Noch treiben sich die Muschelschalen und Gehäuse auf den Gebirgen umher und möchten Plato gern davon überzeugen, dass auch die höher gelegenen Punkte im Wasser gestanden haben. Auch, nachdem der Erdboden wieder in seiner gewöhnlichen Form herausgetreten, hat er sich nochmals verändert; ein anderer und doch derselbe. Er ändert auch stellenweise seine Gestalt, wenn irgend eine Gegend Schaden leidet, da es unter den Inseln kein Delos mehr gibt, Samos ein Sandhaufen ist und die Sibylle nicht lügt; da man im Atlantischen Meere ein Libyen oder Asien gleichgroßes Land vermisst; da das ehemalige Seitenteil von Italien, durch den Andrang des Adriatischen und Tyrrhenischen Meeres zur Hälfte verschlungen, aus den Resten die Insel Sizilien entstehen ließ und die ganze Wunde des Risses, welcher den kämpfenden Zusammensturz der Gewässer in die Enge treibt, dem Meere eine ganz neue fehlerhafte Eigenschaft mitteilte, nämlich die, die Schiffstrümmer nicht auszuwerfen, sondern hinabzuschlingen. Es erfährt auch das Festland Zerstörungen durch den Himmel oder durch sich selbst."[56]

Wir sehen hier, wie Tertullian Platons Atlantis für einen realen Sachverhalt nimmt. Die Aufzählung verschiedener Katastrophen erinnert dabei stark an die Erwähnung von Atlantis bei Philon von Alexandria, die wiederum auf den Aristoteles-Nachfolger Theophrast zurückgeht, wie wir oben sahen.

Hingegen wird Theopomps Meropis klar als Lügengeschichte eingestuft und in keiner Weise mit Platons Atlantis in Verbindung gebracht. Diese scharfe Trennung zwischen Platons Atlantis und Theopomps Meropis bei Tertullian, noch dazu in demselben Werk, spricht gegen eine antike Rezeption, die in Theopomps Meropis eine Karikatur von Platons Atlantis gesehen hätte.

---

[56]Tertullian De Pallio 2; Übersetzung Karl Adam Heinrich Kellner 1912/1915

Kritik an Platon wird nur insofern geübt, als dieser nicht an eine weltumspannende Sintflut glaubte, wie es die Christen taten. Um 197 n.Chr. wiederholt Tertullian diese Gedanken in seinem Werk *Apologeticum*, einer Verteidigungsschrift des Christentums:

> „Wir lesen, dass die Inseln Hiera, Anaphe, Delos, Rhodus und Cos mit vielen tausend Menschen zugrunde gegangen sind. Auch berichtet Plato, dass ein Land größer als Asien oder Afrika vom Atlantischen Meere verschlungen sei. Ein Erdbeben hat das korinthische Meer entleert, und die Macht der Wogen Lucanien abgerissen und unter dem Namen Sizilien abgesondert. Das alles konnte natürlich nicht ohne großen Schaden für die Bewohner geschehen. Wo waren damals, als die große Flut den ganzen Erdkreis, oder doch, wie Plato meint, das niedere Land vertilgte, ich will nicht fragen, die Verächter eurer Götter, die Christen, sondern sie selber, eure Götter? Denn dass sie einer späteren Zeit angehören als die Not der großen Flut, das beweisen eben die Städte, in welchen sie geboren sind und gelebt haben, sowie auch diejenigen, die von ihnen gegründet wurden. Denn nur dann, wenn sie nach jener Kalamität entstanden sind, konnten sie bis zum heutigen Tage bestehen."[57]

Schließlich kommt Tertullian um 200 n.Chr. in seiner Schrift gegen Hermogenes noch einmal auf Theopomps Meropis zu sprechen, und präsentiert sie als ein exemplarisches Beispiel für eine Lügengeschichte:

> „Er [Hermogenes] behauptet also, in der hl. Schrift seien zwei Erden gegeben, die eine, welche Gott im Anfang schuf, und die andere, die Materie, aus der er schuf, ... Wie weit aber die gegenwärtige Erde sich vom Zustande jener andern, d. h. der Materie, entfernte, wird schon dadurch klar, dass sie in der Genesis das Zeugnis „gut" bekommt, „und Gott sah, dass es gut war", jene erstere aber wird bei Hermogenes als der Ursprung und die Ursache alles Schlechten hingestellt. ... ... So viel genügt in betreff des Ausdrucks Erde, worunter Hermogenes die Materie verstanden wissen will, der aber allen als Name eines der Elemente bekannt ist, wie erstens die Natur, zweitens die hl. Schrift lehrt. Es müsste etwa sein, Silen, der nach dem Berichte des Theopompus vor dem Könige Midas die Existenz eines zweiten Erdkreises behauptete, verdiente Glauben. Allein bei ihm kommt eine Vielheit von Göttern vor."[58]

Athenaios von Naukratis (um 200 n.Chr.)

Athenaios ist der Verfasser eines Werkes namens *Deipnosophistai*, das ein Gastmahl unter Gelehrten wiedergibt und dabei ein kunterbuntes Sammelsurium an Themen abarbeitet. Das Werk ist uns wesentlich überliefert durch einen Codex, der 1423 aus Konstantinopel nach Italien gelangte.

---

[57] Tertullian Apologeticum 40; Übersetzung Karl Adam Heinrich Kellner 1912/1915
[58] Tertullian Adversus Hermogenem 25; Übersetzung Karl Adam Heinrich Kellner 1882

Auf Platons Atlantis wird nur sehr kurz in einem einzigen Satz Bezug genommen[59]. Das Interesse des Athenaios richtet sich dabei nicht auf Atlantis, sondern auf die in griechischen Texten überlieferte Esskultur, und hier insbesondere auf das Thema Nachtisch. Weil Platon in Kritias 115b auch das Wort *metadorpia*, d.h. Nachtisch, verwendet, führt Athenaios die entsprechende Aussage aus dem Kritias ohne weiteren Kommentar an. Dabei zitiert Athenaios den Kritias allerdings nicht wörtlich, sondern er bildet aus den Worten der Passagen Kritias 115a und 115b eine Art selektive Nacherzählung bzw. Neuarrangement der von Platon verwendeten Worte.

Aus dieser Art der Bezugnahme auf Platons Kritias kann man natürlich keine Einstellung des Athenaios pro oder contra Atlantis herauslesen, weder direkt noch indirekt. Vidal-Naquet spricht mit Recht von einer „Philologennotiz"[60].

Galenos von Pergamon (ca. 130-214 n.Chr.)

Galenos von Pergamon war ein berühmter und einflussreicher Arzt. Er studierte u.a. in Alexandria und war Leibarzt der kaiserlichen Familie in Rom zur Zeit des Kaisers Marcus Aurelius. Seine Lehren galten bis ins 17. Jahrhundert unangefochten. Die Werke von Galenos verbinden Philosophie mit Medizin, weshalb sich Galenos häufig auf Platons Timaios und dessen Ausführungen über den Menschen und seine Krankheiten beruft.

Das Timaios-Exzerpt des Galenos ist uns nur in arabischer Übersetzung erhalten geblieben; das griechische Original ist verloren[61]. Galenos erwähnt darin auch kurz Atlantis:

> „Am Anfang dieses Buches ist die Erzählung des Gesprächs enthalten, das Sokrates und Kritias über den Staat und über die alten Athener und die Bewohner der Insel Atlantis – über die Kritias zu sprechen verspricht, nachdem Timaios sein Gespräch zu Ende geführt hat – untereinander führten."[62]

Galenos beruft sich vielfach zustimmend auf Platons Timaios und schiebt an dieser Stelle kein Wort des Zweifels ein, dass Atlantis eine Erfindung Platons gewesen sein könnte. Vielmehr referiert er lapidar über die Atlantisgeschichte im Kontext von Platons Politeia und der Rede des Timaios, die er gewiss für ernst gemeint hielt. Es ist deshalb wahrscheinlich, dass Galenos Atlantis für real hielt. Mit Sicherheit können wir dies aus den erhaltenen Aussagen jedoch nicht ableiten.

---

[59] Athenaios Deipnosophistai XIV 640e
[60] Vidal-Naquet (2006) S. 45 (dt.) / S. 52 (frz.)
[61] Vgl. d'Ancona (2003) S. 211, Fußnote 19
[62] Kraus/Walzer (1951): Galeni Compendium Timaei Platonis; Übersetzung nach der lateinischen Rückübertragung Thorwald C. Franke

1.1 Antike Erwähnungen

Marcellus (Datierung unbekannt)

Marcellus, griechisch: Markellos, ist ein unbekannter Autor, von dem wir nur durch Proklos wissen. Angaben dazu, wann Marcellus lebte, haben wir nicht. Proklos sagt nur, dass Marcellus einer von jenen sei, die die Geschichte des äußeren Meeres dargelegt hätten. Marcellus sollte nicht mit Ammianus Marcellinus verwechselt werden.

In seinem Werk *Aethiopica* berichtet Marcellus, dass es noch zu seinen eigenen Lebzeiten sieben Inseln in dem äußeren Meer gab, die der Persephone geweiht waren, sowie drei große Inseln. Die mittlere der drei großen Inseln war dem Poseidon heilig und 1000 Stadien lang, d.h. rund 178 Kilometer. Die anderen beiden großen Insel waren dem Pluto und dem Ammon zugehörig. Die Bewohner der Insel des Poseidon hielten die Überlieferung ihrer Vorfahren von der Entstehung von Atlantis als der größten Insel wach, die damals alle anderen Inseln beherrschte.[63]

Hier ist zunächst unklar, ob mit der Insel Atlantis eine immer noch vorhandene Insel des Poseidon gemeint ist, oder eine inzwischen wieder untergegangene Insel. Seltsamerweise ist aber nur von der Entstehung der Insel Atlantis, aber nicht von deren Untergang die Rede. Auch die Größenangabe von 1000 Stadien weist darauf hin, dass die mittlere Insel die größte Insel sein soll, und somit Atlantis wäre. Damit stünde der Bericht des Marcellus in Widerspruch zu Platons Darstellung, derzufolge Atlantis bekanntlich untergegangen sein soll. Eine Erklärung dafür erhalten wir nicht. Proklos bringt direkt im Anschluss zum Ausdruck, dass er den Bericht bezweifelt („auch wenn das wahr sein sollte").

Festugière hatte vorgeschlagen, dass der unbekannte Marcellus in Wahrheit Markianus von Heraklea sei, der einen Periplous des äußeren Meeres geschrieben hat. Gegen diesen Vorschlag wenden sich jedoch praktisch alle späteren Autoren. Vidal-Naquet meinte, ein Periplous über den Atlantik habe keine Beziehung zum Land der Äthiopen[64]. Tarrant meint, dass es einen Marcellus tatsächlich gegeben haben könnte, und zwar als Autor eines eher imaginativen statt historischen Werkes[65].

Dieselbe Vermutung wie Harold Tarrant äußerte Heinz-Günther Nesselrath bereits ein Jahr zuvor[66]: Der Titel des Werkes deutet darauf hin, so Nesselrath, dass Marcellus der Autor eines historisierenden Romanes ist, der später wie Geschichtsschreibung gelesen wurde. Nesselrath vermutet weiter, dass Marcellus auch der Urheber der bei Claudius Aelianus überlieferten Behauptung sein könnte, dass die Könige von Atlantis die weißen Bänder des Seewidders als Kronen trugen. Diese Vermutung ist plausibel.

Auch die Quellenangaben bei Aelian und Proklos' Marcellus ähneln sich: Bei Aelian sind es die Anwohner des Ozeans, bei Marcellus die Erforscher des äußeren Meeres, sowie die Bewohner der Insel des Poseidon. Aelians Überlieferung wird mit

---

[63] Proklos In Timaeum I 1,177 bzw. 54F/55A und I 1,181 bzw. 56B
[64] Vidal-Naquet (2006) S. 51 und Fußnote 84 (dt.) / 58 f. und Fußnote 27 (frz.)
[65] Tarrant (2006) S. 277 Fußnote 758
[66] Nesselrath (2005) S. 168-171

einer frühen hellenistischen Zeit in Verbindung gebracht, doch das ist unsicher. In Ermangelung einer besseren zeitlichen Angabe ordnen wir Marcellus hier deshalb direkt vor Claudius Aelianus ein.

Ob Marcellus Platons Atlantisüberlieferung, die er mutmaßlich romanhaft verarbeitete, für historisch hielt, wissen wir nicht. Man kann es aber vermuten.

Sextus Iulius Africanus (ca. 165-240 n.Chr.)

Der Gelehrte Sextus Iulius Africanus war Christ und mit Origenes befreundet. Mit seinen *Chronographiai* verfasste er die erste bekannte christliche Weltchronik, die zu einem Muster für spätere christliche Weltchroniken wurde. Darin wird die Erschaffung der Welt auf das Jahr 5500 v.Chr. datiert. Das Werk ist nur in Fragmenten erhalten. Ein bei Synkellos erhaltenes Fragment kommt explizit auf Platons Atlantisgeschichte zu sprechen, hier in englischer Übersetzung:

> The Egyptians, indeed, with their boastful notions of their own antiquity, have put forth a sort of account of it by the hand of their astrologers in cycles and myriads of years; which some of those who have had the repute of studying such subjects profoundly have in a summary way called lunar years; and inclining no less than others to the mythical, they think they fall in with the eight or nine thousands of years which the Egyptian priests in Plato falsely reckon up to Solon.[67]

Hier wird ausschließlich die Überlieferung der Atlantisgeschichte durch Solon für ein historisches Ereignis gehalten. Die ägyptischen Priester haben Solon angeblich betrogen. Es geht zwar nur um Chronologie, doch es ist unwahrscheinlich, dass Sextus Iulius Africanus Atlantis für real hielt. Synkellos, der dieses Fragment überliefert hat, tat es mit großer Wahrscheinlichkeit nicht. Man beachte, dass die 8000 und 9000 Jahre aus der Atlantisgeschichte explizit genannt werden.

Claudius Aelianus (ca. 175-235 n.Chr.)

Claudius Aelianus, kurz: Aelian, war ein römischer Rhetoriklehrer, der seine Werke in griechischer Sprache verfasste. Von ihm stammt eine der merkwürdigsten Erwähnungen zu Atlantis. In seinem Werk *De natura animalium* schreibt er:

> „Die Seewidder [*thalattioi krioi*], deren Name den meisten bekannt, die Geschichte aber nicht sehr klar ist, außer insofern die Kunst sie in Gemälden und Schnitzwerken zeigt, halten sich den Winter über um die Cyrneische und Sardoische [d.h. korsische und sardische] Meerfurt auf, und zeigen sich auch außerhalb des Meeres, und auch die größten Delphine umschwimmen sie. Der männliche Widder hat eine weiße Binde um die Stirn herum: man sollte meinen, es wäre ein Diadem des Lysimachus oder

---

[67] Anti-Nicene Fathers (1888) Vol. VI S. 130; Übersetzer wird S. 124 als unbekannt angegeben

Antigonus, oder eines andern der Könige Makedoniens; der weibliche Widder aber hat, so wie die Hähne, Bärte, ebenso auch unter dem Halse herabhängende Locken. ... ... –
Die Nachbarn des Ozeans erzählen [*mythopoiousi de hoi ton Okeanon perioikountes*], dass die alten Könige der Atlantis, aus dem Geschlecht Poseidons, die Bandstreifen der männlichen Widder als ein Kennzeichen der Herrschaft auf den Köpfen trügen: ihre Frauen aber, die Königinnen, trügen die Locken der weiblichen Widder, ebenfalls als Zeichen der Herrschaft."[68]

Was haben wir zunächst unter einem *thalattios krios* zu verstehen? Wörtlich bedeutet es „Meereswidder" oder „Meeresbock". Das Tier wird auch in der *Naturalis historia* von Plinius d.Ä. in gleicher Weise beschrieben, dort lateinisch *aries*: „Widder" genannt[69]. Allerdings erwähnt Plinius nichts von Atlantis. Die weißen Streifen statt der Hörner und sein räuberisches Verhalten weisen darauf hin, dass es sich um den Schwertwal handelt, der auch als Orca bekannt ist[70].

Es ist unklar, woher Aelian seine Information über den Seewidder und dessen Verbindung zu den Königen von Atlantis hat. Für zoologische Themen ist Theophrast eine mögliche Quelle, doch ist das nicht sicher. Die Erwähnung der makedonischen Königsbinden könnte auf eine frühe hellenistische Zeit deuten, wie Vidal-Naquet und Nesselrath meinen[71]. Die makedonischen Königsbinden kamen mit Alexander dem Großen auf und verschwanden zur römischen Kaiserzeit wieder. Die Lebensdaten der genannten makedonischen Könige sind: Lysimachos 285-281 v.Chr., Antigonos I. Monophthalmos ca. 382-301 v.Chr. bzw. vielleicht auch Antigonos III. Doson 229-221 v.Chr. Ebenfalls unsicher ist, wer die Darlegung über den Seewidder mit der Information über die Könige von Atlantis verknüpft hat.

Entscheidend ist jedoch, was die Quelle selbst sagt: *mythopoiousi de hoi ton Okeanon perioikountes* – d.h. die Anwohner des Ozeans machen / bilden / erfinden diesen *mythos* von den Königsbinden der Könige von Atlantis! Wir haben es hier offenbar mit der ersten Zurückspiegelung der Atlantisgeschichte durch jene Menschen zu tun, die am nächsten am mutmaßlichen Ort des Geschehens lebten, nämlich den Anwohnern des Ozeans. Offenbar hatten sie die ihnen zunächst unbekannte Atlantisüberlieferung, die von außen an sie herangetragen wurde, im Laufe der Zeit als ihre eigene übernommen. Sie haben diese Überlieferung also in ihr eigenes Mythengeflecht mit eingewoben, wo sie irrigerweise glaubten, noch Überreste dieser Überlieferung in ihren eigenen Mythen zu finden. Durch dieses Missverständnis entwickelte sich die Überlieferung von Platons Atlantis zu einem völlig irrigen Mythos weiter. Aelian selbst spricht von *mythopoiousi*, d.h. er ist sich darüber im Klaren, dass die Anwohner des Ozeans hier mythenschöpferisch tätig waren.

---

[68] Claudius Aelianus De natura animalium XV 2; Übersetzung Friedrich Jacobs 1839
[69] Plinius d.Ä. Naturalis historia IX 9 und 145
[70] Vgl. Kinzelbach (2009) S. 56
[71] Vidal-Naquet (2006) S. 40 (dt.) / S. 46 (frz.); Nesselrath (2008b)

Denselben Vorgang kennen wir vom Verhältnis der Griechen zu den Ägyptern: Auch hier haben die Griechen diverse griechische Vorstellungen von Ägypten in die ägyptische Kultur hineingetragen, die in Ägypten selbst ursprünglich gar nicht vorhanden waren. Die Ägypter haben diese griechischen Vorstellungen dann übernommen und in ihre eigenen Überlieferungen integriert. Ab einem gewissen Punkt spiegelten die Ägypter dann den Griechen die ursprünglich griechischen Vorstellungen in verzerrter Form zurück, so dass die Griechen glaubten, es lägen originale ägyptische Berichte über Sachverhalte vor, die den Griechen aus ihrer eigenen Vorstellungswelt bekannt waren.

Damit ist diese Stelle bei Aelian kein brauchbares Zeugnis mehr für Platons Atlantis. Für die Rezeptionsgeschichte ist die Stelle jedoch von Interesse. Die zoologischen Aussagen zu den Seewiddern und der Vergleich zu den makedonischen Königsbinden mögen tatsächlich auf eine frühe hellenistische Zeit zurückgehen, vielleicht bis zu Theophrast. Doch es spricht einiges gegen einen allzu frühen Zeitpunkt der Verknüpfung dieser zoologischen Aussagen mit dem Thema Atlantis. Denn die Atlantisgeschichte muss erste einige Zeit in der Welt gewesen sein und sich verbreitet haben, und die Anwohner des Ozeans müssen diese erst eine Weile in ihr eigenes mythisches System integriert haben, bevor es zu einer Rückspiegelung dieser Art kommen konnte.

Wer ist mit den Anwohnern des Ozeans gemeint? Höchstwahrscheinlich direkte Anwohner der Meerenge von Gibraltar. Denn dort ist die Atlantisgeschichte verortet. Und dort führten auch die Handelswege entlang, auf denen sich die Atlantisgeschichte verbreiten konnte, und über die entsprechende Verzerrungen wieder zurückgespiegelt werden konnten.

Nesselrath vermutet, dass die Anekdote mit den weißen Bändern als Abzeichen der Könige von Atlantis auf einen Romanautor zurückgeht, womöglich auf jenen Marcellus, der uns bei Proklos überliefert ist. Siehe oben bei Marcellus.

Für Claudius Aelianus selbst, der nur der Überlieferer dieser Anekdote ist, können wir aufgrund dieser Passage keine Aussage über dessen Meinung zu Atlantis treffen. Er zweifelt offenbar an der berichteten außerplatonischen Überlieferung (*mythopoiousi*), doch ob er auch an Platons Atlantisgeschichte zweifelt, bleibt unklar.

Aelian ist auch der Überlieferer von Theopomps Meropis[72]. Siehe unter Theopompos bei den antiken Nichterwähnungen.

Diogenes Laertios (3. Jhdt. n.Chr.)

In seinem Werk *Leben und Lehren berühmter Philosophen* kommt Diogenes Laertios natürlich auch auf Platon zu sprechen. Im Zusammenhang mit den verschiedenen Methoden, Platons Dialoge zu ordnen, wird auch der Dialog Kritias mehrfach unter

---

[72]Claudius Aelianus Varia Historia III 18

verschiedenen Titeln genannt: *Kritias* bzw. *Atlantikos* bzw. *Kritias e Atlantikos*. Eine Aussage über die Realität von Atlantis lässt sich daraus jedoch nicht ablesen.[73]

An ganz anderer Stelle erwähnt Diogenes Laertios, dass Solon 5000 Verse hinterlassen haben soll. Mehr dazu siehe bei den antiken Nichterwähnungen.

1.2 Antike Nichterwähnungen vor Platon

Unter den „interessanten Nichterwähnungen" von Platons Atlantis wollen wir alle Nicht- und Pseudo-Erwähnungen von Platons Atlantis verstehen, deren Betrachtung aus den verschiedensten Gründen einen positiven oder negativen Beitrag zur Klärung der Frage liefern kann, wie Platons Atlantis in der Antike wahrgenommen wurde. Dazu gehören:

- Implizite Erwähnungen von Atlantis, d.h. Texte, die sich implizit auf Platons Atlantis beziehen, ohne es explizit zu erwähnen.
- Beredtes Schweigen über Atlantis, d.h. Texte, die gerade dadurch, dass sie in einem bestimmten Kontext über Atlantis schweigen, eine Aussage über die antike Wahrnehmung von Atlantis machen.
- Pseudo-Erwähnungen, d.h. Irrtümer über vermeintliche Erwähnungen von Platons Atlantis, die gar nicht existieren.
- Pseudo-Bezugnahmen, d.h. Irrtümer über vermeintliche Bezugnahmen auf Platons Atlantis, die gar nicht existieren.
- Fälschungen, d.h. bewusste Fälschungen von Erwähnungen von Platons Atlantis.

Die „interessanten Nichterwähnungen" von Platons Atlantis sind also von sehr verschiedener Art. Wissenschaftliche Überlegungen stehen in diesem Kapitel direkt neben pseudowissenschaftlichen Thesen, und zutreffende Erkenntnisse über Platons Atlantis stehen direkt neben Irrtümern und Fälschungen. Hätte man dieses Kapitel nicht aufspalten können, um diese Kategorien besser zu trennen? Die Antwort lautet „Nein". Denn die Kategorien überschneiden sich und sind untrennbar: Sowohl das Vorliegen als auch das Nichtvorliegen eines impliziten Bezuges zu Atlantis kann eine wichtige Aussage über die antike Meinung zu Platons Atlantis bedeuten. Ein Irrtum ist zudem ein Irrtum, sei er von Wissenschaftlern oder von Pseudowissenschaftlern begangen. Das Vorliegen eines indirekten Bezuges zu Atlantis ist zudem immer eine Frage der Diskussion und der Einschätzung.

Wir erzielen auch einen pädagogischen Effekt, wenn wir Wahrheit und Irrtum dicht nebeneinander stehen lassen: Das Unterscheidungsvermögen des Lesers wird geschult.

---

[73] Diogenes Laertios III 50 f., 60 f.

Es wäre natürlich uferlos, alle jemals vorgekommenen Pseudoerwähnungen von Atlantis vollständig erfassen zu wollen – und es kommen täglich neue hinzu. Doch vielleicht gelingt es dennoch, dem Irrtum das Rückgrat zu brechen: Denn vielfach stützten sich die Irrtümer gegenseitig, und neuere Irrtümer produzieren sich fast immer nach dem Vorbild von früheren Irrtümern: Wer im Erkennen der wichtigsten und grundlegendsten Irrtümern geschult ist, wird auch alle anderen Irrtümer erkennen.

Exkurs: Keine Erwähnung vor bzw. unabhängig von Platon?

Häufig taucht bei ratlosen Atlantisbefürwortern die Frage auf, ob denn wirklich jede valide Erwähnung von Atlantis auf Platons Atlantisgeschichte zurückgehen muss. Könnte ein antiker Autor nicht unabhängig von Platon über Informationen verfügt haben? Wäre es nicht möglich, dass bereits vor Platon über Atlantis berichtet wird?

Im Fall einer Existenz von Atlantis ist es zwar grundsätzlich möglich und sogar wahrscheinlich, dass weitere Erwähnungen von Atlantis unabhängig von Platons Atlantisdialogen existieren – das Problem besteht jedoch darin, nachzuweisen, dass tatsächlich von demselben Sachverhalt die Rede ist, von dem auch Platon spricht. Das ist bislang niemandem gelungen, denn ein Beleg für diese Verbindung wäre zugleich die Lösung des Rätsels um Atlantis.

Einzig Krantors Aussage über die angebliche Bestätigung der Atlantisüberlieferung auf ägyptischen Stelen kann als Zeugnis unabhängig von Platons Atlantisdialogen gelten – doch hier ist es natürlich grundsätzlich die Frage, inwieweit dieses Zeugnis glaubwürdig und aussagekräftig ist. Zu einer Lösung der Frage nach Atlantis führt Krantors Zeugnis deshalb leider nicht.

Exkurs: Typische Grundmuster des Irrens bei Nichterwähnungen

Einige typische Grundmuster des Irrtums, dass eine Erwähnung von Platons Atlantis vorläge, zählen wir im folgenden auf. Viele davon gehen auf Fehlinterpretationen von Hellanikos von Lesbos zurück, wo wir diese Irrtümer ausführlich besprechen:

- Titan Atlas: Der Titan Atlas der griechischen Mythologie ist nicht identisch mit dem König Atlas von Atlantis; siehe bei Hellanikos von Lesbos.

- „Tochter des Atlas", griechisch: *Atlantis*, plural: *Atlantides*: Die Wortform *Atlantis* kann zwar „Tochter des Atlas" bedeuten, sie muss es aber nicht. Im Fall von Platons Atlantis bedeutet *Atlantis* gewiss *nicht* „Tochter des Atlas". Siehe bei Hellanikos von Lesbos.

- Das „gegenüberliegende Festland": Bei einigen antiken Autoren findet sich die Idee eines gegenüberliegenden Festlandes, die auch in Platons Atlantisgeschichte enthalten ist. Daraus darf man aber noch nicht auf eine Erwähnung von Platons Atlantis schließen. Denn die Existenz eines gegenüberliegenden Festlandes sagt noch nichts über die Existenz einer Insel aus. Das gegenüberliegende Festland ist höchstens eine Erwähnung des geographischen Rahmens von Atlantis, aber nicht von Atlantis selbst. Man beachte, dass die Idee eines gegenüberliegenden Festlandes auch bei Platon zunächst ohne einen Zusammenhang zu Atlantis erwähnt wurde, nämlich im Dialog Phaidon. Es führt keine zwingende Schlussfolgerung von der Erwähnung eines gegenüberliegenden Festlandes zu Platons Atlantis.

- Wo immer eine Insel oder eine Flut im Spiel ist, wird Atlantis vermutet: Ohne weitere Anhaltspunkte ist das unzulässig.

- Viele können mit der literarischen Figur der Anspielung nicht umgehen. Eine Anspielung muss für den Leser als solche *erkennbar* sein. Eine Anspielung, die für den Leser nicht erkennbar ist, spielt auf gar nichts an, und wäre dann höchstens noch eine verborgene Inspiration. Wer also eine Anspielung sehen will, muss am Text begründen können, warum eine Anspielung erkennbar vorliegt. Bloße Ähnlichkeiten und „Bauchgefühl" genügen nicht. Es gilt die Regel: Anspielungen *wollen* erkannt werden!

- Ebenfalls ein erwähnenswerter, immer wiederkehrender Irrtum ist die Annahme, dass Solon die Atlantisgeschichte auf Stelen oder Tempelwänden vorfand. Diese irrige Aussage wird Platon untergeschoben und deshalb im Abschnitt zu Platon diskutiert.

Damit können wir in die lange Aufstellung interessanter Nichterwähnungen in der Antike vor den Zeiten Platons einsteigen.

Ägyptische Mythologie (ab etwa 3000 v.Chr.)

Die mutmaßliche Herkunft der Atlantisüberlieferung aus Ägypten hat Pseudowissenschaftler und Wissenschaftler dazu verführt, in der ägyptischen Mythologie nach Vorlagen zu suchen, die der Atlantisgeschichte zugrunde liegen könnten.

Der Irrtum dabei ist, dass Atlantis kein Bestandteil der ägyptischen Mythologie war. Atlantis wird von Platon als eine historische Überlieferung dargestellt, die über Ägypten übermittelt wurde. Im Zuge des Überlieferungsprozesses könnten zwar ägyptische Motive mit in die Atlantisgeschichte eingeflossen sein, doch im Kern kann die Atlantisgeschichte nicht auf ägyptische Mythen zurückgehen.

Ägyptische Mythologie – Der Urhügel über dem Urgewässer

Nach altägyptischer Vorstellung gab es am Anfang der Welt nur ein einziges, riesiges Urgewässer namens *Nun*, aus dem sich dann der Urhügel erhob und festes Land bildete. Eines Tages soll dieser Urhügel wieder im Urgewässer untergehen.

Dieser Mythos wurde u.a. von Dautzenberg als eine Wurzel der Atlantisüberlieferung angesehen[74]. Doch es fehlt jeder Bezug. Der Urhügel repräsentiert das Festland schlechthin, Atlantis jedoch ist nur eine Landmasse von mehreren. Auch das Meer ist in der Atlantisgeschichte in Teile geteilt, im ägyptischen Mythos jedoch eine Einheit. Zudem ist Atlantis keine Erzählung vom Anfang der Welt. Der mutmaßliche Untergang von Atlantis liegt auch nicht in der Zukunft. Mehr als das vage Bild einer „Insel" ist an Übereinstimmungen nicht zu entdecken.

Dem entsprechend muss Dautzenberg erhebliche Verrenkungen vornehmen, um im Mythos vom Urhügel ein Grundmuster der Atlantisgeschichte erkennen zu können.

Ägyptische Mythologie – Das Buch der Himmelskuh

Gemäß dem Mythos von der Himmelskuh beschließt ein Rat der Götter, die Menschheit zu vernichten[75]. Der Götterrat ist aber bereits alles, was an Ähnlichkeiten zur Atlantisgeschichte festgemacht werden kann.

Die Unterschiede überwiegen bei weitem und löschen jede Ähnlichkeit aus: Die Vernichtung geschieht nicht durch eine Flut. Sie betrifft die ganze Menschheit. Die Vernichtung wird auch nicht vollzogen, sondern aus Mitleid verhindert. Hinzu kommt eine schelmenhafte Erzählung in der Erzählung, wie Hathor daran gehindert wurde, die Menschheit zu vernichten. Schließlich fahren die Götter mit einer Kuh zum Himmel auf, wodurch die Distanz zwischen Göttern und Menschen mythologisch begründet wird.

Man könnte vorsichtige mythologische Vergleiche zur biblischen Fluterzählung ziehen, aber ein Bezug zu Atlantis ist nicht erkennbar.

Ägyptische Mythologie – Das „Totenbuch" der Ägypter

Zunächst gibt es nicht das *eine* Totenbuch der Ägypter, sondern mehrere davon. Es handelt sich um Texte, mit Hilfe derer die Verstorbene sich im Jenseits zurechtfinden soll, also eine Art religiöser „Reiseführer" für das Jenseits. Es gibt aber noch weitere

---

[74]Dautzenberg (1988) S. 24 f.
[75]Vgl. z.B. Koch (1993) S. 386, 401

sogenannte „Jenseitsbücher" wie das Amduat, das Höhlen-, das Grüfte- oder das Pfortenbuch.

Es ist in pseudowissenschaftlichen und esoterischen Kreisen besonders beliebt, gerade in diesen Büchern, die meist pauschal als „das Totenbuch der Ägypter" angesprochen werden, alle möglichen Dinge erkennen zu wollen, einschließlich von Berichten über Außerirdische. Quellen- und Stellenangaben für solche Behauptungen fehlen natürlich regelmäßig, es fehlt ja meist bereits das Bewusstsein, dass es nicht das *eine* Totenbuch gibt.

In Bezug auf Atlantis kursiert z.B. die Behauptung, dass das Totenbuch der Ägypter folgende Darlegung enthalte: König Thot sei einst Herrscher einer Insel im Westen gewesen. Diese sei dann durch eine Flut untergegangen. König Thot habe daraufhin die Überlebenden Richtung Osten nach Ägypten gebracht.

Doch nichts davon ist in den Totenbüchern der Ägypter enthalten. Es handelt sich bei dieser Behauptung vermutlich um eine äußerst grobe Verballhornung der Fahrt des Sonnengottes Re durch die Unterwelt, wie sie das Amduat beschreibt: Diese Fahrt findet auf einer Barke statt, und Thot spielt darin tatsächlich eine Rolle. Die Fahrtroute verläuft tatsächlich von West nach Ost, denn der Sonnengott muss über Nacht zu seinem Aufgang im Osten am nächsten Morgen zurückkehren – man muss schon einige Gewalt anwenden, um hier Platons Atlantis wiederzuerkennen.

Ägyptische Königslisten (ab etwa 3000 v.Chr.)

Die verschiedenen überlieferten Königslisten der ägyptischen Pharaonen sind keine Chroniken im modernen Sinne, die die Pharaonen auf einer absoluten Zeitachse verorten und die zu jedem Pharao gehörige Geschichte aufzeichnen würden. Vielmehr handelt es sich um Annalen mit einem religiösen Sinn:

Die Pharaonen werden zwar nacheinander in ihrer Reihenfolge aufgezählt, doch ohne gemeinsame Zeitachse. Vielmehr wird zu jedem Pharao seine Regierungsdauer notiert. Wollte man absolute Jahreszahlen wissen, müsste man anfangen, die Regierungszeiten der Pharaonen zu addieren. Dabei ergeben sich erhebliche Schwierigkeiten, denn Ende und Anfang der Regierungszeit zweier Pharaonen können sich dabei überlappen. Schließlich enthalten diese Annalen nur sehr kurze Hinweise über die Taten eines Pharao. Denn anders als eine Chronik dienen die ägyptischen Königslisten religiösen Zwecken: Es geht um Verehrung und Opferdarbringung für einen Pharao, nicht um dessen Einordnung in einen geschichtlichen Zusammenhang. Die alten Ägypter hatten überhaupt keinen Begriff von „Geschichte" im modernen Sinn, wie er dann erst von den Griechen aufgebracht worden ist.

Die überlieferten ägyptischen Königslisten werden von pseudowissenschaftlichen Atlantisbefürwortern fast immer unter einer falschen Perspektive betrachtet, die auf falsche Interpretationen der Angaben Herodots, Diodors, Manethos u.a. antiker Autoren über die ägyptische Geschichte zurückgehen. Ihnen zufolge wurde Ägypten seit vielen tausend Jahren, im Falle Herodots z.B. seit mehr als 11000 Jahren, von menschlichen Pharaonen regiert, davor hätten Dämonen und Götter die Königsherrschaft über Ägypten inne gehabt. Wer diese Angaben ohne Interpretation wörtlich nimmt, wird sie mit aller Gewalt auch in den ägyptischen Königslisten bestätigt sehen wollen.

Hinzu kommt die fixe Idee, dass die ägyptische Kultur von Atlantern gegründet worden sei, die sich von ihrer untergehenden Insel an den Nil gerettet hätten. Deshalb suchen Pseudowissenschaftler vor allem in den frühesten Zeiten Ägyptens nach Spuren von Atlantis.

Ägyptische Königslisten – Narmer-Palette

Die Narmer-Palette ist keine eigentliche Königsliste, sondern eine Schiefertafel mit Darstellungen der Taten eines einzigen Königs, nämlich des ägyptischen Pharaos Narmer. Narmer herrschte in der Zeit der Vereinigung von Ober- und Unterägypten um 3000 v.Chr. und war vielleicht sogar selbst derjenige Pharao, der diese Vereinigung zustande brachte. Narmer wird von manchen Forschern mit dem Pharao Menes gleichgesetzt.

Insbesondere Ulrich Hofmann hat in seinem wohldurchdachten Buch *Platons Insel Atlantis* in der Narmer-Palette Bezüge zu Atlantis sehen wollen[76]. Zum einen zeigt die Rückseite der Palette zehn enthauptete Feinde, angeordnet in fünf Paaren oder – je nach Betrachtungsweise – in zwei Fünferreihen. Hier ist die Frage völlig berechtigt, ob dies vielleicht einen Bezug zu den fünf Zwillingspaaren der zehn Könige von Atlantis hat? Zum anderen zeigt die Palette ein dickes Oval: Das Hieroglyphenzeichen für eine Insel.

Die Frage, ob die zehn enthaupteten Feinde die zehn Könige von Atlantis sind, kann durch die Symbolik der Palette allein nicht entschieden werden. Die Anordnung der zehn enthaupteten Körper legt eine Deutung als Zwillingspaare jedoch eher nicht nahe. Denn es sind nicht jeweils zwei Körper nebeneinander, sondern es sind jeweils fünf Körper nebeneinander. Die Paare von Zwillingskönigen würden dann nicht nebeneinander, sondern übereinander stehen, bzw. der Länge nach nebeneinander, wenn man so will. Das wäre für eine Andeutung der paarweisen Zusammengehörigkeit eher ungewöhnlich.

Die ovale Hieroglyphe muss keineswegs auf eine Insel hindeuten. Man darf an die Narmer-Palette nicht den Maßstab der „Rechtschreibung" des Neuen Reiches anlegen. Ob ein Oval nun dicker (Insel) oder dünner (Land) ist, ist selbst in Texten des Neuen Reiches nicht immer einfach zu unterscheiden. Hinzu kommt, dass auch die „dicke" Version als Bezeichnung von Landstrichen auf dem Festland belegt ist. Auch hier also keine Gewissheit, sondern große Unsicherheit.

---

[76]Hofmann (2004) S. 175 ff.; S. 185 ff.

Letztlich muss der Kontext entscheiden, ob hier ein Beleg für Atlantis vorliegen kann oder nicht. Der Kontext ist in diesem Fall die Annahme eines großräumigen Konfliktes zwischen dem früh- bzw. vorzeitlichen Ägypten und Völkern des Atlasgebirges. Dafür gibt es aber keinen Anhaltspunkt und vieles spricht dagegen. Allein schon die Überwindung großer Entfernungen dürfte dem damals entgegen gestanden haben. Ausführliche Betrachtungen zu der in vielen Punkten vorbildlichen Atlantisthese von Ulrich Hofmann siehe der Artikel *Eine „heiße" Atlantis-Hypothese* vom Verfasser dieses Buches[77].

Ägyptische Königslisten – Palermo-Stein

Die älteste erhaltene Königsliste (ca. 2470 v.Chr.) ist der sogenannte Palermo-Stein im Archäologischen Museum in Palermo auf Sizilien. Für Atlantisbefürworter, die dem Irrtum verfallen sind, dass Atlantis 9000 Jahre vor Solons und Platons Zeit existierte, ist diese Königsliste von besonderem Interesse, denn der Palermo-Stein enthält auch Angaben zu ägyptischen Königen, die vor dem „ersten" geschichtlich bekannten Pharao herrschten, die also vor der Zeit von 3000 v.Chr. Herrschten.

Über den Inhalt des Palermo-Steines kursieren teils wilde Behauptungen. So ist z.B. von zehn Göttern als Königen die Rede, die mit den zehn Königen von Atlantis analogisiert werden. Doch weder gibt es Götter als Könige auf dem Palermostein, noch lässt sich die Zahl Zehn am Palermo-Stein festmachen, noch funktioniert die Analogie zu den zehn Königen von Atlantis: Diese waren Menschen, nicht Götter, ihre göttliche Abstammung begründete sich in ihren Ahnen, nicht in ihrem Amt, und sie regierten gleichzeitig, nicht nacheinander. Die Könige der Vorzeit reichen zudem nur einige Jahrhunderte vor das Jahr 3000 v.Chr. zurück, nicht tausende von Jahren.

Ägyptische Königslisten – Turiner Königspapyrus

Im Königspapyrus von Turin (ca. 1250 v.Chr.) gibt es tatsächlich einige Götter als Könige vor den menschlichen Königen, doch es sind keine zehn, wie manche meinen. Die soeben beim Palermo-Stein angeführten Argumente, die gegen eine Analogisierung von ägyptischen Gottkönigen mit den Königen von Atlantis sprechen, gelten auch hier. Es ergibt sich zwar eine hohe Summe von Regierungsjahren, doch nur für die mythischen Herrscher vor der ersten Dynastie.

---

[77] Thorwald C. Franke, Eine „heiße" Atlantis-Hypothese, in: www. mysteria3000. de, 2005.

Ägyptische Königslisten – Manetho

Weil Manetho (um 280 v.Chr.) erst nach der Zeit Platons schrieb, ordnen wir ihn nicht thematisch bei den ägyptischen Königslisten sondern chronologisch zu seinen Lebzeiten ein. Siehe dort.

Ägyptische Literatur (ab etwa 3000 v.Chr.)

Aus der altägyptischen Literatur wird immer wieder gerne die sogenannte *Erzählung des Schiffbrüchigen* in Verbindung mit Atlantis gebracht, so z.B. bei Griffiths[78]. Die Erzählung des Schiffbrüchigen wird meist in die 12. Dynastie datiert, die ca. 1994-1648 v.Chr. dauerte.

Die Übersetzungen variieren in Einzelheiten teilweise stark. Die Erzählung hat ungefähr folgenden Inhalt: Ein Beauftragter des Pharao erlebt auf der Fahrt zu den Minen des Pharao Schiffbruch. Als einziger Überlebender strandet er nach drei Tagen auf einer Insel unbekannter Größe im Meer; oder er liegt dort drei Tage erschöpft am Strand. Dort findet er mehr als er zum Leben braucht. Dann erscheint eine sprechende Riesenschlange und verschleppt ihn in ihr Nest. Sie wird als Fürst von Punt oder Herr der Insel angesprochen, und lebt bzw. lebte mit einer 75köpfigen Schlangenfamilie auf dieser Insel. Die Insel wird als „Insel des *ka*" angesprochen, also eine Art Insel der Seligkeit für das *ka* des Menschen, eine Insel der Seligkeit im religiösen Sinne, wo es an nichts mangelt, und wo es alle guten Dinge gibt. Die Riesenschlange kündigt dem Schiffbrüchigen an, dass er in vier Monaten von einem Schiff gerettet werden wird. Der Schiffbrüchige listet auf, was er der Riesenschlange in Zukunft für Opfergaben bringen möchte. Die Riesenschlange listet auf, was sie dem Schiffbrüchigen als Geschenk mit auf den Weg geben wird. Die Riesenschlange prophezeit, dass die Insel, nachdem sie der Schiffbrüchige verlassen habe, zu Wasser werde.

Die Vergleichspunkte zu Platons Atlantisgeschichte sind klar: Eine unbekannte Insel. Eine Insel, die im Meer versinkt. Eine Insel, die von der Natur reich gesegnet wurde. Doch die Unterschiede zu Atlantis sind überdeutlich: Das übernatürliche Wesen der Riesenschlange ist völlig unpassend und sprengt den naturwissenschaftlichen Rahmen der Atlantisgeschichte völlig. Auch der Untergang der Insel ist in der Erzählung des Schiffbrüchigen nach der poetischen Logik des Märchens motiviert, derzufolge die Insel einer Nachprüfung durch Untergang entzogen wird, während sie im Falle von Atlantis naturwissenschaftlich motiviert und ihr Ort bekannt ist. Der Untergang von Atlantis ist auch kein „zu Wasser werden". Der ganze Sinn der Erzählung hat nicht das Geringste mit Atlantis zu tun. Keine Verfassung, keine Dekadenz, kein Krieg. Keine zwei Städte, ja nicht einmal eine Stadt, sondern nur ein

---

[78]Griffiths (1985) S. 10-13

Schlangennest. Auch keine Götter, keine zehn Könige, kein Bundeskult. Einfach nichts.

Dass sich Platon oder die Ägypter bei dieser Erzählung bedient haben sollen, um die Atlantisgeschichte zu erfinden, ist mehr als unwahrscheinlich. Der Graben zwischen diesem religiösen ägyptischen Märchen und dem philosophisch motivierten Platonischen Mythos von Ur-Athen und Atlantis ist viel zu tief.

Griffiths meint[79], in den erwähnten Pflanzenarten Übereinstimmungen sehen zu können, doch das ist völlig übertrieben. Auch das Vorkommen von Elefantenstoßzähnen will Griffiths auf Atlantis hin deuten, doch dieses Argument erinnert an die zwanghafte Suche nach Übereinstimmungen bei Pseudowissenschaftlern. Schließlich meint Griffiths, den Ausdruck „Insel des *ka*" mit Atlantis als einer *nesos hiera*[80], einer *heiligen Insel* analogisieren zu können. Griffiths denkt an einen Zustand der ursprünglichen Glückseligkeit, und packt ohne Bedenken sowohl Hesiods Goldenes Zeitalter als auch die ägyptischen Gottkönige der Vorzeit, die er mit den Königen von Atlantis analogisiert, mit in dieses Bild hinein. Das ist ein wenig zuviel des Guten, so kann man es nicht machen.

Die Analogie scheitert in vielen Punkten. Während die ägyptischen Gottkönige selbst Götter sind, sind die Könige von Atlantis nur Abkömmlinge der Götter, genauer: eines Gottes. Die Insel Atlantis ist auch nicht „heilig" in einem besonderen Sinne, denn bei Platon sind praktisch alle Länder einem Gott zugeordnet und in diesem Sinne „heilig". Dieses „heilig", im vorliegenden Kontext der Atlantisgeschichte bedeutet „heilig" im Sinne von „gottbegnadet" und nicht „heilig" im Sinne einer sakralen Absonderung eines „heiligen" Bezirkes. Susemihl übersetzt das *hiera* gar nicht, Hieronymus Müller übersetzt mit „gottbegnadet". Es muss immer wieder davor gewarnt werden, sich der Illusion hinzugeben, Platon hätte mit Atlantis von einem „Paradies" oder von einer „Insel der Seligen" in einem religiös-jenseitigen Sinne schreiben wollen. Das ist definitiv nicht der Fall.

Immerhin zeigt uns die Erzählung des Schiffbrüchigen, das der Topos einer untergehenden Insel in der Gedankenwelt der Ägypter durchaus vorhanden war. Das könnte eine Inspiration für die theopolitisch motivierte Behauptung gewesen sein, dass die Insel des Feindes untergegangen ist.

Ägyptische Kriegsberichte

Die überlieferte ägyptische Literatur enthält auf Tempelwänden, Stelen und Papyri zahlreiche Berichte über größere und kleinere Kriege und Feldzüge der jeweiligen Pharaonen. Aufgrund seiner geographischen Lage kamen die jeweiligen Gegner Ägyptens in der Regel aus dem Westen oder aus dem Osten, also aus Libyen oder aus

---

[79] Griffiths (1985) S. 10-13
[80] Kritias 115b

Asien. Gegner vom Mittelmeer oder von Nubien her waren die Ausnahme. Eine kleine Auswahl bekannter Beispiele:

- Unter den Pharaonen Kamose und Ahmose I. um 1530 v.Chr. die Vertreibung der Fremdherrschaft der Hyksos, die den Streitwagen nach Ägypten gebracht und im östlichen Nildelta die vom Nil umströmte Hauptstadt Avaris errichtet hatten.
- Unter Pharao Thutmosis III. Feldzüge nach Vorderasien mit der Schlacht von Meggiddo 1457 v.Chr., die durch die Kühnheit des Pharaos trotz ungünstiger Umstände rasch gewonnen wurde; jedoch verhinderte die Unmoral der Truppe die Einnahme von Meggiddo.
- Unter Pharao Ramses II. die Schlacht von Kadesch 1274 v.Chr., die allein durch den persönlichen Einsatz des Pharaos bzw. durch göttliche Fügung gegen die taktisch überlegenen Hethiter und ihre Streitwagen angeblich gewonnen wurde, so die ägyptische Propaganda, gefolgt vom Abschluss des ersten dokumentierten Friedensvertrages der Geschichte.
- Unter den Pharaonen Merenptah und Ramses III. die sogenannten „Seevölkerkriege" um 1200 v.Chr.

Diese und andere Geschehnisse in den ägyptischen Überlieferungen bieten diverse Anknüpfungspunkte für eine Identifikation mit der Atlantisüberlieferung. Eine hinreichend sichere Identifikation ist jedoch bis heute nicht gelungen.

Man beachte, dass „Atlantis" eine griechische Wortbildung ist. Es ist nicht vernünftig anzunehmen, dass dieses Wort in der originalen ägyptischen Überlieferung enthalten war. Dasselbe gilt z.B. auch für den griechischen Ausdruck „Säulen des Herakles" zur Bezeichnung der Meerenge bei Atlantis.

Das Gilgamesch-Epos (ab 2400 v.Chr.)

Auf das Gilgamesch-Epos ging die in der Bibel enthaltene Sage von der Sintflut zurück, die sehr häufig mit der Atlantisgeschichte in Zusammenhang gebracht wurde. Wir besprechen die Sintflut im Abschnitt über die Bibel.

Das Oera-Linda-Buch (angeblich ab 2194 v.Chr.)

Das längst als Fälschung entlarvte Oera-Linda-Buch, auch Ura-Linda-Chronik genannt, war angeblich eine alte Familienchronik, die in der zweiten Hälfte des 19. Jahrhunderts von einem gewissen Cornelis Over de Linden der Öffentlichkeit präsentiert wurde. Die Chronik soll angeblich in altfriesischer Sprache abgefasst sein und Ereignisse aus der Zeit nach der letzten Eiszeit bis ins Mittelalter wiedergeben. Die angeblichen Abfassungszeitpunkte der einzelnen Teile reichen von 2194 v.Chr. bis 1256 n.Chr.

Inhaltlich berichtet das Oera-Linda-Buch von Atlantis, das hier „Atland" genannt wird und 2193 v.Chr. untergegangen sein soll, und von einer ehemaligen matriarchalischen Herrschaft von Priesterinnen.

Das Oera-Linda-Buch ist mehrfach verlässlich als Fälschung erkannt worden, und zwar schon bald nach seinem Erscheinen. Inzwischen sind die Belege für eine Fälschung erdrückend[81]. Der Name „Atland" stammt vermutlich von Olof Rudbecks Werk *Atland eller Manheim* von 1675, während das angebliche Jahr des Untergangs von Atlantis von den Fälschern offenbar auf das Datum der biblischen Sintflut gelegt wurde, das im 19. Jahrhundert in Kreisen der niederländischen Kirche kursierte.

Obwohl seit langem unzweifelhaft feststeht, dass es sich beim Oera-Linda-Buch um eine Fälschung aus dem 19. Jahrhundert handelt, wird es immer wieder von weniger gebildeten Menschen als geschichtliche Quelle ernst genommen.

Hesiod (um 700 v.Chr.)

Die Werke des Hesiod begründen und umfassen das Ganze der griechischen Mythologie und bieten deshalb reichhaltigen Stoff für alle möglichen fehlgeleiteten Vergleiche. Hier sollen nur einige davon erwähnt werden.

Hesiod – Goldenes Zeitalter

Das bei Hesiod präsentierte Konzept einer Abfolge von Metall-Zeitaltern[82] – Goldenes, Silbernes, Bronzenes, Heroisches, Eisernes Zeitalter – wird gerne mit Platons Idee eines zyklischen Entstehens und Vergehens der menschlichen Kultur in Verbindung gebracht.

Doch diese Analogie wird von Platon nicht gezogen. Das Zeitalter von Ur-Athen und Atlantis wird *nicht* als Goldenes Zeitalter im Sinne Hesiods angesehen, wie viele meinen. Insbesondere auch der „paradiesische" Aspekt, den viele mit dem Goldenen Zeitalter verbinden, ist bei Platon nicht zu finden. Ur-Athen und Atlantis sind keine mythischen, sondern reale Orte.

Platon verwendet das Konzept der Metall-Zeitalter Hesiods in einer anderen Weise: In Platons Idealstaat wird die Qualität der Menschen durch die Hesiodschen Begriffe „golden", „eisern" usw. eingestuft, und die Philosophenherrscher müssen die Qualität der Menschen erkennen, um sie im Idealstaat an der richtigen Stelle einzusetzen[83]. Das bedeutet, dass Platon Hesiods Konzept losgelöst von Zeitaltern verwendet, denn die „goldenen" und „eisernen" Menschen existieren ja alle zugleich im selben Idealstaat.

---

[81]Vgl. z.B. Mulot (1996)
[82]Hesiod Werke und Tage 109 ff.
[83]Politeia VIII 546d-547a

Hesiod – Garten der Hesperiden, Insel der Seligen

Wer in Atlantis ein paradiesisches Wunderland erblickt, wird sich leicht damit tun, es mit dem Garten der Hesperiden[84] oder der Insel der Seligen[85] zu analogisieren. Auch der mythische Okeanos[86] wird bereits bei Hesiod erwähnt.

Aber Platon wollte mit Atlantis gerade kein religiös-jenseitiges „Paradies" zeichnen, wie es der Garten der Hesperiden oder die Insel der Seligen sind, sondern einen realen Ort. Vom Okeanos ist bei Platon ohnehin nicht die Rede.

Hesiod – Titanen und Titanenkampf

Christopher Gill meint[87], eine ganze Reihe von Anklängen an die Mythologie rund um die Titanen bei Hesiod zu erkennen: Der Titan Atlas[88], Atlas' Vater Iapetos[89], die Töchter des Atlas, und der Kampf der Titanen, der durch das Eingreifen des Zeus entschieden wird[90]. Nach diesem Kampf wurden die Titanen – außer Atlas – in den Tartaros verbannt.

Der Gedanke ist interessant, doch liegen diese Puzzleteile bei Hesiod nicht zu diesem schönen Gesamtbild zusammengelegt vor, sondern wurden erst durch Gill in dieser Weise zusammengesetzt. Immerhin wäre eine Inspiration denkbar. Doch im Detail passt es dann in keiner Weise, und ganz andere Motivationen Platons liegen viel näher: Wenn Atlas an die Titanen erinnern soll, warum ist Atlas bei Platon dann kein Titan, sondern eine völlig anders gestaltete Person? Warum ersetzt Platon den Titan Atlas durch den König Atlas? Warum sind die Brüder von Atlas nicht als Titanen erkennbar? Wieso ist bei Platon Poseidon und nicht Iapetos der Vater des Königs Atlas?

Der Kampf der Titanen gegen die Götter kann schließlich in keiner Weise mit dem Krieg der Atlanter gegen Ur-Athen und Ägypten verglichen werden. Auch dessen Beendigung durch die Hundertarmigen hat in der Atlantisgeschichte keine Analogie, erst recht nicht die Verbannung der Titanen unter die Erde in den Tartaros – ein Versinken einer Insel, die Schlamm zurücklässt, ist etwas ganz anderes. Zudem „versank" ausgerechnet der Titan Atlas nicht im Tartaros, sondern wurde auf eine ganz andere Weise bestraft: Er musste das Himmelsgewölbe tragen. Kein Wort davon bei Platon.

---

[84] Hesiod Theogonie 215 f.
[85] Hesiod Werke und Tage 167
[86] Hesiod Theogonie 20, 133 u.a.
[87] Gill (1977) S. 295 f., Fußnote 41; ausführlich: Gill (1980) S. xiii
[88] Hesiod Theogonie 517 ff.
[89] Hesiod Theogonie 507 ff.
[90] Hesiod Theogonie 617-719

1.2 Antike Nichterwähnungen vor Platon

Hesiod – Kelaino und Elektra

Eine Genealogie, derzufolge sich Poseidon mit einer gewissen Kelaino verbunden haben soll[91], wird von Pseudowissenschaftlern mit der Verbindung von Poseidon und Kleito, der Stammutter der Könige von Atlantis analogisiert.

Seine volle Entfaltung erfährt dieser Irrtum aber erst bei der Interpretation der Werke des Hellanikos von Lesbos, siehe dort. Ebenfalls bei Hellanikos besprechen wir den Fall der Atlastochter Elektra; auch sie wird bereits bei Hesiod erwähnt[92].

Homer (um 700 v.Chr.)

Auch in Homers Ilias und Odyssee wurde vielfach versucht, Anhaltspunkte, Vorlagen und Inspirationen für Platons Atlantis ausfindig zu machen.

Homer – Troja = Atlantis?

Von Eberhard Zangger stammt die Idee, dass Platons Atlantisgeschichte von dem selben Ereignis berichtet, von dem auch die Ilias erzählt[93]. Zangger sieht einen Kampf von Mykene gegen Troja, analog zum Kampf von Ur-Athen und Atlantis. Er analogisiert die Hafenanlagen von Troja mit den Hafenanlagen von Atlantis, und will selbst in der Zahl der Schiffe – 1186 griechische Schiffe in Troja, 1200 Schiffe von Atlantis – eine Übereinstimmung erkennen.

Anders als viele andere Ideen in diesem Kapitel handelt es sich bei Zanggers Hypothese um einen ernsthaft diskutierbaren Ansatz. Doch es gibt gewichtige Gegenargumente. Der Inselcharakter fehlt bei Troja völlig. Während in der Atlantisgeschichte die Atlanter selbst angreifen, ist es in der Ilias Troja, das angegriffen wird, also genau der umgekehrte Fall. Eine Übereinstimmung der Hafenanlagen ist nicht erkennbar. Die Verfassung der zehn Könige und ihr Bundeskult haben keine Entsprechung. Die Zahl der Schiffe ist nicht identisch, sondern nur ähnlich, und könnte auch nur zufällig ähnlich sein. Hinzu kommt, dass es sich in der Atlantisgeschichte um Schiffe von Atlantis handelt, also dem Pendant zu Troja, in der Ilias jedoch sind es die Schiffe der Griechen! Die Liste der Gegenargumente ließe sich fortsetzen.

Homer – Der Schild des Achilleus

Eine weitere wichtige Analogie zu Platons Atlantisgeschichte sehen viele in der Beschreibung des Schildes des Achilleus. Auf diesem Schild sind zwei Städte zu sehen,

---

[91] Hesiod Astronomia Fragment
[92] Hesiod Theogonie 265 ff., 346 ff.
[93] Zangger (1992) und Zangger (1993)

eine Stadt des Friedens und eine Stadt des Krieges[94]. Diese werden mit Ur-Athen und Atlantis verglichen.

Der Vergleich funktioniert jedoch nicht: Es ist ein Irrtum zu glauben, dass die beiden Städte auf dem Schild des Achilleus miteinander kämpfen würden. Das Gegenteil ist der Fall. Jede Stadt auf diesem Schild ist eine Allegorie für sich. Gezeigt werden soll keinesfalls ein Kampf einer gerechten gegen eine ungerechte Stadt, sondern es handelt sich um Allegorien des Friedens und des Krieges. Der Frieden wird naiv als das Gute, der Krieg ebenso naiv als das schlechthin Böse dargestellt. Die Idee eines gerechten Krieges, geführt von der Kriegerelite Ur-Athens, passt in keiner Weise in dieses Bild. Hinzu kommt, dass auf dem Schild des Achilleus auch viele weitere allegorische Szenen zu finden sind, die bei Platon keine Entsprechung haben. Auch die Schichten von Erz, Zinn und Gold, aus denen der Schild gefertigt ist, können keine Analogie zu den Mauern von Atlantis begründen[95].

Eine Übereinstimmung mit der Atlantisgeschichte ist nicht erkennbar und rundheraus zurückzuweisen. Das wäre genauso willkürlich und falsch, wie wenn man Waffen und Schild des Agamemnon mit Atlantis analogisieren wollte: Der Mittelbuckel könnte der Hügel von Atlantis sein, darum zehn eiserne Reifen, die den Mauern von Atlantis entsprechen, schließlich die Farbe blau![96] Doch so geht es nun einmal nicht.

Homer – Das Scheria der Phäaken

Viele Atlantisbefürworter und Atlantisskeptiker haben in der Stadt Scheria aus Homers Odyssee[97] eine Analogie zu Platons Atlantis sehen wollen. Pierre Vidal-Naquet meint sogar, die Parallelen könnten nicht bezweifelt werden[98]. Beide Städte haben Poseidon als Gott und liegen am Meer. Beide Städte haben komplexe Hafenanlagen und liegen in der Ferne. Und es gibt noch weitere Parallelen.

Doch die Unterschiede sind ebenso klar: Scheria ist nur eine Stadt von Seeleuten, Atlantis hingegen ist die Hauptstadt eines ganzen Reiches, das auch große landwirtschaftliche Flächen umfasst und Landtruppen aufstellt. Atlantis liegt am Rande der bekannten Welt und hat Händler aus aller Welt in seinem Hafen, Scheria jedoch liegt jenseits der bekannten Welt: Die Phäaken haben mit niemandem Kontakt. Nur Schiffbrüchige erreichen diese Insel, und die Irrenden kommen sowohl von Westen als auch von Osten! Schließlich sind die Schiffe der Phäaken beseelt und brauchen keinen Steuermann, und sie sind zauberhaft schnell. Die Phäaken verkehren in unmittelbarer Nähe zu den Göttern. Bei näherer Betrachtung wird deutlich, dass Scheria eine

---

[94]Homer Ilias XVIII, 478 ff.
[95]Vgl. Nesselrath (2006b) S. 325 zu Kritias 116b5-c2
[96]Homer Ilias XI 23 ff.
[97]Homer Odyssee VI, VII, VIII, XIII
[98]Vidal-Naquet (1964) S. 266 f. (dt.) / S. 341 f. (frz.); Original: „le parallélisme n'est pas contestable"

hochgradig mythische, „jenseitige" Stadt ist, was in völligem Widerspruch zu Platons Atlantis steht. Dies hat bereits 1833 Friedrich Gottlob Welcker sehr gut erkannt[99]. Sogar Vidal-Naquet erkennt Unterschiede, etwa die Gastlichkeit der Phäaken im Unterschied zur Aggressivität der Atlanter, und meint nur eine Seite nach seiner Aussage, dass die Parallelen nicht bezweifelt werden können, dass Parallelen eben nicht alles erklären könnten[100].

Damit scheitert jeder Vergleich zwischen Scheria und Platons Atlantis. Die Ähnlichkeiten sind wie so oft nur vage, die Unterschiede dafür umso größer. Insbesondere die mythische Jenseitigkeit von Scheria macht den Vergleich zunichte, ebenso wie die ägyptische Erzählung vom Schiffbrüchigen gerade auch wegen ihres märchenhaften Charakters in gar keiner Weise mit Platons Atlantiserzählung verglichen werden kann. Denkbar wären lediglich vage Inspirationen, doch wären sie so schwach, dass man an ihnen nichts festmachen kann.

Homer – Die Götterversammlung

Manche meinen, die Götterversammlung in Platons Atlantisgeschichte sei typisch homerisch[101]. Das wäre möglich, denn vielleicht hat Platon eine Vorlage entsprechend seinem kulturellen Verständnis ausgeführt? Götterversammlungen gibt es z.B. auch in der ägyptischen Mythologie, u.a. im Buch der Himmelskuh. Da die Ägypter jene sind, die sowohl von Atlantis angegriffen wurden als auch diejenigen, die die Atlantisgeschichte initial aufzeichneten, ist es zunächst ihre Kultur, auf die es bei der Götterversammlung ankommt: Die ägyptischen Autoren der originalen Atlantisüberlieferung wären es dann vermutlich gewesen, die den Topos der Götterversammlung eingefügt hatten. Platon hätte diese Grundlage dann nach seinem Verständnis ausgeführt.

Jedenfalls sagt die Götterversammlung nichts darüber aus, ob die Atlantisgeschichte im Kern historisch wahr ist, oder aber eine Erfindung.

Popol Vuh / Codex Troano (8. Jhdt. v.Chr. - 16. Jhdt. n.Chr.)

Das Buch *Popol Vuh* ist eine in lateinische Schrift transliterierte späte Überlieferung von Mythen der Maya mit einer spanischen Übersetzung; zuletzt wurden wohl auch christliche Motive beigemengt. Der *Codex Troano* ist eines von wenigen erhaltenen Originalmanuskripte der Maya. Beide Texte wurden von Brasseur de Bourbourg (1814-1874) entdeckt und 1861 bzw. 1869/70 erstmals übersetzt. Brasseur de Bourbourg zog auch die Verbindung zu Platons Atlantis. Mehr dazu bei Brasseur de Bourbourg.

---

[99] Welcker (1833)
[100] Vidal-Naquet (1964) S. 266 ff. (dt.) / S. 341 ff. (frz.)
[101] Vgl. z.B. Nesselrath (2006b) S. 448 zu Kritias 121c4-5

Die Übersetzungen des Brasseur de Bourbourg gelten heute als grundsätzlich falsch. Die korrekte Entzifferung der Maya-Schrift gelang erst in der zweiten Hälfte des 20. Jahrhunderts. Insbesondere geht der moderne Mythos von dem überschwemmten Land Mu auf Brasseur de Bourbourgs fehlerhafte Übersetzung des *Codex Troano* zurück. Der *Codex Troano* enthält praktisch keine Aussage über Flutmythen, sondern ausschließlich Weissagungen und astrologische Aussagen. Im *Popol Vuh* gibt es einige spekulative Anknüpfungspunkte zwischen den Mythen der Maya und Platons Atlantisgeschichte: In den Mythen der Maya ist von einer Flut die Rede, von einem Zwillingspaar, von Naturkatastrophen, von Wanderungen, usw.

Natürlich sind alle diese Analogien nur oberflächlich, und sie verschwinden bei näherem Hinsehen. Zudem gibt es mehr Unterschiede als Gemeinsamkeiten. Es lohnt sich fast nicht, jeden behaupteten Zusammenhang im einzelnen zu widerlegen. Ein Zusammenhang zu Platons Atlantis kann allein deshalb schon nicht bestehen, wenn man bedenkt, dass die Kultur der Maya dafür viel zu spät blühte. Die Schrift der Maya – die erste Schrift im präkolumbianischen Amerika – entstand offenbar erst im dritten Jahrhundert vor Christus, womit der Zeitpunkt, bis zu dem Überlieferungen maximal zurückreichen können, nur wenige Jahrhunderte davor anzusetzen ist. Wenn wir großzügig 500 Jahre mündlicher Überlieferung zugestehen, reichen die Überlieferungen der Maya auf keinen Fall weiter als bis in die Zeit Homers und Hesiods zurück. Damals aber muss Atlantis bereits untergegangen gewesen sein. Realistisch betrachtet dürften die erhaltenen Überlieferungen jedoch einer viel späteren Zeit zuzurechnen sein, die mit dem europäischen Mittelalter zusammenfällt.

Die Bibel – Das Alte Testament (ab 640 v.Chr.)

Für viele Menschen ist die Bibel das älteste Buch, das sie kennen, ein Buch, in dem vom Anfang der Menschheit und der menschlichen Kultur die Rede ist. Deshalb ist die Bibel für sie eine Quelle über die ältesten Zeiten der Menschheit. Doch das ist ein fundamentaler Irrtum. Die Bibel wurde erst sehr spät geschrieben. Um 640 v.Chr. begann die Sammlung der biblischen Schriften, und erst um 540 v.Chr. wurde die Bibel im babylonischen Exil hauptsächlich abgefasst. Richtig ist allerdings, dass sich die Bibel in einigen Punkten auf noch ältere Überlieferungen mesopotamischer Kulturen stützt, wie z.B. das Gilgamesch-Epos.

Die Bibel – Das Paradies bzw. der Garten Eden

Die Vorstellung des Paradieses in der Bibel ist die Vorstellung eines Urortes, eines Ursprungsortes der gesamten Menschheit. Zudem verfügt das biblische Paradies, der Garten Eden, über mythisch-jenseitige Charakteristika, die den Unterschied zur diesseitigen Welt markieren. Dieser Unterschied kommt in der Vertreibung aus dem Paradies zum Ausdruck: Nunmehr sind Arbeit, Mühe, Krankheit, Zwist und Tod in der Welt.

Nichts davon stimmt mit der Atlantisgeschichte überein. Atlantis ist nicht nur nicht der einzige Ort, wo Menschen „entstehen" bzw. von den Göttern kultiviert werden, es ist auch kein eindeutiger Anfang auszumachen, denn wir befinden uns in einem endlos zyklischen Verlauf der Historie. Das Paradies wird in der Bibel nicht als Insel beschrieben, und es geht auch nicht unter, sondern die Menschen werden daraus vertrieben. Schließlich wird Atlantis von Platon als ein durch und durch diesseitiger Ort beschrieben, zwar reich von der Natur gesegnet, aber mehr auch nicht. Auch Atlanter haben Zwist, werden krank und müssen sterben. Sie sind Menschen wie Du und ich, und sie leben in derselben Welt wie wir.

Die Bibel – Die Sintflut

Die Analogisierung der biblischen Sintflut mit dem Untergang von Atlantis ist von jeher besonders beliebt, doch auch diese Analogisierung ist vollkommen verfehlt. Um den Irrtum gut aufzuklären, bedarf diese Frage besonderer Aufmerksamkeit.

Es ist wichtig, die gewaltigen Unterschiede zu verstehen, um sich nicht selbst zu täuschen: Während die biblische Flut als eine Weltflut verstanden wird, die das ganze Menschengeschlecht bis auf Noah und seine Arche austilgt, trifft die Katastrophe von Atlantis und Ur-Athen nur einen Teil der Welt. Ägypten z.B. bleibt von der Katastrophe verschont, weshalb dort auch noch Aufzeichnungen aus der Zeit vor der Katastrophe übrig geblieben sein sollen – so dachte es sich Platon. Die biblische Flut ist zudem eine einmalige Flut, nach der Gott das Versprechen abgibt, eine solche Flut nicht zu wiederholen – die Katastrophe von Ur-Athen und Atlantis ist jedoch ein zyklisch wiederkehrendes Ereignis; die Deukalionische Flut aus der griechischen Mythologie soll dabei bereits die dritte Flut seit den Tagen von Atlantis gewesen sein. Bei der biblischen Sintflut bleibt das Land wo es ist, und das Wasser steigt an – bei der Katastrophe von Atlantis sinkt das Land durch Erdbeben unter das Niveau des Meeresspiegels. Von einer Arche ist bei Platon nicht die Rede, obwohl die Arche ein wesentliches Element der biblischen Erzählung von der Sintflut ist. Das Atlantis des Platon bleibt nach dem Ende der Katastrophe versunken – nach dem Ende der biblischen Sintflut jedoch wird alles Land wieder trocken. Hinzu kommt, dass die biblische Sintflut auf eine Zeit vor der Entstehung Ägyptens datiert wird, während Platon Atlantis auf eine Zeit nach der Entstehung Ägyptens datierte. Für Platon bezeichneten die von ihm genannten 9000 Jahre einen Zeitpunkt, der nach jenen 11000 und noch mehr Jahren lag, die z.B. Herodot für das Alter Ägyptens angegeben hatte. Ein letzter wichtiger Unterschied ist die schriftliche Überlieferung der Atlantisgeschichte durch die Ägypter, während man im Rahmen ihrer inneren Logik bei der Erzählung von der biblischen Sintflut offenkundig von einer längeren Zeitspanne ausgehen muss, innerhalb derer die Erzählung ausschließlich mündlich überliefert werden konnte. Im übrigen ist die biblische Sintflutsage recht kurz, während die Atlantisgeschichte sehr ausführlich und detailreich ist.

Wenn wir all diese gravierenden Unterschiede zusammennehmen, dann ist es völlig unmöglich, eine Analogie zwischen Platons Atlantisgeschichte und der biblischen Sintflutsage zu ziehen. Es handelt sich um zwei völlig verschiedene Überlieferungen, die gewiss nicht auf dasselbe Ereignis zurückgehen. Man beachte, dass die biblische Sintflutsage auf mesopotamische Mythen wie das Gilgamesch-Epos zurückgeht. Auch diese mesopotamischen Mythen haben folglich mit Atlantis nichts zu tun.

Die Bibel – Henoch, die erste Stadt

Das erste Buch der Bibel, die Genesis, berichtet, wie die erste Stadt der Menschheit erbaut wurde:

> „Und Kain erkannte sein Weib, und sie ward schwanger und gebar Henoch. Und er baute eine Stadt und benannte die Stadt nach dem Namen seines Sohnes Henoch."[102]

Mit Atlantis hat das alles herzlich wenig zu tun. Die Hauptstadt von Atlantis ist nämlich nicht die erste Stadt der Menschheit, sondern nur eine von mehreren Städten, die an verschiedenen Orten mehr oder weniger gleichzeitig entstehen. Zudem relativiert sich der Gedanke an eine „erste" Stadt, wenn man Platons zyklisches Verständnis des Geschichtsverlaufes bedenkt. Auch ist eine Analogie von Kain und Henoch zu Poseidon und Atlas völlig verfehlt, hier werden Götter und Menschen verwechselt. Zudem ist es in der Bibel der Vater Kain, der die Stadt erbaut, in der Atlantisgeschichte ist es jedoch der Sohn Atlas, der die Stadt erbaut, während Vater Poseidon lediglich die natürlichen Gegebenheiten anpasst. Es ist auch nicht zu sehen, wie die verschiedenen Namen in Übereinstimmung zu bringen sein könnten, und auch sonst fehlt der ersten Stadt Henoch so ziemlich alles, was Atlantis zu Atlantis macht. Hier passt einfach gar nichts zusammen.

Die Stadt Henoch dürfte ohnehin alles andere als historisch sein. Die Erzählungen des Buches Genesis sind weitestgehend nicht als historische Berichte zu verstehen, sondern als Erklärungsversuche für Herkommen und Zustand der Welt. Es sind klassische Mythen, die hier die Funktion erfüllen, die Ursachen für die Existenz von Mann und Frau, von verschiedenen Sprachen oder von ländlicher und städtische Kultur anzugeben. Man nennt solche Begründungsmythen auch Ätiologien, von griech. *aitia*: die Ursache.

---

[102] Genesis 4:17

1.2 Antike Nichterwähnungen vor Platon

Die Bibel – Japhet und Iapetos

Wie wir bereits bei Hesiod sahen, gilt der Titan Iapetos aus der griechischen Mythologie als der Vater des Titanen Atlas. Eine bloße Namensähnlichkeit mit der biblischen Gestalt des Japhet, einem Sohn Noahs, hat dazu geführt, in der Person des Japhet eine biblische Spur von Platons Atlantis zu vermuten.

Doch dieser Gedanke ist in mehrfacher Hinsicht irrig: Die Person des Japhet aus der hebräischen Mythologie ist in Funktion und Rolle eine ganz andere Person als Iapetos aus der griechischen Mythologie. Poseidon und sein Sohn Atlas haben nichts zu tun mit Noah und dessen Sohn Japhet. Zudem hat der griechische Iapetos nichts mit Platons Atlantis zu tun. Hier passt nichts zusammen.

Die Bibel – Göttersöhne und Riesen

In der Genesis spricht eine Stelle von Göttersöhnen, die sich mit Normalsterblichen vermischen:

> „Zu der Zeit und auch später noch, als die Gottessöhne zu den Töchtern der Menschen eingingen und sie ihnen Kinder gebaren, wurden daraus die Riesen auf Erden. Das sind die Helden der Vorzeit, die hochberühmten."[103]

Manche haben sich dabei offenbar an die Könige von Atlantis erinnert gefühlt, die von Poseidon abstammen, und deren göttlicher Anteil mit jeder Generation weiter abnimmt. Doch das hat mit dieser Bibelstelle nicht das geringste zu tun. Zumal Platon in seiner Atlantisgeschichte auch nicht davon berichtet, dass die Stammkönige von Atlantis Riesen gewesen wären.

Die Bibel – Die Israeliten

Einige Hypothesen zu Platons Atlantis vertreten die Auffassung, dass das Volk der Israeliten mit Atlantis identisch ist, so z.B. Eurenius 1751 oder Baër 1762. Derartige Atlantis-Hypothesen sind natürlich ideologisch, religiös oder politisch motiviert und haben keine wissenschaftliche vertretbare Fundierung.

Historisch betrachtet entstand das Volk Israel nach den Seevölkerkriegen um das Jahr 1200 v.Chr. aus lokalen nomadischen Stämmen[104]. Für die Entstehung von Atlantis ist das zu spät. Es ist auch sehr verwunderlich, wie manche die Eigenschaften von Atlantis in Israel wiedererkennen wollen.

---

[103] Genesis 6:4
[104] Vgl. Finkelstein/Silberman (2002) S. 112-139

Die Bibel – Schlusswort

Als Buch des Glaubens war die Bibel seit jeher Quelle und Anlass für Irrtümer aller Art. Von naiven historischen Fehlinterpretationen über dogmatischen Traditionalismus bis hin zu kabbalistischen Spekulationen sind der Phantasie bei der Produktion von Irrtümern keine Grenzen gesetzt. Wer wild assoziiert, ohne seine Gedanken der Überprüfung der Vernunft zu unterwerfen, kommt zu beliebigen Analogien: Gleicht der Untergang von Atlantis etwa dem Ende von Sodom und Gomorrha? War der Wal des Jona ein atlantisches U-Boot?! Oder wird Atlantis etwa bei Hiob erwähnt ...:

„Die Schatten werden von Zittern erfasst unter den Wassern und ihren Bewohnern."[105]

Pseudo-Apollodoros (ca. 6. Jhdt. v.Chr.?)

Die *Bibliotheca* eines unbekannten Autors aus dem ersten oder zweiten nachchristlichen Jahrhundert ist eine bedeutende Sammlung älterer Mythen und Legenden. Das Werk wurde lange Zeit irrtümlich dem Apollodoros von Athen zugeschrieben. Die Besonderheit der *Bibliotheca* ist, dass die Mythen hier in einer frühen Form erhalten zu sein scheinen, d.h. dass spätere Hinzuerfindungen oder Verzerrungen hier noch nicht auftauchen. Man setzt die Quellen der *Bibliotheca* ungefähr auf das 6. Jhdt. v.Chr. an. Dennoch ist diese Quelle nur mit Vorsicht zu genießen. Nesselrath weist darauf hin, dass in der *Bibliotheca* in vielen Fällen auch noch Mythenversionen erkennbar sind, die auf die attische Tragödie des 5. Jahrhunderts oder sogar auf noch spätere Autoren wie z.B. Apollonios von Rhodos zurückgehen[106].

Die meisten Atlantisbefürworter und Atlantisskeptiker konzentrieren sich auf andere Autoren von Sammlungen griechischer Mythen, wie z.B. Hellanikos von Lesbos, Apollonios von Rhodos, Dionysios Skytobrachion oder Diodorus Siculus. Ein Grund dafür mag sein, dass die Mythen in der *Bibliotheca* nur sehr karg ausgestattet sind. Zu diesen mythischen Motiven, die auch bei späteren Autoren auftauchen und dort ausführlicher besprochen werden, gehören u.a.: Kelaino, die Insel der Seligen, der Titan Atlas, seine Eigenschaft als Himmelsträger, die Atlantiden, d.h. die Töchter des Atlas, und die Argonautensage.

In einem Punkt hat die *Bibliotheca* des Pseudo-Apollodor aber etwas zu bieten, was andere (spätere?) Autoren nicht kennen: Hier wird der Titan Atlas nicht dem Westen, sondern dem Norden zugeordnet! Eurystheus trug Herakles als elfte Aufgabe auf,

„von den Hesperiden die goldenen Äpfel zu holen. Diese befanden sich aber nicht, wie einige gesagt haben, in Libyen, sondern bei den Hyperboreern."[107]

---

[105]Hiob 26:5
[106]Nesselrath (2017) S. 22 Fußnote 47
[107]Pseudo-Apollodoros Bibliotheca 2.5.11; Übersetzung Johann Franz Beyer 1802

Diese Lokation hat auch eine gewisse astronomische Logik, denn der einzige ruhende Punkt, um den sich der Himmel dreht, und den man mit einer tragenden Säule in Verbindung bringen könnte, ist der Himmelsnordpol am Polarstern im Norden. Vielleicht dachte man sich den Himmelsträger Atlas in alter Zeit tatsächlich im Norden, bevor man ihn nach Westen verlegte. Natürlich ist diese Überlegung keine Rechtfertigung dafür, dem Titanen Atlas besondere astronomische Kenntnisse zuzuschreiben: Wer als Muskelprotz – noch dazu als Strafmaßnahme – den Himmel zu tragen hat, dem ist es egal, wo und warum er diese Last zu tragen hat; von dem wird man keine intellektuelle Leistung erwarten können.

Obwohl das einmal mehr gegen eine Identifikation des Titanen Atlas mit dem König Atlas von Atlantis spricht, das bekanntlich nicht im Norden, sondern im Westen unmittelbar vor den Säulen des Herakles lag, haben einige Autoren Atlantis mit dem Norden in Verbindung gebracht. So z.B. Helena P. Blavatsky:

> „To make a difference between Lemuria and Atlantis, the ancient writers referred to the latter as the Northern or Hyperborean Atlantis, and to the former as the Southern. Thus Apollodorus says (*Mythology*, Book ii): 'The golden apples carried away by Hercules are not, as some think, in Libya; they are in the Hyperborean Atlantis.'"[108]

Hellanikos von Lesbos (ca. 485-400 v.Chr.)

Hellanikos von Lesbos ordnete die griechische Mythologie nach vier Geschlechtern. Eines davon war das Geschlecht des Titanen Atlas. Deshalb trägt eines der Werke des Hellanikos über die griechische Mythologie den Titel *Atlantika*, oder auch: *Atlantias* oder *Atlantis*. Genaues ist nicht bekannt, da das Werk verloren ging und nur in Fragmenten überliefert ist. Dieser Titel bezieht sich natürlich in keiner Weise auf Platons Atlantis, sondern auf den Titanen Atlas aus der griechischen Mythologie.

Hellanikos – Kelaino und die Insel der Seligen

Wie bereits Hesiod, so berichtet auch Hellanikos von der Verbindung des Poseidon mit einer gewissen Kelaino, aus der ein Sohn namens Lykos hervorgegangen sein soll. Bei Hellanikos kommt jedoch eine weitere Information hinzu, die andere Autoren nicht kennen: Poseidon soll dem Lykos einen Wohnsitz auf den Inseln der Seligen angewiesen haben![109]

Allzu leichtfertig analogisierende Atlantisbefürworter und Atlantisskeptiker haben hier folgenden Schlüsse gezogen: Kelaino entspreche der Kleito, der Stammutter der

---

[108] Blavatsky (1893) S. 814, Fußnote 3
[109] Hellanikos Fragment Oxyrhynchus Papyrus VIII 1084

Könige von Atlantis. Deren Sohn bekommt von Poseidon dann die Insel der Seligen zugewiesen: Das entspreche natürlich der Insel Atlantis!

Doch diese Verbannung von Platons Atlantis ins Reich der Mythen ist nicht gerechtfertigt. Kelaino ist nicht Kleito, Lykos ist nicht Atlas, und die Insel der Seligen sind nicht Atlantis. Zumal Kleito auf der Insel Atlantis autochthon war, ihr Sohn Atlas musste dort nicht erst hingeschickt werden. Von Lykos heißt es auch nicht, dass er zum Herrscher dieser Insel wurde, sondern nur, dass er dort angesiedelt wurde. Hinzu kommt, dass Kelaino als Tochter des Atlas gilt. Mit dieser wiederum verband sich dann Poseidon, um den Sohn zu zeugen, der auf die Insel der Seligen geschickt wurde. Das würde bedeuten, der Sohn des Poseidon, Atlas, zeugt eine Tochter, mit der sein Vater, Poseidon, dann Beischlaf hält, um einen Enkelsohn des Atlas zu zeugen, der dann auf die Insel geschickt wird, also Platons Atlas entspräche – das ist absurd.

Es kann somit als gesichert gelten, dass sich in Platons Atlantisgeschichte keinerlei Anspielungen auf diese mythischen Geschehnisse verbergen. Außer oberflächlichen Ähnlichkeiten, die vor allem weniger gebildete Menschen beeindrucken können, gibt es keine Gemeinsamkeiten, sondern im Gegenteil, die Widersprüche überwiegen bei weitem, und ein Bezug wird von Platon nirgends hergestellt. Falls hier doch eine Entmythologisierungsabsicht des Platon dahintergestanden hätte, so wäre der Versuch gründlich misslungen; doch das ist so unwahrscheinlich, dass man es praktisch ausschließen kann.

Hellanikos – Poseidon und Kerkyra

Hellanikos berichtet auch davon, dass Poseidon sich mit einer gewissen Kerkyra verband, um den Stammvater der Phäaken namens Phaiax zu zeugen; die Phäaken werden ebenfalls gerne mit den Atlantern analogisiert[110]. Doch wie wir bereits bei der Besprechung der Phäaken bei Homer sahen, gibt es auch hier keinen geeigneten Bezug zu Platons Atlantis.

Hellanikos – Die Atlantiden

Hellanikos berichtet von einer ganzen Reihe von Töchtern des Titanen Atlas. So verband sich z.B. Atlas mit einer gewissen Pleione. Die aus dieser Verbindung hervorgegangenen Töchter wurden die Plejaden genannt. Da sie auch Töchter des Atlas waren, wurden sie aber auch „Atlantiden" genannt. Mit Atlantis hat das nichts zu tun, siehe der Exkurs zum Patronymikon in diesem Abschnitt.

---

[110] Vgl. Nesselrath (2006b) S. 256 zu Kritias 113d5; FrGrHist 4 F 77

Hellanikos – Die Atlantide Elektra

Bereits bei Hesiod findet die Atlastochter Elektra Erwähnung. Diese Erwähnung findet sich u.a. in dem Fragment Oxyrhynchus Papyrus XI 1359 aus den Werken des Hesiod. Es gibt einiges Geraune in der Atlantisliteratur, dass ein Scholiast zur *Bibliotheca* des Pseudo-Apollodoros einen Hinweis hinterlassen habe, dass die Atlastochter Elektra auch in einem verlorenen Werk des Hellanikos erwähnt wurde – vermutlich das Werk über das Geschlecht des Atlas. Doch nichts davon begründet irgend einen Bezug zu Platons Atlantis.

Offenbar übt der geheimnisvoll klingende Name *Oxyrhynchus Papyrus* der Quelle des Fragmentes und die Idee eines verlorenen Werkes, in dem von einer „Tochter des Atlas" die Rede ist, eine magische Anziehungskraft auf eine bestimmte Spezies von Autoren aus.

Hellanikos – Exkurs: Patronymikon „Tochter des Atlas"

Eine Tochter des Atlas wird im Griechischen gerne mit der grammatikalischen Form des Patronymikon bezeichnet: Im Singular *Atlantis* und im Plural *Atlantides*, auf deutsch dann „Atlantide" und „Atlantiden". Die Form des Patronymikon ist vom Genitiv abgeleitet und diesem ähnlich. Gemäß den Grammatiken bringt das Patronymikon eine Vaterbeziehung zum Ausdruck: Die Atlantiden sind eben die Töchter des Titanen Atlas. Ein Beispiel für ein männliches Patronymikon ist die Redewendung „Zeus der Kronide" bei Homer: Zeus ist der Sohn des Kronos, und wird deshalb auch „der Kronide" genannt, auf griechisch *Kronides*.

Völlig anders verhält es sich bei Platons „Insel Atlantis", griechisch: *Atlantis nesos*. Grammatikalisch gesehen handelt es sich hier ebenfalls um ein Patronymikon, doch es wird offensichtlich *keine* Vaterbeziehung zum Ausdruck gebracht. König Atlas ist nicht der „Vater" dieser Insel. Im Gegenteil: Aus der Perspektive der Atlantisgeschichte spielt Atlas vor allem die Rolle eines Sohnes, nämlich des Sohnes von Poseidon. Auch bei Herodots „Meer des Atlas", *Atlantis thalassa*[111], ist der Titan Atlas nicht der „Vater" dieses Meeres.

Leider lassen uns die Grammatiker allein, wenn es um die Deutung dieser Verwendungsart des Patronymikons geht. So war auch der Verfasser dieses Buches einige Jahre in dem Irrtum befangen, es handele sich bei *Atlantis* nicht um ein Patronymikon, sondern um die grammatikalische Form des Gentiliums.

Bei Durchsicht verschiedener Grammatiken und grammatischer Kommentare lässt sich nur wenig Erhellendes finden: Einige Patronymika sind im Laufe der Zeit zu Eigennamen geworden und drücken keine Vaterbeziehung mehr aus, so z.B. die Namen Miltiades oder Euripides. Außerdem stünden Patronymika den Possessiva nahe, die

---

[111] Herodot I 203

eine Besitzbeziehung zum Ausdruck bringen, also gewissermaßen den Besitz des Vaters an den Söhnen. Patronymika werden so gut wie nie von Frauennamen gebildet.

Doch das alles erklärt nicht die hier vorliegenden Verwendungen. Das Wort *Atlantis* ist in der Atlantisgeschichte noch kein selbständiger Name, sondern erscheint nur in Begleitung von „Insel", *nesos*. Es drückt also die Beziehung von König und Insel aus. Ebenso ist auch bei Herodot das Wort *Atlantis* noch nicht als völlig eigenständiger Name des Meers zu verstehen, was am vorangestellten Artikel besonders deutlich wird, der das Wort *thalassa* elliptisch-attributiv aufgreift (*he exo steleon thalassa he Atlantis kaleomene*). Auch hier ist *Atlantis* der Ausdruck einer Beziehung des Titanen Atlas zu diesem Meer. Diese Beziehung ist keine Vaterbeziehung, aber sie ist auch keine einfache Besitzbeziehung. Wenn es nur um Besitz ginge, dann hätte man auch den Genitiv setzen können. Es muss etwas anderes als Besitz sein! Die grammatikalische Form des Patronymikons bringt hier also gewissermaßen eine „innige", quasi „väterliche" Besitzbeziehung von besonderer Art zum Ausdruck. Das Wort „Herrschaftsbereich" oder „Herr des ..." kommt einem Aspekt der wahren Bedeutung nahe.

Der folgende Vorschlag für die Funktion des Patronymikons dürfte alle Verwendungsweisen von Patronymika abdecken: Zunächst trifft das Wort „angestammt" die Besonderheit der von Patronymika zum Ausdruck gebrachten Beziehung am besten. Es ist die „Angestammtheit" einer Beziehung, die zum Ausdruck gebracht wird. Die Angestammtheit kommt bei einer Vaterbeziehung durch die Abstammung zum Ausdruck, doch es können auch andere Formen der Angestammtheit sein. Man kann auch von „angestammter Herrschaft" oder „Autorität" sprechen. Das Patronymikon bringt gewissermaßen keine bloße Vaterbeziehung, sondern eine Patriarchenbeziehung zum Ausdruck. Das Patronymikon bezeichnet den Patriarchen, der eine angestammte Herrschaft oder Autorität ausübt. Das ist meistens eine Vaterschaft, aber es muss keine Vaterschaft sein. Traditionell ist die angestammte Herrschaft eine Sache der Männer. Deshalb werden Patronymika auch so gut wie nie von Frauennamen gebildet, wie die Grammatiker richtig beobachtet haben.

In diesem Sinne ist dann das atlantische Meer der „angestammte" Herrschaftsbereich des Titanen Atlas, und die Insel Atlantis ist der „angestammte" Herrschaftsbereich von König Atlas. Leider ist es schwierig, diesen patriarchalen Aspekt in einer prägnanten Übersetzung gut zum Ausdruck zu bringen, weshalb er fast immer unterschlagen wird. Statt dessen wird der Genitiv oder ähnliche Wendungen verwendet. So wird aus der *Atlantis nesos* die „Insel des Atlas", die „Atlassche Insel", die „Atlas-Insel" oder auch die „Atlantische Insel". Um der Prägnanz willen sollte man darüber nicht klagen. Es scheint aber, als seien sich die Übersetzer gar nicht bewusst, dass sie einen Aspekt unterschlagen. Schließlich gibt es praktisch keine Grammatiken, die sie dabei unterstützen würden, die Bedeutung des Patronymikons in diesem Kontext wirklich zu verstehen.

1.2 Antike Nichterwähnungen vor Platon

In die Atlantisliteratur hat sich im Laufe der Zeit der Irrtum eingeschlichen, dass das Patronymikon *Atlantis* in der Atlantisgeschichte im Sinne von „Tochter des Atlas" verwendet worden wäre. Das ist definitiv nicht der Fall. Es ist unklar, wer den Irrtum zuerst aufgebracht hat. Wir finden den Ausdruck „Tochter des Atlas" u.a. bei John V. Luce und Eberhard Zangger[112]. Auffällig ist jedoch, dass in diesem Zusammenhang fast immer auf Hellanikos von Lesbos verwiesen wird.

Herodot von Halikarnassos (ca. 484-425 v.Chr.)

Herodot ist eine äußerst wichtige Quelle für die Atlantisforschung: Wir können bei Herodot sehen, wie Berichte über fremde Länder verzerrt werden, wir lernen, welches chronologische und geographische Weltbild Platon ungefähr hatte, wie es in Ägypten zur Saitenzeit aussah, und wir sehen, dass die Dimensionen von Zeit, Zahl und Raum in der Atlantisgeschichte im Vergleich zu entsprechenden Größenangaben bei Herodot keineswegs phantastisch sind. Für Einzelheiten siehe das 2006 erschienene Werk des Verfassers *Mit Herodot auf den Spuren von Atlantis*[113].

Atlantis wird in Herodots Werk mit keinem Wort erwähnt. Dennoch gibt es einige Aussagen bei Herodot, die immer wieder irrig auf Platons Atlantis bezogen werden.

Es beginnt mit der Ersterwähnung des Namens „Atlantisches Meer" für das Meer westlich von Europa und Afrika, griechisch: *Atlantis thalassa*[114]. Hier verführt die oberflächliche Gleichheit der Bezeichnung, noch dazu mit der grammatikalischen Form *Atlantis*, zu Analogien: Auch bei Platon ist von dem „atlantischen Meer" die Rede und natürlich von der *Atlantis nesos*, der Insel des Atlas. Doch es ist jeweils ein anderer Atlas gemeint. Bei Herodot ist es der Titan Atlas aus der griechischen Mythologie, bei Platon der König von Atlantis, eine gänzlich andere Person. Platon entmythologisiert den Titan nicht zum König, sondern er *ersetzt* ihn durch den König, und zwar auch in seiner Rolle als Namensgeber des Meeres. Am Rande können wir noch festhalten, dass das „atlantische Meer" bei Platon nirgends mit dem Patronymikon *Atlantis* bezeichnet wird, sondern immer mit der Form *atlantikos*; das ist nur eine Feinheit, aber vielleicht doch von Bedeutung.[115]

Ähnliches gilt für das Atlas-Gebirge, griechisch: *oros to onoma [esti] Atlas*, das als schmal und kreisförmig beschrieben und auch Säule des Himmels genannt wird[116]. Wer den König Atlas von Atlantis mit dem himmelstragenden Titan Atlas aus der griechischen Mythologie verwechselt, der wird hier eine Anspielung auf Platons Atlantis erblicken, ohne seinen Irrtum zu bemerken. Übrigens dürfte Herodot unter

---

[112] Luce (1969) S. 150 (engl.) / S. 276 (dt.); Zangger (1993) S. 82
[113] Franke (2006/2016)
[114] Herodot I 202
[115] Vgl. allgemein Franke (2006/2016) S. 123-125
[116] Herodot IV 184

dem Atlas-Gebirge etwas anderes verstanden haben als wir heute, nämlich eher das Ahaggar-Gebirge in der Westsahara.[117]

Der Irrtum über das Atlas-Gebirge überträgt sich sodann auf die Bewohner dieser Bergregion, die von Herodot *Atlantes*, Atlanten, genannt werden[118]. Sie haben nichts mit den Atlantern aus Platons Atlantisgeschichte gemeinsam, doch wer die Zusammenhänge und Unterschiede auf der Ebene der griechischen Sprache nicht kennt, wird dem Irrtum verfallen, dass dies die Atlanter Platons seien. Man beachte, dass Platon das Volk von Atlantis an keiner Stelle „Atlanter" nennt; dies ist nur eine Wortbildung der Rezeption für die praktische Verständigung. Bei Platon wird nur der Insel bzw. dem Meer das Attribut *Atlantis* bzw. *atlantikos* zuteil, nicht aber der Stadt oder dem Volk.

Übrigens sind es nicht nur Atlantisbefürworter, die der Versuchung erlegen sind, hier Analogien zu sehen. Auch wissenschaftliche Atlantisskeptiker sind diesen Irrtümern erlegen. Pierre Vidal-Naquet ist sogar der Auffassung, dass der Name „Atlantis" auf Herodot zurückgeht; seiner Meinung nach sei es ein Versagen der Wissenschaft, dass die Analogie zwischen Platons Atlantis und Herodots Atlanten viel zu selten gezogen wird: Philosophen und Historiker würden nicht miteinander sprechen[119].

Ähnlich wie bei der Bibel gibt es bei Herodot weitere zahllose Sachverhalte, die mit Platons Atlantis in Zusammenhang gebracht worden sind, obwohl kein Zusammenhang besteht. Insbesondere Atlantisskeptiker haben in Herodot eine wahre Fundgrube von Vorlagen gesehen, nach denen Platon sein Atlantis angeblich erfunden hat. Doch diese Vorlagen sind allesamt zu verstreut und zu zerteilt und zu vage, um eine solche Aussage auch nur als wahrscheinliche Vermutung äußern zu können. Im Gegenteil spricht die völlige Beziehungslosigkeit zwischen den angeblichen Inspirationen und der mutmaßlichen Erfindung dafür, dass es diese Beziehung nicht gibt.

Im Gegenteil bieten viele dieser angeblichen Vorbilder für Platons Atlantis die Gelegenheit für die gegenteilige Argumentation: Wer immer an Sachverhalten und Größenordnungen in Platons Atlantisgeschichte zweifelt, wird bei Herodot ähnliche Sachverhalte und Größenordnungen finden, die allerdings ganz real sind. Manche wollen ja Platons Atlantis allein wegen seines unmöglichen Alters von 9000 Jahren ins Reich der Fabel verbannen; doch wie gehen dieselben Leute mit dem angeblichen Alter Ägyptens von 11000 Jahren und mehr um, von dem uns Herodot berichtet? Ist auch Ägypten nur ein orientalisches Märchen, ein fabelhaftes Nirgendland voller Wunder? Und wer an den Nil fährt, um es zu suchen, gilt der als ein Narr? Herodot kann diese allzu einfach denkenden Atlantisskeptiker lehren, auf Platons Atlantis-

---

[117]Vgl. allgemein Franke (2006/2016) S. 119-121
[118]Herodot IV 184 f.
[119]Vidal-Naquet (2006) S. 28 f. (dt.) / S. 35 f. (frz.)

geschichte dasselbe Instrumentarium der historischen Kritik anzuwenden, das sie auch bei Herodot anwenden.[120]

Mahabharata (um 400 v.Chr.)

Das Mahabharata ist eines der zwei großen indischen Epen, die in vielen kleinen und großen Erzählungen die altindische Mythologie entfalten. Wie bei der Bibel oder bei Herodot, so könnte man auch hier zahllose Anknüpfungspunkte für Vergleiche zu Platons Atlantis finden, wenn man allzu leichtfertig assoziiert. Wir wollen nur einige Punkte herausgreifen.

Mahabharata – Die „Weiße Insel" Atala

Im 19. Jahrhundert stieß Francis Wilford im zwölften Buch des Mahabharata auf die Erwähnung einer Insel:

> „An der nördlichen Küste des Milchozeans gibt es eine Insel mit großer Herrlichkeit, die man die 'Weiße Insel' (*Sweta Dwipa*) nennt."[121]

Wilford verfolgte die völlig abwegige Idee, westlichen Mythen und Überlieferungen auf indische Mythen und Überlieferungen zurückzuführen. In einer Reihe von Essays über *Sacred Isles in the West* in verschiedenen Nummern der Zeitschrift *Asiatic Researches* breitete Wilford seine Auffassung aus. Im Jahr 1808 identifizierte Francis Wilford die „Weiße Insel" mit der Insel Britannien. Vielleicht dachte er bei der „Weißen Insel" an die weißen Kreidefelsen von Dover. Bemerkenswert ist, dass Francis Wilford die „Weiße Insel" 1808 noch nicht mit Atlantis in Verbindung brachte[122].

Erst im Jahr 1810 veröffentlichte Wilford einen weiteren Essay, der sich ausführlich mit der „Weißen Insel" befasste. Da die „Weiße Insel" eine von sieben Inseln sei, zog Wilford den Vergleich zu den sieben Inseln, von denen Marcellus bei Proklos behauptet, dass sie die Überreste von Atlantis seien[123]. Damit ist Britannien für Wilford nicht nur die „Weiße Insel", sondern auch ein Überrest von Atlantis. Allerdings fügte Wilford hinzu, dass es dabei völlig unwichtig sei, ob Atlantis real war oder nicht[124].

Helena Blavatsky griff diese Angaben von Francis Wilford auf, um sie auf ihre Weise in ihr Bild von Atlantis einzufügen[125]. Dabei behauptet Blavatsky, dass Wilford die „Weiße Insel" auch Atala genannt habe. Das konnte in den Essays von Wilford

---

[120] Vgl. allgemein Franke (2006/2016)
[121] Mahabharata Buch XII Kapitel 337
[122] Wilford (1808) S. 246, 286
[123] Proklos In Timaeum I 1, 177 bzw. 54F und 55A
[124] Wilford (1810) S. 26
[125] Blavatsky (1893) Vol. II S. 420

jedoch nicht verifiziert werden; leider ist Blavatsky äußerst sparsam mit Quellenangaben zu ihren Informationen. Vermutlich hat Blavatsky den Namen Atala aus einer anderen Quelle, nämlich aus dem Vishnu Purana, das 1840 in einer Übersetzung von Horace Hayman Wilson erschien. Dort trägt eine der sieben Regionen der Unterwelt Patala den Namen Atala[126]. Es darf bezweifelt werden, dass es korrekt ist, die „Weiße Insel" mit der Unterweltsregion Atala zu identifizieren.

Jedenfalls sehen wir hier, wie sich Pseudowissenschaft, Esoterik, wildes Assoziieren und schlechtes Bibliographieren zu einem schier unlösbaren gordischen Knoten verschlingt, den man nur mit einem glatten Schwerthieb zu lösen vermag: Es ist alles Unsinn! Außer der bloßen Tatsache, dass es um eine Insel geht, gibt es praktisch keine Übereinstimmungen mit Atlantis, und wie eine indische Überlieferung mit einer ägyptischen Überlieferung in Verbindung stehen soll, wird als Frage noch nicht einmal aufgeworfen.

Eine weitere „Übereinstimmung" wurde durch Täuschung oder Irrtum konstruiert: Die Bewohner der „Weißen Insel" nehmen angeblich keine Nahrung zu sich, ganz wie die *Atlantes* bei Herodot keine Nahrung zu sich nehmen. Doch das ist falsch. In Wahrheit verzichten die *Atlantes* des Herodot lediglich auf das Verspeisen lebender Wesen[127]. Abgesehen davon, dass auch die *Atlantes*, unabhängig von ihrer Ernährungsweise, nichts mit Platons Atlantis zu tun haben.

Mahabharata – Die Dreistadt Tripura

Ein anderer Bezugspunkt wurde von manchen in „Tripura", den mythischen drei Städten im Mahabharata erkannt[128]: Diese Städte sind aus Eisen, Silber und Gold und sind auf der Erde, in den Lüften und im Himmel gelegen. Sie beherrschen die Welt, doch sie gingen durch Dekadenz zugrunde.

Mit Gewalt mag man hier Platons Beschreibungen von metallüberzogenen Mauern erkennen wollen, oder die Dreifachringstruktur von Atlantis. Der Untergang der Städte durch Dekadenz ist immerhin ein echter Vergleichspunkt. Überzeugen kann der Vergleich jedoch zu keinem Zeitpunkt.

1.3 Antike Nichterwähnungen seit Platon

Die Reihe der antiken Nichterwähnungen seit Platon beginnen wir mit Aristophanes. Da sich fast alle utopischen Texte der Antike in die Zeit nach Platon einordnen lassen, führen wir Aristophanes an dieser Stelle mit auf, auch wenn er streng genommen eigentlich noch knapp vor Platon einzuordnen wäre.

---

[126] H.H. Wilson, The Vishnu Purana, 1840; Buch II Kapitel V S. 204
[127] Herodot IV 184 f.
[128] Mahabharata Buch VII Kapitel 203; Buch VIII Kapitel 34

1.3 Antike Nichterwähnungen seit Platon

Es gibt eine ganze Reihe von antiken und spätantiken Autoren, die Atlantis zwar nicht erwähnen, die wir aber aufgrund indirekter Aussagen über Platons Atlantis mit einer teils recht hohen Wahrscheinlichkeit der Meinung zuordnen können, dass Atlantis ein realer Ort war. Eine tabellarische Übersicht über diese Autoren findet sich in der Zusammenfassung zur Antike, siehe dort.

Exkurs: Fiktionale und utopische Texte

Bei wissenschaftlichen Atlantisskeptikern äußerst beliebt ist das Behaupten von Bezügen zwischen antiken utopischen und romanhaften Texten und Platons Atlantis. Wer zu zeigen versucht, dass ein frei erfundener, fiktionaler Text sich von Platons Atlantis inspirieren ließ, will damit meist auch zeigen, dass es sich bei Platons Atlantis um eine Erfindung, also eine Art von Roman oder Utopie handelt. Es geht dabei vor allem um folgende antiken fiktionalen Texte:

- Aristophanes (414 v.Chr.): Wolkenkuckucksheim in *Die Vögel*.
- Theopompos von Chios (ca. 377/8-300/323 v.Chr.): Land Meropis.
- Euhemeros von Messene (ca. 340-260 v.Chr.): *Heilige Schrift*, Panchaia.
- Iambulos (um 100 v.Chr.?): Sieben Sonneninseln.
- Plutarch von Chaironeia (ca. 45-125 n.Chr.): Der *mythos* in *De facie*.
- Lukian von Samosata (ca. 120-180 n.Chr.): *Wahre Geschichten*.
- Antonius Diogenes (vor ca. 200 n.Chr.): *Unglaubliches jenseits von Thule*.

Doch abgesehen davon, dass die Schlussfolgerung von vermeintlichen Bezügen fiktionaler Texten zu Platons Atlantis auf die Fiktionalität von Atlantis selbst zu kurz greifen würde, können wir zeigen, dass die antiken romanhaften bzw. utopischen Texte sich allesamt *nicht* auf Platons Atlantis beziehen bzw. sich Platons Atlantis nicht auf sie bezieht. Die Frage, ob Platons Atlantis als erster romanhafter oder utopischer Text gelten kann, behandeln wir im Abschnitt zur „Schwarzen Legende" der antiken Atlantisrezeption.

Damit können wir in die lange Aufstellung interessanter Nichterwähnungen in der Antike seit den Zeiten Platons einsteigen.

Aristophanes (ca. 450-380 v.Chr.)

Die im Jahr 414 v. Chr. aufgeführte Komödie *Die Vögel* von Aristophanes ist für die Frage nach Inspirationen und Vorlagen für Platons Atlantis von besonderem Interesse.

Denn hier wurde eine fiktive Stadt ersonnen, nämlich das inzwischen sprichwörtlich gewordene Wolkenkuckucksheim.[129]

Bei Aristophanes kann man sehr schön die Motive und Vorlagen ausmachen, nach denen er sein Wolkenkuckucksheim erfand: Zunächst soll diese Stadt der Vögel ein Gegenbild zu Athen sein. Ihre Gründung wird von Ratefreund angeregt, der Athen verlässt, weil ihm dort zu viel prozessiert wird[130]. Dahinter sehen viele eine Anspielung auf die Flucht des Alkibiades nach Sparta, um einem Prozess in Athen zu entgehen. Diese Deutung wird unterstützt durch den sogleich wieder verworfenen, ersten Namensvorschlag für die neue Stadt: Sparta[131].

Die neue Stadt wird von Aristophanes nur knapp beschrieben; hauptsächlich charakterisiert wird sie durch ihre Mauer. Diese wird explizit mit der Ziegelmauer von Babylon verglichen[132]. Die Bauarbeiten werden von Riesenheeren von Vögeln verrichtet, darunter 30000 Kraniche und 10000 Störche[133]. Am Ende ist die Mauer so groß, dass auf ihr zwei Pferdegespanne aneinander vorbei fahren können[134]. Eine unrechtmäßig eingedrungene Gottheit wird sofort von einem Riesenheer von 30000 Falken verfolgt[135]. Als Ersatz für eine Stadtgottheit wird ein persischer Vogel gewählt[136]. Ratefreund, der die Gründung der Stadt anregte, ist faktisch Alleinherrscher und Despot, der die Vögel durch seine Überredungskünste nach Belieben lenkt. Unliebsame Einwanderer werden von ihm nach Despotenart fortgeprügelt[137]. Am Ende des Stücks erhält Ratefreund die personifizierte Königsherrschaft Basileia von Zeus zur Frau; ihm wird als Gottkönig gehuldigt[138].

Damit sind deutliche Anspielungen auf Babylon und das Perserreich gesetzt. Da ist die Ziegelmauer. Dann das Fahren auf der Mauer wie in Babylon[139]. Dann der persische Vogel. Dann die Riesenarmeen. Und schließlich der orientalische Despotismus. Wir sehen hier, wie ein Komödiendichter seine Anspielungen so setzt, dass sie vom Publikum wiedererkannt werden können. Bei Platons Atlantis hingegen suchen wir vergeblich nach derartigen erkennbaren Anspielungen.

Könnte es denn wenigstens sein, dass sich Platon selbst wiederum an Aristophanes' Wolkenkuckucksheim orientierte? Nein. Auch in dieser Richtung sind keine erkennbaren Anspielungen auszumachen. Wir schließen mit der Feststellung, dass das Wol-

---

[129]Vgl. Ausgabe von Voigt (1971); Franke (2008)
[130]Aristophanes Die Vögel Zeile 40 ff. in Voigt (1971)
[131]Aristophanes Die Vögel Zeile 812 ff. in Voigt (1971)
[132]Aristophanes Die Vögel Zeile 550 ff. in Voigt (1971)
[133]Aristophanes Die Vögel Zeile 1135 ff. in Voigt (1971)
[134]Aristophanes Die Vögel Zeile 1125 ff. in Voigt (1971)
[135]Aristophanes Die Vögel Zeile 1179 in Voigt (1971)
[136]Aristophanes Die Vögel Zeile 832 ff. in Voigt (1971)
[137]Aristophanes Die Vögel Zeile 1337 ff. in Voigt (1971)
[138]Aristophanes Die Vögel Zeile 1706 ff. in Voigt (1971)
[139]Vgl. Herodot I 179; vgl. auch Bichler (2005) S. 118 f.

kenkuckucksheim des Aristophanes keine Indizien für eine Erfindung von Atlantis durch Platon liefert. Im Gegenteil können wir am Wolkenkuckucksheim des Aristophanes sehr schön ablesen, was bei Platons Atlantis fehlt, um es als eine anspielungsreiche Erfindung erkennen zu können.

Platon (ca. 426-347 v.Chr.)

Auch Platon selbst werden einige Aussagen über Atlantis zugeschrieben, die in Wahrheit gar nicht auf Platon zurückgehen und deshalb irrig sind. In den heute bekannten überlieferten antiken Texten gibt es von Platon außer den beiden Atlantisdialogen Timaios und Kritias sonst keine weitere Aussage über Atlantis.

Platon – Proklos: Krantor oder Platon?

Unter Atlantisforschern ist der Irrtum verbreitet, dass in jener Stelle bei Proklos, in der von Krantor und Atlantis die Rede ist, ein Wort des Platon vorkomme. Die Stelle lautet:

> „Einige sagen, dass jene Erzählung [*logos*] über alles, was mit den Atlantern zusammenhängt, reine Geschichte [*historia psile*] sei, wie (z.B.) der erste Kommentator Platons, Krantor. Dieser [Krantor] sagt nun, dass er [Platon] von den Damaligen verspottet worden sei, weil er nicht der Schöpfer (seiner) Politeia sei, sondern (nur) der Umschreiber der (Staatsordnung) der Ägypter. Er [Platon] habe sich aus diesem (Wider-)wort der Spötter aber (so viel) gemacht, dass er [Platon] jene Geschichte [*historia*] über die Athener und Atlanter auf die Ägypter zurückführte, dass die Athener einst gemäß dieser Politeia gelebt hätten. Es bezeugen dies aber die Priester [*prophetai*] der Ägypter, sagt er [Krantor!], indem sie sagen, dass dies auf noch existierenden Stelen [*stelai*] geschrieben stünde."[140]

Der Irrtum besteht darin, das letzte „sagt er", griechisch: *phesi*, ebenso wie die vorangegangenen Sätze auf Platon als Subjekt zu beziehen. Auf der Ebene der Übersetzung ist tatsächlich kein Unterschied zu erkennen, ob sich das letzte „er" nun plötzlich wieder auf Krantor bezieht, oder immer noch auf Platon.

Auf der Ebene der griechischen Sprache steht jedoch zweifelsfrei fest, dass das letzte „sagt er" auf Krantor bezogen ist. Dies wird vor allem durch den Wechsel des Tempus bzw. an dem Wechsel von indirekter und direkter Rede deutlich. Der Absatz beginnt mit direkter Rede im Präsens: *Krantor sagt, dass*. Von dieser Einleitung hängen eine Reihe von Sätzen in indirekter Rede im Aorist an, die von Platon berichten. Im letzten Satz jedoch kehrt der Text zur direkten Rede im Präsens zurück, so dass deutlich wird: Die indirekte Rede ist zu Ende, der Bezug richtet sich nun wieder auf das ursprüngliche Subjekt – und das ist Krantor.

---

[140] Proklos In Timaeum 24A f. oder I 1,75 f.; Übersetzung Thorwald C. Franke

Der Irrtum, das letzte *phesi*, „sagt er", auf Platon zu beziehen, ist nicht nur pseudowissenschaftlichen Atlantisbefürwortern unterlaufen, sondern auch dem britischen klassischen Philologen Alan Cameron in seiner vielbeachteten Arbeit *Crantor and Posidonius on Atlantis* von 1983[141]. Dabei handelt es sich keineswegs um ein Versehen am Rande, denn Cameron argumentiert ausführlich für diesen Standpunkt, leider offenbar ohne hinreichende Kenntnisse der griechischen Grammatik. Der Irrtum Camerons wurde von Heinz-Günter Nesselrath ausführlich diskutiert und zurückgewiesen; ebenso von Harold Tarrant[142].

Platon – Exkurs: Atlantis auf Stelen oder Tempelwänden?

Die falsche Lesart der angeführten Proklos-Stelle hat noch zu einem anderen, noch viel weiter verbreiteten Irrtum in der Atlantisliteratur geführt, den wir an dieser Stelle aufklären wollen. Immer wieder liest man in pseudowissenschaftlichen aber auch in wissenschaftlichen Publikationen, dass Platon angeblich davon berichtete, dass Solon – oder er selbst – die Atlantisgeschichte in Ägypten auf Stelen gezeigt bekam, gemäß der falschen Deutung der Proklos-Stelle über Krantor:

> „Es bezeugen dies aber die Priester [*prophetai*] der Ägypter, sagt er [Krantor, nicht Platon!], indem sie sagen, dass dies auf noch existierenden Stelen [*stelai*] geschrieben stünde."[143]

Der erste, der diesen Irrtum begeht, ist Proklos selbst: Bei der Besprechung von Timaios 23a, wo es um Aufzeichnungen geht, die sich „in den Heiligtümern" (*en tois hierois*) der Ägypter befinden, schreibt Proklos unvermittelt, dass die Aufzeichnungen sich auf Stelen befinden würden (*apo ton stelon en hais apegraphonto*)[144]. Proklos zitiert Platon meist aus der Erinnerung[145], und dass die Erinnerung des Proklos an dieser Stelle durch die Aussagen in der Passage des Timaios-Kommentars von Proklos zu Krantor getrübt wurde, wird dadurch deutlich, dass hier wie dort von *historia* die Rede ist, ein Wort, das bei Platon an dieser Stelle nicht vorkommt. An einer späteren Stelle macht Proklos es übrigens wieder richtig und spricht ganz wie Platon von Aufzeichnungen „in den Heiligtümern"[146].

Die Verwirrung steigert sich zusätzlich, wenn in der Atlantisliteratur statt von Stelen von Säulen oder Pfeilern die Rede ist. Schließlich ist auch von Tempelwänden die Rede. Vermutlich wurde dieser zusätzliche Irrtum durch die Darstellungen der

---

[141]Cameron (1983) S. 82 f.
[142]Nesselrath (2001a) S. 34; Tarrant (2006) S. 169 Fußnote 309 zu Proklos In Timaeum I 1,76
[143]Proklos In Timaeum 24A f. oder I 1,75 f.; Übersetzung Thorwald C. Franke
[144]Proklos In Timaeum I 1,102 bzw. 31E
[145]Vgl. z.B. Tarrant (2006) S. 178 Fußnote 355
[146]Proklos In Timaeum I 1,123 bzw. 38BC

1.3 Antike Nichterwähnungen seit Platon

Seevölkerkriege auf den Tempelwänden von Medinet Habu inspiriert, die oft mit der Atlantisgeschichte in Verbindung gebracht werden.

Doch nichts davon ist wahr. Laut Platons Timaios bekommt Solon die Atlantisgeschichte zunächst in Kurzform mündlich mitgeteilt. Dieser Dialog mit dem ägyptischen Priester ist natürlich von Platon literarisch gestaltet worden. Am Ende des Dialoges erfolgt die Ankündigung, dass der Priester zusammen mit Solon „Schriften zur Hand nehmen"[147] werde (*ta grammata labontes*), um auf Einzelheiten der Erzählung einzugehen. Später lesen wir von schriftlichen Aufzeichnungen, die Solon angefertigt haben soll, und wir bekommen eine detailreiche Erzählung dargeboten, die auf keiner Tempelwand Platz gehabt hätte. Eines steht jedenfalls fest: Von Stelen, Säulen, Pfeilern oder Tempelwänden ist in den Atlantisdialogen nicht die Rede, sondern nur von „Schriften, die man zur Hand nimmt".

Der Irrtum von den Aufzeichnungen auf Stelen wird von Alan Cameron vertreten, der sich dabei auf seine oben bereits diskutierte Fehlinterpretation der Proklos-Stelle stützt[148]. Leider baut Cameron seine vielbeachtete Arbeit *Crantor and Posidonius on Atlantis* zentral auf diesem Irrtum auf, so dass seine ganze Argumentation notleidend wird. Wir finden den Irrtum aber auch bei Rodney Castleden[149]. Herwig Görgemanns ist der Auffassung, dass die Formulierungen Platons offen lassen, ob er an Inschriften auf Stelen und Tempelwänden, oder an Schriftrollen dachte[150].

Diesen Irrtum hat Heinz-Günther Nesselrath gründlich ausgeräumt, indem er darauf hinwies, dass Platon von Schriften sprach, die man „zur Hand nehmen" konnte[151]. Die Aufzeichnungen in den Tempeln sind bei Platon unzweifelhaft Aufzeichnungen auf Papyri, und nichts sonst.

Offenbar schließt sich Harold Tarrant an die Meinung von Alan Cameron an, wenn er sagt, dass Solon und der ägyptische Priester die Atlantisgeschichte „on an inscribed stone"[152] vorgefunden hätten. Implizit enthalten ist der Irrtum von den Aufzeichnungen auf Tempelwänden z.B. auch in der Übersetzung von Proklos' Timaios-Kommentar durch Harold Tarrant: Die Stelle „... *hieron, en hois anagraphontai*" übersetzt er mit „... temples ..., upon which they inscribe"[153]. Dieses „upon" ist eine Übersetzung, die den Kontext missachtet. Es ist weder die naheliegende, noch – wie wir sahen – die mit Platons ursprünglicher Absicht übereinstimmende Übersetzung. Auch Proklos hat bis zu dieser Stelle nur von Inschriften auf Säulen gesprochen, nicht aber von Inschriften auf Tempeln. Deshalb ist die Übersetzung von Tarrant klar falsch.

---

[147]Timaios 24a
[148]Cameron (1983) S. 81, 83 f., 88
[149]Castleden (1998) S. 175
[150]Görgemanns (2000) S. 416 Fußnote 22
[151]Nesselrath (2001) S. 34
[152]Tarrant (2008a) S. 15
[153]Proklos In Timaeum I 1,123 bzw. 38BC; vgl. Tarrant (2006) S. 219

Eine zweite, unabhängige, aber in ihrer Wirkung weniger wichtige Quelle des Irrtums, dass die Atlantisgeschichte in Ägypten auf Tempelwänden geschrieben gewesen sein soll, ist die Timaios-Übersetzung des Calcidius, die das ganze Mittelalter hindurch maßgeblich war. Die Wirkung des Calcidius reicht in Spuren bis in unsere Gegenwart.

Calcidius war leider kein sehr genauer Übersetzer. Hinzu kommt, dass Calcidius erklärende Elemente und Wiederholungen in seine Übersetzung einfließen ließ. Das hat im Einzelfall zu einer Verfälschung des ursprünglichen Sinnes geführt. Das gilt auch für jene Stellen, die für die Frage nach dem Schriftträger der ägyptischen Aufzeichnungen über Atlantis entscheidend sind. Calcidius übersetzte sie falsch oder zumindest missverständlich. – Zunächst in Timaios 23e:

>Platon: ... *en tois hierois grammasin ... gegraptai.*
>Calcidius: ... *ut sacris delubrorum apicibus continetur.*

Während Platon von „heiligen Schriften" schreibt, die man auch als „Inschriften" deuten könnte, wenn nicht an anderer Stelle von Schriften die Rede wäre, die man „zur Hand nehmen" kann[154], ist diese Doppeldeutigkeit bei Calcidius nicht mehr gegeben: Bei ihm ist der Text sogar auf den *apicibus delubrorum*, also den Giebeln der Heiligtümer, enthalten, und das Wort „Schriften" kommt bei Calcidius überhaupt nicht mehr vor.

In Timaios 27b übersetzt Calcidius wiederum falsch bzw. missverständlich:

>Platon: ... *he ton hieron grammaton pheme ...*
>Calcidius: ... *iuxta Solonem vero vel sacros Aegyptiorum libros ...*
>... *Aegyptiorum monumentorum fama celebravit ...*

Hier verdoppelt Calcidius zunächst die Rede von den heiligen Schriften, und erwähnt korrekt die *sacros libros*, also die „heiligen Bücher", doch dann übersetzt Calcidius dieselbe Stelle wiederholend ein zweites Mal, und spricht nun plötzlich von den *monumenta* der Ägypter. Das lateinische Wort *monumentum* ist zumindest doppeldeutig: Für gewöhnlich bezeichnet es Baudenkmäler, im Einzelfall kann es aber auch ein Schriftstück sein. Beidemale fügt Calcidius übrigens die Wendung „der Ägypter" hinzu, die im Original fehlt.

Schließlich ist auch die Übersetzung der Stelle Timaios 24a nicht korrekt, die den Beweis dafür liefert, dass keine Inschriften, sondern Papyrusrollen gemeint sind:

>Platon: ... *to d'akribes peri panton ephexes eis authis kata scholen*
> *auta ta grammata labontes dieximen.*
>Calcidius: ... *si probationem desiderabis, post ex otio*
> *sacras litteras recensebimus.*

---

[154]Timaios 24a

Hier fällt mit *recensere* zunächst der Aspekt des *lambano*, also des „zur-Hand-nehmens" weg, wodurch der Beweis getilgt ist, dass es sich nicht um Inschriften auf Baudenkmälern handelt, sondern um Papyrusrollen. Hinzu kommt eine leichte Bedeutungsverschiebung vom „genau" In-Erfahrung-bringen (*akriboo*) hin zu einer „Überprüfung" (*probatio*). Doch das nur am Rande.

Halten wir fest, dass Calcidius sehr wohl erkannt hatte, dass es sich um Schriftstücke und nicht um Inschriften handelte. Wir können dies an seiner Übersetzung von Timaios 27b sehen, wo er die *sacros libros* erwähnt. Vermutlich hat Calcidius der Frage aber keine Bedeutung beigemessen, weswegen er die entsprechenden Passagen nur schlampig übersetzte. Deshalb können wir auch ausschließen, dass Calcidius einen anderen, vielleicht „echteren" griechischen Text vorliegen hatte, als wir heute. Dasselbe Phänomen sahen wir bereits bei Proklos: Auch er macht es an einer Stelle falsch, an einer anderen Stelle jedoch richtig. Auch für ihn hat diese Frage offenbar keine tiefere Bedeutung gehabt, er zitierte Platon wie gesagt ohnehin recht freizügig aus der Erinnerung.

Die Hauptquelle des Irrtums dürfte jedoch der Timaios-Kommentar des Proklos sein, aus dem manche ein Wort des Platon herauslesen wollten, dass nicht Krantor sondern Platon die Atlantisgeschichte auf Stelen in Ägypten gesehen hätte.

Könnte Proklos in seinem Irrtum von Calcidius beeinflusst worden sein? Das ist nicht anzunehmen. Zum einen deshalb, weil der Irrtum des Proklos eng mit der Passage über Krantor verknüpft zu sein scheint, die bei Calcidius nicht auftaucht: Proklos erinnert sich falsch an diese Passage, was wir am Auftauchen des Wortes *historia* erkennen können. Zum anderen deshalb, weil Proklos natürlich in Griechisch las, dachte und schrieb, und die lateinische Übersetzung des Calcidius keine Wirkung auf sein Schaffen gehabt haben wird.

Es wäre höchstens möglich, dass die irrige Übersetzung des Calcidius einem damals verbreiteten Irrtum entsprach, dem auch Proklos sich nicht gänzlich entziehen konnte. Dann wäre allerdings die Frage, woher dieser allgemein verbreitete Irrtum gekommen sein sollte. Die tiefere Ursache solcher Irrtümer kann man vielleicht in einem irrigen Bild von Ägypten sehen, das sich ganz auf die noch sichtbaren Baudenkmäler konzentrierte, und die literarischen Hinterlassenschaften ignorierte. Dieses irrige Bild von Ägypten ist auch heute noch vorherrschend.

Platon – Eine Aussage Platons bei Strabon?

John V. Luce berichtet von einer angeblichen Aussage Platons über die Möglichkeit, dass Atlantis ein realer Ort war[155]:

---

[155] Luce (1969) S. 31 (dt.) / S. 14 (engl.): „Posidonius ... records Plato as having said: 'It is possible that the story is not an invention'." Auch John M. Ross vertritt diese Ansicht, vgl. Ross (1977) S. 196 f.

> „Poseidonios ... soll Plato die Äußerung zugeschrieben haben, er halte es für durchaus möglich, dass es sich bei dem Atlantis-Bericht nicht um bloße Erfindung handle."

Hier bezieht sich John V. Luce auf eine Aussage von (angeblich) Poseidonios, die uns bei Strabon überliefert ist. Diese Strabon-Stelle hat wegen ihrer Verschachtelung und ihren verschiedenen Bezugnahmen bereits zu viel Verwirrung in der Atlantisforschung geführt. Sie lautet wörtlich in einer heute geläufigen Übersetzung:

> „Dass hingegen die Erde einst angehoben worden ist und sich gesenkt und die durch Erdbeben und alle die übrigen ähnlichen Vorgänge ... verursachten Veränderungen erlitten hat, das steht richtig bei ihm [bei Poseidonios]. Dazu zitiert er auch gut Platons Meinung, dass möglicherweise auch die Geschichte von der Insel Atlantis keine Erfindung ist, der Insel, von der jener sagt, Solon habe berichtet, die ägyptischen Priester hätten ihm erzählt, dass sie einst existiert habe und dann verschwunden sei, obwohl sie an Größe einem Kontinent nicht nachstand. Und dies, meint er [Poseidonios], könne man besser behaupten, als dass ihr Erfinder sie habe verschwinden lassen wie der Dichter die Mauer der Achäer."[156]

Wenn wir dieser Übersetzung folgen, dann scheint hier eine in indirekter Rede zitierte Meinungsäußerung Platons vorzuliegen, die wir so aus seinem übrigen Werk nicht kennen:

> „Dazu zitiert er auch gut Platons Meinung, dass möglicherweise auch die Geschichte von der Insel Atlantis keine Erfindung ist ..."[157]

Doch wir sollten in diesem Fall in den Urtext sehen. Dann findet man, dass die geläufigen Übersetzungen an dieser Stelle ungenügend, um nicht zu sagen falsch sind. Wir zeigen im folgenden den griechischen Text in Transkription und eine möglichst wörtliche Übersetzung ohne Rücksicht auf die deutsche Grammatik:

> *pros ho   kai to tou Platonos   eu   paratithesin,*
> *hoti endechetai   kai me plasma einai ...*
>   *peri hes ekeinos ... phesi ...*

> Zu diesem   *auch* dasjenige des Platon   gut   stellt er bei,
> dass es möglich ist,   dass *auch* keine Erfindung ist ...
>   über die (die Insel) jener (Platon) (folgendes) sagte ...

Heute geläufige deutsche und englische Übersetzungen von Stefan Radt und Horace Leonard Jones übersetzen folgendermaßen:

> Dazu zitiert er auch gut Platons Meinung,
> dass möglicherweise auch die Geschichte von der Insel Atlantis keine Erfindung ist

---
[156]Strabon II 102; Übersetzung Stefan Radt
[157]Strabon II 102; Übersetzung Stefan Radt

> And on this point he does well to cite the statement of Plato
> that it is possible that the story about the island of Atlantis is not a fiction

Die heute geläufigen Übersetzungen gehen davon aus, dass Strabon hier durch den Mund des Poseidonios ein Zitat Platons anführt, also eine Aussage Platons in indirekter Rede. Deshalb die Vokabeln „zitieren" und „Meinung" bzw. „cite" und „statement". Doch beide Vokabeln haben im Urtext keine Entsprechung. Vielmehr ist von *to tou Platonos*, d.h. wörtlich „das des Platons", also „der (Sache) Platons" die Rede, und nicht von einer „Meinung" Platons über eine Sache. Und es ist auch nicht von „zitieren" die Rede, sondern von „beistellen", *paratithemi*, hier im Sinne von „daneben setzen" und „vergleichen" zu verstehen.

Natürlich könnte die „beigestellte Sache" im Einzelfall auch ein Wort Platons sein. Im Deutschen lässt sich die Frage, was genau es ist, was von Platon „beigestellt" wird (ein Wort, ein Dialog, eine Darlegung, ein Sachverhalt, oder – fast schon manipulativ – eine „Meinung"?), ähnlich wie im Griechischen umgehen, indem mit „anführen" übersetzt wird: „Dazu führt er Platon an".

Die entscheidende Frage ist nun, ob das hierauf direkt folgende *hoti endechetai* bereits die angekündigte Aussage Platons in indirekter Rede ist. Das *endechetai* ist kein Infinitiv sondern ein Indikativ. Rein grammatikalisch kann es deshalb beides sein: Indirekte Rede oder direkte Rede. In dem einen Fall wäre es das angekündigte Wort Platons, in dem anderen Fall wäre es eine Aussage, die Strabon *über* das erst *danach* folgende Wort Platons machen würde, das durch *peri hes ekeinos ... phesi* eingeleitet wird und dann schließlich eindeutig in indirekter Rede mit Infinitiv steht.

Es gibt eine ganze Reihe von gewichtigen inhaltlichen Problemen, die dagegen sprechen, *hoti endechetai* als indirekte Rede und damit als eine Aussage Platons zu deuten:

- Denn dann würde dieses angebliche Wort Platons den Atlantisdialogen Platons stark widersprechen, dass es nämlich *lediglich* möglich sei, dass Atlantis real sei, während die Realität von Atlantis in den Atlantisdialogen ungeschmälert behauptet wird. Dort hat die Realität der Überlieferung zudem eine Funktion in der Argumentation. – Wenn überhaupt, dann würde eine solche Möglichkeitsaussage von Platon für die Frage formuliert werden können, mit welcher Wahrscheinlichkeit denn das nicht-ideale Ur-Athen (!) aus der Überlieferung auch in Wirklichkeit den Ergänzungen entsprochen haben könnte, die Platon daran vornahm, um den vollgültigen Idealstaat zu haben. Dieser Bezug liegt hier aber nicht vor.

- Denn dann läge hier plötzlich ein Wort Platons über Atlantis vor, das Atlantis unabhängig von den Atlantisdialogen zumindest die Möglichkeit der Existenz einräumt. Das ist nicht glaubwürdig, denn das wäre eine Sensation! Doch niemand hat in 2400 Jahren diese Sensation aufgegriffen. Vermutlich war John V. Luce der erste, der nach 2400 Jahren des Rätselns um Atlantis diesen

Satz irrtümlich so auffasste (noch dazu erstaunlich beiläufig und ohne großes Echo). Und warum sollte alle Welt um einen angeblichen Satz des Aristoteles ringen, wenn in derselben Strabon-Stelle auch noch ein aussagekräftiges Zitat von Platon selbst vorliegen würde? Das ist alles sehr unglaubwürdig.

- Denn dann würden Strabon und Poseidonios an dieser Stelle eine stärkere Neigung zum Ausdruck bringen, Atlantis für real zu halten, als Platon selbst, auf den die Nachricht von Atlantis ja zurückgeht: *Lediglich möglich* versus *besser, Untergang großer Landmasse für real zu halten*. Das passt nicht zusammen.
- Wenn es tatsächlich Platon wäre, der Atlantis möglicherweise für keine Erfindung halten würde, dann würde das im Umkehrschluss bedeuten, dass Platon eine Erfindung für *möglich* hält – die dann aber logischerweise nicht von Platon stammen kann, sonst würde er sie nicht nur für *möglich* halten, sondern *wissen*, dass es eine Erfindung ist. Das würde dann der heute vorherrschenden Vorstellung widersprechen, dass Platon der Erfinder ist, und auf den alten Hut von der Erfindung durch die ägyptischen Priester zurückverweisen, den man besser nicht wiederbeleben sollte.
- Denn falls man die Äußerung Platons als Ironie verstehen wollte, dass also doch Platon der Erfinder ist, während er gleichzeitig so tut, als wäre er es nicht, so wäre es eine maliziöse Form der Ironie und ein aberwitziger, verlogener Zynismus. Dies passt nicht zu Platon.

Darüber hinaus gibt es eine ganze Reihe von gewichtigen grammatikalischen bzw. Satz-logischen Problemen, die gegen eine Deutung von *hoti endechetai* als indirekte Rede Platons sprechen:

- Die beiden *kai* – „auch" – legen nahe, dass *hoti endechetai* („dass es möglich ist"), nicht zur vermeintlichen Aussage des Platon gehören kann, sondern noch zur Aussage *über* Platon: Denn es ist Strabon, dem dieses „auch" jeweils als Aussage zuzuordnen ist, denn der größere Kontext dieser Passage ist eine Aufzählung von Überlieferungen, von denen Strabon jeweils meint, dass sie eine Erfindung oder keine Erfindung sind, und darauf bezieht sich dieses „auch". Wäre es ein Wort Platons, würde dort ein „auch" keinen Sinn machen.
- Zudem wird das zweite *kai* direkt auf *me plasma*, d.h. „keine Erfindung" bezogen, wodurch eine Betonung auf „keine Erfindung" kommt, so dass deutlich wird, dass es eben nicht nur *lediglich* möglich ist, dass Atlantis keine Erfindung ist, wie es im Falle eines Wortes Platons lauten würde, sondern dass die Aussage „keine Erfindung" die zentrale Aussage ist, dass es also *durchaus* möglich ist. – In der Übersetzung von Stefan Radt ist das zweite „auch" übrigens derart ungünstig im Satz platziert, dass dieser Effekt verloren geht.

1.3 Antike Nichterwähnungen seit Platon

- Wenn *hoti endechetai* eine indirekte Rede ist, dann würde die indirekte Rede in dieser Passage einmal durch den Indikativ und einmal durch den Infinitiv wiedergegeben. Auch das wäre grammatikalisch zwar grundsätzlich möglich, es wäre aber sehr seltsam und deshalb nicht anzunehmen.

- Wenn *hoti endechetai* indirekte Rede Platons wäre, dann wäre das *peri hes ekeinos ... phesi* eine zweite, wiederholte Einleitung, dass jetzt Platon spricht, und auch das wäre ein wenig seltsam.

Alle diese Probleme existieren nicht, wenn wir *hoti endechetai* nicht als indirekte Rede auffassen, sondern als eine Aussage Strabons in direkter Rede *über* das, was mit der Anführung Platons durch Poseidonios gesagt werden soll, unmittelbar bevor Platon dann in indirekter Rede tatsächlich angeführt wird. Dazu gibt es dann ja auch eine eigene Einleitung, die als erste und einzige Einleitung einer indirekten Rede an dieser Stelle auch ihren guten Sinn hat. Die vollständige Übersetzung lautet also:

> Dazu führt er [Poseidonios] gut *auch* Platon an,
> – dass es (nämlich durchaus) möglich ist,
> dass das über die Insel Atlantis (Gesagte) *ebenfalls* keine Erfindung ist –
> über die jener [Platon] (nämlich folgendes) sagte, ...

Damit erfährt die Wendung „es ist möglich" die bereits diskutierte Bedeutungsverschiebung gegenüber den geläufigen Übersetzungen: Es will nämlich nicht besagen, dass es *lediglich* möglich ist, dass Atlantis keine Erfindung ist, sondern es will besagen, dass es entgegen zweifelnden Meinungen *durchaus* möglich ist, dass Atlantis keine Erfindung ist, so wie die zuvor von Strabon angeführten geologischen Phänomene *auch*.

Mit diesem Kontext passt der Grad der Wahrscheinlichkeitsaussage des „es ist möglich" auch wieder zu dem, was Strabon und Poseidonios über Atlantis sagen, denn diese neigen der Auffassung zu, dass es „besser" ist, von der Existenz von Atlantis auszugehen. Und damit wird auch dem Platon wieder jene klare Aussage zugeschrieben, die wir aus den Atlantisdialogen kennen: Atlantis ist keine Erfindung, sondern historische Überlieferung. Damit liegt hier also kein unbekanntes Wort Platons vor, das in seinen Werken nicht vorkäme, und das uns helfen könnte, Platons Absichten zu erkennen.

Es ist übrigens nicht davon auszugehen, dass die geläufigen Übersetzungen mit Absicht verfälscht wurden. Es ist in der Tat schwierig, die vorliegende Konstruktion richtig zu erkennen, und es ist ebenfalls schwierig, die Originalaussage in einer Übersetzung deutlich werden zu lassen. Auch der Verfasser dieses Buches, der sich bereits 2010 intensiv mit der betreffenden Stelle bei Strabon befasste[158], erkannte die systematischen Übersetzungsfehler erst vier Jahre später, als er die irrige Behauptung von

---
[158]Vgl. Franke (2010/2016)

John V. Luce näher untersuchte, derzufolge hier angeblich ein unbekanntes Wort Platons vorläge.

Isokrates (436-338 v.Chr.)

In der Rede *Areopagitus* des Isokrates vermuten viele Wissenschaftler eine versteckte „Antwort" auf Platons Timaios. Es geht um die Aussage, dass Attika die besten Menschen hervorbringt[159].

Doch diese Anspielung ist erstens sehr vage; es könnte sich sehr gut auch um eine Aussage handeln, die unabhängig von Platons Timaios ist. Zweitens bezieht sich diese Aussage auf ein Element der Atlantisgeschichte, das nicht direkt mit Atlantis zu tun hat, sondern mit Ur-Athen. Drittens wiederholt die Aussage praktisch nur, was Platon auch sagt.

Damit liegt hier keine Aussage zu Atlantis vor, und die Aussage hat auch sonst keine Bedeutung für uns. Als versteckte „Antwort" auf Platons Timaios ist die Aussage des Isokrates allenfalls für Zwecke der Datierung des Abfassungszeitpunktes des Timaios von Interesse, wenn es denn überhaupt eine „versteckte" Antwort ist.

Aristippos von Kyrene (ca. 435-355 v.Chr.)

Im Jahre 1828 wurde angeblich ein Manuskript eines gewissen Eumalos von Kyrene entdeckt, das Auszüge aus dem verlorenen Werk *Geschichte Libyens* des Aristippos von Kyrene wiedergegeben haben soll. Dem Manuskript zufolge handele es sich bei Malta um die Spitze des untergegangenen Atlantis. Doch das angebliche Manuskript wurde der Öffentlichkeit nie vorgelegt. Statt dessen ging das Manuskript angeblich wieder verloren. Die Öffentlichkeit bekam nur französische und italienische Übersetzungen davon zu sehen.

Es handelte sich um einen Schwindel, der an der realen Person des Aristippos von Kyrene und dessen verlorenem Werk *Geschichte Libyens* festgemacht war. Die Person des Eumalos von Kyrene ist genauso eine Erfindung wie dessen angebliches Manuskript. Hauptverantwortlich für den Schwindel scheint der Franzose Agricol-Joseph Marquis de Fortia d'Urban (1756-1843) aus Avignon zu sein, ein international bekannter Privatgelehrter und Historiker. Als Helfershelfer verwickelte er außerdem folgende zwei seiner Bekannten in den Skandal: Giorgio Grognet de Vassé, französischer Militärarchitekt und Erbauer der Kathedrale von Mosta auf Malta nach dem Vorbild des Pantheon, deren Kuppel bis heute mit zu den größten freitragenden Kuppeln der Welt gehört. Grognet hatte Malta zu seiner neuen Heimat gewählt und schwärmte für maltesische Geschichte. Außerdem den maltesischen Priester Joseph Felix Galea.[160]

---

[159] Isokrates Areopagitus 74 f.; vgl. Eucken (1983) S. 210-212
[160] Vgl. Boeckh (1832/1833) und: Thorwald C. Franke, Der Atlantis-Malta-Schwindel von Fortia d'Urban und Grognet von 1828, www.atlantis-scout.de, November 2013; vgl. Anhang!

Der Schwindel ist besonders ärgerlich, weil er das Erbe der antiken Überlieferung zu verfälschen versuchte. In Atlantishypothesen, die Malta in ihre Betrachtungen mit einbeziehen, findet man den Irrtum noch heute[161]. Der Name Eumalos wird häufig Eumelos geschrieben, offenbar eine Fehlschreibung in Anlehnung an den atlantischen Königsnamen Eumelos – von dem die Fälscher diesen Namen vermutlich tatsächlich abgeleitet hatten.

Aristoteles von Stageira (384-322 v.Chr.)

Aristoteles schwieg über Platons Atlantis. Jedenfalls ist uns keine Aussage des Aristoteles überliefert, die sich direkt auf Atlantis bezieht. Seit Anfang des 19. Jahrhunderts hatte sich bei den meisten wissenschaftlichen Atlantisskeptikern der kollektive Irrtum eingeschlichen, dass in der Stelle Strabon II 102 ein explizites Wort des Aristoteles gegen die Existenz der Insel Atlantis vorläge:

> „... dass ihr Erfinder sie habe verschwinden lassen wie der Dichter die Mauer der Achäer."[162]

Doch das ist falsch, wie in einer ausführlichen Untersuchung im Jahr 2010 gezeigt werden konnte[163]. Lediglich eine Aussage zum Verschwindenlassen der Mauer der Achäer in Homers Ilias geht auf ein Wort des Aristoteles zurück, der Vergleich zu Atlantis jedoch nicht. Dieser geht auf namentlich nicht genannte Atlantisskeptiker zurück, deren Meinung hier von Poseidonios ablehnend angeführt wird.

Niemand in der antiken Literatur hat dieses vermeintliche Aristoteles-Wort aufgegriffen. Im Gegenteil: Bei Proklos z.B. finden wir zahlreiche Zitate aus den Werken des Aristoteles, mit denen gezeigt werden soll, dass Atlantis real war! Gerade von Poseidonios, der zu erkennen gibt, dass er dazu neigt, an die Existenz von Atlantis zu glauben, wissen wir, dass er sich eng an die Geographie des Aristoteles hielt.

Wir können sicher sein, dass in Strabon II 102 kein Wort des Aristoteles gegen die Existenz von Atlantis vorliegt. Der Irrtum über das vermeintliche Wort des Aristoteles geht zurück auf den französischen Astronomen Jean-Baptiste Joseph Delambre, einem der 72 Wissenschaftler, deren Namen in goldenen Lettern in den Eiffelturm in Paris eingraviert sind. Delambre hatte eine lateinische Strabon-Ausgabe falsch verstanden und benutzte das irrige Argument gegen pseudowissenschaftliche Atlantisbefürworter. Für eine ausführliche Argumentation siehe *Aristoteles und Atlantis*, 2010[164].

In Ermangelung einer expliziten Aussage versucht man, die Haltung des Aristoteles zu Platons Atlantis indirekt aus Aussagen zu anderen Themen zu erschließen, in denen implizit eine Meinung zu Platons Atlantis erkennbar wird. Dieses Verfahren finden

---

[161]Vgl. z.B. Mifsud et al. (2000)
[162]Strabon II 102
[163]Vgl. Franke (2010/2016) S. 45-73
[164]Vgl. Franke (2010/2016) S. 45-73

wir z.B. schon bei Proklos, der mithilfe von Aussagen aus den Werken des Aristoteles, die Atlantis nicht erwähnen, zeigen möchte, dass Atlantis ein realer Ort war.

Aristoteles teilt etliche Elemente des geographischen und historischen Weltbildes, das Platon seiner Atlantisgeschichte zugrunde gelegt hat. Aristoteles erwähnt in einem Werk über geologische Erscheinungen auch den Schlamm vor Gibraltar, der angeblich auf den Untergang von Atlantis zurückgeht. Dabei hält Aristoteles es nicht für nötig, in einem geologischen Werk eine alternative Erklärung zu Atlantis für diesen Schlamm zu geben, so dass Platons Erklärung unwidersprochen stehen bleibt. Aristoteles teilt auch die Auffassung Platons über den katastrophalen Untergang und den Wiederaufstieg der Zivilisation. Und Aristoteles spricht implizit von einer ehemaligen Landverbindung zwischen Gibraltar und Indien.

An den Aussagen des Aristoteles können wir sehen, dass Aristoteles sich offenbar einerseits über Atlantis in Ungewissheit befand, und deshalb über Atlantis schwieg, andererseits jedoch im Rahmen seiner Ungewissheit zu der Annahme neigte, Atlantis für real zu halten. Dies ist präzise die Meinung des Poseidonios, von dem wir wissen, dass er sich eng an das geographische Weltbild des Aristoteles hielt. Wir wissen von Aristoteles auch, dass er zu einer literalistischen Deutung von Platons *mythoi* neigte, was für die Atlantisüberlieferung, die als *logos* präsentiert wird, dann wohl erst recht anzunehmen ist[165].

Bis ins 19. Jahrhundert hinein wurde die Tradition des Proklos fortgeführt, mit Aristoteles-Stellen, die Atlantis nicht erwähnen, für die Existenz von Platons Atlantis zu argumentieren. Auch das ganze Mittelalter hindurch äußerte niemand die Auffassung, dass Aristoteles gegen die Existenz von Atlantis eingestellt war. Erst mit der irrtümlichen Konstruktion einer expliziten Aussage des Aristoteles gegen Atlantis zu Anfang des 19. Jahrhunderts begannen Versuche, auch andere Aristoteles-Stellen gegen die Existenz von Atlantis zu interpretieren. Selbst nach der Aufdeckung des kollektiven Irrtums im Jahr 2010 versuchen immer noch manche, Aristoteles gegen Atlantis zu positionieren[166].

Im Umfeld des Irrtums, dass Aristoteles gegen Atlantis eingestellt gewesen sei, tummeln sich weitere Irrtümer. So wurde z.B. ein Fragment des Theophrast, dem Nachfolger des Aristoteles in der Leitung von dessen Philosophenschule, in dem Atlantis als reale Gegebenheit akzeptiert wird, für eine fälschliche Zuschreibung gehalten. Siehe bei Theophrast bei den antiken Erwähnungen.

Ein weiterer Irrtum besteht darin, zwischen Aristoteles und Atlantis eine grundsätzliche Gegnerschaft und Rivalität anzunehmen, die irrigerweise davon ausgeht, dass Aristoteles immer das Gegenteil von Platon dachte. Die Schülerschaft des Aristoteles und die Kontinuität der Philosophie Platons bei Aristoteles wird dabei völlig ignoriert. Julia Annas z.B. scheint sich gar nicht vorstellen zu können, dass Aristoteles einen Platonischen Mythos tatsächlich ernst nahm, und ihn – in Platons

---

[165]Phaidon-Mythos: Thomas (1938) S. 97; Timaios-Mythos: Cameron (1983) S. 91
[166]Vgl. z.B. Hartmann (2010) S. 61-64

Sinn einer schrittweisen Annäherung an die Wahrheit – wegen sachlicher Inhalte kritisierte. Deshalb meint sie, dass Aristoteles in polemischer Absicht handele, wenn er den Phaidon-Mythos des Platon ernst nimmt[167]. Gewiss würde Julia Annas auch die Vorstellung zurückweisen, dass Aristoteles Platons Atlantisgeschichte ernst nahm.

Fassen wir kurz zusammen: Wegen der Erwähnung des Schlammes vor Gibraltar, die ohne eine alternative Erklärung zu Atlantis bleibt, wegen seines affirmativen Schweigens, wegen der expliziten Erwähnung von Atlantis als einem realen Ort bei seinem Schüler Theophrast, wegen der affirmativen Meinung seines Anhängers Poseidonios, wegen der impliziten Erwähnung einer Landverbindung von Gibraltar nach Indien, und aus weiteren Gründen können wird mit an Sicherheit grenzender Wahrscheinlichkeit davon ausgehen, dass Aristoteles ganz wie Poseidonios zu der Annahme neigte, dass Atlantis real war, ohne sich dabei festzulegen. Für eine ausführliche Argumentation siehe *Aristoteles und Atlantis*, 2010[168].

Eine ausführliche Argumentation gegen die Irrtümer von Tarrant bezüglich der Meinung des Aristoteles zu Platons Atlantis siehe die „Schwarzen Legende" der antiken Atlantisrezeption.

Theopompos von Chios (ca. 377/8-300/323 v.Chr.)

Theopompos von Chios war Geschichtsschreiber und wichtigster Schüler des Isokrates. Allein deshalb schon, aber auch aus anderen Gründen war Theopompos ein Gegner Platons[169]. Im achten Buch seines *Philippika* genannten Geschichtswerkes erzählt Theopomp eine seltsame Geschichte über ein Land jenseits des Atlantiks, von der viele wissenschaftliche Atlantisskeptiker glauben, dass sie eine spöttische Parodie auf Platons Atlantisgeschichte sei. Daraus ziehen sie fast immer die Schlussfolgerung, dass Platons Atlantisgeschichte ebensowenig ernst zu nehmen sei wie Theopomps Parodie. Andererseits knüpft sich an diese Deutung auch eine reichhaltige Literatur über das Verhältnis von Platons Akademie zur Schule des Isokrates, die sich in Rivalität zueinander befanden.

Die Originalversion der Erzählung ist nicht erhalten. Wir haben nur noch eine kurze Nacherzählung in den Werken von Claudius Aelianus. Diese geben wir hier im Wortlaut wieder:

> „Theopomp erzählt von einer Unterhaltung des Phrygiers Midas mit Silen. Dieser Silen war der Sohn einer Nymphe, zwar nicht vollkommen göttlicher Natur, aber erhaben über die menschliche und über den Tod. Sie sprachen miteinander über mancherlei; u.a. eröffnete Silen dem Midas:

---

[167] Annas (1982) S. 119 f.
[168] Vgl. Franke (2010/2016) S. 15-43
[169] Vgl. Geffcken (1928) S. 90 f.; Chroust (1962) S. 105 f.

Europa, Asien und Afrika [*Libye*] seien Inseln, rings vom Ozean umflossen, festes Land aber sei nur das außer dieser Welt [*exo toutou tou kosmou*] gelegene. Die Größe desselben gab er als eine unermessliche [*apeiron*] an. Die verschiedenen Tiere, welche sich darauf befinden, seien groß; die Menschen aber seien nicht nur doppelt so groß, als die hier befindlichen, sondern leben auch doppelt so lange, als wir. Es gäbe darin viele große Städte, mit eigentümlichen Lebensverhältnissen, und Gesetzen, die den bei uns geltenden geradezu entgegengesetzt seien. Zwei Städte, gab er weiter an, zeichnen sich durch ihre Größe vor den Übrigen aus, haben aber durchaus keine Ähnlichkeit miteinander; die eine heißt Machimus (die Streitbare), die andere Eusebes (die Gottesfürchtige).

Die Einwohner der letzteren nun leben in tiefem Frieden und Überfluss, und erhalten die Früchte der Erde ohne Anwendung von Pflug und Stieren, und der Ackerbau und das Säen machen ihnen nicht zu schaffen. Auch genießen sie, fuhr er fort, eine durch keine Krankheit unterbrochene Gesundheit, und beschließen ihr Leben in Heiterkeit und Vergnügen. Ihre Tugend ist so über allen Widerspruch erhaben, dass selbst die Götter es manchmal nicht unter ihrer Würde finden, sie zu besuchen.

Die Einwohner der Stadt Machimus dagegen sind an sich schon sehr streitbar, und werden unter den Waffen [*meth'hoplon*: mit Waffen] geboren, führen immer Kriege, und unterjochen ihre Nachbarn, so dass diese eine Stadt sehr viele Völker beherrscht. Der Einwohner sind aber nicht weniger als zwei Millionen [zweihundert Myriaden]. Sie sterben zwar zuzeiten auch an Krankheiten, doch ist dies der seltenere Fall, da sie meistens im Kriege durch Steine oder Keulen [*e lithois e xylois*: durch Steine und Hölzer] erschlagen werden; denn durch Eisen [*sideros*: Eisen bzw. Eisenklinge] sind sie unverwundbar. An Gold und Silber haben sie einen solchen Überfluss, dass bei ihnen das Gold einen geringeren Wert hat, als bei uns das Eisen [*sideros*].

Einmal unternahmen sie, wie er sagte, auch einen Zug auf unsere Inseln herüber, setzten zehn Millionen [tausend Myriaden] stark über den Ozean, und kamen bis zu den Hyperboreern. Als sie aber erfuhren, dass diese die Glücklichsten auf unserer Erde seien, ihre Lebensweise aber schlecht, armselig und verächtlich fanden, so hielten sie es nicht der Mühe wert, weiter vorzurücken.

Noch wunderbarer war, was er hinzusetzte. Es wohnen, sagte er, Menschen bei ihnen, Meroper [*Meropes*] genannt, in vielen großen Städten; an der Grenze ihres Landes sei ein Ort, welcher den bedeutsamen Namen Anostus (ohne Rückkehr) habe, und einem weiten Abgrunde gleiche; es herrsche dort weder Finsternis noch Licht, sondern es liege ein Nebelschleier von schmutzigroter Farbe darauf.

Diesen Ort umfließen zwei Ströme, wovon der eine Hedone (Strom des Vergnügens), der andere Lype (Strom der Traurigkeit) heiße, und an beiden stehen Bäume von der Größe einer vollkommenen Platane. Die Früchte der Bäume am Strome der Traurigkeit haben die Wirkung, dass jedem, der davon koste, so viele Tränen ausgepresst werden, dass er sein ganzes übriges Leben hindurch in Weinen zerfließe, und in diesem Zustande sterbe. Die andern Bäume, welche am Strome des Vergnügens wachsen, tragen eine Frucht von ganz entgegengesetzter Art. Denn wer diese koste, bei dem kommen alle früheren Lüste zur Ruhe; sogar auch was er leidenschaftlich geliebt, komme bei ihm zur Vergessenheit; er werde allmählich jünger, und lege die früheren und schon durchlaufenen Altersstufen wieder in umgekehrter Ordnung zurück. Denn

1.3 Antike Nichterwähnungen seit Platon

nachdem er sich des Greisenalters entledigt, kehre er ins kräftige Mannesalter zurück; dann trete er wieder ins Jünglingsalter, werde darauf ein Knabe, nachher ein Kind, und hiermit sei er zur Auflösung gelangt.
    Hält nun jemand diese Erzählungen des Chiers [d.h. des Theopompos von Chios] für glaubwürdig, so mag er ihm glauben; mir scheint er bei diesen und anderen Angaben sich ganz im Gebiete der Fabel [*deinos mythologos*: gewaltiger Mythenerzähler] zu bewegen."[170]

Der Name Meropis kommt im Text nirgends vor, man liest nur etwas von den *Meropes*, wobei noch nicht einmal klar ist, ob damit alle Einwohner des Kontinentes gemeint sind, oder nur ein Teil davon. Jedenfalls hat sich seit Strabon eingebürgert, den von Theopomp beschriebenen Kontinent kurzerhand Meropis zu nennen[171]. Warum die Meropen Meropen heißen, ist unklar. In der griechischen Mythologie wimmelt es nur so von Personen mit den Namen Merops oder Merope, so dass kein eindeutiger Bezug herstellbar ist. Es gibt auch eine Tochter des Atlas namens Merope[172], aber es ist nicht einzusehen, warum nun gerade diese mythische Person und nicht eine andere die Namensgeberin der Meroper sein sollte, denn auf Atlantis wohnen die Meroper nun einmal nicht, und auch sonst ist kein Bezug zu Platons Atlantis erkennbar, wie wir im folgenden zeigen werden.

Die wissenschaftlichen Meinungen zu diesem seltsamen Text des Theopomp gingen zunächst sehr auseinander. 1893 äußerte Erwin Rohde erstmals ausführlich die Vermutung, dass Theopomps Meropis sich vor allem auf Platons Atlantisgeschichte bezöge; dieses Bild wurde u.a. 1998 von Heinz-Günther Nesselrath bekräftigt und noch einmal erheblich erweitert und konsolidiert[173]. Häufig halten sich Wissenschaftler nicht lange mit Argumenten auf, um die Analogie von Platons Atlantisgeschichte und Theopomps Meropis zu zeigen, sondern sagen lapidar, dass dies „offensichtlich" sei; Johannes Geffcken und Anton-Herman Chroust argumentieren überhaupt nicht, sondern behaupten es lapidar[174].

Nesselrath argumentiert jedoch sehr ausführlich und meint, Theopomps Umgang mit dem „deutlich erkennbaren Vorbild", nämlich Platons Atlantisgeschichte, lasse es „plausibel erscheinen, dass Theopomp sich nicht nur von Platon hat inspirieren lassen, sondern [dass er] ihn ganz bewusst parodieren und ihn mit dieser Parodie als einen nicht ernstzunehmenden Phantasten darstellen wollte."[175] Andere Vorbilder in Platons Dialogen und bei anderen Autoren werden ebenfalls eingeräumt, doch wird ihnen keine zentrale Rolle zugewiesen.

---

[170]Claudius Aelianus Varia historia III 18; Übersetzung Ernst Karl Friedrich Wunderlich 1839
[171]Vgl. Strabon VII 299 bzw. 7.3.6
[172]Pseudo-Apollodoros Bibliotheca 1.9.3
[173]Vgl. Rohde (1893) und Nesselrath (1998)
[174]Gill (1980) S. vii; „apparently"; Geffcken (1928) S. 90; Chroust (1962) S. 106
[175]Nesselrath (1998) S. 6

Die Ähnlichkeiten, die zu Platons Atlantisgeschichte gesehen werden, sind folgende, wobei zu beachten ist, dass nicht alle Autoren jeden Vergleichspunkt aufzählen, und manche Autoren auch abweichende Vergleiche ziehen: Der Erzähler der Geschichte, der Silen, wird mit Solon verglichen, der die Atlantisgeschichte überliefert haben soll. Silen und Solon haben dieselben Konsonanten und Vokallängen. Das Festland Meropis entspricht dem gegenüberliegenden Festland aus der Atlantisgeschichte. Die zwei Städte Eusebes und Machimos entsprechen Ur-Athen und Atlantis. Die Unverwundbarkeit durch Eisen entspricht dem Stierfang der Könige von Atlantis, die den Opferstier nur mit Knüppeln und Stricken, nicht mit Eisen fangen dürfen. Dass Gold geringeren Wert hat als Eisen, entspricht dem, was Platon über das Oreichalkos schreibt. Der Kriegszug gegen Europa entspricht dem Kriegszug der Atlanter bei Platon. Die großen Zahlen von Einwohner und Kriegern erinnern an ähnlich große Zahlen in Platons Atlantisgeschichte. Eine Variation präsentiert z.B. Diskin Clay: Für ihn entspricht der Silen dem ägyptischen Priester, und Midas dem Solon[176].

Doch diese so stimmig klingenden Entsprechungen funktionieren nicht. Bereits Rudolf Hirzel hatte 1892 richtig erkannt, dass die Rechnung nicht aufgeht, wenn auch nur mit wenigen Argumenten[177]; wir werden einige davon im Laufe der folgenden Darlegung einflechten. Auch Gunnar Rudberg kann keine auffälligen Gemeinsamkeiten zwischen Platons Atlantis und der Meropis des Theopomp entdecken, sondern sieht vielmehr deutliche Unterschiede[178].

Es beginnt damit, dass es bei Theopomps Meropis keine Entsprechung zur Insel Atlantis gibt. Man sollte doch meinen, dass eine Parodie auf die Atlantisgeschichte diesen zentralen Aspekt in irgendeiner Form aufgegriffen hätte, und sei es nur durch eine satirische Alternativerklärung für den Schlamm vor Gibraltar. Eine Parodie auf die Insel Atlantis, in der es keine Entsprechung zur Insel Atlantis gibt, kann keine Parodie auf Atlantis sein. Auch das hohe Alter von Ur-Athen und Atlantis von 9000 Jahren und die behauptete Herkunft der Atlantisüberlieferung aus Ägypten spielen bei Theopomp keine Rolle. Auch der Bundeskult mit dem kuriosen Trinken von Stierblut hätte sich in einer Parodie gewiss niedergeschlagen. Doch nichts davon.

Mehr noch. Das, was tatsächlich Inhalt von Theopomps Meropis ist, passt zu Platons Atlantisgeschichte bereits deshalb nicht, weil Meropis ein mythisches und märchenhaftes Land ist, während Platons Atlantis in einem realistischen Rahmen bleibt. In Meropis sind die Menschen doppelt so groß, sie sind langlebig, in Eusebes müssen sie keinen Ackerbau treiben und werden niemals krank, in Machimos werden sie mit Waffen geboren usw. usf. Dies hat auch Hirzel indirekt erkannt, wenn er über die Personen des Dialogs sagt:

---

[176] Clay (1999/2000) S. 7
[177] Hirzel (1892) S. 381 f.; S. 381 Fußnote 5
[178] Rudberg (1917/2012) S. 47 (dt.) / S. 37 f. (schwed.)

1.3 Antike Nichterwähnungen seit Platon

> „Während nämlich Platon seine Dialoge, auch im Timaios und Kritias, durchweg an historische Personen knüpft, hat Theopomp die Personen seines Gesprächs ebenfalls dem Mythos entnommen. Dieser Unterschied betrifft keineswegs bloß etwas Äußerliches, sondern greift tiefer wie die Geschichte des Dialogs lehrt."[179]

Wenn Meropis eine Parodie auf die Atlantisgeschichte sein sollte, dann würde ihre Polemik nicht treffen, da sie heillos übertrieben ist. Viel besser als Platons Atlantisgeschichte bietet sich Platons Phaidon-Mythos als Ziel der Parodie an. Dort heißt es von den Menschen an fernen und höheren Orten der Erde,

> „dass sie ohne Krankheit wären und weit längere Zeit lebten als die hiesigen, ... Auch haben sie weiter Tempel und Heiligtümer für die Götter, in denen aber die Götter wahrhaft wohnen, und Stimmen, Weissagungen, Erscheinungen der Götter und mehr dergleichen Verkehr mit ihnen, und Sonne, Mond und Sterne sähen sie, wie sie wirklich sind, und dem sei auch ihre übrige Glückseligkeit gemäß."[180]

Solches hört man auch von Theopomps Meropis, hier ist die Analogie berechtigt.

Es ist ebenfalls irrig, den Erzähler Silen auf Solon zu beziehen. Nesselrath nennt den Silen mit Recht einen „verkaterten Waldschrat"[181]. Ob eine Parodie oder Polemik im damaligen Athen ihre Wirkung entfaltet hätte, die Solon mit einem saufenden Satyr gleichsetzt? Wohl kaum. Statt dessen gibt es eine viel bessere und naheliegendere Deutung des Silen, die auch von Nesselrath erkannt wurde: Mit Silen ist natürlich Sokrates gemeint! In Platons Symposion sagt Sokrates von sich selbst, dass er wie ein Silen aussehe[182]. Und Sokrates ist auch der Dialogführer und der Erzähler der Platonischen Mythen in den meisten Dialogen Platons. Ausgerechnet in den Atlantisdialogen ist es jedoch *nicht* Sokrates, sondern Kritias, der die Atlantisgeschichte vorträgt. Theopomps Meropis scheint sich zwar auf Platon und Platonische Mythen zu beziehen, speziell auf die Atlantisgeschichte jedoch ganz offenbar nicht. Die nähere Charakterisierung des Silen als zwischen Gott und Menschen stehend entspricht übrigens den platonischen Vorstellungen der *daimones* im Symposion und anderen Dialogen, wie Nesselrath erkannt hat[183]. Nesselrath weist auch darauf hin, dass sich Sokrates im Symposion analog zum Charakter des Silen bei Theopomp als trinkfester Zecher erweist.

Bei genauem Hinsehen wird man feststellen, dass in Theopomps Meropis auch nicht wörtlich von einem „gegenüberliegenden Festland" die Rede ist, wie in Platons Atlantisgeschichte, sondern von Festland außerhalb von unserem eigenen (*exo toutou*

---

[179]Hirzel (1892) S. 381 f.; S. 381 Fußnote 5
[180]Phaidon 111a-c
[181]Nesselrath (1998) S. 5
[182]Symposion 215ab, 216d, 221d
[183]Vgl. Nesselrath (1998) S. 5 und Fußnote 21; Symposion 202de; ebenso Politikos 271d, Nomoi 713, 738, 801e, 818c, 848d; vgl. Epinomis 984de

tou kosmou). Das klingt erneut eher nach Platons Phaidon-Mythos als nach Platons Atlantisgeschichte:

> „Dann auch, dass sie [die Erdkugel] sehr groß sei, und dass wir, die vom Phasis bis an die Säulen des Herakles reichen, nur an einem sehr kleinen Teile, wie Ameisen oder Frösche um einen Sumpf, um das Meer herum wohnen, viele andere aber anderwärts an vielen solchen Orten (*kai allous allothi pollous en polloisi toioutois topois*)."[184]

Abgesehen davon, dass die Annahme eines Festlandes jenseits des Atlantischen Meers noch nicht zwingend etwas mit der Insel Atlantis zu tun hat.

Die drei Städte von Meropis passen ebenfalls nicht in das Schema von Ur-Athen und Atlantis. Allein schon deshalb, weil es drei und nicht zwei Städte sind. Zunächst liegen alle drei Städte auf dem jenseitigen Kontinent, und nicht die eine Stadt dort, die andere Stadt hier. Außerdem berichtet Theopomp nichts davon, dass die eine Stadt die andere Stadt angreifen würde. Vielmehr sind die beiden Städte Eusebes und Machimos jeweils für sich eine Allegorie auf eine gottesfürchtig-friedliche und eine kriegerische Stadt, ohne dass sich die Allegorien irgendwie berühren würden.

Diese Allegorien von friedlicher und kriegerischer Stadt passen zudem nicht zu den Eigenschaften von Ur-Athen und Atlantis. Eusebes ist zwar tugendhaft, aber auch faul, die Einwohner arbeiten nicht, sondern leben in einer Art Paradies, in dem es nicht einmal Krankheiten gibt. In Ur-Athen hingegen muss für das tägliche Brot gearbeitet werden, und es gibt einen Kriegerstand, der sich um die Verteidigung der Stadt mit Tapferkeit kümmern muss. Ebenso ist auch die Stadt Machimos nicht einfach mit Atlantis zu vergleichen: Insbesondere fehlt der Verfallsprozess, der von den Höhen der Tugend in die Niederungen des Imperialismus geführt hat. Aber auch sonst fehlt alles, was irgendwie eine Andeutung auf Atlantis sein könnte: Es gibt keinen Hügel der Kleito, keine Dreifachringstruktur, keine zehn Könige, keinen Bundeskult usw. Zugegeben: Theopomp wird den Dialog Kritias noch nicht gekannt haben, der mutmaßlich erst nach Platons Tod als Torso veröffentlicht wurde. Aber auch der Timaios allein hätte genügend Charakteristika der Gesamterzählung geboten, auf die ein Spötter hätte anspielen können.

Die Wissenschaft ist sich dieser Schwierigkeiten durchaus bewusst, hat aber noch nicht die richtigen Schlüsse daraus gezogen: Heinz-Günther Nesselrath hat richtig beobachtet, dass Eusebes von Machimos gar nicht angegriffen wird, dass Eusebes ein sehr hedonistisch geratenes Pendant zu Ur-Athen wäre, und dass auch Machimos eine sehr einseitig ausgefallene Entsprechung zu Atlantis wäre[185]. Schon Rudolf Hirzel kritisierte, dass der Gegensatz der beiden Städte von Meropis ein anderer ist als in der

---

[184]Phaidon 109ab
[185]Nesselrath (1998) S. 3, 5, Fußnote 25

1.3 Antike Nichterwähnungen seit Platon

Atlantisgeschichte[186]. Auch Erwin Rohde räumte ein, dass der Gegensatz der beiden Städte anders konstruiert ist[187].

Nach welchem Vorbild ist aber das Verhältnis der beiden Städte konstruiert? Ein guter Vergleich wäre der Schild des Achilleus in Homers Ilias, der die Allegorien einer Stadt des Friedens und einer Stadt des Krieges zeigt. Aber bei genauerem Hinsehen werden wir auch bei Platon fündig. Auch der Idealstaat Platons ist zunächst eine Stadt des Friedens. Es gibt keine Krieger. Der Vergleich zu Eusebes wäre – abzüglich der Parodie – an diesem Punkt erfüllt. Erst die Aggression anderer Staaten zwingt den Idealstaat dazu, eigene Krieger zu unterhalten[188].

An diesem Punkt muss es noch zu Platons Zeiten eine Diskussion darüber gegeben haben, ob das Ziel eines idealen Staates die militärische Stärke oder der Frieden sei, denn diese Diskussion finden wir dann später in den Nomoi näher ausgeführt. Hier droht Platons Idealstaat, der im ersten Gedankenschritt der Stadt Eusebes gleicht, in den Zustand von Machimos zu kippen. Platon hält jedoch in den Nomoi fest, dass der Idealstaat trotz Bewaffnung eine Stadt des Friedens sein müsse[189].

In den Stufen der gedanklichen Ausarbeitung der in Gedanken bzw. Worten[190] konstruierten Stadt der Politeia können wir also Eusebes und Machimos wiederfinden, in dem immergleichen Ur-Athen oder dem Verfallsprozess von Atlantis jedoch nicht. Nicht umsonst heißt es in der Politeia auch, dass der Idealstaat früher, in der Zukunft – oder „in irgendeiner barbarischen weit außerhalb unseres Gesichtskreises gelegenen Gegend"[191] besteht. Dieser Satz kombiniert mit der Geographie des Phaidon und der gedanklichen Entwicklung der Politeia führt zielsicher zum Plot von Theopomps Meropis.

Nesselrath hat noch andere mögliche Vorlagen vorgeschlagen, darunter die Phäaken Homers für die hedonistische Sorglosigkeit und den Verkehr mit den Göttern, oder die Äthiopen Herodots für die Langlebigkeit und den Umgang mit Gold[192]. Doch diese Vorlagen scheinen uns überflüssig, wir finden alle Elemente in den vor den Atlantisdialogen veröffentlichen Dialogen Platons.

Ein weiterer eindeutiger Hinweis auf die Politeia ist die Aussage, dass die Krieger von Machimos mit ihren Waffen geboren werden. Dies entspricht haargenau dem von Platon vorgeschlagenen Täuschungsmythos aus der Politeia[193].

Dass die Krieger von Machimos Gold geringer als Eisen schätzen, kann nicht mit dem Oreichalkos von Atlantis analogisiert werden. Denn erstens schätzten die Atlanter

---

[186]Hirzel (1892) S. 381 f.; S. 381 Fußnote 5
[187]Rohde (1893) S. 113
[188]Politeia II 373e
[189]Nomoi I 628c und Umfeld
[190]Politeia II 369a; VI 501e; IX 592a
[191]Politeia VI 499cd
[192]Nesselrath (1998) S. 1; Herodot III 17 f., 20-25
[193]Politeia III 414d

das Oreichalkos geringer ein als Gold, nicht das Gold geringer als Oreichalkos. Zweitens hätte sich eine Parodie gewiss mit Vorliebe auf das unbekannte Metall Oreichalkos gestürzt, was jedoch unterbleibt. Der viel bessere Vergleich ist auch hier der Idealstaat Platons, dessen Bürger sich aus Gold nichts machen.

Die Verwundbarkeit durch Holz und Stein, aber nicht durch Eisen, kann nicht mit der Stierjagd der zehn Könige von Atlantis in Bezug gebracht werden. Erstens sind Holz und Stein nicht Holzknüppel und Stricke. Zweitens soll der Stier gerade nicht verwundet werden, doch Holz und Stein verwunden die Krieger von Machimos. – Warum gerade Holz und Stein? Es fällt auf, dass Platon die Materialien Holz und Stein in genau dieser Kombination in auffallend vielen seiner Dialoge penetrant als Beispielgegenstände zur Demonstration verschiedenster philosophischer Thesen verwendet[194]. Es wäre möglich, dass Theopomp an dieser Stelle die Sprache Platons auf die Schippe nimmt.

Die riesigen Einwohner- und Kriegerzahlen von Meropis können mit denen von Atlantis nicht verglichen werden. Theopomp arbeitet mit dem Wort „Myriaden", das im Griechischen häufig nicht wörtlich „zehntausend" sondern einfach nur „unheimlich viele" bedeuten soll. Besonders in einem märchenhaften Kontext wie dem von Theopomps Meropis. In Platons Menexenos finden wir das Wort „Myriaden" im Zusammenhang mit einem Angriff von Kontinent zu Kontinent wieder:

> „Dareios nun, welcher uns und die Eretrier beschuldigte wegen des Überfalls von Sardes, nahm diesen Vorwand und indem er fünfzig Myriaden in Schiffen sandte"[195].

Fünfzig Myriaden wären 500'000 Soldaten, doch selbst Herodot berichtet, dass in der folgenden Schlacht bei Marathon nur 6400 Barbaren gefallen sein sollen. Platon hat im Menexenos ganz offensichtlich eine übertriebene Zahl präsentiert, und es liegt sehr nahe, dass genau das von Theopomp parodiert wird. – Hinzu kommt ein innerer Widerspruch: Wie soll die Stadt Machimos mit zwei Millionen Einwohnern eine Kriegerschar von zehn Millionen entsenden?

Zugegeben: Auch in der Atlantisgeschichte taucht das Wort „Myriade" auf, aber in keinem phantastischen Zusammenhang. Die 20'000 Krieger von Ur-Athen sind eine erstaunlich realistische Zahl, und die 60'000 Grundstücke der Ebene von Atlantis sind zwar eine hohe, aber noch keine phantastische Zahl, zumal es nicht um eine unzählbare Masse geht, sondern um einen genauestens abzählbaren und berechenbaren Sachverhalt[196]. An zwei andern Stellen verzichtet Platon auf das Wort „Myriade" und spricht statt dessen von *myria*: Bei der Länge der Ebene von 10'000 Stadien, und bei der Zahl von 10'000 Streitwagen[197].

---

[194] Apologie 34d; Minos 319a; Euthydemos 300b; Alkibiades 111b f.; Hippias 292c; Theaitetos 156e; Gorgias 468a; Phaidon 74; Politeia VII 515a, VIII 544e; Nomoi XII 956a
[195] Menexenos 240a
[196] Kritias 112e und 119a
[197] Kritias 118d und 119a

1.3 Antike Nichterwähnungen seit Platon

Auch der Kriegszug der Krieger von Machimos nach „unseren Inseln", d.h. nach Europa, Asien und Libyen, muss keineswegs eine Analogie zum Kriegszug der Atlanter gegen Europa und Asien sein. Platon selbst kommt in seinen Dialogen mehrfach auf den Kriegszug der Perser gegen Europa zu sprechen, u.a. im Dialog Menexenos:

> „Den Perser, der über Asien herrschte und Europa unterjochen wollte, haben die Abkömmlinge dieses Landes und unsere Voreltern abgehalten, welches gebührend zuerst zu erwähnen und ihre Tugend zu preisen ist"[198]

Und:

> „Dareios nun, welcher uns und die Eretrier beschuldigte wegen des Überfalls von Sardes, nahm diesen Vorwand und indem er fünfzig Myriaden in Schiffen sandte"[199].

Man beachte, dass Platon im Menexenos selbst in eindeutig übertriebener Weise von „Myriaden" spricht, was ganz zu Theopomps Meropis passt!

Die Hyperboräer, auf die die Krieger von Machimos stoßen, werden als die glücklichsten Menschen von Europa bezeichnet. Auch dazu gibt es eine Analogie bei Platon. Im Dialog Charmides ist von dem Hyperboräer Abaris die Rede, der ein Mittel für Glückseligkeit hat[200]. Offenbar spiegelte Platon die mythische Auffassung von den glückseligen Hyperboräern unreflektiert wieder, was von Theopomp parodiert wird.

Die Genügsamkeit der Hyperboräer, die die Krieger von Machimos zurückschreckt, mag eine Anspielung auf die Genügsamkeit der Griechen sein, die als kleines und genügsames Volk die große Armee der Perser zurückschlugen, oder auch eine parodistische Anspielung auf die asketische Genügsamkeit des Idealstaates. Diese Genügsamkeit kommt in der Politeia drastisch in dem Wort der „Stadt der Schweine"[201] zum Ausdruck, die, wenn sie sich weitere Annehmlichkeiten verschafft, zur Stadt des Überflusses und der Dekadenz wird.

Schließlich sind die Darstellungen rund um die Stadt Anostos eine klare Anspielung auf den Platonischen Mythos von Er dem Pamphylier am Ende von Platons Politeia. Der Name der Stadt Anostos bedeutet „ohne Wiederkehr" und negiert parodistisch den Glauben an die Wiedergeburt, den Platon dort formuliert. Die Erdspalte der Stadt Anostos erinnert an die Erdspalten aus dem Er-Mythos, und die beiden Flüsse spielen auf den Fluss *Ameles* aus diesem Platonischen Mythos an, d.h. den Fluss „Sorglos", dessen Wasser dem Trinkenden Vergessen bringt.

Zuguterletzt ist die Idee der Umkehrung des Alterungsprozesses dem Politikos-Mythos entnommen.

---

[198]Menexenos 239d
[199]Menexenos 240a
[200]Charmides 158b
[201]Politeia II 372d

Fassen wir zusammen: Theopomp spottet hier über Platon und seine philosophischen Ansichten, und zwar vor allem über seine Staatsphilosophie und diverse Platonische Mythen, das ist klar. Wir sehen, dass wir Theopomps Meropis sehr viel besser mit anderen Dialogen Platons erklären können, als mit den Atlantisdialogen. Und zwar vor allem mit den Dialogen aus der Zeit vor der Abfassung der Atlantisdialoge. Der Dialog Nomoi kann zudem Debatten erhellen, die aufgrund früherer Dialoge entstanden. Im Zentrum der Anspielungen von Meropis steht die Politeia, der geographische Hintergrund kommt aus dem Phaidon-Mythos. Weitere Anleihen kommen aus dem Symposion, dem Politikos, Menexenos und anderen Dialogen. Aber von Atlantis handelt Theopomp nicht! Atlantis bzw. die Atlantisgeschichte kommt schlicht nicht vor. Weder direkt noch indirekt. Das können wir mit gutem Gewissen sagen.

Entweder hat Theopomp die Atlantisdialoge zum Zeitpunkt der Abfassung seiner Meropis noch nicht gekannt, was unwahrscheinlich ist, weil die Erzählung von Meropis dem achten Buch der Philippika des Theopomp zugerechnet wird, und dieses achte Buch berichtet über Ereignisse aus den Jahren 353/352 v.Chr. Oder er hat die Atlantisgeschichte außer Acht gelassen. Für den vermutlich erst nach dem Tod Platons ca. 348 v.Chr. veröffentlichten Kritias dürfte das ohnehin gelten. Ohne Kritias könnte auch die Atlantispassage im Timaios noch keine große Wirkung entfaltet haben.

Wir können annehmen, dass Theopomp die Atlantisgeschichte aus Timaios zwar kannte, sie jedoch für kein geeignetes Ziel seines Spottes hielt. Sei es, dass sie ihm unbedeutend erschien, sei es, dass er in der Atlantisgeschichte nichts erblicken konnte, was sich für eine Parodie angeboten hätte. Wir sehen auch bei den Mittel- und Neuplatonikern, deren Meinung uns durch Proklos überliefert ist, dass sie die Passagen zu Atlantis im Timaios für überflüssig erklärten und deshalb gar nicht oder nur widerwillig kommentierten[202]. Auch Proklos selbst bringt Theopomp in keinerlei Zusammenhang mit der Atlantisgeschichte, und das, obwohl er ihn im Zusammenhang mit der Frage nach dem Idealstaat in Ägypten kurz erwähnt[203].

Halten wir zum Schluss noch eine Argumentation für den anderen Fall fest, dass Theopomp hier doch über die Atlantisgeschichte spotten würde: Erstens wäre die Erkennbarkeit der Anspielung äußerst schwach. Da Anspielungen für gewöhnlich erkannt werden wollen, ist dies ein weiteres starkes Argument gegen Anspielungen auf die Atlantisgeschichte. Zweitens aber gilt: Selbst wenn Theopomp hier über die Atlantisgeschichte spotten würde, wäre dies kein Zeugnis dagegen, dass Platon seine Atlantisgeschichte ernst meinte, und von Atlantis als einem realen Ort ausging. Im Gegenteil. Durch den Spott des Theopomp würde es sogar wahrscheinlicher, dass Platon Atlantis für einen realen Ort hielt. Denn Spott und Parodie treffen gerade dort besonders empfindlich, wo jemand etwas ernst nimmt.

---

[202]Proklos In Timaeum I 1,204 bzw. 63AB; Tarrant (2006) S. 36, S. 61 und Fußnote 87, S. 197 Fußnote 438; Tarrant (2006) S. 74
[203]Proklos In Timaeum I 1,97 bzw. 30C

Jeder Atlantisbefürworter müsste sich fast wünschen, dass in Theopomps Meropis spöttische Anspielungen auf Atlantis erkennbar wären, denn dies würde ihm ein Argument in seinem Sinne liefern. Auch für die Anschlussfähigkeit der hier präsentierten Gesamtdeutung von Platons Atlantis an die bisherige Forschung wäre es besser gewesen, wenn in Theopomps Meropis irgendeine Anspielung auf Atlantis hätte erkannt werden können. Doch das ist nicht der Fall, und so müssen wir dabei bleiben, dass Theopomps Meropis keinerlei Anspielung auf Platons Atlantis enthält.

Damit haben wir eine ähnliche Situation wie bei Aristoteles: Theopomp und Aristoteles schweigen über Atlantis. Während wir bei Aristoteles aufgrund zahlreicher guter Gründe annehmen dürfen, dass er dazu neigte, die Atlantisgeschichte für wahr zu halten, legt der generelle Spott des Theopomp gegen Platon nahe, dass er vermutlich nicht viel von der Atlantisgeschichte gehalten haben wird, weil er generell nichts von Platons Werken hielt. Im Gegensatz zu Aristoteles dürfte Theopomp seine Urteile über Platon und sein Werk aber nicht auf allzu viel Reflexion aufgebaut haben, denn wer spottet, hat aufgehört, zuzuhören.

Bei Apollodoros von Athen (ca. 180-120 v.Chr.) finden wir eine Aufzählung von unglaubwürdigen Wundergeschichten, zu denen auch die Meropis des Theopompos gehört – nicht jedoch Platons Atlantis[204]. Apollodoros dürfte deshalb kein Freund der Vermutung gewesen sein, dass die Meropis des Theopompos von Platons Atlantis inspiriert wurde. Bei Tertullian (ca. 150-220 n.Chr.) finden wir später klare Aussagen zu Platons Atlantis und Theopomps Meropis: Während Platons Atlantis für real gehalten wird, wird Theopomps Meropis als exemplarisches Beispiel einer Lügengeschichte präsentiert. Eine Verbindung zwischen beiden wird nicht hergestellt. Auch das spricht eindeutig gegen eine antike Rezeption von Theopomps Meropis als Parodie auf Platons Atlantis. Näheres siehe bei Tertullian bei den antiken Erwähnungen von Atlantis.

Man beachte, dass Theopomp als Schüler des Isokrates auch in die Debatte um das Verhältnis von Athen und Sais verwickelt wurde: Siehe bei Krantor bei den antiken Erwähnungen von Atlantis.

Timaios von Tauromenion (ca. 345-250 v.Chr.)

Timaios von Tauromenion auf Sizilien war ein Geschichtsschreiber, der nicht mit dem Dialogteilnehmer Timaios von Lokroi aus den Atlantisdialogen verwechselt werden darf. Von ihm ist eine kurze Passage über eine Insel im Atlantik überliefert, die oft mit Atlantis in Verbindung gebracht worden ist. Diese Passage ist überliefert in der pseudo-aristotelischen Schrift *De mirabilibus auscultationibus* und lautet wie folgt:

> „In dem Meere außerhalb der Säulen des Herakles sollen die Karthager in einer Entfernung von mehreren Tagreisen eine unbewohnte Insel entdeckt haben, welche

---
[204] Strabon VII 299 bzw. 7.3.6

mannigfaltige Wälder, schiffbare Flüsse und sonst einen wunderbaren Reichtum an Erzeugnissen enthalte. Da nun dieser glücklichen Lage wegen die Karthager häufig dahin kamen und Einige sich sogar daselbst niederließen, haben die Regenten von Karthago die Landung auf der Insel bei Todesstrafe verboten und sämtliche Bewohner derselben vertilgt, damit sie nicht (wenn sie bloß ausgetrieben würden) die Lage der Insel verrieten und eine unter ihrer Führung gegen dieselbe zusammengezogene Heeresmasse sich der Herrschaft auf der Insel bemächtigte und die Karthager ihrer glücklichen Vorteile beraubte."[205]

Wie wir sehen ist ein Bezug zu Atlantis nicht gegeben. Ein Bezug zu Südamerika ist nicht völlig unmöglich, doch wird diese Auffassung allgemein zugunsten von näher an Afrika liegenden Inseln verworfen. So wäre z.B. die Insel Madeira als historischer Hintergrund dieser Überlieferung denkbar. Dennoch haben sowohl Atlantisbefürworter als auch Atlantisskeptiker zahllose Spekulationen an diese Stelle geknüpft.

Bei Diodorus Siculus werden wir noch einen zweiten, späteren Bericht über diese „Karthagerinsel" kennenlernen. Die Autorschaft von Timaios von Tauromenion für diese Passage aus *De mirabilibus auscultationibus* wurde überzeugend von Hellmut Flashar in dessen Übersetzung der *De mirabilibus auscultationibus* gezeigt; hingegen irrte Pierre Vidal-Naquet, der die Auffassung vertrat, dass die Quelle von *De mirabilibus auscultationibus* durchgängig Theopompos von Chios sei.[206]

De mirabilibus auscultationibus (Hellenistische Zeit)

Die Schrift *De mirabilibus auscultationibus* wurde fälschlich dem Aristoteles zugeschrieben und zählt deshalb zu den pseudo-aristotelischen Schriften. Man geht allgemein davon aus, dass die einzelnen Stücke von *De mirabilibus auscultationibus* neben Timaios von Tauromenion auch auf Theophrast von Eresos zurückgehen. Aber auch andere Autoren könnten eingeflossen sein.

De mirab. ausc. – Die „Karthagerinsel-Stelle"

Wie oben gesehen, überliefert uns *De mirabilibus auscultationibus* die Karthagerinsel-Stelle des Timaios von Tauromenion; siehe dort.

De mirab. ausc. – Die „Sargassosee-Stelle"

Diese Stelle über die Sargassosee in *De mirabilibus auscultationibus* lautet:

„Die in Gades wohnenden Phönikier gelangen, sagt man, wenn sie mit dem Ostwind vier Tagreisen weit über die Säulen des Herkules hinausfahren, an einsame Orte voll

---

[205]Pseudo-Aristoteles De mirabilibus auscultationibus 84; Übersetzung C. Fr. Schnitzer, 1860
[206]Vgl. Nesselrath (2008b) Fußnote 16; Vidal-Naquet (2006) S. 41 (dt.) / 48 (frz.)

Binsen und Seegras, die zur Zeit der Ebbe nicht unter Wasser stehen, wenn aber die Flut eintritt, überschwemmt werden. Dort finde man eine unzählige Menge gestrandeter Thunfische von unglaublicher Größe und Dicke. Diese salzen sie ein, legen sie in Fässer und liefern sie nach Karthago. Es sind die einzigen Fische, welche die Karthager nicht wieder ausführen, sondern ihres vortrefflichen Wohlgeschmacks wegen selbst verzehren."[207]

Auch diese Stelle wird gerne mit Atlantis in Verbindung gebracht, hat jedoch mit Atlantis nichts zu tun. Hier ist von Binsen und Seegras und Fischfang die Rede, und nicht von Schlamm und einer versunkenen Insel. Wer eine von Platon unabhängige Quelle für den Schlamm vor Gibraltar haben möchte, sollte sich an die „Schlamm-Stelle" in der *Meteorologica* des Aristoteles halten[208].

Euhemeros von Messene (ca. 340-260 v.Chr.)

Euhemeros ist der Verfasser der *Hiera anagraphe*, d.h. *Heilige Schrift*, die uns nur in Fragmenten bei Diodorus Siculus im fünften und im – wiederum nur fragmentarisch erhaltenen – sechsten Buch[209], bei Eusebius und bei anderen Autoren überliefert ist.[210]

Bekannt ist Euhemeros vor allem wegen seiner allzu simplen Art der Entmythologisierung: Hinter jedem Mythos und jeder mythischen Gestalt vermutete er ein Naturphänomen bzw. einen lebenden Menschen, die erst durch die Überlieferung zum Mythos erhöht wurden. Zwar können Mythen in der Tat auch auf diese Weise entstehen, es ist jedoch eher selten der Fall. Dieser übertrieben einseitige Ansatz der Entmythologisierung wird deshalb nach Euhemeros *Euhemerismus* genannt.

Der Inhalt der *Heiligen Schrift* des Euhemeros ist schnell erzählt:

Euhemeros von Messene behauptet, er sei das Rote Meer nach Süden gefahren, hätte die arabische Halbinsel umrundet, und sei dabei auf drei Inseln gestoßen. Auf der sogenannten Heiligen Insel werden keine Toten bestattet; sie werden auf einer nahegelegenen zweiten Insel bestattet. Auf der Insel wächst Weihrauch und Myrrhe. Der König der Heiligen Insel erhält das beste Land und Abgaben. Die Bewohner der Heiligen Insel heißen Panchaier.

Es gibt aber noch eine dritte Insel, von der aus man Indien wie im Nebel sehen kann, und die verwirrenderweise Panchaia genannt wird. Auf Panchaia wohnen ebenfalls Panchaier als Eingeborene, sowie Zuwanderer aus Indien, Kreta und anderen Ländern. Auf der Insel Panchaia gibt es eine sehr reiche Stadt namens Panara. In der Stadt herrscht eine demokratische Ordnung, während die übrigen Inselbewohner

---

[207] Pseudo-Aristoteles De mirabilibus auscultationibus 136; Übersetzung: C. Fr. Schnitzer, 1860
[208] Aristoteles Meteorologica II 1 354a
[209] Diodorus Siculus V 41-46, VI 1
[210] Vgl. allgemein Winiarczyk (2002)

monarchisch regiert werden. Allerdings überlassen die gewählten Regenten von Panara die wichtigsten Entscheidungen den Priestern.

Sechzig Stadien von der Stadt Panara entfernt steht der prächtige Tempel des Stadtgottes Zeus Triphylios in einer Ebene. Der Tempel ist zwei Plethren breit. Um ihn herum befinden sich die Wohnungen der Priester. Im Tempel stehen Bildwerke der Götter und viele Weihgeschenke. Die Türen sind aus Gold, Silber und Elfenbein. In der Mitte des Ruhebettes des Gottes steht eine goldene Säule, auf der die Taten der Götter verzeichnet sind.

Beim Heiligtum befindet sich die Quelle eines von Anfang an schiffbar breiten Stromes, der in Kanälen über die Ebene verteilt wird. Die Quelle ist mit kostbaren Steinen eingefasst, der Bereich darf nicht betreten werden. Ihr Wasser wird Sonnenwasser genannt und ist von bester Qualität. Die ganze Ebene ist von Schatten spendenden Bäumen bewachsen und wird als paradiesische Gartenlandschaft voller Früchte beschrieben, „der Gottheit würdig".

Am Ende einer 200 Stadien langen Ebene erhebt sich ein hoher Berg, der den Göttern heilig ist und auch Triphylischer Olymp genannt wird. Das Wort „Triphylos" wird auf die drei Urstämme, Phylen, der Bewohner von Panchaia zurückgeführt. Jenseits des Berges gibt es wilde Tiere, darunter auch Elephanten. Es gibt auch Bergwerke, die reich sind an Metallen aller Art.

Außerdem gibt es noch drei weitere bedeutende Städte auf Panchaia: Hyrakia, Dalis und Okeanis. Das Land ist fruchtbar. Die Bewohner kämpfen „nach alter Sitte" mit Streitwagen. Die Bürgerschaft der drei Städte ist in drei Klassen eingeteilt: Priester und Handwerker, Ackerbauern, Krieger und Hirten.

Die Priester verteilen die erwirtschafteten Güter unter den Bürgern, die nicht mehr als Haus und Garten besitzen dürfen. Nach ihren eigenen Angaben seien die Priester einst von Zeus aus Kreta nach Panchaia geführt worden. Zeus war damals ein Mensch.

Der Rest der Schrift widmete sich offenbar vor allem der weiteren Ausführung der Idee, dass die Götter in Wahrheit Menschen waren; von Panchaia ist nicht mehr die Rede.

Wer die Atlantisgeschichte kennt, wird einige Assoziationen ausmachen können: Eine Insel mit einer Stadt, weitere Städte, es geht um Staatsformen, Elefanten und Streitwagen, eine Ebene und eine Quelle, ein hoher Berg. Doch wie so oft zerfallen die Analogien zu Nichts, wenn man genau hinschaut.

Zunächst zeigt bereits der Titel *Heilige Schrift* an, dass es hier nicht um einen sachlichen Bericht geht. Auch die Beschreibungen tragen klare Züge des übertrieben Paradiesischen und des rein Allegorischen. Was Euhemeros hier geschaffen hat ist weder eine Utopie noch eine fiktionale Lügengeschichte, sondern eine Belehrungsschrift, eine ganz auf die allegorische Wirkung ausgerichtete Erzählung, die aus dieser Ausrichtung auch kein großes Geheimnis macht. Das kann man von Atlantis nicht in gleicher Weise behaupten. Euhemeros möchte seinen Lesern eine fremde Kultur vor

Augen führen, die Menschen nach einiger Zeit zu Göttern verklärt hat, und will anhand dieses Verfremdungseffektes – durchaus im Sinne von Bertolt Brecht – seinen Lesern die Augen dafür öffnen, dass es bei ihnen zuhause nicht anders ist.

Ironischerweise hat Diodorus Siculus die Beschreibungen des Euhemeros ganz sachlich bei den Beschreibungen der griechischen Inseln eingeordnet; daran kann man ablesen, was man auch sonst davon zu halten hat, wenn Diodorus Siculus Mythen und dergleichen ernst nimmt. Ein historischer Anknüpfungspunkt der Erzählung wäre zwar möglich, doch betrifft sie – anders als bei der Atlantisgeschichte – nicht die Grundlage und den Kern der Erzählung. Die Allegorien überlagern alles.

Was die Beschreibungen der verschiedenen Staatsformen überhaupt soll, wird nicht ganz klar. Vermutlich wollte Euhemeros zusätzlich aufzeigen, dass die verschiedenen Staatsformen das Glück der Bürger mal fördern, mal schmälern. Einen Wettbewerb zwischen Städten von verschiedener Verfassung jedoch wie in der Atlantisgeschichte kommt nicht vor. Zudem spielt sich das alles auf einer Insel ab, in Atlantis ist die eine Insel jedoch nur einer Staatsform zugeordnet. Nicht einmal die zehn Könige spiegeln sich wieder, statt dessen ist von drei Stämmen die Rede.

Sowohl Tempel, *naos*, als auch Ebene sind kleiner als auf Atlantis. Von einer mythischen Anleihe hätte man erwarten können, dass sie die Dimensionen nicht verkleinert, sondern eher noch vergrößert. Wo ist die Anspielung auf die Dreifachringstruktur? Es gibt sie nicht. Der Tempel steht auch nicht beim Rand der Ebene, sondern mitten in der Ebene. Auch steht der Tempel nicht in der Stadt, sondern außerhalb der Stadt. Von einem Hügel ist nicht die Rede. Der Tempel hat zudem keine Elfenbeindecke, und Statuen stehen nur innerhalb des Tempels, nicht jedoch davor.

Von Bädern wie in Atlantis ist ebenfalls nicht die Rede, auch von Sportstätten und vielen weiteren Heiligtümern nicht. Die Quelle von Panchaia ist völlig überdimensioniert. Die Kanäle werden auf Panchaia von der Quelle versorgt, in Atlantis mit dem Wasser aus den Bergen, was realistischer ist. Wie schon erwähnt, sind die Beschreibungen von Wasser, Pflanzen und Früchten auf Panchaia paradiesisch, „der Gottheit würdig", während sie bei Atlantis eher lapidar sind.

Die Elephanten auf Panchaia können nicht verwundern, liegt es doch nahe Indien, wo Elephanten nichts besonderes sind. Das muss keineswegs nach dem Vorbild von Atlantis erfunden worden sein. Bleiben noch die Streitwagen. Schon Herodot berichtet, dass es in der persischen Armee indische Streitwagen gegeben hätte, die damals schon eine veraltete Waffentechnik waren – von den späteren persischen Sichelstreitwagen sind sie übrigens zu unterscheiden. Und tatsächlich heißt es, es würde „nach alter Sitte" mit Streitwagen gekämpft. Auch das also wurde höchstwahrscheinlich nicht von Platons Atlantis inspiriert.

Vollkommen enttäuschend dann die goldene Säule im Tempel: Auf ihr ist kein Gesetz aufgezeichnet, sondern die Taten der Götter. Und es wird auch keine Kulthandlung beschrieben, in der die Säule eine Rolle spielen würde. Bei Platon sind die Götter keine Menschen, sondern echte Götter, die in das Geschehen auf Erden eingreifen –

Euhemeros sah das bekanntlich ganz anders. Viele wichtige Aspekte, die die Atlantisgeschichte zu dem machen, was sie ist, fehlen. Vieles ist ganz anders.

Im sechsten Buch überliefert Diodor dann eine Aussage des Euhemeros, die im Widerspruch zum bisher Gesagten steht: Jetzt ist plötzlich von einem „Heiligtum", *hieron*, des Zeus die Rede, das sich auf einem „hohen Hügel", *hypselos lophos* – ein Widerspruch in sich – befindet. Im fünften Buch war noch von einem „Tempel", *naos*, in einer Ebene die Rede, sowie von einem davon zu unterscheidenden „hohen Berg", *oros hypselon*, der den Götter heilig ist. Wir dürfen nicht vergessen, dass uns das sechste Buch von Diodor nur in Fragmenten vorliegt. Ganz offensichtlich haben wir es hier mit einer ungenauen Wiedergabe derselben Information zu tun, die wir bereits im fünften Buch kennengelernt haben. Der unbekannte Verfasser dieses Fragments hat hier vermutlich aus der Erinnerung zitiert und zwei Sachverhalte verwechselt und überblendet: Zum einen der Tempel des Zeus in der Ebene, zum anderen der heilige Berg des Zeus. Die Verwechslung ist gesichert, da die goldene Stele mit den Taten der Götter im sechsten Buch in diesem Heiligtum auf dem „hohen Hügel" vermutet wird.

Es ist nicht zulässig, den „hohen Hügel" aus dem sechsten Buch des Diodor mit dem Hügel der Kleito aus Platons Atlantisgeschichte in Verbindung zu bringen. Erstens liegt hier offensichtlich eine verfälschte Überlieferung der originalen Worte des Euhemeros vor, so dass der Tempel in der Ebene, aber nicht auf dem „hohen Hügel" war. Zweitens ist ein „hoher Hügel" kein flacher Hügel wie bei Platon, und auch die Funktion des Hügels ist völlig verschieden. Hinzu kommt eine sprachliche Nuance: Im Euhemeros-Fragment wird der „hohe Hügel" *lophos* genannt, bei Platon jedoch *gelophos*[211].

Entgegen der allgemeinen Meinung[212] muss festgehalten werden: Es ist höchst fragwürdig, bei der *Heiligen Schrift* des Euhemeros eine Inspiration durch Platons Atlantis anzunehmen. Und selbst wenn es eine Inspiration gäbe, dann würde sie sich nur auf unbedeutende Details beziehen, die in ihrer Vereinzeltheit nicht als Inspiration beweisbar sind. Haben nicht die Atlantisskeptiker selbst zahllose Quellen gefunden, aus denen alle Einzelheiten der Atlantisgeschichte inspiriert sein könnten? Warum sollte dann auch nur eines der Details der *Heiligen Schrift* des Euhemeros mit hinreichender Sicherheit auf Platons Atlantis zurückgeführt werden können? Aber selbst wenn: Damit wäre nichts gezeigt.

Sylvie Honigman z.B. versucht, aus übereinstimmenden Elementen und Worten abzuleiten, dass Euhemeros Erzählung von Platons Atlantis inspiriert wurde. Doch der Versuch scheitert, weil einzelne Elemente und Worte keine hinreichende Dichte von Indizien etablieren. Da nützt es auch nichts, wenn Honigman von „no doubt" spricht:

---

[211]Kritias 113d
[212]Vgl. z.B. Gill (1980) S. vii; Vidal-Naquet (2006) S. 42 f. (dt.) / 49 (frz.); Clay (1999/2000) S. 7 f.; Winiarczyk (2002) S. 90; u.v.a.

„The cumulative effect leaves the reader in no doubt that Euhemerus was very familiar with Plato's text."

Teilweise sieht Honigman sogar dort eine Übereinstimmung, wo Euhemeros von Platon abweicht, indem sie dies als *bewusste* Abweichung von einer Vorlage deutet. So z.B. im Falle der Stele, die bei Platon Gesetze, bei Euhemeros jedoch die Erzählung von Göttertaten enthält. Auch sonst ist Honigman, die sich für Platons Atlantis vor allem auf Thomas K. Johansen beruft, wenig überzeugend. So z.B. wenn sie Thukydides, Platons Atlantis und Euhemeros alle drei als Geschichtsschreiber in einen Topf wirft, und meint, die Grenzen der Geschichtsschreibung in der Antike seien eben weiter gewesen, als man denkt.[213]

Auf keinen Fall aber und in keiner Weise kann eine Inspiration in Bezug auf das Konzept der Erzählung erkannt werden. Das steckt in der *Heiligen Schrift* des Euhemeros einfach nicht drin. Und das entscheidet. Es ist unzulässig, von der *Heiligen Schrift* des Euhemeros ausgehend einen Schluss dahingehend zu ziehen, dass die Atlantisgeschichte des Platon zur damaligen Zeit nicht ernst genommen worden wäre, sondern für eine mythische, lediglich allegorische oder gar eine Lügengeschichte gehalten worden wäre. So finden wir z.B. bei Apollodorus von Athen (ca. 180-120 v.Chr.) eine Aufzählung von unglaubwürdigen Wundergeschichten, zu denen auch die Insel Panchaia des Euhemeros gehört – nicht jedoch Platons Atlantis[214]. Apollodoros dürfte deshalb kein Freund der Vermutung gewesen sein, dass Euhemeros' Panchaia von Platons Atlantis inspiriert wurde.

Franco De Angelis et al. haben eine sehr plausible Theorie darüber aufgestellt, was statt dessen die inspirierende Vorlage für die Insel Panchaia des Euhemeros war[215]. Dieser Meinung zufolge muss die Person des Euhemeros im Kontext der sizilianischen Westgriechen gesehen werden. Auch dort wurden die Oikisten, die Gründer von griechischen Stadt-Kolonien, wie Helden oder Götter verehrt. Auch dort gab es eine Mischung aus einheimischen und zugezogenen Völkern. Der Einfluss des Hellenismus, den viele in der Erzählung des Euhemeros sehen, ließe sich damit erklären, dass die Westgriechen viele Elemente des Hellenismus zeitlich vorwegnahmen. Die Westgriechen waren auch weniger in Traditionen verhaftet, weshalb sie kritischer sein konnten, wie Euhemeros. Schließlich glauben Franco De Angelis et al., direkte Parallelen von Panchaia und den anderen Inseln zu den Liparischen Inseln nördlich von Sizilien ziehen zu können. Man mag davon halten was man will: Diese These ist weitaus plausibler als die These von Platons Atlantis als Inspiration für die *Heilige Schrift* des Euhemeros.

Die Erzählung des Euhemeros kann auch nicht als Argument dafür angeführt werden, dass das Genre der fiktionalen Literatur schon früher entwickelt worden wäre,

---

[213] Honigman (2009)
[214] Strabon VII 299 bzw. 7.3.6
[215] De Angelis et al. (2006)

und deshalb auch Platons Atlantisgeschichte deshalb ein fiktionaler Text sein könnte. Denn die Erzählung des Euhemeros unterliegt inhaltlich viel zu sehr ihrer pädagogischen Absicht. Deshalb wäre es gut möglich, dass der nicht mehr erhaltene Originaltext die Erfindung der Geschichte durch den Verfasser auch offen zugab, ähnlich wie Lukian in seinen *Wahren Geschichten*, allerdings ohne gleichzeitigen Wahrheitsanspruch. Der Titel *Heilige Schrift* deutet eine Erzählung außerhalb der normalen Historie bereits an. – Sollte das jedoch nicht der Fall gewesen sein, würde es sich um einen täuschenden Text handeln, nicht jedoch um einen fiktionalen Text, bei dem Autor und Leser gemeinsam darum wissen, dass es eine Erfindung ist, ohne dass es explizit ausgesprochen wird. Auch das ist gut möglich, war die Schrift des Euhemeros doch ein Angriff auf die Religion, der besser verdeckt als offen geführt wurde.

Kolotes von Lampsakos (ca. 320 - nach 268 v.Chr.)

Einer der bekanntesten Schüler des Epikur war Kolotes von Lampsakos, dessen Meinung die vorherrschende Meinung der damaligen Epikureer gut widerspiegelt. Von seinem Werk sind nur Fragmente bei anderen Schriftstellern erhalten, z.B. bei Cicero und Proklos. Darin kommt zum Ausdruck, dass Kolotes Platon dafür kritisierte, dass er – so sah es Kolotes – *mythoi* erfand. Als Themen dieser *mythoi* werden Himmel und Jenseits genannt, konkret wird der Platonische Mythos von Er dem Pamphylier kritisiert. Kolotes meinte, Philosophen sollten sich nur mit der Wahrheit befassen.[216]

Bei Plutarch wird aber auch der Platonische Mythos von Ur-Athen und Atlantis im Zusammenhang mit Kolotes und den Epikureern genannt: Plutarch macht ihnen zum Vorwurf, dass sie nur körperliche Genüsse gelten lassen wollen. Dem stellt er geistige Genüsse gegenüber, sowohl Geschichtsschreibung als auch Dichtung und Fiktion und das Streben nach Wahrheit um ihrer selbst willen. Hier nennt Plutarch sowohl Platons Atlantisgeschichte als auch Homers Ilias.[217]

Auf den ersten Blick sieht es so aus, als hätten Kolotes und die Epikureer die Ilias und die Atlantisgeschichte für reine Erfindungen gehalten, denn es sieht so aus, als ob das der Grund wäre, weshalb sie sich nicht mit ihnen befassen. Das jedoch wäre ein mehrfacher Denkfehler. Denn die Ablehnung speziell von erfundenen *mythoi* wird bei Plutarch so nicht formuliert. Bei Plutarch geht es um die epikureische Ablehnung geistiger Genüsse im allgemeinen. Die Atlantisgeschichte könnte auch völlig wahr sein, die Epikureer hätten sich dennoch nicht mit ihr befasst. Zweitens hielt Plutarch selbst die Atlantisgeschichte und die Ilias keineswegs für reine Erfindungen, sondern für Mischungen aus Geschichte und Fiktion. Selbst wenn Plutarch also auf die Ablehnung der Epikureer von fiktionalen Geschichten hätte anspielen wollen, könnten wir aus Plutarchs Vorwurf nicht den Schluss ziehen, dass Kolotes und die Epikureer diese Geschichten für reine Fiktion hielten; sie könnten es auch genauso wie Plutarch gesehen

---

[216]Cicero De re publica VI 7; Proclus In rem publicam 2.105 f., 2.111, 2.113
[217]Plutarch Moralia – Non posse suaviter vivi secundum Epicurum 9 f.

haben. Hinzu kommt, dass die Atlantisgeschichte von Platon nicht als *mythos* präsentiert wird, und dass sie auch nicht Himmel und Jenseits behandelt, sondern das Diesseits. Wir können deshalb zur Meinung von Kolotes und der Epikureer keine Aussage machen.

Dionysios Skytobrachion (3. Jhdt. v.Chr.)

Dionysios Skytobrachion ist der Autor von mythologischen Werken, in denen er die überlieferten griechischen Sagen nach seinem Verständnis neu ordnete und verknüpfte, und sie teils entmythologisierte, teils neu deutete, u.a. auch im Sinne des Euhemeros. Dabei entstanden waghalsige Assoziationen und leichtfertige Analogien, die an das Vorgehen moderner Pseudowissenschaftler erinnern.

In einem seiner Werke befasste sich Dionysios Skytobrachion auch mit den Mythen rund um die Region Libyen. Darin verarbeitete er Mythen über die Amazonen und über sogenannte *Atlantioi*. Dieses Werk ist zwar verloren, doch ist es uns in Teilen bei Diodorus Siculus überliefert. In der Atlantisliteratur wird deshalb häufig Diodorus Siculus als Autor angegeben, obwohl er nur der Überlieferer ist.

Der Bezug zu Atlantis wird von vielen Atlantisbefürwortern und Atlantisskeptikern in einer seltsamen Geschichte von den Amazonen, den Gorgonen und den *Atlantioi* in Libyen gesehen, deren Inhalt wir knapp zusammenfassen wollen[218]:

Die Amazonen sollen von alters her in den westlichen Teilen von Libyen gelebt haben, an der äußersten Grenze der Erde, und nur spät auch am Schwarzen Meer gesiedelt haben, von wo man sie aus den Sagen um den Trojanischen Krieg her kennt. Im Volk der Amazonen waren die Rollen von Mann und Frau vollkommen gegeneinander vertauscht. Die Amazonen wohnten auf einer Insel namens Hespera im See Tritonis, der ganz nahe am äußeren Ozean und beim Atlas-Gebirge lag. Diese Insel sei „groß" und fruchtbar. Die Amazonen betrieben Viehzucht, aber keinen Ackerbau.

Zuerst unterwarfen die Amazonen sich die Städte auf der Insel Hespera, dann weitere libysche Nachbarvölker. Dann gründeten sie auf der Insel Hespera eine eigene Stadt namens Chersonesos (d.h. Halbinsel). Die Amazonen sollen den Drang verspürt haben, sich die ganze Welt zu unterwerfen.

Ihr nächstes Angriffsziel waren die *Atlantioi*, ein sehr gesittetes Volk mit großen Städten und fruchtbarem Land. Gegen sie zog die Amazonenkönigin Myrina mit 30'000 Soldaten und 3000 Reitern. Die Bewohner der Stadt Kerne der *Atlantioi* wurden grausam niedergemetzelt, woraufhin sich die anderen Städte der *Atlantioi* kampflos ergaben. Anstelle des zerstörten Kerne baute Myrina eine neue Stadt, die sie nach sich selbst benannte.

---

[218] Diodorus Siculus III 52-61

Auf Bitten der nun verbündeten *Atlantioi* griffen die Amazonen die Gorgonen an, die sich den *Atlantioi* gegenüber aggressiv gezeigt hatten. Eine Schlacht wurde gewonnen, doch es gelang nicht, das Volk der Gorgonen völlig auszurotten, weil sie sich in die Wälder geflüchtet hatten. Den kriegsgefangenen Gorgonen-Frauen gelang es, viele Amazonen in deren Siegesrausch zu töten.

Später wurden die Gorgonen von Perseus besiegt, als ihre Königin Medusa hieß. Noch später wurden sowohl die Gorgonen als auch die Amazonen von Herakles völlig vernichtet. Der See Tritonis soll aber infolge eines Erdbebens verschwunden sein, indem die an den Ozean stoßenden Ufer des Sees auseinandergerissen wurden.

Von der Amazonenkönigin Myrina wird noch berichtet, dass sie sich mit dem ägyptischen Herrscher Horos verbündete und Syrien eroberte. Dann führte sie Krieg gegen die Völker des Taurosgebirges und zog durch Großphrygien bis zum Meer hinunter, wo sie den Fluss Kaikos zur Grenze ihres Kriegszuges machte. Sie gründete Städte und Heiligtümer, u.a. auf der Insel Lesbos und Samothrake. Als die Amazonen von dem Thraker Mopsos besiegt wurden und Myrina getötet worden war, seien die Amazonen wieder nach Libyen zurückgekehrt.

Von den *Atlantioi*, die am Ozean wohnen, heißt es, dass sie sehr fromm und freundlich gegen Fremde waren, und dass die Götter bei ihnen geboren wurden. Ihr erster König trug den Namen Uranos, und versammelte sie in Städten, gab ihnen Gesetze und lehrte sie den Ackerbau. Uranos eroberte große Teile der Erde und war in der Astronomie gelehrt. Nach seinem Tod begann die ungebildete Menge seine Verehrung als Gott. Die Verwandten und Nachkommen des Uranos seien ebenfalls vergöttlichte Menschen: Gäa, Helios, usw.

Nach dem Tod des Uranos wurde die Herrschaft unter seinen Söhnen Atlas und Kronos aufgeteilt: Atlas bekam das Land am Ozean, weshalb der dortige Berg und die Einwohner nach ihm Atlasgebirge bzw. *Atlantioi* heißen. Atlas sei ebenfalls ein gelehrter Astronom gewesen und entdeckte die Kugelgestalt der Erde. Davon leitet sich die Sage ab, dass Atlas das Weltall auf seinen Schultern trage. Atlas hatte auch sieben Töchter, die Atlantiden, die zu Urmüttern des größten Teils der Menschheit wurden.

Kronos herrschte über die westlichen Teile der Welt, u.a. über Libyen, Italien und Sizilien, und war ein ungerechter Herrscher, der später von seinem Sohn Zeus abgelöst wurde. Das sei im Wesentlichen die Götterlehre der *Atlantioi*.

Wir sehen zunächst klar die euhemeristische Absicht: Mythische Völker, Götter und Helden werden als normale Menschen dargestellt, deren Taten später zu Mythen verklärt werden. Der ganze Kriegszug der Amazonenkönigin Myrina über Syrien bis zu den griechischen Inseln scheint nur deshalb inszeniert zu werden, um bekannte Mythen mit einem profanen Hintergrund versehen zu können.

Traditionell werden mehrere Quellen für diese Darstellung vermutet, aus denen Dionysios Skytobrachion seine Mythen-Melange erstellte: Herodot lieferte mit seinem

Libyen-Logos die Grundlage. Dort ist von *Atlantes* die Rede, die bei einem Atlas-Gebirge wohnen. Die Sage von Gorgo Medusa und Perseus gehört ebenfalls hierher wie die Überlieferungen über die sagenhaften Amazonen. Doch auch Platons Atlantis und Theopomps Meropis, das angeblich wiederum von Platons Atlantis inspiriert sein soll, standen angeblich Pate[219].

Das wird zunächst an dem Namen der *Atlantioi* festgemacht, die zudem direkt am Ozean leben sollen. Eigenschaften von Atlantis will man aber vor allem bei den Amazonen wiedererkannt haben: Sie leben auf einer Insel am Ozean, erobern die Welt um sie herum, und werden am Ende besiegt und ihre Insel verschwindet. Von Meropis sollen die *Atlantioi* das sanftmütige Wesen der Bewohner der Stadt Eusebes, die Amazonen jedoch das kriegerische Wesen der Bewohner der Stadt Machimos geerbt haben.

Doch geht diese Rechnung nicht auf. Ein zentrales Problem besteht darin, dass Euhemeristen wie Dionysios Skytobrachion die alten Mythen nicht völlig willkürlich in ihrem Sinne umschrieben. Der originale Text des Dionysios Skytobrachion dürfte eben kein „Roman"[220] gewesen sein. Vielmehr gingen die Euhemeristen nach einem bestimmten Muster vor, demzufolge sie die Mythen völlig wörtlich nahmen und realistische Hintergründen in ihnen zu erblicken suchten. Wenn man dieses Verfahren bedenkt, kann man z.B. der Auffassung nur noch schwer folgen, dass Dionysios Skytobrachion hier Eigenschaften von Atlantis auf die Amazonen übertrug[221]. Auch sind Ortsverlagerungen nur schwer zu akzeptieren. Die Insel Atlantis soll nun einmal im Atlantik, und Meropis soll jenseits des Ozeans gelegen haben. Gerade ein Gott wie Poseidon als Stammvater von Atlantis wäre von einem Euhemeristen niemals zu einem Uranos umgeschrieben worden.

Hinzu kommt, dass sich die Übereinstimmungen wie so oft, wenn man näher hinsieht, verflüchtigen: Die Insel der Amazonen lag nicht im Meer, sondern in einem See am Meer. Am Anfang waren die Amazonen gar nicht Herr ihrer eigenen Insel, sondern mussten diese zunächst erobern. Wenn diese Insel von Platons Atlantis inspiriert worden wäre, wo ist dann der Hügel der Kleito, wo die Dreifachringstruktur, wo die rechteckige Ebene, wo die zehn Zwillingskönige, wo der Bundeskult? Auch vom Gedanken eines Idealstaates, der für die eine der beiden Städte in der Atlantisgeschichte zentral ist, ist nichts zu sehen. Hier hat sogar die Insel Panchaia des Euhemeros etwas mehr Vergleichspunkte zu bieten, aber bereits dort mussten wir die Kargheit und Oberflächlichkeit der Vergleichspunkte als nicht hinreichend einstufen. Bei Platon findet man auch nichts darüber, dass Atlas ein Astronom gewesen sei, und auch die Heeresstärken der Amazonen sind mit denen von Atlantis nicht zu vergleichen. Die Amazonen griffen auch die Ägypter nicht an, wie es Platons Atlanter taten, sondern verbündeten sich mit ihnen. Der Sieg des Thrakers Mopsos gegen die

---

[219] Vgl. Nesselrath (2001b)
[220] Nesselrath (2001b) S. 34, 38
[221] Nesselrath (2001b) S. 36

Amazonen führt lediglich zu deren Rückkehr nach Libyen, wo sie weiter über alle anderen libyschen Völker herrschen. Vernichtet werden die Amazonen erst später durch Herakles, zusammen mit den Gorgonen. Ausgerechnet von den Atlantioi jedoch wird von keiner Vernichtung berichtet. Schließlich geht die Insel der Amazonen auch nicht unter: Vielmehr verschwindet der See um die Insel herum, was nun einmal nicht dasselbe ist.

Was die Vergleichspunkte zu Theopomps Meropis anbelangt, so sind diese ebenfalls bei weitem nicht hinreichend: Bei der Insel Atlantis könnte man noch diskutieren, ob diese vielleicht euhemeristisch entmythologisierend an die Westküste Afrikas verlegt wurde, aber bei Theopomps Meropis ist klar: Dieses Land lag ganz wo anders. Theopomp berichtet auch nicht davon, dass die kriegerische Stadt Machimos die friedliebende Stadt Eusebes angegriffen hätte. Diese beiden Städte repräsentieren bei Theopomp vielmehr Allegorien, die sich nicht berühren. Machimos erobert andere Städte, doch von Eusebes ist nicht die Rede. Es fehlen auch die zahlreichen Wunderlichkeiten aus der Erzählung des Theopomp: Dass die Bewohner von Machimos bereits in Waffen geboren werden, wie das übrigens im Täuschungsmythos aus Platons Politeia der Fall ist, nicht jedoch in Platons Atlantisgeschichte. Oder dass die Bewohner von Eusebes weder krank noch hungrig werden und ihnen die Feldfrüchte wachsen, ohne dass sie Ackerbau treiben müssen. Es fehlen auch die beiden Flüsse „Freudenfluss" und „Trauerfluss", sowie die dritte Stadt von Meropis, die Anostos heißt. Schließlich fehlt der satirische Ausgang des Kriegszuges der Stadt Machimos nach Europa hinüber, der ein wesentliches Element von Theopomps Meropis ist. Abgesehen davon, dass Theopomps Meropis mit Platons Atlantis ohnehin nichts zu tun hat.

Alles in allem können wir sagen, dass die Übereinstimmungen nur höchst oberflächlich sind, dass ganz wesentliche Gesichtspunkte der vermeintlichen Vorlagen Atlantis und Meropis völlig fehlen, und dass die Anwendung des Euhemerismus auf diese Vorlagen nicht zu dieser Geschichte geführt hätte. Wir können Platons Atlantisdialoge und Theopomps Meropis mit hinreichender Sicherheit als Vorlagen für die libyschen Geschichten des Dionysios Skytobrachion ausschließen.

Es ist angebracht, nach anderen Vorlagen Ausschau zu halten. Hier wird man insbesondere auch bei Herodot fündig, der ja nicht nur über das Volk der *Atlantes*, sondern auch über den Tritonsee und die dortigen Völker, Bräuche und Mythen einiges geschrieben hat, ebenso wie über Amazonen. So berichtet Herodot u.a. über den libyschen Stamm der Zauekes, bei denen die Frauen mit in den Krieg ziehen und die Streitwagen lenken sollen[222]. Ein Euhemerist hätte diesen Satz ohne Umschweife zum Anlass genommen, die Amazonen auch in Libyen zu vermuten, und das ist tatsächlich das, was hier offenbar geschehen ist! Hinzu kommt, dass Herodot glaubt, dass die Athener die waffentragende weibliche Gottheit Athene von den Völkern um

---

[222] Herodot IV 193

den libyschen Tritonis-See übernommen hätten²²³; selbst Platon deutet die waffentragende Athene euhemeristisch so, als hätten früher auch Frauen Waffen getragen²²⁴.

Dass die *Atlantioi* am Ozean gesehen werden, dürfte ebenfalls euhemeristisch motiviert sein: Bei der Euhemerisierung der Genealogie der Götter musste Dionysios Skytobrachion naturgemäß am Ozean beginnen, denn seiner eigenen, explizit kundgetanen Auffassung nach lehrte die griechischen Mythologie, dass die Götter am oder aus dem Ozean geboren wurden. Deshalb wohl suchte er sich ein libysches Volk aus, das seiner Meinung nach an den Atlantik grenzte. Bei Herodot sind die *Atlantes* zwar nicht ganz das westlichste Volk, aber da Herodot unter dem Atlas-Gebirge einen anderen Berg verstand als spätere Autoren²²⁵, liegen die *Atlantes* für spätere Autoren dort, wo sie das Atlas-Gebirge sahen, und das ist am Meer. Vermutlich wählte Dionysios Skytobrachion die *Atlantes* auch wegen der Namensähnlichkeit zum Atlantischem Meer aus, was ganz in sein euhemeristisches Konzept passte. Warum er die *Atlantes* des Herodot dann *Atlantioi* nannte, bleibt unklar, und dürfte am Sprachgefühl seiner Zeit liegen. Aber auch weitere, unbekannte Quellen sind denkbar, die es noch zu erschließen gilt.

Die vorschnelle Festlegung auf unpassende Vorlagen trägt das Risiko in sich, das man die antike Geistesgeschichte des Euhemerismus falsch rekonstruiert. Ursprünglich wollte die Wissenschaft sogar hauptsächlich Platons Atlantis als Inspirationsquelle sehen: „D[ionysios] variiert eigentlich nur Einzelheiten und gestaltet das Bild durch Hereinziehung der Amazonen, Gorgonen, der Theogonie usf. wesentlich bunter" schrieb Felix Jacoby in seinem Kommentar zu den Fragmenten der Griechischen Historiker²²⁶. Heute glaubt die Wissenschaft, dass Platons Atlantis nur noch eine von mehreren Quellen der Inspiration ist. Wir müssen uns an den Gedanken gewöhnen, dass Platons Atlantis überhaupt keine Quelle der Inspiration für dieses Stück von Dionysios Skytobrachion ist.

Dionysios Skytobrachion – Atlas als Astronom / Atlantiden

In dem bei Diodorus Siculus überlieferten Stück aus den Werken des Dionysios Skytobrachion lesen wir auch, dass der Titan Atlas – entgegen der traditionellen griechischen Mythologie – in der astronomischen Wissenschaft gelehrt war. Hintergrund dafür ist natürlich klar erkennbar wiederum eine Euhemerisierung des Titan Atlas, dessen Tragen der Himmelskugel auf diese Weise rationalisiert wird. Der Titan Atlas darf natürlich nicht mit dem König Atlas von Atlantis verwechselt werden.

Ebenso begegnen uns sieben Töchter des Atlas, die Atlantiden, von denen wir bereits bei Hellanikos von Lesbos gesehen haben, dass sie nichts mit Platons Atlantis

---
²²³Herodot IV 188 f.
²²⁴Kritias 110b
²²⁵Vgl. Franke (2006/2016) S. 119-121
²²⁶Zitiert nach Nesselrath (2001b) S. 36 Fußnote 9; Rechtschreibung angepasst

zu tun haben. Atlantisbefürworter und Atlantisskeptiker mögen hier Analogien sehen, doch es gibt sie nicht.

Manetho von Sebennytos (um 280 v.Chr.)

Manetho war Priester in Sebennytos zur Zeit des hellenistischen Ägyptens und Verfasser einer ägyptischen Königsliste in griechischer Sprache. Der originale Text von Manetho ist verloren gegangen. Wir haben nur verzerrte Überlieferungen von christlichen Autoren, die mit Zitaten von Manetho Aussagen zur biblischen Sintflut beweisen wollten.

Für das Alter Ägyptens finden sich bei Manetho hohe Jahreszahlen, ähnlich wie bei den griechischen Geschichtsschreibern und in Platons Atlantisgeschichte. Diese Angaben Manethos zum Alter Ägyptens werden von Pseudowissenschaftlern systematisch fehlinterpretiert. Hinzu kommt ein mangelndes Verständnis von pseudowissenschaftlichen Autoren dafür, dass die erhaltenen Fragmente durch die Absicht der christlichen Überlieferer verzerrt und durch Zufügungen ergänzt worden sein könnten. Manche pseudowissenschaftliche Autoren wissen nicht einmal, dass der Urtext von Manetho in Griechisch verfasst wurde, und nicht in ägyptischer Sprache – oder gar in ägyptischen Hieroglyphen.

Im überlieferten Text finden sich wie bei Diodor Spekulationen darüber, ob die hohen Jahreszahlen vielleicht dadurch zustande gekommen sein könnten, dass statt mit Sonnenjahren mit Mondmonaten gerechnet wurde[227]. Diese Überlegung geistert durch die gesamte Atlantisliteratur. Da die Ägypter die Chronologie ihrer Pharaonen jedoch konsequent auf das Sonnenjahr stützten, hat dieser Lösungsvorschlag wenig für sich.

Wie bei den anderen ägyptischen Königslisten, so gibt es auch bei Manetho keine zehn Gottkönige, abgesehen davon, dass die Könige von Atlantis weder Gottkönige noch ägyptische Könige waren, und dass sie nacheinander statt gleichzeitig regierten.

In einer Aussage einer pseudo-manethonischen Schrift[228], die also noch nicht einmal von Manetho selbst stammen dürfte, haben Pseudowissenschaftler einen direkten Hinweis auf Atlantis erkennen wollen: Dort heißt es sinngemäß, dass die Ägypter erst Aeritae, dann Mestraei, und dann erst Ägypter genannt worden wären. Manche schreiben im Englischen „Auriteans" statt „Aeritae". Die Bezeichnung „Aeritae" hat offenbar die Phantasie mancher Autoren dazu angeregt, eine Analogie zu „Atlantern" zu ziehen, vielleicht auch wegen der leichten Austauschbarkeit der Liquida /l/ und /r/. Um die Analogie noch etwas überzeugender zu machen, wurde die Bezeichnung „Aeritae" mit den „Aletae" gleichgesetzt, die einige Jahrhunderte später bei Sanchuniathon bzw. dessen Überlieferer Philon von Byblos erwähnt werden. Bei Sanchuniathon geht es um Generationenfolgen im Zusammenhang mit der phönizischen Mythologie, die über Namen wie „Agrus", „Agrouerus" und „Agrotes" zum

---

[227]Manetho Aegyptiaca S. 4 f., 12-15; Übersetzung von Waddell bei Loeb
[228]Manetho Appendix III „The Old Chronicle", S. 227; Übersetzung von Waddell bei Loeb

Namen der „Aletae" führen, die wiederum mit den Titanen in Zusammenhang gebracht werden. Wer sich leicht damit tut, alte Texte oberflächlich zu interpretieren und Namen willkürlich zu analogisieren, der wird leicht von „Aeritae" über „Agrotes" und „Aletae" zu den „Atlantern" kommen.

Es ist immer schwer zu sagen, wer einen Unsinn zuerst aufgebracht hat, aber möglicherweise geht das alles auf Helena P. Blavatsky zurück: „Sanchuniathon makes the Aletae or Titans (the Kabirim) contemporary with Agruerus, the great Phoenician God ..."[229]. Im Internet kursieren zudem weit verbreitete Fehlschreibungen der „Aeritae" und „Aletae".

Apollonios von Rhodos (295-215 v.Chr.)

Apollonios von Rhodos leitete zu seiner Zeit die berühmte Bibliothek von Alexandria. Sein Hauptwerk *Argonautica* ist eine epische Fassung der traditionellen Argonautensage, die wir in einer anderen Fassung bereits von Pseudo-Apollodor her kennen. Bei gewissen Autoren weckte der Gedanke an die Bibliothek von Alexandria die Phantasie und ließ ungeahntes Wissen vermuten. In der *Argonautica* des Apollonios wird meistens in den folgenden zwei Dingen irrigerweise ein Bezug zu Atlantis gesehen:

Im ersten Gesang ist von der Atlantide Elektra die Rede, also einer Tochter des Atlas, und ihrer Insel. Diese Kombination von Insel und „Atlantide" hat viele irrigerweise an Platons Atlantis denken lassen. Die Stelle lautet:

> „Dann als der Abend erschien, so landeten sie an der Insel
> Dir, Elektra, geweiht, des Atlas Tochter [*Elektres Atlantidos*]; denn Orpheus
> Riet es: damit in traulicher Weihe geheimer Gesetze
> Kundig, der Rettung gewiss sie beführen die schaurige Meerflut."[230]

Gemeint ist die Insel Samothrake, wo der Kult der Kabiren den Seefahrern Schutz versprach. Ein Bezug zu Atlantis ist nicht gegeben.

Die zweite Stelle betrifft das Abenteuer, das die Argonauten rund um den See Tritonis in Libyen erleben[231]. Hier gibt es oberflächliche Analogien zu Atlantis in Form von seichtem Wasser, das nur an einer Stelle einen engen Durchlass in den See Tritonis hinein ermöglicht, sowie die Insel im Tritonis-See. Doch außer oberflächlichen Ähnlichkeiten ist kein Bezug zu Atlantis erkennbar.

Euklid von Alexandria (3. Jhdt. v.Chr.)

Der berühmte Mathematiker Euklid lebte im 3. Jahrhundert v.Chr. vermutlich in Alexandria, wo er an der berühmten Bibliothek forschte und lehrte. Im Jahr 1790 legte

---
[229] Vgl. Blavatsky (1893) part 3 S. 150
[230] Apollonios von Rhodos Argonautica I 917; Übersetzung Christian Nathanael Osiander 1837
[231] Apollonios von Rhodos Argonautica IV 1228-1622

ihm der französische Autor Jean-Jacques Barthélemy in einem fiktionalen Dialog eine Bestätigung der Existenz von Platons Atlantis in den Mund[232].

Im Jahr 1833 übernahm der pseudowissenschaftliche Autor Josiah Priest diese fiktionale Behauptung als wahre Darstellung in die zweite Auflage seines Werkes *American Antiquities*[233]. Von dort wiederum übernahm 1848 Egbert Guernsey diesen Irrtum in das weitverbreitete Schulbuch *History of the United States of America*[234].

Es ist also kein Wort des Euklid über Platons Atlantis überliefert.

Sanchuniathon von Berytos (3. - 1. Jhdt. v.Chr.)

Sanchuniathon von Berytos, heute Beirut, war angeblich ein Autor von phönizischen Texten über die phönizische Kultur. Seine Werke wurden später von Philon von Byblos (ca. 64-141 n.Chr.) für eine griechische Darstellung der phönizischen Kultur ausgewertet. Beide Werke sind verloren, doch hat vor allem der Kirchenvater Eusebius von Caesarea (ca. 260-340 n.Chr.) Auszüge aus dem Werk des Philon von Byblos überliefert[235].

Möglicherweise ist Sanchuniathon, auch Sancuniates geschrieben, nur eine literarische Fiktion des Philon von Byblos, doch aufgrund von Übereinstimmungen in der Überlieferung zwischen den Aussagen des Sanchuniathon und Keilschrifttafeln aus Ugarit neigt man wieder mehr der Auffassung zu, dass Sanchuniathon doch eine reale Person war, die irgendwann zwischen 300 v.Chr. und der Zeitenwende lebte.

Der geheimnisvoll klingende Name und das Geheimnis um das Wissen der „verlorenen" Zivilisation der Phönizier hat Sanchuniathon vermutlich zu einer gerne zitierten Quelle von esoterischen Atlantisbefürwortern gemacht. Hinzu kommt ein euhemeristischer Umgang mit Mythen und die Überblendung von phönizischen mit griechischen Mythen, einschließlich der mythischen Person des Titanen Atlas. Doch allen Mutmaßungen zum Trotz berichtet Sanchuniathon nichts von Atlantis.

Unter der euhemeristischen Perspektive ist auch der folgende Satz von Helena P. Blavatsky zu verstehen:

> „Sanchuniathon makes the Aletae or Titans (the Kabirim) contemporary with Agruerus, the great Phoenician God ..."[236].

---

[232] Barthélemy (1790) Chap. LXIV S. 60 (frz.) / S. 333 (engl.)
[233] Priest (1833) 1. Auflage S. 78-80, 2. Auflage S. 82, 312; vgl. auch Jason Colavito, Josiah Priest vs. Constantine Rafinesque: An Early Fringe History vs. Science Feud, jasoncolavito.com/blog 30.03.2018
[234] Guernsey (1848) S. 39 f.; vgl. auch Jason Colavito, When the Textbooks Spoke of a Lost Race of Mound Builders, jasoncolavito.com/blog 19.04.2018
[235] Eusebius von Caesarea Praeparatio evangelica 1.9.20-21; 10.9.12 ff.
[236] Blavatsky (1893) Vol. II S. 150, 376 f.

Blavatsky analogisiert hier „Aletae" bei Sanchuniathon mit „Aeritae" in den manethonischen Schriften, was natürlich unzulässig ist. Die „Aletae" wiederum werden kurzerhand mit den Atlantern analogisiert. Alles weitere dazu wurde bereits bei Manetho gesagt.

De mundo ad Alexandrum (vor 200 v.Chr.)

Die Schrift *De mundo* wurde fälschlich dem Aristoteles zugeschrieben und gehört deshalb zu den pseudo-aristotelischen Schriften. Während Aristoteles davon ausging, dass die Erdkugel eher klein ist, spricht *De mundo* von vielen Kontinenten im Weltmeer. Damit ist *De mundo* näher an Platons Phaidon-Mythos als an Aristoteles. In der „Kontinente-Stelle" heißt es:

> „Den bewohnten Teil nun der Erde ließ die gemeine Meinung in Inseln und Festländer zerteilt sein, unwissend, dass auch der ganze eine einzige Insel ist, von dem Meere, welches das Atlantische heißt, umflossen. Viele andere Länder aber lässt sich denken, dass diesem gegenüber in der Ferne liegen: die einen größer als dieses, die anderen kleiner; uns aber alle, außer diesem hier, unsichtbar. Wie nämlich die Inseln bei uns zu diesen Meeren sich verhalten: so das genannte Land zu dem Atlantischen Meere, und viele andere zu dem ganzen Meere. Denn auch diese sind große Inseln, von großen Gewässern umspült."[237]

Wie wir sehen, ist von existenten Ländern die Rede, nicht von untergegangenen Ländern. Die Stelle bietet keinen Bezug zu Platons Atlantisgeschichte, außer dass sie einen geographischen Rahmen aufspannt, der das gegenüberliegende Festland aus der Atlantisgeschichte bestätigen könnte. Aber das ist kein spezifischer Bestandteil der Atlantisgeschichte und findet sich u.a. auch in Platons Phaidon-Mythos[238].

Man beachte, dass es möglich wäre, dass sich Platon zum Abfassungszeitpunkt der Atlantisdialoge bereits der später von Aristoteles bekannten Meinung angenähert haben könnte, dass die Erdkugel nur relativ klein sei.

Eratosthenes von Kyrene (ca. 276/3-194 v.Chr.)

Der langjährige Leiter der Bibliothek von Alexandria Eratosthenes von Kyrene war einer der bedeutendsten Gelehrten des Hellenismus. Er korrespondierte u.a. mit Archimedes und gilt als Begründer der mathematisch-astronomischen Geographie nach Längen- und Breitengraden. Seine Bestimmung des Erdumfangs verfehlte den wirklichen Wert nur um 4%. Eratosthenes wirkte auch selbst als Dichter und kritisierte Homer scharf für dessen mythische Geographie in der Odyssee. Dichterische Texte hat-

---

[237] Pseudo-Aristoteles De mundo ad Alexandrum 3 392b; Übersetzung Christian Hermann Weisse 1829
[238] Phaidon 109b

ten für Eratosthenes eine unterhaltende und emotional-manipulative aber keine sachlich belehrende Funktion. Die geschichtliche Chronologie begann für Eratosthenes mit dem Trojanischen Krieg, während er die griechischen Überlieferungen über die davor liegenden Ereignisse für zu unsicher hielt.

Von den Werken des Eratosthenes sind uns nur Fragmente in den Werken anderer Autoren überliefert. Es gibt keine Aussage des Eratosthenes über Platons Atlantis, weder explizit noch implizit.

Nachdem die Zuschreibung der Autorschaft für die Erfindungsaussage in Strabon II 102 an Aristoteles von Thorwald C. Franke erschüttert worden war, schlug Heinz-Günther Nesselrath im Jahr 2017 Eratosthenes von Kyrene als möglichen Autor dieser Erfindungsaussage vor[239]. Bereits 1992 hatte James P. Romm die Auffassung geäußert, dass diese Erfindungsaussage stark an die Argumentation des Eratosthenes gegen die Odyssee des Homer erinnere[240]. Im Wesentlichen werden von Nesselrath die folgenden Argumente für diesen Vorschlag angeführt:

- Eratosthenes war sowohl geographisch als auch literarisch gebildet. Das schärfte sein Gespür sowohl für geographisch fiktive Angaben als auch für literarische Fiktionen.
- Eratosthenes betrachtete die Inhalte homerischer Dichtungen sehr kritisch, weil er ein Experte für Geographie und Chronologie war.
- Zur Dichtung vertrat Eratosthenes die Auffassung, dass es der Dichtung nicht um Belehrung und Sachlichkeit, sondern um Stimmungslenkung ginge.

Dieser Vorschlag verdeutlicht einmal mehr, dass die Festlegung der Urheberschaft der Erfindungsaussage in Strabon II 102 auf Aristoteles nunmehr der Vergangenheit angehört.

Es gibt Argumente für und wider diesen Vorschlag. Zunächst einige Argumente gegen die von Nesselrath vorgebrachten Gründe:

- Eratosthenes war ein Dichter zu einer Zeit, als der Roman noch nicht so weit entwickelt war, dass literarische Wahrheitsbeteuerungen und fingierte Überlieferungswege, die vom Leser als solche erkannt werden sollten, möglich waren. Eine Deutung von Platons Atlantisgeschichte in diesem Sinne war für Eratosthenes also nicht möglich.
- Die Kritik des Eratosthenes an Homer richtete sich vor allem auf die Odyssee. In der Odyssee kommen Fabelwesen sowie eine dichterisch-mythisch gestaltete Geographie vor, die durch Homer selbst in den sogenannten „Lügengeschichten" am Ende des Epos konterkariert wird. Man kann die Sachlichkeit und Konkretheit der Atlantisgeschichte nicht mit der Odyssee vergleichen.

---

[239] Nesselrath (2017) S. 22-24
[240] Romm (1992) S. 199

1.3 Antike Nichterwähnungen seit Platon

Eine Kritik des Eratosthenes an der Odyssee impliziert keinesfalls eine Kritik an Platons Atlantis.

- Zwar beschäftigte sich Eratosthenes mit chronologischen Fragen, aber die grundsätzliche Chronologie hinter Platons Atlantis, nämlich ein Alter Ägyptens in einer Größenordnung von 10000 Jahren, stellte er nicht infrage. Das begann erst in der römischen Kaiserzeit mit Kritik am *Annus Platonicus* und der Kritik der Christen. Also konnte Eratosthenes zumindest aus chronologischen Gründen keine Kritik an Platons Atlantis haben. Dass Eratosthenes die Geschichte vor dem Trojanischen Krieg für zu mythisch und unzuverlässig hielt, bezieht sich auf die griechische Tradition, nicht auf die ägyptische Tradition, der Atlantis zugeordnet wurde.

Argumente speziell gegen die Urheberschaft des Eratosthenes bezüglich der Erfindungsaussage in Strabon II 102:

- Der Autor der Erfindungsaussage in Strabon II 102 bleibt ungenannt. Wäre es eine bekannte Koryphäe wie Aristoteles oder Eratosthenes gewesen, hätte es sich Strabon kaum nehmen lassen, ihn namentlich zu nennen. Auch sonst wird Eratosthenes bei Strabon vielfach zustimmend und auch ablehnend erwähnt. Warum dann nicht hier?
- Warum griff sonst niemand dieses Wort auf, wenn es von einer solchen Autorität stammte, und sei es nur, um es zurückzuweisen?
- Auch andere Argumente, die gegen Aristoteles sprechen, übertragen sich analog auf Eratosthenes.

Es gibt aber auch Argumente, die *für* Eratosthenes als Atlantisskeptiker sprechen, allerdings unabhängig von der Frage, ob er der Urheber der Erfindungsaussage in Strabon II 102 ist:

- Eratosthenes' Konzept von Dichtung als bloßer Stimmungslenkung könnte ihn in der Tat dazu verleitet haben, Platons Atlantisgeschichte für unwahr zu halten, sollte er sie als Dichtung aufgefasst haben. Allerdings wäre dies eine mehrfache Fehldeutung aufgrund unplatonischer Konzeptionen.
- Eratosthenes kannte den Timaios-Kommentar des Krantor, folgte diesem jedoch nicht sklavisch sondern in freier Interpretation[241].
- Eratosthenes lebte und lehrte in Alexandria. Die ptolemäische Propaganda hielt Sais für älter als Athen, was Zweifel an Platons Darstellung mit sich brachte.
- Die Argumente, die Strabon und Poseidonios nicht völlig gewiss über Atlantis sein lassen, sind weder geographischer noch literarischer noch chronologischer Natur, sondern betreffen offenbar die *Geologie*. Also Zweifel am Vor-

---

[241]Geus (2002) S. 186

- Die Vorstellung, dass die Einfahrt in das Atlantische Meer durch Schlamm behindert wurde, scheint sich in der Antike hartnäckig gehalten zu haben. Zu Lebzeiten des Eratosthenes hielten die Karthager, denen man die Verbreitung des Irrglaubens vom Schlamm bei Gibraltar gemeinhin zuschreibt, das westliche Mittelmeer und insbesondere Gibraltar immer noch unter Verschluss. Für die Geographie im Nordwesten der Oikumene stützte sich Eratosthenes jedoch auf das Zeugnis des Pytheas, obwohl Pytheas zu dieser Zeit für wenig glaubwürdig gehalten wurde. Eratosthenes kritisierte zudem die Karthager für den Verschluss ihrer Interessenssphäre für Fremde. Dies könnte darauf hindeuten, dass Eratosthenes die Existenz des Schlamms vor Gibraltar hinterfragte, und damit auch Platons Atlantis.

Polybios (ca. 200-120 v.Chr.)

In den Römischen Historien des Polybios finden wir eine Stelle, die das zyklische Weltbild Platons aufgreift. Diese Stelle lautet:

> „Zwar hat Plato alles dieses, wie die Staaten von einer Form in die andere übergehen, am genauesten entwickelt, auch haben es einige andere Philosophen getan. Allein wenige verstehen ihre Untersuchungen, weil sie zu mannigfaltig und weitläufig sind. Daher will ich das Vornehmste derselben, so viel davon zu einer pragmatischen Geschichte gehört und jeder fassen kann, in der Kürze vorlegen. ...
> Was haben denn also Staatsverfassungen für einen Anfang gehabt, und woher behaupte ich, dass sie entstanden sind? Wenn entweder durch Überschwemmungen oder durch Pest oder Teuerung oder andere dergleichen Ursachen das menschliche Geschlecht fast zugrunde geht, wie es den Nachrichten nach schon geschehen ist und wahrscheinlicherweise noch oft geschehen wird; wenn zu gleicher Zeit alle Wissenschaften und Künste sich verlieren, und hierauf das menschliche Geschlecht aufs neue gleichsam aus dem übrig gebliebenen Samen nach und nach sich wieder erhebt: alsdann machen es die Menschen, wie die Tiere; sie fangen an, sich zu ihresgleichen in Haufen zu sammeln, weil sie für sich allein zu schwach wären ..."[242]

Damit befindet sich Polybios in einer Reihe mit Aristoteles, der ebenfalls an mehreren Stellen die Auffassung äußert, dass die menschliche Zivilisation an verschiedenen Orten von Zeit zu Zeit untergeht, um dann wieder zu entstehen. Wir haben jedoch nicht genügend Anhaltspunkte, um auf die Meinung des Polybios über Platons Atlantis zu schließen.

---

[242] Polybios Historiae VI 5; Übersetzung David Christoph Seybold 1783

Apollodoros von Athen (ca. 180-120 v.Chr.)

Der Grammatiker und Schriftsteller Apollodoros von Athen behandelte in seinen Werken zahlreiche Themen. In einem bei Strabon überlieferten Fragment aus seinem Werk über den Schiffskatalog in der Ilias des Homer zählt Apollodoros eine lange Reihe von Geschichten auf, die er für unglaubwürdige Wundergeschichten hält:

> „Jedoch dürfe man sich über den Homer nicht wundern; denn auch die noch Jüngeren als er wüssten vieles nicht und erzählten Wunderdinge (*teratologein*). So erwähne Hesiodus Halbhunde, Großhunde und fausthohe Zwerge, Alkman Schirmfüßler, Äschylus Hundsköpfige, Brustäugige, Einäugige und tausend andere [Fabelwesen]. Von diesen geht er zu den Geschichtsschreibern [*tous syngrapheas*, deshalb besser: Prosa-Schriftsteller] über, welche von dem Rhipäischen Gebirge und dem Berge Ogyium sprechen, sowie von der Behausung der Gorgonen und Hesperiden, vom meropischen Lande bei Theopompus, von der cimmerischen Stadt bei Hekatäus, von dem Lande Panchäa bei Euhemerus und von den Flusssteinen bei Aristoteles, welche [sich] aus Sand [bilden], aber durch Regengüsse aufgelöst werden; auch [erzählen] sie, in Libyen gebe es eine Stadt des Dionysus, die einem und demselben zweimal aufzufinden unmöglich sei."[243]

Wir sehen hier viele bekannten Topoi versammelt, darunter auch die Meropis des Theopompos und die Insel Panchaia des Euhemeros – doch Atlantis fehlt. Es liegt deshalb sehr nahe, dass die Insel Atlantis in den Augen des Apollodoros von Athen nicht in diese Reihe von unglaubwürdigen Wundergeschichten gehörte. Insbesondere scheint Apollodoros von Athen kein Anhänger der These gewesen zu sein, dass die Erzählungen von Meropis und Panchaia von Platons Atlantis inspiriert wurden. Wir dürfen Apollodoros von Athen mit einer guten Wahrscheinlichkeit zu den Befürwortern der Existenz von Atlantis zählen.

Man beachte, dass dem Apollodoros von Athen lange Zeit irrigerweise ein mythisches Werk zugeschrieben wurde, das heute unter dem Autorennamen Pseudo-Apollodoros geführt wird. Siehe dort.

Iambulos (um 100 v.Chr.?)

Das Werk des Iambulos ist uns nur in Fragmenten bei Diodorus Siculus überliefert[244]. Hinzu kommt eine Erwähnung am Anfang von Lukians *Wahren Geschichten*. Es ist unklar, wann Iambulos lebte, vermutlich aber nicht mehr als ein Jahrhundert vor Diodorus Siculus. Iambulos berichtet von sieben Sonneninseln am Äquator.

Der Inhalt der Geschichte des Iambulos ist ungefähr folgender: Iambulos war ein Händler, der in Arabien erst in Gefangenschaft von Räubern, dann von Äthiopen

---

[243] Strabon VII 299 bzw. 7.3.6; Übersetzung Albert Forbiger 1857
[244] Diodorus Siculus II 55-60

geriet. Von den Äthiopen wird er in ein Boot gesetzt, mit dem er vier Monate nach Süden fahren muss, um eine glückliche Insel zu erreichen. Falls er dort ankomme, bedeute das ein gutes Schicksal für die Äthiopen.

Die Insel soll kreisrund gewesen sein und einen Umfang von 5000 Stadien gehabt haben. Das sind ungefähr 888 km, womit der Durchmesser der Insel ca. 283 km betragen haben würde. Sie ist direkt am Äquator gelegen. Das Meer um die Insel sei süß, habe starke Strömungen und gewaltige Gezeiten. Dann heißt es, dass es im ganzen sogar sieben solcher Inseln gewesen seien, die alle den gleichen Abstand voneinander gehabt hätten.

Die Inselbewohner sollen alle den gleichen Körperbau gehabt haben. Alle seien nur vier Ellen hoch gewesen und hätten erstaunlich dehnbaren Knochen gehabt. Ihre Ohren verfügten über eine Ohrenklappe und ihre Zungen seien gespalten, so dass sie sich mit zwei Menschen gleichzeitig unterhalten konnten. Sie werden bis zu 150 Jahre alt. Wer zu alt wird oder krank wird, muss sich das Leben nehmen. Die Tiere der Insel sehen ganz anders aus als bei uns. Ein Tier mit Mündern vorne und hinten verfügt über die Fähigkeit, abgetrennte Gliedmaßen sofort wieder anwachsen zu lassen.

Eine kichererbsenartige Frucht wird zu Brot verarbeitet. Es gibt warme Quellen zum Baden und kalte Quellen mit süßem, heilkräftigem Wasser. Auch Fische, Früchte, Olivenöl, Wein oder Schlangenfleisch essen die Inselbewohner. An bestimmten Tagen dürfen nur bestimmte Speisen gegessen werden.

Die Inselbewohner leben in Familienverbänden zusammen, kennen aber die Ehe nicht. Frauen und Kinder sind allen gemeinsam, so dass Eintracht herrscht. Kinder, die eine Mutprobe nicht bestehen, werden ausgesetzt. In jedem Stamm regiert immer der Älteste. Unter den Inselbewohnern herrscht eine komplizierte Arbeitsteilung: Sie essen nicht gleichzeitig, so dass die einen die anderen bedienen; sie teilen die Aufgaben unter sich auf; die öffentlichen Ämter werden reihum ausgeübt.

Die Inselbewohner verfügen über eine eigene Schrift und pflegen die Wissenschaften, vor allem die Sternkunde. Die Luft, die Sonne und alles Himmlische gelten für sie als Götter. Vor allem aber die Sonne, der sie sich und ihre Inseln widmen. Sie vermeiden unmäßigen Genuss. Ihre Toten begraben sie bei Ebbe im Sand.

Nach sieben Jahren wurde Iambulos wieder in ein Boot gesetzt und von der Insel fortgeschickt, als hätte er ein Verbrechen begangen. Nach vier Monaten auf See – eine Richtung wird nicht angegeben – erreichte er Indien an einer sandigen und sumpfigen Küste. Von dort wurde er in die Stadt Pataliputra gebracht und gelangte wieder nach Griechenland.

Wie wir sehen, haben die sieben Sonneninseln des Iambulos mit Atlantis nichts zu tun. Vage Anklänge könnte man vielleicht in den warmen und kalten Quellen erblicken, oder in der Rundheit der Insel, aber das genügt bei weitem nicht, um als Anspielung zu gelten. Die Gemeinsamkeit der Frauen und Kinder erinnert an Platons Politeia und damit auch an Ur-Athen, aber auch das allein vermag keine echte Anspielung zu konstituieren. Zu groß sind die Unterschiede. Zu viele Eigenschaften aus der Atlantisgeschichte fehlen. Zu viele Eigenschaften von Iambulos fehlen bei Platon. Und die wenigen, vereinzelten Eigenschaften, die übereinzustimmen scheinen, versprühen nicht die Kraft einer Anspielung.

Es gibt Vermutungen, dass der Bericht des Iambulos nicht völlig frei phantasiert ist, sondern ein verzerrter und dichterisch bearbeiteter Reisebericht von der Insel Ceylon den historischen Hintergrund bilden könnte. Lukian nennt am Anfang seiner *Wahren Geschichten* die Berichte des Iambulos eine Fiktion. Das ist teilweise sicher richtig. Aber wie auch immer: Einen Zusammenhang mit Platons Atlantis können wir an keiner Stelle erkennen.

Marcus Terentius Varro (1. Jhdt. v.Chr.)

Der römische Historiker Marcus Terentius Varro (116-27 v.Chr.) war mit Cicero befreundet und stand im Bürgerkrieg auf Seiten des Pompeius. Später wurde er von Augustus begnadigt. Sein Werk hatte großen Einfluss auf die Nachwelt. Auf Varro geht auch die Festlegung des sagenhaften Gründungsdatums Roms auf das Jahr 753 v.Chr. zurück. Dazu übertrug Varro seine Annahme, dass zwischen Tod und Wiedergeburt eine Periode von 440 Jahren vergeht, auf die Wiedergeburt des gefallenen Troja in der neu gegründeten Stadt Rom. Rein rechnerisch wäre Troja nach Varro damit also im Jahr 1193 v.Chr. untergegangen.

Laut der Überlieferung nach Censorinus[245] unterteilte Varro die Geschichte in drei Perioden: Zuerst eine „ungewisse" Periode, vom Anfang der Menschheit bis zur ersten, der ogygischen Flut. Die Periode wird „ungewiss" genannt, weil niemand etwas von ihr wisse, auch nicht, wie lang diese Periode war, oder ob sie überhaupt einen Anfang hatte. Dann folgt die „mythische" Periode bis zur ersten Olympiade, die 1600 Jahre umfasst haben soll. Die Periode wird „mythisch" genannt, weil es von ihr vor allem fabulöse Überlieferungen gäbe. Schließlich folgt die „historische" Periode, die von der ersten Olympiade bis zur Gegenwart dauert, und rund 400 Jahre gedauert haben soll.

In dieser Darstellung gibt es natürlich keinen Platz für eine Überlieferung von Ur-Athen und Atlantis. Denn diese Überlieferung würde das Schema der drei Perioden glatt durchbrechen. Es sieht nicht danach aus, als habe Varro neben der griechisch-römischen Überlieferung eine andere, ältere Überlieferung gelten lassen, wie dies Platon mit der ägyptischen Überlieferung tat.

Marcus Tullius Cicero (106-43 v.Chr.)

Marcus Tullius Cicero, der berühmte Philosoph, Politiker und Redner, hörte in Athen u.a. auch Vorlesungen des Poseidonios von Apameia. Von Poseidonios ist eine expli-

---

[245] Censorinus De die natali XVIII, XXI

zite Aussage überliefert, dass er der Auffassung zuneigte, Atlantis für real zu halten. Er lehnte sich in seinen geographischen Ansichten eng an Aristoteles an. Dennoch finden wir in den Werken Ciceros keinen Hinweis auf Platons Atlantis.

Vielleicht spielt Cicero in seinem Werk *Brutus* mit folgenden Worten auf Platons Timaios an:

> *Nescire autem quid ante quam natus sis acciderit, id est semper esse puerum. Quid enim est aetas hominis, nisi ea memoria rerum veterum cum superiorum aetate contexitur?*
>
> Nicht zu wissen, was geschah bevor Du geboren wurdest, bedeutet für immer ein Kind zu sein. Denn was ist die Lebenszeit des Menschen, wenn sie nicht durch diese Erinnerung an alte Dinge mit der Lebenszeit der Vorfahren verwoben wird?[246]

Hier klingen die Worte des ägyptischen Priesters in Platons Timaios an:

> O Solon, Solon, ihr Hellenen bleibt doch immer Kinder ... ... Ihr seid alle jung an Geiste, ... denn ihr tragt in ihm keine Anschauung, welche aus alter Überlieferung stammt.[247]

Die folgende Stelle in Ciceros *De re publica* könnte manche vermuten lassen, dass sie auf Platons Atlantisgeschichte anspielt:

> „Leichter aber werde ich erreichen, was ich mir vorgenommen habe, wenn ich Euch unser Gemeinwesen bei der Geburt, im Wachsen, in der Reife und schon in Festigkeit und Stärke zeige, als wenn ich mir irgendeines selbst ausdenke, wie Sokrates bei Platon."[248]

Auf den ersten Blick sieht es so aus, dass Cicero hier Platons Atlantis als eine Erfindung bezeichnet. Doch es ist nicht Platon oder Kritias, der hier als Erfinder bezeichnet wird, sondern es ist Sokrates! Und damit ist der Bezug dieser Stelle *nicht* Platons Atlantisgeschichte, sondern natürlich Platons Politeia: Denn hier ist es Sokrates, der einen Staat in Gedanken bzw. „in Worten" entwickelt[249]. An dieser Stelle wird einmal mehr deutlich, dass in der Antike das Bewusstsein hoch entwickelt war, dass die Politeia das Urbild eines ersonnenen Staates ist – nicht jedoch Ur-Athen oder Atlantis.

Matthew Fox glaubt in Ciceros *De re publica* klare Bezüge zu Platons Atlantisgeschichte im Timaios erkennen zu können[250]. Er argumentiert zum einen mit einer Analogie zu Sokrates, die jedoch fehlgeht, weil es keine Analogie zu Kritias als dem Vortragenden der Atlantisgeschichte ist. Zum anderen mit dem angeblich ironischen

---

[246] Cicero Brutus 120; Übersetzung Thorwald C. Franke
[247] Timaios 22b; Übersetzung Franz Susemihl
[248] Cicero De republica II 3
[249] Vgl. Politeia II 369a; VI 501e; IX 592a
[250] Fox (2007) S. 65

Lob des Laelius für Scipio, weil er angeblich durch Koinzidenz Theorie und Praxis zusammenbringt[251]. Doch obwohl es klar ist, dass Cicero Platons Atlantisgeschichte kannte, ist an dieser Stelle – Ironie hin, Koinzidenz her – kein hinreichender Bezug erkennbar.

Cicero ist auch der Autor einer lateinischen Teilübersetzung des Timaios, die auch im Mittelalter noch bekannt war. Doch diese beginnt erst ab Stelle 27d, so dass die Passagen zu Atlantis nicht enthalten sind. Das Ziel von Ciceros Übersetzung war nur Platons Kosmologie, nicht aber Platons Vorstellungen zur Vorgeschichte. Wir wissen nicht, was Cicero über Atlantis dachte.

Zu Ciceros *Somnium Scipionis* siehe bei Macrobius.

Diodorus Siculus (bis ca. 30 v.Chr.?)

Die *Bibliotheca historica* des Diodorus Siculus enthält gleich mehrere Stellen, die mit Platons Atlantis in Verbindung gebracht werden, doch in Wahrheit hat keine davon mit Atlantis zu tun. Entgegen allen anderslautenden Meinungen gibt es im Werk des Diodorus Siculus keinen direkten Bezug zu Platons Atlantis.

Diodorus Siculus – Überlieferer von Euhemeros

Wie wir bereits sahen, überliefert uns Diodorus Siculus auch einen wichtigen Teil des Werkes von Euhemeros von Messene, in dem auch von der Insel Panchaia die Rede ist. Es ist interessant zu sehen, wie Diodorus Siculus die Erzählung von Panchaia völlig ernst nahm und sie direkt auf die Beschreibung der griechischen Inseln folgen ließ. Daran und an vielen anderen Stellen seines Werkes kann man ablesen, dass Diodorus Siculus eine euhemeristische Einstellung zu Überlieferungen hatte, die alles auf reale Sachverhalte zurückführen wollte, auch wenn es solche realen Sachverhalte offensichtlich gar nicht gibt, weil die Überlieferung leicht erkennbar mythisch oder allegorisch ist.

Diodorus Siculus – Überlieferer von Iambulos

Wie wir oben sahen, ist auch die Geschichte des Iambulos über die sieben Sonneninseln nur bei Diodorus Siculus überliefert, das Originalwerk ist verloren.

Diodorus Siculus – Überlieferer von Dionysios Skytobrachion

Wir wir sahen, schrieb Dionysios Skytobrachion die traditionellen griechischen Mythen im Sinne einer oft euhemeristischen Entmythologisierung um. Dadurch entstanden

---

[251] Cicero De re publica II 21 f.

teils skurrile Kombinationen und Assoziationen von Mythen, wie wir sie auch von modernen Pseudowissenschaftlern her kennen. Viele haben darin irrigerweise Bezüge zu Platons Atlantis erkennen wollen. Als Quellenangabe wird dabei meistens nicht Dionysios Skytobrachion, sondern dessen Überlieferer Diodorus Siculus angegeben.

Wie oben gezeigt und besprochen, erzählt uns Dionysios Skytobrachion zum einen eine wunderliche Geschichte über Amazonen, Atlantioi und Gorgonen in Libyen. Zum anderen erfahren wir etwas über Atlas, der ein Astronom gewesen sein soll, und dessen Töchter, die Atlantiden.

Diodorus Siculus – Atlas als Astronom / Atlantiden

Neben den Passagen, die auf Dionysios Skytobrachion zurückgehen, finden wir bei Diodorus Siculus erstaunlicherweise noch eine zweite Stelle, die ebenfalls von Atlas als einem Astronomen und von dessen Töchtern, den Atlantiden, berichtet. Erstaunlich auch deshalb, weil beide Darstellungen derselben Sache in einigen Punkten von einander abweichen. Die Stelle lautet:

> „Wir dürfen hier nicht übergehen, was die Sage von Atlas und von der Herkunft der Hesperiden meldet. In dem Lande Hesperitis lebten zwei Brüder, welche sich berühmt machten, Hesperus und Atlas. Sie waren Besitzer vorzüglich schöner Schafherden von goldgelber Farbe, die daher von den Dichtern, bei welchen die Schafe Mela heißen, goldene Mela genannt werden. Hesperus hatte eine Tochter namens Hesperis, die er seinem Bruder zur Ehe gab, und von der das Land den Namen Hesperitis erhielt. Atlas zeugte mit derselben sieben Töchter. Sie hießen vom Vater her Atlantiden und der Mutter nach Hesperiden. Diese Atlantiden zeichneten sich durch Schönheit und Tugend aus. Daher wünschte Busiris, der König von Ägypten, sie in seine Gewalt zu bekommen. Er schickte Seeräuber aus ... ... Herkules traf sie bei einer Mahlzeit, die sie am Ufer hielten. Als ihm die Jungfrauen ihre Schicksal erzählten, tötete er die Räuber alle und brachte dem Atlas seine Töchter zurück. Zum Dank für den Dienst, den er ihm erwiesen, gab ihm Atlas willig nicht nur, was er zu der ihm angetragenen Arbeit nötig hatte, sondern teilte ihm auch seine Kenntnisse von den Gestirnen gerne mit. Er hatte es nämlich in der Sternkunde sehr weit gebracht und besaß eine künstliche Himmelskugel. Daher glaubte man von ihm, er trage die ganze Welt auf seinen Schultern. Ebenso großen Ruhm erwarb sich Herkules, indem er die Lehre, dass die Welt eine Kugel sei, unter den Griechen verbreitete. Denn dies ist es, was die Sage andeuten soll, er habe die von Atlas getragene Welt übernommen."[252]

Wir sehen hier mit Klarheit, was die wahre Motivation hinter dieser Passage ist: Es geht darum, die traditionellen Mythen zu entmythologisieren und euhemeristisch zu deuten. Zu diesem Zweck erfindet Diodorus Siculus bzw. die Quelle, aus der er hier schöpft, einen möglichen historischen Hintergrund zu den verschiedenen Mythen.

---
[252] Diodorus Siculus IV 27; Übersetzung Julius Friedrich Wurm 1831

Deshalb wird aus dem Titan Atlas ein gelehrter Astronom. Mit den überlieferten traditionellen griechischen Mythen hat das nichts mehr zu tun.

Gleichzeitig sehen wir hier auch noch eine in der Atlantisliteratur häufig zitierte Stelle, wo von „Töchtern des Atlas" die Rede ist. An einer späteren Stelle ist noch von Elektra als einer der Atlantiden die Rede[253]. Wir sahen bereits bei der Besprechung des Hellanikos von Lesbos, dass die Töchter des Atlas nicht das geringste mit Platons Atlantis zu tun haben.

Diodorus Siculus – Die „Karthagerinsel"

Wir lernten bereits die Passage des Timaios von Tauromenion, die uns in der pseudo-aristotelischen Schrift *De mirabilibus auscultationibus* überliefert wurde, über eine von den Karthagern entdeckte Insel im Atlantik kennen. Von dieser Insel gibt es auch bei Diodorus Siculus eine Überlieferung, sie lautet:

> „Nachdem wir die Inseln diesseits der Säulen des Herkules durchgegangen, kommen wir an die im [atlantischen] Ozean gelegenen. Libyen gegenüber liegt mitten im Meer eine Insel von bedeutendem Umfang. Man hat dahin von Libyen aus über den Ozean gegen Westen mehrere Tage zu fahren. Es ist ein fruchtbares Land, großenteils gebirgig, aber auch weithin eben. Die ebene Gegend ist sehr schön; da sie von schiffbaren Strömen durchschnitten ist, so kann sie bewässert werden, und es gibt daselbst viele Parke, mit allerlei Bäumen bepflanzt, und zahlreiche Gartenanlagen, durch welche süßes Wasser fließt. Man findet hier prachtvoll angelegte Meierhöfe, und in den Gärten sind Lusthäuser errichtet, in einen malerischen Anblick gewähren, und wo sich die Einwohner zur Sommerszeit aufhalten, da die Gegend zu so vielfachen Vergnügungen und Genüssen einladet. Das Gebirgsland hat dichte Wälder von weitem Umfang, auch allerlei fruchtbare Bäume, unter denen man Schatten findet, wenn man sich auf den Bergen aufhalten will, und viele Quellen. Überhaupt ist die Insel mit frischem, süßem Wasser reichlich versehen; was das Leben in dieser Gegend nicht nur äußerst angenehm macht, sondern auch zur Gesundheit und Stärkung des Körpers dient. Die Jagd ist bedeutend; Wildbret aller Art, von kleineren und größeren Tieren, wird im Überfluss verspeist. Es fehlt also an nichts, was man sich Köstliches wünschen mag. Denn auch Fische liefert das Meer, das die Insel umfließt, in Menge; denn der [atlantische] Ozean hat die Eigenschaft, dass er überall reich an Fischen aller Art ist. Überdies wächst hier, weil die Luft, die auf dieser Insel weht, äußerst mild ist, beinahe das ganze Jahr über sehr viel Obst und andere Sommerfrüchte. Man sollte glauben, es wäre ein Wohnsitz für göttliche Wesen, nicht für Menschen; so außerordentlich gesegnet ist dieses Land.
>
> In den früheren Zeiten kannte man es nicht, weil es von der ganzen bewohnten Welt abgelegen ist. Es wurde erst später aus folgender Veranlassung entdeckt. Die Phönizier, die von alten Zeiten her beständig Seehandel trieben, stifteten viele Kolonien in Libyen, manche auch in den westlichen Ländern von Europa. Da ihre Unternehmungen gut vonstatten gingen, so sammelten sie sich große Reichtümer, und nun wagten sie es, auch

---

[253] Diodorus Siculus V 48

das Meer jenseits der Säulen des Herkules zu befahren, das man den Ozean heißt. Zuerst erbauten sie gerade an der Meerenge, die zwischen den Säulen liegt, auf einer Halbinsel der europäischen Küste eine Stadt, welche sie Gadira [Cadiz] nannten. Hier errichteten sie unter anderen der Gegend angemessenen Denkmalen einen prächtigen Tempel des Herkules und ordneten kostbare Opfer an, nach phönizischer Sitte eingerichtet. Dieser Tempel stand schon im Anfang und auch in neueren Zeiten bis auf unsere Tage in großem Ansehen. Viele berühmte Männer unter den Römern, welche große Taten verrichteten, taten hier dem Gott ein Gelübde, das sie dann erfüllten, wenn die Unternehmung gelungen war. Die Phönizier nun, die aus dem angegebenen Grunde die Küste jenseits der Säulen untersuchten, wurden, während sie an Libyen hinab fuhren, durch heftige Stürme weit weg über den Ozean verschlagen, und viele Tage lang umgetrieben, bis sie an die vorhin erwähnte Insel geworfen wurden. Sie erforschten die Vorzüge und die ganze Beschaffenheit des Landes und machten das überall bekannt. Daher wollten die Tyrrhener, als sie zur See mächtig wurden, Ansiedler dahin schicken. Allein, die Karthager verhinderten es; denn sie fürchteten teils, es möchten viele Bürger von Karthago nach der glücklichen Insel auswandern, teils wollten sie sich für Unglücksfälle eine Zuflucht offen halten, wenn etwa Karthago ein vernichtender Schlag des Schicksals träfe. Sie hofften nämlich vermittelst ihrer Seemacht die gesamte Einwohnerschaft auf die den Siegern unbekannte Insel übersiedeln zu können."[254]

Wie wir sehen, gibt es keinen erkennbaren Bezug zu Atlantis. Es dürfte sich um einen blumig ausgeschmückten historischen Bericht handeln. Wer möchte, kann darüber spekulieren, ob die Karthager hier auf Südamerika gestoßen sind, doch wird diese Auffassung allgemein zugunsten von näher an Afrika liegenden Inseln verworfen.

Diodorus Siculus – Die Insel der Hyperboräer

Manche vermuten, dass sich Diodors Beschreibung der mythischen Insel der Hyperboräer[255] auf Atlantis bezieht: Dort soll es ein mildes Klima mit zwei Ernten im Jahr gegeben haben, außerdem mehrere Könige statt nur einem, und einen „runden" Tempel, den manche auf die Dreifachringstruktur von Atlantis beziehen.

Doch die „Rundheit" des Tempels bezieht sich nicht auf Wasserringe oder dergleichen, sondern auf das Tempelgebäude selbst, und ist im Sinne von kugelrund (*sphairoeides*) zu verstehen; gemeint ist vermutlich eine kuppelartige Form des Tempeldaches. Außerdem ist von den Königen einer einzigen Stadt die Rede, während in Platons Atlantis jeder König eine eigene Stadt regiert. Damit stimmen nur sehr wenige Aspekte auf eine nur vage Weise mit Platons Atlantis überein, während die Zahl der Unterschiede erdrückend ist. Abgesehen davon, dass es sich um eine explizit als mythisch bezeichnete Insel handelt.

---

[254]Diodorus Siculus V 19 f.; Übersetzung Julius Friedrich Wurm 1831
[255]Diodorus Siculus II 47

Timagenes von Alexandria (nach 55 v.Chr.)

Timagenes von Alexandria war ein griechischer Historiker und Rhetoriker, der im Jahr 55 v.Chr. als Gefangener nach Rom kam, wo er durch Gönner die Freiheit erlangte. Er schrieb mehrere Werke, darunter eine Universalgeschichte und eine Abhandlung über Gallien, die uns bei Ammianus Marcellinus überliefert ist.

Einige Atlantisbefürworter zitieren Timagenes nach Ammianus Marcellinus, dass die gallischen Druiden davon sprachen, dass das gallische Volk einst auch Zuwanderer von Inseln „jenseits" des Meeres aufgenommen hätte; daraus wird dann auf Atlantis geschlossen[256]. Doch diese Wiedergabe der Worte des Timagenes ist falsch. Im Original heißt es:

> *„Drasidae memorant re vera fuisse populi partem indigenam, sed alios quoque ab insulis extimis confluxisse et tractibus transrhenanis, crebritate bellorum et adluvione fervidi maris sedibus suis expulsos."*[257]

Die Wendung *ab insulis extimis* mit „jenseitigen" Inseln zu übersetzen ist falsch. Die Vokabel *extimus* bedeutet der/die/das „äußerste". Damit kommen die Zuwanderer von „äußersten" Inseln, jedoch nicht von „jenseitigen" Inseln.

Als ein weiteres Indiz wird angeführt, dass die Zuwanderer durch die Häufigkeit von Kriegen und durch ein Anbranden des wogenden Meeres von ihren Siedlungsplätzen vertrieben worden waren. Doch auch dies passt nicht wirklich zu Atlantis: Es ist von mehreren Kriegen statt von einem die Rede, und ein Anbranden (*adluvio*), also eine Überflutung durch das an die Küste brandende Meer – vielleicht im Sinne einer Sturmflut zu verstehen – ist etwas ganz anderes als der Untergang einer Insel.

Es bleibt anzumerken, dass viele Atlantisbefürworter den Namen Timagenes konsequent falsch als „Timagenus" schreiben.

Strabon von Amaseia (ca. 63 v.Chr. - 23 n.Chr.)

Strabon ist der Überlieferer der berühmten Aussage des Poseidonios über Platons Atlantis[258], die eine Schlüsselstellung für die Frage nach der antiken Atlantisrezeption einnimmt. Aber in seinem Werk *Geographica* beschreibt Strabon natürlich den ganzen Erdkreis und berührt viele Fragen, die manche irrig als direkten Bezug zu Atlantis gedeutet haben. Solche irrigen Bezüge werden allerdings nur selten hergestellt, vermutlich weil Strabon im Vergleich zu der blumigen Welt der Euhemeristen zu sachlich ist.

---

[256]Vgl. z.B. Markale (1987) S. 169; Teil 3 Kapitel 2: „jenseits": „au-delà"
[257]Timagenes bei Ammianus Marcellinus XV.9.4
[258]Strabon II 102 bzw. 2.3.6

Gleich zu Beginn seines Werkes diskutiert Strabon die Geographie des Homer mit dem Okeanos, den elysischen Gefilden und der Insel der Seligen[259]. Die Grenzen der Erde werden im zweiten Buch seiner Geographie genauer bestimmt[260], die Säulen des Herakles werden im dritten Buch diskutiert[261]. Gibraltar und Gades kommen ebenfalls im dritten Buch vor[262]. Erdbeben und Überschwemmungskatastrophen aller Art werden im ersten Buch zum Thema gemacht[263], der Untergang von Helike, in dem viele eine Inspiration für den Untergang von Atlantis sehen, findet sich im achten Buch[264].

Die bunte Welt der Euhemeristen wird bei Strabon komplett entrümpelt. In Libyen gibt es weder Atlanter noch Amazonen. Statt dessen ist von *Maurousioi* im äußersten Westen – später Mauretanien genannt – die Rede, daran grenzen als nächstes die *Masasylioi*. Im Hinterland des libyschen Westens wohnen die *Gaitouloi*, die als Vorfahren der heutigen Tuareg gelten.[265] Einen direkten Bezug zu Platons Atlantis gibt es bei all dem nicht.

Pomponius Mela (um 43/44 n.Chr.)

Ähnlich wie Strabon war Pomponius Mela ein Geograph. Er stammte aus Tingentera am Nordufer der Straße von Gibraltar, der antiken Säulen des Herakles. Seine Weltgeographie in drei Büchern wird *De chorographia* oder *Cosmographia* oder *De situ orbis* genannt.

Auch Pomponius Mela behandelt das Atlas-Gebirge und die Insel der Seligen[266], mit denen vermutlich die Kanaren gemeint sind. Nirgends findet sich ein Bezug auf Atlantis. Auch die *Atlantes* bzw. *Atlantioi* von Herodot und Diodor kommen nicht vor. Pomponius Mela behandelt nur die auch heute bekannte und anerkannte Geographie und kann deshalb nicht als Quelle für Atlantis angeführt werden.

Pomponius Mela war ein Vertreter der auch von anderen antiken Gelehrten vorgetragenen Theorie, dass es auf der Südhalbkugel eine ebenso große Landmasse wie auf der Nordhalbkugel geben muss, die entsprechend der Nordhalbkugel eine bewohnbare Zone aufweist. Deren Bewohner nannte er Antichthonen. Andere Autoren nannten sie Antipoden, d.h. „Gegenfüßler". Mit Atlantis hat das nichts zu tun.

---

[259] Strabon I 2-3 bzw. 1.1.3-5
[260] Strabon II 118-120 bzw. 2.5.13-16
[261] Strabon III 168-175 bzw. 3.5.3-10
[262] Strabon III 139 f. bzw. 3.1.7 und III 141 bzw. 3.2.1
[263] Strabon I 57-61 bzw. 1.3.16-20
[264] Strabon VIII 384 bzw. 8.7.2
[265] Strabon XVII 825 f., 829 bzw. 17.3.2/9
[266] Pomponius Mela De chorographia III 10

Lucius Annaeus Seneca (ca. 4 v.Chr. - 65 n.Chr.)

Seneca der Jüngere, der Erzieher Kaiser Neros, spricht an einer Stelle seines Dramas *Medea* von Ländern jenseits von Thule. Mit Thule ist eine Insel im hohen Norden gemeint, die in den Reisebeschreibungen des Pytheas von Massalia erstmals erwähnt wird, und als Symbol für das nördliche Ende der Welt gilt, ähnlich den Säulen des Herakles im Westen. Die Stelle lautet im Original und in Übersetzung:

> Venient annis saecula seris,
> Quibus Oceanus vincula rerum
> Laxet et ingens pateat tellus
> Tethysque novos detegat orbes
> Nec sit terris ultima Thule.
>
> Es wird in späteren Jahren ein Zeitalter kommen,
> wo der Ozean die Fesseln der Dinge
> lösen wird, und ein gewaltiges Land offenstehen wird,
> und wo Tethys neue Erdkreise enthüllen wird,
> so dass Thule nicht (mehr) das äußerste (Stück) Landes ist.[267]

Viele haben hier irrig eine Anspielung auf Länder jenseits des Meeres sehen wollen, deren Entdeckung in späteren Zeiten hier von Seneca angekündigt würde, also z.B. die Entdeckung von Amerika durch Kolumbus. Doch das ist nicht der Fall.

In diesen Zeilen handeln nicht Menschen als Entdecker, sondern es handelt der Ozean bzw. Tethys als Personifikation des Meeres. Gemeint ist, dass das Meer neues Land freigibt, dass das Meer also zurückweicht. Denn das Meer „fesselt" das Land, und das neue Land ist keines, was bereits über Wasser liegt, sondern solches Land, was vom Wasser freigegeben wird. Aber selbst wenn spätere Entdeckungen gemeint wären, wäre es kein Hinweis auf Atlantis. Denn Atlantis wurde zur Zeit Senecas allgemein als versunken angesehen, und andere Länder jenseits des Meeres bestätigen höchstens den Rahmen der Atlantisgeschichte, aber nicht die Existenz von Atlantis selbst.

Logischer als die Entdeckung von Ländern wäre damit die Vermutung, dass bei einem Zurückweichen des Meeres einstmals versunkenes Land wieder freigelegt wird, also z.B. das angeblich im Atlantik versunkene Atlantis. Aber davon sagt Seneca nichts, und deshalb ist dieser Bezug auch nicht da. Immerhin könnten die Verse Senecas der Ursprung der Idee von späteren Autoren sein, dass Atlantis eines Tages wieder aus den Fluten des Meeres „aufsteigt". Dieser Gedanke findet sich bis zum Ende des 19. Jahrhunderts interessanterweise fast ausschließlich bei literarischen

---

[267] L. Annaeus Seneca Medea II 375-379; Übersetzung Thorwald C. Franke

Verarbeitungen des Atlantisthemas, so dass dieser Gedanke in dem hier vorliegenden Buch praktisch keine Rolle spielt.

Tarrant weist darauf hin, dass Seneca in seinem Werk *Naturales quaestiones* zwar eine ganze Reihe der üblichen Erdbeben und Überflutungen aufzählt, von Platons Atlantis jedoch schweigt, und glaubt darin ein deutliches Zeichen dafür erkennen zu können, dass Seneca Atlantis nicht für real hielt[268]. Es ist um Grundsatz richtig, dass man hätte erwarten können, dass sich Seneca auch über Atlantis äußert, denn seine Ausführungen stützen sich u.a. auf Aristoteles, Theophrast und Poseidonios. Es wäre jedoch verfehlt, daraus den eindeutigen Schluss zu ziehen, Seneca hätte Atlantis für eine Erfindung gehalten. Vielmehr wird bei der Lektüre der *Naturales quaestiones* deutlich, dass Seneca seine Beispiele mit einer gewissen methodischen Strenge ausgewählt zu haben scheint, denn immer wieder beruft er sich auf unmittelbare Augenzeugen dieses oder jenes Geschehens. Ephoros wird dafür kritisiert, dass er ein Ereignis beschreibt, von dem kein anderer berichtet[269]. Das würde bedeuten, dass Seneca aus demselben Grund über Atlantis schweigt wie Aristoteles: Aus neutraler Ungewissheit. Eine Ungewissheit, die aber durchaus eine Neigung Richtung Existenz aufweisen könnte.

In offenen rhetorischen Fragen wird deutlich, dass Seneca sehr wohl um den Untergang weiterer Städte und Völker im Meer weiß, doch Atlantis wird nicht genannt. Vielleicht auch deshalb nicht, weil Platons Atlantisgeschichte einer Theorie Senecas zuwiderläuft? Seneca beschreibt nämlich eine Komplettüberflutung des gesamten Erdballs. Hier hätten Platons Ausführungen allerdings störend gewirkt, denen zufolge Ägypten jeweils von diesen Überflutungen ausgenommen gewesen war.[270]

Was Seneca angeht, so können wir nur sagen, dass wir nicht wissen, ob er Atlantis eher für real oder eher für erfunden hielt.

Statius Sebosus (ab 1. Jhdt. v.Chr.)

Statius Sebosus war ein römischer Geograph, dessen Schriften uns nur in Fragmenten in der *Naturalis historia* von Plinius d.Ä. überliefert sind. Die genauen Lebensdaten von Statius Sebosus sind unbekannt. Statius Sebosus lieferte eine Entfernungsangabe zu Inseln, die er „Hesperiden" nennt. Manche deuten das als Entfernung nach Amerika, d.h. bis zu den karibischen Inseln:

> „Jenseits der Gorgaden setzt man auch noch die beiden Inseln der Hesperiden an. Die Nachrichten über alle diese Dinge sind aber so unzuverlässig, dass Statius Sebosus die Fahrt von den Inseln der Gorgonen am Atlas vorüber bis zu den Inseln der Hesperiden

---

[268]Tarrant (2006) S. 81
[269]Vgl. z.B. Seneca Naturales Quaestiones IV 24, VII 16
[270]Seneca Naturales Quaestiones VI 32, III 28

auf vierzig Tagesreisen, den Weg von diesen bis zum Hesperischen Horne nur auf eine Tagesreise angibt."²⁷¹

Es handelt sich ganz offenkundig nicht um die Beschreibung einer Überfahrt über den Atlantik, sondern um eine Fahrtroute entlang der Küste Afrikas. Der Kontext lässt keinen anderen Schluss zu. Man beachte auch, dass „Hesperiden" hier nicht als Name von mythischen westlichen Inseln verwendet wird, sondern als Name konkreter Inseln. Davon scheint es mehrere an verschiedenen Orten zu geben.

Abgesehen davon ist zudem keine Aussage enthalten, die diese „Hesperiden" mit Atlantis identifiziert. Nur Pseudowissenschaftler ziehen den allzu kurzen Schluss von den Hesperiden auf Amerika, und von Amerika auf Atlantis.

Plinius der Ältere (23-79 n.Chr.)

Plinius äußert sich einerseits direkt zu Platons Atlantis, siehe bei den antiken Erwähnungen von Atlantis. Andererseits gibt es aber auch einige Stellen in seinem Werk, die irrtümlich mit Atlantis in Verbindung gebracht werden. So berichtet Plinius von einer Insel namens „Atlantis", die aber nichts mit Platons Insel Atlantis zu tun hat:

> „Auch soll noch eine andere Insel dem Atlasgebirge gegenüber liegen, und deshalb Atlantis heißen. Von ihr aus findet man fünf Schiffstagesreisen weit nur Einöden bis zu den Hesperischen Äthiopen und dem Vorgebirge, welches wir Hesperisches Horn genannt haben, von wo sich die Stirnseite des Landes zuerst nach Westen und das Atlantische Meer hin wendet."²⁷²

Wie wir sehen, heißt diese Insel hier wegen des Atlasgebirges Atlantis, es handelt sich also wieder um eine grammatikalische Form, die sich auf den Berg Atlas bzw. dessen Namensgeber, den Titan Atlas bezieht, aber nichts mit Platons Insel Atlantis zu tun hat. Der Kontext würde einen solchen Zusammenhang auch unmöglich machen, denn es geht um die Geographie Afrikas – und um eine keinesfalls untergegangene Insel, obwohl Plinius bei Platons Atlantis von einer untergegangenen Insel ausging. Ursache für den Irrtum ist offenbar, das Unwissen mancher Atlantisbefürworter um den grammatikalischen Zusammenhang von Atlas und Atlantis.

Eine andere Stelle erwähnt das Volk der *Atlantes* in Libyen, denen wir schon bei Herodot und Diodor begegnet sind. Warum diese *Atlantes* mit Platons Atlantis nichts zu tun haben, haben wir bereits dort ausführlich dargelegt:

> „Der Nigerfluss hat dieselben Eigenschaften wie der Nil: er bringt, gleich diesem, das Schilfrohr, die Papyrusstaude und dieselben Tiere hervor, und steigt zu denselben Zeiten. Er entspringt zwischen den Tareleischen und Oecalischen Äthiopiern. Der Letzteren Stadt Mavis setzen einige in die Wüste und neben dieses Volk die Atlanten

---

[271] Plinius d.Ä. Naturalis Historia VI 36, 4 bzw. VI 200 f.; Übersetzung Philipp H. Külb 1840
[272] Plinius d.Ä. Naturalis Historia VI 36 bzw. VI 199; Übersetzung Philipp H. Külb 1840

[*Atlantes*], ... Die Atlanten sind, wenn wir den Nachrichten über sie glauben wollen, allen menschlichen Gewohnheiten entfremdet. Man findet bei ihnen keine Bezeichnung des Einzelnen durch einen besonderen Namen; die Sonne verfolgen sie bei ihrem Aufgange und Untergange mit schrecklichen Verwünschungen, weil sie ihnen und ihren Feldern verderblich ist: auch haben sie keine Träume, wie andere Menschen."[273]

Pseudo-Eratosthenes (1. Jhdt. n.Chr.)

Das Werk *Katasterismoi* über Sternbilder und ihre mythologische Bedeutung wurde gegen Ende des ersten Jahrhunderts n.Chr. in Alexandria zusammengestellt. Die Autorschaft wurde dem Eratosthenes zugeschrieben, doch das ist unzutreffend. Im Abschnitt zum Sternbild Delphin heißt es, dass Amphitrite vor den Nachstellungen Poseidons „zu Atlas" floh, vom Delphin aber „bei den Inseln des Atlas" entdeckt wurde.[274]

Es handelt sich nicht um eine Erwähnung von Platons Atlantis. Der Text bewegt sich ganz im Rahmen der traditionellen griechischen Mythologie: Atlas wird im Westen vermutet. Eine Konkretisierung dieser Mythologie sind die Namen von Atlasgebirge und Atlantik. Die „Inseln des Atlas" sind demzufolge irgendwelche Inseln im Westen, vermutlich im Atlantik und nahe des Atlasgebirges. Es könnten z.B. die Kanarischen Inseln gemeint sein. Man beachte, dass derzeit noch kein Atlantisbefürworter oder -skeptiker bekannt ist, der die Stelle irrig für Atlantis vereinnahmt hat. Wir erwähnen die Stelle prophylaktisch.

Flavius Josephus (Ende 1. Jhdt. n.Chr.)

Der jüdische Geschichtsschreiber Flavius Josephus (ca. 37/38 - 100 n.Chr.) verfasste am Ende des ersten Jahrhunderts n.Chr. das Werk *Contra Apionem*, in dem er die jüdische Religion gegen Anfeindungen verteidigte. Darin wirft er den Griechen vor, im Vergleich zu Ägyptern und Chaldäern noch jung zu sein, denn während Griechenland Opfer zahlloser (*myriai*) Naturkatastrophen wurde, blieben Ägypten und Babylonien davon weitgehend verschont. Die dortigen Priester schrieben alles auf, was bemerkenswert war. Die Griechen würden selbst zugeben, dass ihre Philosophen ihr Wissen einst von Ägyptern und Chaldäern erlernt hatten.[275]

All das ist eine klar erkennbare Wiederholung der Vorstellungswelt, die in Platons Atlantisgeschichte aufgegriffen und geprägt wurde. Allerdings glaubte Flavius Josephus nur an ein biblisches Alter der Welt von 5000 Jahren. Es steht deshalb sehr in-

---

[273] Plinius d.Ä. Naturalis Historia V 8, 2 bzw. V 45; Übersetzung Philipp H. Külb 1840
[274] Pseudo-Eratosthenes Katasterismoi XXXI; Hinweis auf diese Stelle Oliver D. Smith via Twitter 28.01.2020
[275] Flavius Josephus Contra Apionem I 6-14, 28, 39

frage, ob Flavius Josephus Atlantis für real hielt. Und deshalb muss auch das Zahlwort *myriai* eindeutig mit „zahllos" und nicht mit „zehntausend" übersetzt werden.

Plutarch von Chaironeia (ca. 45-125 n.Chr.)

Bei Plutarch gibt es einige Stellen, die tatsächlich einen Bezug zu Platons Atlantisgeschichte haben, siehe bei den antiken Erwähnungen von Atlantis. Es gibt aber auch einige Stellen, die irrtümlich mit Atlantis in Verbindung gebracht werden. Zunächst eine Stelle in Plutarchs Parallelbiographie des Quintus Sertorius:

> „Er segelte von da weiter durch die Meerenge bei Cadiz, nach der rechten Hand liegenden Küste von Spanien, etwas oberwärts von dem Ausflusse des Baetis in das atlantische Meer, von welchem Flusse ein Teil von Spanien den Namen bekommen, wo er landete. Hier begegneten ihm einige Schiffer, die kürzlich aus den atlantischen Inseln [*ek ton Atlantikon neson*] zurückgekommen waren. Es gibt deren zwei, die voneinander durch eine schmale Meerenge getrennt werden. Sie sind zehntausend Stadien von Afrika entfernt, und führen den Namen der glücklichen Inseln. Es regnet auf diesen Inseln selten, aber die vielen sanften taubringenden Winde machen den Boden nicht nur fett, und zu jeder Art von Säen und Pflanzen fruchtbar, sondern erzeugen auch im Überflusse süße Früchte, die von selbst wachsen, und die die Einwohner in Ruhe ohne Mühe und Arbeit genießen. Die gelinde Luft macht auf diesen Inseln ein gemäßigtes Klima, und die Jahreszeiten wechseln ohne starke Veränderung ab. Die Nord- und Ostwinde, die aus unserm Erdstrich dahin kommen, mildern sich auf dem weiten Raume, durch den sie dahin ziehen, und lassen von ihrer Strenge nach, und die Süd- und Westwinde, die über das Meer hinkommen, bringen einen erfrischenden, gelinden, schwachen Regen mit, oder befeuchten meistenteils nur die heitere Luft, und machen den Boden auf eine unmerkliche Art fruchtbar. Daher sich auch die Meinung bis zu den Barbaren hin ausgebreitet hat, dass auf diesen Inseln die elysäischen Felder wären, und die Wohnung der Seligen, die Homer besungen hat."[276]

Hier handelt es sich um einen mehr oder weniger historisch gemeinten Bericht, und auch die „atlantischen Inseln" sind historisch zu verstehen: Es handelt sich nicht um „Atlantis-Inseln", sondern um Inseln im Atlantik. Für gewöhnlich deutet man sie als Kanarische Inseln. Die Beschreibung könnte aber auch auf die Azoren hindeuten, die tatsächlich ziemlich genau zehntausend Stadien von Afrika entfernt liegen. Heinz-Günther Nesselrath vermutet hier ein Echo auf die legendäre Karthagerinsel im Atlantik, wie sie von Timaios von Tauromenion und Diodorus Siculus beschrieben wurde, siehe oben[277].

Wer Atlantis als Erfindung und Mythos abtun möchte, wird gerne zugreifen, wenn er Beschreibungen wie „glückliche Inseln" oder „elysäische Felder" hört. Doch es ist unzulässig, diese Stelle in irgendeiner Weise mit Platons Atlantis in Verbindung zu

---

[276] Plutarch Vitae parallelae Sertorius 8; Übersetzung Gottlob Benedict von Schirach 1778
[277] Nesselrath (2005) S. 160 Fußnote 32

bringen, zumal andere Stellen bei Plutarch deutlich werden lassen, dass Plutarch die Atlantisgeschichte im Kern für wahr hielt.

In seiner Parallelbiographie des Timoleon berichtet Plutarch von einem Griechen, der von einer karthagischen Armee spricht, die jenseits der Säulen des Herakles aufgestellt und vom Atlantischen Meer gegen Griechenland geführt wird[278]. Das hört sich stark nach Platons Atlantis an, und tatsächlich hat Gilbert Ryle diese Stelle als Beleg dafür angeführt, dass Platons Atlantis auf Karthago anspielt[279]. Doch das ist nicht der Fall.

Der Kontext dieser Stelle ist die Gefahr, die für Griechenland durch die Nähe des Machtbereich von Karthago ausging, die durch das Bündnis des Tyrannen Hiketas von Syrakus mit Karthago herbeigeführt wurde. Die Erwähnung einer Armee von jenseits der Säulen des Herakles geschieht im Rahmen dieses Kontextes in Form einer rhetorischen Frage, die darauf abzielt, dass Karthago *keine* Gefahr wäre, wenn sein Machtbereich so weit entfernt läge wie die Säulen des Herakles. Denn von den Säulen des Herakles her würde Karthago *nicht* für Hiketas in den Krieg ziehen, so die Aussage der rhetorischen Frage.

Damit ist diese Stelle keine Anspielung auf Platons Atlantis, sondern lediglich eine Anspielung auf die Säulen des Herakles in der üblichen Weise, nämlich als Versinnbildlichung eines sehr weit entfernten Ortes, von dem keine Gefahr ausgeht. Diese Stelle sagt also gerade das Gegenteil von dem aus, was Ryle darin erkennen wollte. Wir finden bei Plutarch auch keine Aussage, die Atlantis mit Karthago in Verbindung bringen würde.

Berühmt ist der *mythos* des Plutarch in dessen Werk *De facie in orbe lunae*, d.h. *Über das Mondgesicht*, das ein Teil von Plutarchs *Moralia* ist: Auch hier wird von vielen irrigerweise ein Bezug zu Atlantis gesehen.

Dieses Werk ist ein Dialog, der in indirekter Rede von einem gewissen Lamprias erzählt wird. In lockerem Ton unterhalten sich die philosophisch und astronomisch gebildeten Dialogteilnehmer über naturwissenschaftliche Themen. Der lockere Ton verbietet es, jedes Wort auf die Goldwaage zu legen, andererseits meint es Plutarch mit den angesprochenen Themen durchaus ernst. Man könnte dieses Werk am ehesten mit einem modernen populärwissenschaftlichen Werk vergleichen, das den Leser einerseits informieren, andererseits aber auch gut unterhalten will.[280]

---

[278]Plutarch Vitae parallelae Timoleon XX 4
[279]Ryle (1966) S. 236
[280]Vgl. z.B. Loeb Classical Library No. 406 / 1957 – Moralia, Volume XII, De Facie, translated by Harold Cherniss: Literaturangaben in den Fußnoten der Introduction; besonders: Walter Hamilton, The Myth in Plutarch's De Facie (940F—945D), in: The Classical Quarterly, Vol. 28 Issue 1, Januar 1934; S. 24-30.

1.3 Antike Nichterwähnungen seit Platon

Am Ende des Werkes erzählt ein gewisser Sylla einen explizit als solchen bezeichneten *mythos*, indem geographische, kosmologische und religiöse Ansichten miteinander verwoben werden. Das Verfahren erinnert an Platons Dialoge und Platons Schlussmythen, und tatsächlich ahmt Plutarch hier Platon nach und hat sich dabei ausgiebig bei Platons Dialog Timaios bedient. Allerdings hat Plutarch ein gröberes Verständnis vom Weben eines *mythos*; während Platon stets auf die Annäherung an die Wahrheit bedacht ist, schmückt Plutarch seinen *mythos* hemmungslos aus. Bereits bei den expliziten Erwähnungen von Atlantis bei Plutarch sahen wir, dass Plutarch kein tieferes Verständnis davon hatte, wie Platon seine *mythoi* konstruierte. – Der Anfang von Plutarchs *mythos* lautet wie folgt:

> „... als Sylla mir ins Wort fiel: Halt nur einmal inne ..., damit Du mir nicht unvermerkt die Fabel [*ton mython*] gleichsam auf den Strand treibst, und mein Schauspiel, das eine andere Szene und einen anderen Plan hat, verwirrst. Ich bin der Schauspieler, aber vorher will ich Euch den Verfasser [*ton poieten*] des Stücks nennen, indem ich ... mit Homers Worten anhebe:
>
> > Fern auf dem Meere liegt Ogygia, eine der Inseln –
>
> die von Britannien westwärts eine Fahrt von fünf Tagen entfernt ist. Noch drei andere Inseln liegen in gleicher Entfernung sowohl von jener als voneinander, nach Nordwesten hin. In der einen von diesen Inseln war, nach der Sage der dasigen Barbaren, Saturnus vom Jupiter eingekerkert worden, und Briareus, dem die Bewachung jener Inseln und des ganzen Meeres, welches das kronische (oder saturnische) heißt, anvertraut ist, hat unten bei demselben seine Wohnung. Das große feste Land, von dem das große Meer ringsherum umgeben ist, liegt für Ruderschiffe von Ogygia ungefähr fünftausend Stadien, von den übrigen Inseln aber etwas weniger entfernt. Denn das Meer ist wegen der vielen Ströme schlammicht, und daher die Fahrt auf demselben sehr langsam. Diese Ströme durchfließen das große Land, und führen viele Erde mit sich ins Meer, wovon dasselbe dick und schleimicht wird; daher denn auch die Meinung entstanden ist, dass es gefroren sei. An den Küsten des festen Landes wohnen Griechen, um einen Meerbusen herum, der nicht kleiner ist als der mäotische See, und dessen Mündung der des kaspischen Meeres gerade gegenüber liegt. Ihrer Meinung nach sind und nennen sie sich allein Bewohner des festen Landes, diejenigen aber, die in unserm Lande wohnen, Insulaner, weil dieses ringsum vom Meer umflossen sei. ..."[281]

Wie so oft scheinen hier einige Ähnlichkeiten zu Platons Atlantis zu erkennen zu sein, was auch nicht wunder nimmt, wenn man weiß, dass sich Plutarch mit dem ganzen Dialog an Platons Timaios anlehnt. Grundsätzlich hätte Atlantis also durchaus in Plutarchs *mythos* vorkommen können. Das Festland jenseits des Atlantischen Meeres scheint dem Timaios entnommen zu sein. Doch das jenseitige Festland allein ist noch

---

[281] Plutarch Moralia XII 63 – De facie in orbe lunae 26; Übersetzung Johann Friedrich Salomon Kaltwasser 1797

keine Aussage zu Platons Atlantis, oder zu Ur-Athen. Wir müssen zur Kenntnis nehmen, dass Atlantis in Plutarchs *mythos* nicht vorkommt.

Andere Elemente scheinen Ähnlichkeiten zur Atlantisgeschichte aufzuweisen, sind dann aber doch anders zu verstehen: So geht der *mythos* auf die Erzählung eines Fremden zurück, der selbst auf der Insel des Kronos war, was mit dem komplexen Überlieferungslogos der Atlantisgeschichte nicht verglichen werden kann. Die Zuhörer sind überrascht über die Präsentation des *mythos*. Doch sind sie nicht freudig überrascht und vertrauen dem Erzähler auch nicht, wie in der Atlantisgeschichte, sondern sie sind skeptisch; am Ende des *mythos* meint Sylla, die Zuhörer könnten mit dem *mythos* machen was sie wollen. Der lockere Ton des Dialoges ist ein klarer Unterschied zur Stimmung in Platons Timaios: Dort wird auf platonischem Niveau unter sich vertrauenden philosophischen Dialogteilnehmern gescherzt, doch es geht durchgehend wahrhaftig und feinsinnig zu, alle sind eines Sinnes. Bei Plutarchs *De facie in orbe lunae* fühlt man sich hingegen eher an ein Symposion erinnert, wo der Wein den lockeren Ton mit sich bringt und die Dialogteilnehmer nicht immer einer Meinung sind. Ähnlich zu Platons Timaios ist auch die Verschlammung des Meeres, doch sie wird bei Plutarch durch die Sedimente aus den Flüssen des gegenüberliegenden Kontinentes erzeugt, nicht durch das untergegangene Atlantis. Hier verarbeitet Plutarch offenbar eine Beobachtung des Aristoteles über die Fluss-Sedimente in der Mäotis und im Schwarzen Meer[282]. Eine Erklärung für diese Ursachenverschiebung könnte hier die zusätzliche Erkenntnis liefern, dass nicht nur die Ursache der Verschlammung bei Plutarch anders ist, sondern auch der Ort. Bei Platon hindert der Schlamm die Hinausfahrt in das Atlantische Meer, bei Plutarch jedoch wird die Fahrt erst behindert, wenn man dem gegenüberliegenden Kontinent näher kommt. Offenbar hat sich zu Plutarchs Zeiten die Erkenntnis allgemein herumgesprochen, dass es den Schlamm vor Gibraltar gar nicht gibt. Für Plutarch zählte der Schlamm vor Gibraltar demzufolge wohl zu den Hinzuerfindungen Platons. Ein historisch-kritisches Denken, das den Schlamm als erklärbaren Irrtum Platons gedeutet hätte, ist bei Plutarch nicht zu erkennen.

Völlig verschieden sind Platons Timaios und Plutarchs *mythos* in folgenden Punkten: Bei Plutarch wird explizit ausgesprochen, dass der ganze *mythos* ein *mythos* ist. Die Reise über das Atlantische Meer beginnt auch mit einer mythischen oder besser: dichterischen Reminiszenz, nämlich mit der Insel Ogygia: Man weiß sofort – anders als bei Platon – dass man nicht mehr im Reich der Sachlichkeit und der Historie ist. Auch weitere Stationen wie die Insel des Kronos und die Säulen des Briareus zeigen dies klar an. Völlig anders als bei Platon geht es in Plutarchs *mythos* auch nicht um eine Stadt, oder um zwei Städte, und Politik ist kein Thema. Auch wird keine historische Begebenheit wie der Atlanterkrieg überliefert, und es werden keine Spuren in der Realität als Beleg für das Erzählte genannt. Der Inhalt bei Plutarch konzentriert sich völlig auf kosmologisch-mythische Gehalte. Gänzlich phantastisch

---

[282] Aristoteles Meteorologica II 1 354a („Schlamm-Stelle"); vgl. Franke (2010/2016) S. 25 f.

ist dann der Hinweis, dass auf dem gegenüberliegenden Festland Griechen wohnen würden. Der Hörer weiß sofort, dass dies nicht sein kann, denn wenn dort Griechen wohnten, so gäbe es Kontakt dorthin. Schließlich kommt die Insel Atlantis im ganzen *mythos* des Plutarch an keiner Stelle und in keiner Weise vor.

Was hat Plutarch hier gemacht und was sagt uns das über die Atlantisgeschichte? Plutarch hat hier Platons Timaios und dessen Thematik in einer ganz eigenwilligen Weise verarbeitet, indem er gewissermaßen aus dem Philosophen-Dialog ein Symposion gemacht hat. Dieses Symposion will aber keine Verballhornung des Timaios sein, so wie Theopomps *Meropis* eine Verballhornung anderer Dialoge Platons ist. Mit dem Stil der *Meropis* des Theopomp hat Plutarchs *mythos* kaum etwas gemeinsam. Vielmehr geht es Plutarch darum, den Stoff unterhaltsamer zu gestalten. Hinzu kommt, dass Plutarch – wie wir bereits sahen – eine allzu einfache Vorstellung davon hatte, wie Platon seine *mythoi* konstruierte, so dass Plutarch in der Konstruktion seines *mythos* viel Phantasie anwendet. Atlantis kommt vor allem deshalb nicht vor, weil Atlantis in den Augen des Plutarch untergegangen war. Als Gegenstand einer Verballhornung eignete sich Atlantis für Plutarch allein schon deshalb nicht, weil er im Grundsatz von dessen Existenz ausging, wie wir an seinen expliziten Aussagen zu Atlantis ablesen können.

Es ist mithin unzutreffend, wenn Diskin Clay den *mythos* des Plutarch gewissermaßen als einen Beleg dafür ansieht, dass Plutarch die Atlantisgeschichte für eine Erfindung hielt. Plutarch hat seinen *mythos* keinesfalls als augenzwinkernde Anspielung auf die angeblich ebenfalls unwahre Geschichte von Atlantis geschrieben, wie Diskin Clay meint. Clay täuscht sich gewaltig, zumal Atlantis in Plutarchs *mythos* überhaupt nicht vorkommt. Auch übersieht Clay, dass Plutarchs *mythos* explizit als *mythos* angekündigt wird. Auch viele weitere der hier aufgezählten Unterschiede bleiben bei Clay ungenannt. Schließlich ist es Clay offenbar entgangen, dass die Überraschung der Dialogteilnehmer bei Plutarch von einer ganz anderen Qualität ist als bei Platons Atlantisgeschichte.[283]

Auch Walter Hamilton scheitert an einer zutreffenden Interpretation von Plutarchs *mythos*. Hamilton sieht durchaus manches richtig, so z.B. die mythischen Inseln, die zum gegenüberliegenden Kontinent führen, oder den Schlamm, der von Plutarch anders begründet wird. Aber leider übersieht auch Hamilton, dass das wichtigste Element der Atlantisgeschichte, nämlich Atlantis selbst, fehlt. Hamilton weicht besonders dort vom richtigen Weg der Interpretation ab, wo er Plutarch dafür kritisiert, dass er seinen *mythos* nicht so konstruiert hat, wie Hamilton es gerne hätte, um seine Meinung darüber bestätigt zu sehen:

„Plutarch has muddled himself by the really superfluous introduction of Ogygia in imitation of the Platonic scheme".

---

[283] Clay (1999/2000) S. 6, 8

Ogygia ist aber nun einmal nicht unbedeutend als Signal für einen mythischen Inhalt. Hamilton ist übrigens der Auffassung, dass Plutarch seinen *mythos* ganz nach dem Vorbild des Timaios konstruiert hat, weshalb der *mythos* auch in zwei Teile geteilt ist: Ein geographischer Teil und ein kosmologischer Teil. Den kosmologischen Teil habe Plutarch völlig ernst genommen, im Sinne eines *eikos mythos*. Ob Plutarch seiner Auffassung nach auch den den geographischen Teil ernst nahm, sagt Hamilton leider nicht.[284]

Erster Klemensbrief (um 100 n.Chr.)

Zwei moderne theologische Autoren, Philipp Schaff und Joseph Barber Lightfoot, haben offenbar unabhängig voneinander die Möglichkeit erwogen, dass der sogenannte *Erste Klemensbrief* aus der Frühzeit der christlichen Gemeinde in Rom Platons Atlantis erwähnt. Der *Erste Klemensbrief* ist übrigens nicht Bestandteil des Neuen Testamentes. Die Stelle lautet:

> „Der Ozean, den Menschen nicht durchfahren können [*aperatos*], und die Welten hinter ihm, werden durch die nämlichen Gesetze des Herrn regiert."[285]

Zunächst schrieb Philip Schaff:

> „... and incidentally expresses here the remarkable sentiment, perhaps suggested by the old legends of the Atlantis, the orbis alter, the ultima Thule, &c., that there are other worlds beyond the impenetrable ocean, which are ruled by the same law of the Lord."[286]

Ein Jahrzehnt später schrieb Joseph Barber Lightfoot:

> „Clement may possibly be referring to some known but hardly accessible land, lying without the pillars of Hercules and in foreign seas: as Ceylon (...) or Britain (...). But more probable he contemplated some unknown land in the far west beyond the ocean, like the fabled Atlantis of Plato or the real America of modern discovery. From Aristotle onwards (*de Caelo* ii. 14, p. 298, *Meteor.* ii.5, p. 362), and even earlier, theories had from time to time been broached, which contemplated the possibility of reaching the Indies by crossing the western ocean, or maintained the existence of islands or continents towards the setting sun. The Carthaginians had even brought back a report of such a desert island in the Atlantic, which they had visited, (...) *Mirab. Ausc.* § 84 p. 836, § 136 p. 844, Diod. v. 19, 20; see Humboldt ... In the generations before and after the time of Clement such speculations were not uncommon. ... Seneca ... Strabo ... Plut. ... ... At all events this passage was seemingly so taken by Irenaeus and Clement of Alexandria, and it is distinctly explained by Origen (*Sel. in Ezech.* viii. 3 sq., *de*

---

[284]Hamilton (1934)
[285]Erster Klemensbrief 20:8
[286]Schaff (1858) p. 461; in späteren Auflagen Vol. II S. 645 mit erweiterter Fußnote, die auf Lightfoot (1869) verweist

Princ. ii. [3] 6) who discusses it at great length. All these fathers acquiesce in the existence of these 'other worlds'. At a later date however this opinion came to be regarded with suspicion by Christian theologians. Tertullian, *de Pall.* 2, *Hermog.* 25, was the first to condemn it. The idea of the Antipodes is scouted by Lactantius *Div. Inst.* ii[i]. 24, with other fathers of the fourth century and later (comp. August. *de Civ. Dei* xvi. 9); and in the reign of Justinian (...) the speculations of Cosmas Indicopleustes (...), who describes the earth as a plain surface and a parallelogram in form (...), stereotyped for many centuries the belief of Christian writers on this subject."[287]

Entgegen den Vermutungen der beiden Theologen können wir jedoch mit einiger Sicherheit sagen, dass im *Ersten Klemensbrief* keine Anspielung auf Atlantis vorliegt. Denn erstens ist nicht von einer versunkenen Insel im Atlantik, sondern von existenten Welten die Rede, die jenseits des Ozeans liegen sollen. Zweitens ist nicht von einer Welt, sondern von mehreren Welten die Rede. Das Attribut „undurchfahrbar", griech. *aperatos*, für den Ozean deutet kein Hindernis im Sinne von Platons Schlamm an, sondern ist vielmehr im Sinne von „unüberwindlich" zu verstehen, also etwa im Sinne einer für Seefahrten zu weiten Strecke.

Was aber ist dann der wahre Hintergrund? Die Erwähnung von mehreren Welten und von „Abgründen" einige Sätze vor dieser Stelle deuten auf zwei mögliche Quellen: Zum einen den Phaidon-Mythos von Platon, wo von unterirdischen Flüssen die Rede ist und von vielen anderen Orten auf der Welt, die der eigenen kleinen Welt, die die Griechen kennen, vergleichbar ist[288]. Zum anderen kommt das pseudo-aristotelische Werk *De mundo* in Frage, in dem noch deutlicher von vielen weiteren Kontinenten im Weltmeer die Rede ist[289].

Lightfoot führt eine ganze Reihe von weiteren kirchlichen Autoren an, die sich direkt oder indirekt dazu geäußert haben: Origenes führt die Klemens-Stelle an und bejaht deren Aussage lapidar[290]. Lactantius und Augustinus sprechen über die Antipoden[291]. Beides hat aber nichts mit Atlantis direkt zu tun, so dass wir diesen Autoren in diesem Zusammenhang keine weitere Aufmerksamkeit mehr widmen. Tertullian erwähnt sowohl Platons Atlantis als auch Theopomps Meropis, während Origenes in seiner Schrift *Contra Celsum* erkennen lässt, wie er über Atlantis denkt. Tertullian und Origenes diskutieren wir bei den antiken Erwähnungen von Atlantis, siehe dort.

---

[287]Lightfoot (1869) p. 84 f.; Anmerkung
[288]Phaidon 109b ff.
[289]De mundo 3
[290]Origenes Selecta in Ezechielem 8 und De Principiis 2.3.6
[291]Augustinus De civitate Dei XVI 9; Lactantius Divinarum Institutionum III 24

Aelius Aristides (117-181 n.Chr.)

Aelius Aristides war ein griechischer Rhetor aus Mysien, von dem zahlreiche Reden überliefert sind. In einer dieser Reden ist von einer „großen Insel" die Rede, die „auf der anderen Seite" (*antiperas*) von Spanien liege[292]. Man ist sich einig, dass damit die Insel Britannien gemeint ist. Da der Autor 500 Jahre *nach* Platon lebte, wäre es völlig abwegig, an Atlantis zu denken.

Lukian von Samosata (ca. 120-180 n.Chr.)

Der Satiriker und Kritiker Lukian von Samosata erwähnt das Atlantis des Platon mit keinem Wort. Doch in seinen Werken rührt er teilweise nahe an das Thema, wenn er Dichter, Philosophen und Geschichtsschreiber aufs Korn nimmt, über Lügengeschichten philosophiert, oder sich Gedanken darüber macht, wie eine gute Geschichtsschreibung aussehen müsste. Besonders nahe an das Thema rühren Lukians *Wahre Geschichten*: Ein – natürlich unwahrer – Bericht von einer phantastischen Reise jenseits der Säulen des Herakles.

Lukian gibt klar zu erkennen, dass er Lügengeschichten erzählt, und beruft sich dafür auf eine lange Reihe antiker Autoren, denen er ebenfalls Lügengeschichten unterstellt. Darunter sind sowohl Dichter als auch Geschichtsschreiber: Homer, Herodot, Ktesias, Iambulos und viele andere. Der fiktive Reisebericht knüpft klar erkennbar an alle möglichen Mythen und Erzählungen an. Doch wird Platons Atlantis weder genannt noch wenigstens erkennbar eingewoben[293].

Es finden sich zwar einige Elemente aus Platons Atlantis wieder – Fahrt über die Säulen des Herakles hinaus, ein Tempel des Poseidon, eine Nereide, Inseln, Städte, eine Quelle, der gegenüberliegender Kontinent – aber an keiner Stelle kommt die Analogie über den Status einer Ahnung hinaus, so dass es nicht erkennbar und nicht entscheidbar ist, ob hier ein Bezug zu Atlantis vorliegt. Jedes dieser Elemente taucht immer nur vereinzelt in einem ansonsten völlig diversen Kontext auf, und oft dienen diese Elemente als Staffage, während sich der erzielte satirische Effekt auf etwas ganz anderes stützt.

Ein Tempel des Neptun, eine Nereide, eine Insel, eine einzige Quelle jeweils für sich allein genommen sind weit davon entfernt, eine Anspielung auf Platons Atlantis zu sein. Die Fahrt über die Säulen des Herakles hinaus, die den Rahmen der

---

[292] Aelius Aristides Orationes Aigyptios 355

[293] Bei Heinz-Günther Nesselrath findet sich ein Satz, der eine solche Behauptung zu beinhalten scheint: „That there were indeed more than we today know of can be demonstrated by looking at a number of mostly short hints which take us back once more to Atlantis in both philosophical and merely entertaining contexts.", vgl. Nesselrath (2005) S. 165. – Doch inzwischen hat Heinz-Günther Nesselrath einer solchen Deutung dieses Satzes widersprochen, vgl. Nesselrath (2017) S. 22 Fußnote 47.

Gesamterzählung bildet, ist ebenfalls keine Anspielung auf Atlantis: Zum einen zieht Lukian selbst einen ganz anderen, konkreten Bezug, nämlich den Bezug zur Westfahrt des Herakles. Zum anderen führt diese Reise zu keinem Ort, der erkennbar auf Atlantis anspielen würde; keine der besuchten Inseln westlich der Säulen des Herakles spielt auf Atlantis an. Die Fahrt nach Westen dient hier wohl eher als Chiffre für den Vorstoß ins Unbekannte, in dem sich dann die ganze phantastische Erzählung abspielt.

Einzig das „gegenüberliegende Festland" begründet einen gewissen Verdacht, dass hier eine Anspielung auf Platons Atlantisgeschichte vorliegen könnte. Denn zu Lukians Zeiten war allgemein bekannt, dass man westlich der Säulen des Herakles nach Indien gelangen würde. Natürlich wusste man nicht, ob es noch weitere Inseln auf dem Weg dorthin gab, aber nur Indien kam als „gegenüberliegendes Festland" in Frage. Es könnte also ein satirischer Rückgriff auf dieses eine Element aus Platons Atlantisgeschichte vorliegen. Dagegen spricht jedoch, dass die Wortwahl für „gegenüberliegend" bei Lukian und Platon nicht dieselbe ist. Außerdem beachte man, dass eine Satire auf dieses eine Element der Atlantisgeschichte noch keine Satire auf die Geschichte von Atlantis selbst wäre, sondern nur eine Satire auf Platons geographische Theorien.

Ein weiteres Argument gegen eine verschlüsselte Anspielung auf Atlantis ist der Umstand, dass Lukian die Bezüge zu seinen Vorlagen generell recht deftig und deutlich zum Ausdruck bringt. Eine Anspielung auf Platons Atlantis, die nur in sehr subtiler Weise als eine Zusammenschau von sehr vielen Einzelelementen in entfremdeten Kontexten enthalten wäre, erscheint damit sehr unwahrscheinlich.

Ebenso könnte man vielleicht in der Stadt in den Lüften eine Anspielung auf Platons Phaidon-Mythos erkennen wollen, aber außer der bloßen Tatsache der luftigen Lage ist kein Vergleichspunkt auszumachen, so dass auch diese Analogie sehr fraglich ist; zudem nennt Lukian selbst sehr deutlich einen ganz anderen Bezug: Das Wolkenkuckucksheim des Aristophanes. Auch hier also keine erkennbare Anspielung auf Platon oder Atlantis.

Andrew Laird hat gezeigt, dass sich Lukians *Wahre Geschichten* in einigen Punkten auf Platons Politeia stützen. Das gilt u.a. auch für Anspielungen auf die Inseln der Seligen und die Bewohner dieser Inseln, in denen andere Anspielungen auf Platons Atlantis sehen wollen. Nach Meinung von Laird ist der Bezug zu Platons Politeia sogar konstituierend für Lukians *Wahre Geschichten*. Einen Bezug von Lukians *Wahre Geschichten* zu Platons Atlantis sieht Laird offenbar nicht, er erwähnt diese Möglichkeit noch nicht einmal.[294]

Aus all diesem kann geschlossen werden, dass Lukian zwar Platons Politeia für ein geeignetes Objekt für eine Satire hielt, Platons Atlantis jedoch offenbar nicht. Wir wissen nicht, was Lukian über Platons Atlantis dachte.

---

[294] Laird (2003) S. 121 f.

Atticus Platonicus (2. Jhdt. n. Chr.)

Der Philosoph Atticus, griechisch: Attikos, lebte im zweiten Jahrhundert nach Christus und war ein Vertreter des Mittelplatonismus. Zur Unterscheidung von anderen antiken Personen namens Atticus wird er gerne mit dem Zusatz „Platonicus" versehen.

Atticus soll einerseits gegen die aristotelischen Lehren polemisiert haben, andererseits soll er sich generell für eine möglichst wörtliche Lesung von Platons Dialogen ausgesprochen haben. Laut Tarrant würde der „pedantische" Atticus bei Proklos alle anderen Autoren, die eine wörtliche Lesung bevorzugen, in dieser Eigenschaft übertreffen. Atticus wendet eine wörtliche Lesung „with something of a fundamentalist fervour" an[295].

Bei Proklos erfahren wir, dass Atticus sich daran störte, dass Theopompos – angeblich – gesagt habe, dass die Athener einst als Kolonisten von Sais gekommen waren[296]. Das ist in der Tat nicht das Verhältnis von Athen und Sais, wie Platon es beschreibt. Tarrant meint wohl zurecht, dass die Aussage des Atticus sich nicht zwingend auf Platons Timaios bezieht und Platons Standpunkt verteidigt. Es wäre aber möglich, meint Tarrant. Tarrant weiter: „If so, then he was presumably adopting a literal reading."[297]

Wir möchten uns diesem Urteil anschließen, es aber dahingehend verbessern, dass Atticus nicht nur möglicherweise, sondern mit größter Wahrscheinlichkeit auch bei Platons Atlantisgeschichte eine wörtliche Lesung bevorzugte, und damit Atlantis für einen realen Ort hielt.

Alkinoos (2. Jhdt. n.Chr.)

Datierung und Identität des mittelplatonischen Philosophen Alkinoos sind umstritten. In seinem Werk *Didaskalikos* gibt Alkinoos eine Einführung in die Philosophie Platons. Moderne Philologen haben herausgearbeitet, dass Alkinoos zum Thema Erinnerung möglicherweise auf Platons Wortwahl in den Atlantisdialogen zurückgriff, wo es um die Erinnerung des Kritias an die Atlantisgeschichte geht[298].

Es wäre unzulässig, aus der Übereinstimmung von bloßen Worten allzu weitreichende Schlüsse ziehen zu wollen. Man kann vermuten, dass Alkinoos die Aussagen des Kritias in den Dialogen wörtlich und unkritisch nahm, und deshalb auch die Atlantisgeschichte für eine reale historische Überlieferung hielt. Auch sonst ist Alkinoos als unskeptischer Leser von Platons Dialogen bekannt, was diese Vermutung untermauern würde. Doch es ist nur eine Vermutung. Wir haben kein hinreichendes Wissen darüber, wie Alkinoos über Platons Atlantis dachte.

---

[295] Tarrant (2006) S. 30
[296] Proklos In Timaeum I 1,97 f. bzw. 30C
[297] Tarrant (2006) S. 61 Fußnote 86
[298] Dillon (1993) S. 65 zu Didaskalikos 4.4

1.3 Antike Nichterwähnungen seit Platon

Kelsos (um 178 n.Chr.)

Kelsos war ein platonischer Philosoph, der um 178 n.Chr. vermutlich in Alexandria die erste bekannte Streitschrift gegen das Christentum verfasste. Diese ist uns indirekt in Fragmenten in der apologetischen Schrift *Contra Celsum* des Origenes überliefert.

Kelsos vertritt u.a. die Auffassung, dass die Welt unerschaffen und in jedem Fall älter als 10000 Jahre ist, und dass es wiederkehrende Weltbrände und Überschwemmungen gibt, was gegen die Chronologie der Bibel spricht. Die Flut des Deukalion ist lediglich die letzte von vielen Fluten gewesen, ebenso der Weltbrand des Phaethon. Als Quelle und Autorität für das Wissen von Kelsos wird Platon genannt. Platon wiederum habe sein Wissen von den Ägyptern. Die Griechen selbst hätten als Betroffene der Katastrophen dieses Wissen vergessen, doch die Ägypter hätten das Wissen bewahrt. Kelsos polemisiert auch gegen die Bibel, weil deren Aussagen noch nicht einmal eine allegorische Auslegung zuließen. Diese Auffassungen des Kelsos werden aus den Worten und Zitaten des Origenes deutlich[299].

Es ist offensichtlich, dass sich Kelsos hier *en detail* auf Platons Timaios beruft. Von Ur-Athen oder Atlantis ist allerdings nicht explizit die Rede. Doch gibt es einen Aspekt, der deutlich werden lässt, dass Kelsos nicht nur das zyklische Geschichtsbild von Platon übernimmt: Die Berufung auf die Ägypter! Denn in Platons Timaios sind die Ägypter nicht nur die Quelle von Wissen über ein zyklisches Geschichtsbild, sondern auch von Wissen über Ur-Athen und Atlantis. Es ist kaum anzunehmen, dass Kelsos das eine akzeptierte, das andere aber nicht.

Hinzu kommt, dass Kelsos polemisiert, dass die biblischen Aussagen „nicht einmal" eine allegorische Auslegung zuließen. Kelsos strebt also nach mehr als einer allegorischen Auslegung, eine lediglich allegorische Auslegung ist für ihn bereits am Rande der Glaubwürdigkeit; aber „nicht einmal" allegorisch: Das ist für ihn jenseits der Glaubwürdigkeit. Man kann daraus schließen, dass Kelsos für die Atlantisgeschichte mit großer Wahrscheinlichkeit mehr als nur eine allegorische Deutung bevorzugte.

Alles in allem können wir es für sehr wahrscheinlich halten, dass Kelsos die Atlantisüberlieferung grundsätzlich für wahr hielt.

Theophilos von Antiochia (bis ca. 183 n.Chr.)

Der Bischof von Antiochia Theophilos veröffentlichte um 180 n.Chr. seine *Apologia ad Autolycum*. Darin versuchte er zu beweisen, dass die biblische Geschichte weiter zurückreicht als die den Griechen bekannte Geschichte, und dass die griechischen Geschichtsschreiber entweder Lügner waren oder nur eine verzerrte Version der biblischen Geschichte wiedergaben.

---

[299] Origenes Contra Celsum I 19 f., IV 11, 41

Insbesondere Platon und andere Autoren, die von einer Geschichte von vielen tausenden von Jahren berichten, werden scharf angegriffen. Denn zum einen widerlegen diese Autoren die Meinung des Theophilos, dass die biblische Geschichte weiter zurückreiche als die griechische Geschichtsschreibung. Zum anderen hat Theophilos das Alter der Welt auf 5695 Jahre berechnet, so dass jede darüber hinaus gehende Datierung eine Widerlegung der Bibel bedeuten würde. Aussagen Platons über Städte, Kolonien und Völker aus der Vorzeit verwirft Theophilos als bloße Vermutungen.

Offensichtlich bezieht sich Theophilos nur auf Platons Politeia und Nomoi, nicht jedoch auf Platons Atlantisdialoge, denn er schreibt, dass andere als Platon von Deukalion schreiben, obwohl auch Platon im Timaios von Deukalion spricht. Dennoch ist klar, dass Theophilos mit größter Wahrscheinlichkeit ein Atlantisskeptiker ist.[300]

Antonius Diogenes (vor ca. 200 n.Chr.)

Antonius Diogenes ist der Verfasser eines antiken Unterhaltungsromans mit dem Titel *Unglaubliches jenseits von Thule*, griechisch: *Ta hyper Thoulen apista*. Der Titel wird häufig mit „Wunderdinge jenseits von Thule" wiedergegeben, doch diese Übersetzung droht die Bedeutung von *apista* – „Unglaubliches" – zu verfälschen. Das Werk ist uns nur in Fragmenten, hauptsächlich bei Photios überliefert, der im 9. Jahrhundert Patriarch von Konstantinopel war.

Insbesondere Atlantisskeptiker wollen in diesem Roman über unglaubliche Dinge jenseits von Thule Parallelen zu Platons Atlantisgeschichte sehen, womit sie den romanhaften Charakter der Atlantisgeschichte bzw. die damalige Wahrnehmung der Atlantisgeschichte als unwahrem Bericht nachweisen zu können glauben. Vielleicht hat auch der Name Thule seinen Beitrag geleistet, eine – natürlich völlig fehlgeleitete – Assoziation zu Atlantis entstehen zu lassen.

Im Exzerpt des Photios lesen wir, dass Antonius Diogenes seine unglaublichen Wunder wie glaubhafte Dinge darstellte, und dass er sich auf ältere Autoren berief, von denen er seine Informationen nahm. Zudem finden die Romanfiguren Täfelchen aus Zypressenholz, deren Lektüre wiederum eine Art Roman im Roman darstellt. Das hat Diskin Clay dazu verführt, einen direkten Vergleich mit Platons Atlantisdialogen zu ziehen, in denen die fiktive Dialogsituation wiederum von früheren Handlungsebenen des älteren Kritias und des Solon erzählt. Auch die Darstellung von etwas Unglaublichem als glaubhaft ist schon bei Platon da, meint Clay.[301]

Dem ist jedoch entgegenzuhalten, dass die unglaublichen Dinge bei Antonius Diogenes in der Tat unglaublich – also unglaubhaft – sind, während Platons Atlantisgeschichte in den Augen antiker Leser nicht in gleicher Weise unglaublich war. Es ist ein großer Unterschied, ob jemand klare Lügen auftischt und dabei behauptet, er spreche vollkommen wahr, oder ob jemand durchaus mögliche Dinge erzählt, und die

---

[300] Theophilos von Antiochia Apologia ad Autolycum III 16, 19, 26, 28, 29
[301] Clay (1999/2000) S. 8 f.

Glaubwürdigkeit des Überlieferten selbst kritisch beleuchtet und dennoch bejaht, wie es bei Platon geschieht. Hinzu kommt, dass die Entwicklung der fiktionalen Literatur zwischen Platon und Antonius Diogenes stattfand, und viele Jahrhunderte in Anspruch nahm. Das kann Platon nicht einfach so übersprungen haben, und zwar allein schon nicht mangels Lesern, die einen Vorgriff in der Entwicklung des Romans nicht verstanden hätten.

Atlantis kommt in den *Unglaublichen Dingen jenseits von Thule* nicht vor, obwohl doch die Ortsangabe „jenseits von Thule" geradezu eine Steilvorlage dafür bietet. Vermutlich hat Antonius Diogenes in Atlantis keine geeignete Vorlage für einen phantastischen Roman erblicken können, sonst hätte er sich die Gelegenheit wohl kaum entgehen lassen, Atlantis in seinen Roman einzuflechten. Und das ist bemerkenswert.

Minucius Felix (um 200 n.Chr.)

Marcus Minucius Felix lebte vermutlich in Rom und war einer der ersten Autoren einer christlichen apologetischen Schrift. Darin stützte sich Minucius Felix ganz auf die klassische römische Bildung und verzichtete weitgehend auf die Inhalte der christlichen Dogmatik. Auch das zyklische Weltbild Platons kommt zur Sprache:

> „Über den Weltbrand ferner ist es ein verbreiteter Irrtum, wenn man nur schwer oder gar nicht glauben will, dass plötzlich Feuer vom Himmel fallen. Welcher Weltweise zweifelt, wer wüsste es nicht, dass alles, was entsteht, auch vergeht und alles Geschaffene auch wieder zunichte wird, dass auch der Himmel mit allem, was er enthält, ein Ende nehmen wird, wie er einen Anfang gehabt. Dass so die ganze Welt, wenn das süße Quellwasser und das Meerwasser nicht mehr die Sonne, den Mond und die übrigen Gestirne nährt, in ein gewaltiges Feuer aufgehen müsse, ist die beständige Ansicht der Stoiker; wenn nämlich die Feuchtigkeit verdunstet sei, gerate diese ganze Welt in Brand. Auch die Epikureer haben über die Verbrennung der Elemente und die Zerstörung der Welt genau die gleiche Ansicht. Platon sagt, dass die Bestandteile der Welt abwechselnd bald überflutet werden, bald in Brand geraten. Wenn er auch erklärt, dass die Welt selbst ewig und unauflöslich geschaffen sei, so fügt er doch hinzu, dass sie für Gott, ihren Werkmeister, allein zerstörbar und vergänglich sei. Darum ist es nicht zu verwundern, wenn diese Weltmasse von dem gelöst wird, der sie zusammengefügt hat. Du siehst, dass die Philosophen das nämliche lehren wie wir, nicht als ob wir ihren Spuren gefolgt wären, sondern weil sie aus den göttlichen Weissagungen der Propheten das Schattenbild einer freilich entstellten Wahrheit übernommen haben."[302]

Das ist natürlich noch keine explizite Erwähnung von Atlantis, so dass wir nicht sicher wissen können, wie Minucius Felix darüber dachte. Eine ablehnende Haltung zu Atlantis würde jedenfalls anders aussehen, soviel ist gewiss.

---

[302] Marcus Minucius Felix Octavius XXXIV 1-5; Übersetzung Alfons Müller

Hippolytos von Rom (ca. 170-235 n.Chr.)

Der römische Presbyter Hippolytos war ein bedeutender Kirchenvater der westlichen Kirche und gilt als erster Gegenpapst der Geschichte. Die Erzählung von Ur-Athen und Atlantis wird bei ihm nicht explizit erwähnt, doch es gibt deutliche Bezüge zu Platons Timaios und der Atlantisgeschichte in seinen Werken. In dem Werk *Refutatio omnium haeresium* über die „Zurückweisung aller Häretiker" erscheinen die uns interessierenden Passagen im Kontext der Widerlegung der Häresien des Valentinus. Valentinus wiederum stützte sich nach Meinung des Hippolytos auf griechische Autoren, u.a. auf Pythagoras und Platon:

> „Man darf keine von den Lehren [*oudena mython*], die bei den Griechen in Geltung sind, mißachten. Denn selbst ihre unwissenschaftlichen Anschauungen [*asystata dogmata*] erscheinen noch wahrscheinlich, wenn man sie mit der grenzenlosen Tollheit der Häretiker vergleicht, ... Wir legen also zuerst die Lehren der griechischen Philosophen dar und werden unsern Lesern beweisen, dass diese Lehren älter und Gottes würdiger sind als die der Häretiker; dann wollen wir die einzelnen Sekten miteinander vergleichen und sehen, wie sich die Sektenstifter über die griechische Philosophie hermachten, deren Grundlagen für sich verwerteten und immer tiefer sinkend ihre Lehre zusammenschmiedeten."[303]

> „Plato hat nämlich im Timaios den Pythagoras vollständig nachgebildet; ... ... jene haben einst ihre Lehre von den Ägyptern übernommen und für die Griechen zugeschnitten [*metadidaxanton*, deshalb besser: weiterlehren, überliefern]; ... ...
> Die Grundlage für Platons Lehre im Timaios ist die Weisheit der Ägypter; von dorther hat nämlich Solon die ganze Lehre von der Entstehung und dem Untergang der Welt in einer alten und prophetischen Sage [*palaio tini logo kai prophetiko*], wie Plato sagt, erhalten und die Griechen gelehrt, die (damals) kleine Kinder waren und keine ältere auf Gott bezügliche Kunde besaßen."[304]

> „... Noe, zu dessen Zeit die Flut [*kataklysmos*] auf der ganzen Welt entstand, deren weder Ägypter noch Chaldäer noch Griechen gedenken, bei denen an einzelnen Orten jene Überflutungen [*kataklysmoi*] zur Zeit des Ogyges und Deukalion stattfanden."[305]

Im *Liber generationis* schreibt Hippolytos von Rom:

> „Es kommen von daher auch (alle) Stämme Griechenlands, außer jenen, die später dort wohnten/hinkamen, (nämlich) (wie man annimmt) (die) aus Sais, die eine (bei Griechen) ehrbare Stadt am Meer bewohnten, (die) Athen (genannt wird)."[306]

---

[303] Hippolytos von Rom Refutatio omnium haeresium I Introitus; Übersetzung Konrad Preysing
[304] Hippolytos von Rom Refutatio omnium haeresium VI 21 f.; Übersetzung Konrad Preysing
[305] Hippolytos von Rom Refutatio omnium haeresium X 30; Übersetzung Konrad Preysing
[306] Hippolytos von Rom Liber generationis I 77 resp. Chr. Alex. 53 nach Mommsen (1892); hier eine verschiedene Überlieferungen integrierende Übersetzung von Thorwald C. Franke

Folgende Gründe sprechen dafür, dass Hippolytos die Atlantisgeschichte für eine wahre Geschichte hielt: Hippolytos gibt zu erkennen, dass er generell eine hohe Meinung von den griechischen Autoren hat; er sieht diese durch die Häretiker lediglich falsch interpretiert und missbraucht. Nach der Ankündigung der Widerlegung der Lehren des Valentinus, die sich auf Solons Wissen aus Ägypten beziehen, folgen nur Argumentationen gegen die Seelenwanderung. Eine Argumentation z.B. gegen die bei Platon in diesem Zusammenhang genannten hohen Jahreszahlen von 9000 Jahren führt Hippolytos nicht. Also kann er sich daran nicht gestört haben. Überhaupt finden sich in demselben Werk immer wieder Hinweise darauf, dass dieser oder jener seine Weisheit aus Ägypten hätte, ohne dass Hippolytos daran Zweifel äußert. Hippolytos geht also grundsätzlich davon aus, dass es in Ägypten Weisheiten gab, die man von dort mitbringen konnte. Das gilt dann auch für Solon. Hippolytos ist nicht entgangen, dass die von Ägyptern und Griechen überlieferten Fluten nur regionale Fluten gewesen sein sollen. Mit der von den Ägyptern überlieferten Flut kann von Hippolytos eigentlich nur die Flut aus der Atlantisgeschichte gemeint sein. Schließlich finden wir im *Liber generationis* eine Passage, die ein weiteres wesentliches Element der Atlantisgeschichte für wahr hält, nämlich die Verwandtschaft von Athenern und Saiten. Man beachte, dass die Weltchronik des Hippolytos für das spätere *Liber generationis* mutmaßlich nur eine von mehreren Quellen war; auch ist die Überlieferungslage schlecht. Doch unterschlagen werden sollte dieses Indiz dennoch nicht.

Fassen wir zusammen: Hippolytos von Rom war gewiss nicht interessiert an Platons Atlantisgeschichte, doch hat er sie offenbar zur Kenntnis genommen, ohne sich an ihren Aussagen zu stören. Einige wesentliche Aussagen der Atlantisgeschichte werden von Hippolytos bestätigt, auch wenn er sich nicht explizit zu Ur-Athen oder Atlantis äußert. Wir können es für wahrscheinlich halten, dass Hippolytos von Rom die Atlantisgeschichte für grundsätzlich wahr hielt.

Diogenes Laertios (3. Jhdt. n.Chr.)

Von Solon berichtet Diogenes Laertios in seinem Werk *Leben und Lehren berühmter Philosophen*, dass er 5000 Verse über die Insel Salamis und das Athenische Staatswesen geschrieben habe[307]. Es gibt Spekulationen, dass es sich dabei auch um das unvollendete Epos über Ur-Athen und Atlantis gehandelt habe.

Doch mehreres spricht dagegen: Die Information über die 5000 Verse wird von niemand anderem bestätigt, obwohl es eine beeindruckende Zahl ist. Atlantis wird als Thema nicht erwähnt, statt dessen ist von Salamis die Rede. Und mit 5000 Versen wäre das Epos womöglich schon fast fertig gewesen, statt unvollendet zu bleiben! Zum Vergleich: Homers Odyssee hat 12110 Verse.

---

[307] Diogenes Laertios I 61

Könnte eine Verschreibung vorliegen, also „Atlantis" statt „Salamis"? Dafür gibt es keine Belege, und die Verschreibung müsste mehrere Buchstaben betreffen. Könnte Solons Epos über Athen und die Insel Atlantis in Wahrheit auf Solons Athen und die Insel Salamis gemünzt sein, die von Athen unter der Führung Solons ruhmreich erobert wurde? Auch das ist kaum der Fall, denn die politische Konstellation der Atlantisgeschichte ist eine völlig andere und auch die Herkunft aus Ägypten und viele andere Details würden keinen Sinn ergeben.

Diogenes Laertios kommt an ganz anderer Stelle auf Platons Atlantis insofern zu sprechen, als er den Namen des Dialogs mehrfach erwähnt. Siehe bei den antiken Erwähnungen.

1.4 Spätantike Erwähnungen

Im Zeitraum von 235 bis 284 n.Chr. kam es im Römischen Reich zur sogenannten „Reichskrise", die die Spätantike einleitete: Im Inneren geriet das Römische Reich durch die Soldatenkaiser in eine instabile Lage, von außen kam es zu Einfällen und Eroberungszügen von Germanen und Persern, die nur noch mit großer Mühe abgewehrt werden konnten. Auch ökonomisch und kulturell war ein deutlicher Niedergang zu verzeichnen. Die Reichskrise endete mit dem Regierungsantritt von Kaiser Diokletian im Jahr 284 n.Chr., der mit der Ernennung von drei Mitkaisern die Reichsteilung einleitete. Indem jeder Mitkaiser einen Teil des Reiches regierte, bahnte sich die politische und kulturelle Einteilung der Welt des späteren Mittelalters an.

Zur Stabilisierung des Wirtschaftslebens wurden planwirtschaftliche Gesetze erlassen. Handwerker mussten sich zu Zünften zusammenschließen, und Söhne wurden dazu verpflichtet, den Beruf des Vaters zu ergreifen. Pachtbauern wurden in ihrer Freizügigkeit eingeschränkt und gerieten immer mehr in die Abhängigkeit von adeligen Großgrundbesitzern. An die Stelle der Selbstverwaltung der einzelnen Städte trat eine ausufernde Reichsbürokratie, die die sprichwörtlichen „byzantinischen" Ausmaße annahm. Das Militär wurde zum Staat im Staate. Immer weniger Menschen arbeiteten produktiv für immer mehr unproduktive Bürokraten und Soldaten, so dass die Steuerlast erdrückend wurde. Die Kluft zwischen Armen und Reichen wuchs dramatisch. Alle diese Maßnahmen stellten die Weichen für jene Form des Wirtschaftslebens, die wir für typisch mittelalterlich halten.

Während der Reichskrise war so gut wie keine literarische Produktion zu verzeichnen. Nach der Reichskrise begann das literarische Leben auf einem abgesunkenen Niveau. Zunächst wurden praktische Ratgeber geschrieben, dann entstanden Kompendien des antiken Wissens, die einen Überblick über das gesammelte Wissen verschaffen wollten.

In die Zeit der Reichskrise fällt auch der Übergang von der Schriftrolle zum Codex als allgemein üblicher Form des Buches. Durch diesen Übergang ging alle Literatur verloren, die nicht von Schriftrollen in Codices übertragen wurde. Aber auch der allgemeine Niedergang der Bildung sowie die teils kämpferische Durchsetzung des Christentums gegen die „heidnische" Bildung führten zu einem großen Verlust an Büchern, die wir heute nur noch durch ihre Erwähnung bei anderen Autoren kennen.

Auch die Philosophie erlebte einen Niedergang und eine Verwandlung. Es entwickelte sich der sogenannte Neuplatonismus, der sich von Alexandria und Rom aus über das Reich verbreitete, und zur dominanten philosophischen Richtung der Zeit wurde. Entsprechend dem Zeitgeist interpretierte der Neuplatonismus die Philosophie Platons „religiöser" bzw. „mystischer" und zugleich staatsfreundlicher. Es bereitete sich die gegenseitige Durchdringung von Philosophie und Religion vor, die ein neuplatonisch verstandenes Christentum zur Staatsreligion machte. Im griechischen Osten und später im islamischen Raum gab es keine Trennung mehr zwischen Staat und Kirche, zwischen Religion und Philosophie.

Obwohl das Christentum von Anfang an in der antiken Bildungstradition lebte, die bereits in das Neue Testament eingeflossen war, nahm es zunächst eine polemische Haltung gegenüber der „heidnischen" Bildung ein. Je mehr sich das Christentum durchsetzte und die Oberhand gewann, desto gelassener stand es der antiken Bildungstradition gegenüber. Schon Origenes, Basilios und andere Kirchenväter des Ostens hatten den Wert der griechischen Bildung anerkannt. Die von Augustinus erstrebte Entwicklung einer genuin christlichen Bildung kam nie zustande. Die noch im 4. Jahrhundert verbreitete scharfe Tonart von Christen gegenüber der heidnischen Bildungstradition schwand bald. Schließlich kam es zu einer Symbiose des neuen Glaubens mit der antiken, heidnischen Bildungstradition.

Im Jahr 406 wurde die Reichsgrenze am Rhein aufgegeben. Die ungehindert einströmenden germanischen Stämme teilten Westeuropa unter sich auf und es entstanden die Germanenreiche, die zur Grundlage der späteren Nationalstaaten in Westeuropa werden sollten. Mit dem Zusammenbruch der römischen Zivilisation brach auch das Bildungswesen zusammen. Die antike Bildungstradition wurde nur noch von wenigen fortgeführt.

Für das lateinische Mittelalter wurde die antike Bildungstradition in enzyklopädischen Werken von Autoren wie Martianus Capella, Macrobius, Isidor von Sevilla oder Cassiodor summarisch zusammengefasst und überliefert. Diese Autoren hatten maßgeblichen Einfluss auf die Entwicklung der Bildungstradition im lateinischen Mittelalter. Insbesondere bei Martianus Capella wird Platons Atlantisgeschichte gleich zweimal positiv erwähnt. Macrobius bestätigt die geographischen und chronologischen Elemente der Atlantisgeschichte. Einen großen Einfluss übte die lateinische Timaios-Übersetzung des Calcidius und dessen Kommentar dazu aus, denn der Timaios war damit praktisch der einzige auf Latein vorliegende Dialog Platons.

Es gibt plausible Argumente dafür, die sogenannte Spätantike nicht so sehr als letzte Phase der Antike, sondern vielmehr als erste Phase des Mittelalters zu begreifen[308].

Man beachte, dass das griechische Wort *mythos* im Lateinischen mit *fabula* wiedergegeben wird. Diese Übersetzung trug schon damals eine Bedeutungsverschiebung in sich, die fatal ist. Hinzu kommt, dass sich die Bedeutungen dieser Worte über die Jahrhunderte weiter verschoben. Heute verstehen wir unter „Mythos" und „Fabel" ganz andere Dinge, als man damals unter *mythos* und *fabula* verstand.

Origenes (ca. 185-254 n.Chr.)

Origenes war Schüler von Clemens von Alexandria und dessen Nachfolger als Leiter der Katechetenschule in Alexandria. Auch Origenes verband christliche Theologie und antike Philosophie miteinander, doch weniger optimistisch als sein Lehrer Clemens. In seiner apologetischen Schrift *Contra Celsum* gegen die Kritik des Kelsos am Christentum äußerte sich Origenes indirekt auch über Platons Atlantis.

Origenes macht deutlich, dass er die Welt als erschaffen und jünger als 10000 Jahre ansieht, indem er Kelsos vorwirft, er hätte unfreiwillig zugegeben, dass die Welt jünger als 10000 Jahre sei[309]. An anderer Stelle weicht Origenes der Frage aus, ob die Geschichte zyklisch ist, doch ist die Begrenzung auf weniger als 10000 Jahre bereits deutlich genug. Hinzu kommt die Aussage, dass der Gedanke von wiederkehrenden Katastrophen eine missverstehende Deutung der Bibel ist, die von einer Weltverbrennung spricht: Nicht natürliche Kreisläufe, sondern die Eindämmung der Sünde durch Gott ist die wahre Ursache für die Katastrophe, so Origenes[310]. Im Übrigen macht Origenes die Glaubwürdigkeit der Ägypter als Quelle von Wissen lächerlich, indem er darauf hinweist, dass diese sogar Tiere anbeten würden. Was Platon über Wissen aus Ägypten berichtet, wird nicht für glaubwürdig gehalten[311].

Obwohl Origenes nicht explizit über Ur-Athen und Atlantis spricht, können wir aus seinen Entgegnungen auf den Platoniker Kelsos mit hinreichender Klarheit entnehmen, dass er die Atlantisüberlieferung nicht für wahr hielt. Weder akzeptiert er ein zyklisches Geschichtsbild wiederkehrender Katastrophen, noch ein Weltalter von 10000 Jahren, noch die alten Ägypter als Quelle von Wissen. Was die Ablehnung der Atlantisüberlieferung als wahre Geschichte anbelangt, könnte Origenes tatsächlich identisch mit Origenes Platonicus sein, wie manche vermuten.

---

[308]Vgl. Fuhrmann (1994) S. 95, 97 f., 282 ff.; 301
[309]Origenes Contra Celsum I 19 f.
[310]Origenes Contra Celsum IV 12
[311]Origenes Contra Celsum I 19 f.

Origenes Platonicus (vor 268 n.Chr.)

Origenes Platonicus war ein antiker platonischer Philosoph in der Zeit des Übergangs vom sogenannten Mittelplatonismus zum Neuplatonismus. Er wird „Platonicus" genannt, um ihn von dem weitaus bekannteren christlichen Gelehrten Origenes abzugrenzen. Manche sehen in Origenes und Origenes Platonicus ein- und dieselbe Person. Origenes Platonicus war Schüler des Ammonios Sakkos, des Begründers des Neuplatonismus. Später lehrte er selbst an dessen Schule in Alexandria. Zu seinen Schülern zählte u.a. Longinos.

Über die Meinung des Origenes Platonicus werden wir durch Proklos an denselben Stellen informiert, an denen wir auch von Numenios hören. Dort heißt es:

> „Origenes aber sagte, dass die Darlegung erfunden sei, und in diesem Punkt ging er konform mit dem Kreis um Numenios"[312]

Ganz ähnlich wie Numenios deutet Origenes Platonicus die Auseinandersetzung von Ur-Athen und Atlantis: Während es bei Numenios Seelen sind, die sich in Opposition befinden, sind es bei Origenes Dämonen.[313]

Zotikos (vor 270 n.Chr.)

Zotikos ist ein weitgehend unbekannter Dichter des dritten Jahrhunderts, dessen Existenz uns nur wegen dessen Bekanntschaft mit dem neuplatonischen Philosophen Plotin in dessen Lebensbeschreibung von Porphyrios überliefert ist. Praktisch alles, was wir über Zotikos wissen, geht aus der kurzen Passage hervor, in der auch die Erwähnung von Atlantis stattfindet:

> „Mit ihm [Plotin] verkehrte auch der Kritiker und Poetiker Zotikus, der die Schriften des Antimachus verbessert und die Fabel von Atlantis [ton Atlantikon] in sehr schöne Verse [pany poietikos] gebracht hat. Er starb erblindet kurz vor dem Plotin."[314]

In der Übersetzung von Hermann Friedrich Müller von 1878 begegnet uns hier zunächst einer jener typischen Übersetzungsfehler des 19. Jahrhunderts. Im Originaltext heißt es mitnichten, dass Zotikos die „Fabel" von Atlantis in Verse gebracht hätte, sondern den „Atlantikos". Das ist der übliche Titel für Platons Dialog Kritias. Von einer „Fabel" fabuliert also lediglich die Übersetzung. Diese falsche Übersetzung findet sich auch in einer englischsprachigen Arbeit von Heinz-Günther Nesselrath von

---

[312] Proklos In Timaeum I 1,83 oder 26C; Übersetzung Thorwald C. Franke
[313] Proklos In Timaeum I 1,76 f. oder 24B f.
[314] Porphyrius Vita Plotini 7; Übersetzung Hermann Friedrich Müller 1878

2005 als „Tale of Atlantis" wieder[315]. Die gängigen englischen Übersetzungen von Stephen MacKenna oder A. H. Armstrong sprechen von „story".

Zotikos hätte also Platons Dialog Kritias in „sehr schöne" Verse gesetzt. Man kann vermuten, dass Zotikos hier das Projekt des Solon zu verwirklichen versuchte, der die Atlantisgeschichte angeblich zu einem Epos verarbeiten wollte. Dann hätte Zotikos gewiss in Hexametern gedichtet. Interessanterweise erfahren wir nur, dass Zotikos den Dialog, so wie er ist, in Verse setzte. Davon, dass Zotikos in seine Dichtung eine eigene Interpretation einbrachte, indem er z.B. den offenen Schluss des Kritias zu Ende dichtete, hören wir nichts.

Wir erfahren auch sonst nicht, welcher Deutung der Atlantisgeschichte Zotikos nahe stand, und wir können die Meinung des Zotikos auch indirekt nicht erschließen, da in der Schule der Neuplatoniker, denen Zotikos offenbar nahe stand, verschiedene Meinungen über Platons Atlantis existierten.

Es ist doppelt falsch, wenn Diskin Clay die Dichtung des Zotikos als einen Beleg für Leichtgläubigkeit deutet[316]. Erstens wissen wir nicht, was Zotikos über Atlantis dachte. Zweitens war Glaube an die Realität von Atlantis in der Antike niemals Leichtgläubigkeit.

Kassios Longinos (ca. 212-272 n.Chr.)

Longinos studierte wie der spätere Hauptvertreter des Neoplatonismus, Plotin, in Alexandria bei dem Begründer der neoplatonischen Schule Ammonios Sakkas. Außerdem war dort auch Origenes Platonicus sein Lehrer. Während sich Plotin in Rom niederließ, ging Longinos nach Athen. Seine Schule konkurrierte mit der Schule Plotins. U.a. unterrichtete Longinos auch den späteren Schüler Plotins Porphyrios, mit dem ihn eine lebenslange Freundschaft verband.

Ähnlich wie Platon Dionysios II. von Syrakus philosophisch zu erziehen versuchte, so versuchte Longinos die Königin Zenobia von Palmyra philosophisch zu beraten. Offenbar riet er ihr dazu, sich von Rom loszusagen. Als Zenobia schließlich von Rom besiegt wurde, schob diese alle Schuld auf Longinos, der daraufhin hingerichtet wurde. In seinem Prozess soll Longinos die aufrichtige Haltung eines Philosophen bewiesen haben.

Neuplatoniker wie Plotin wollten Platons Dialoge vor allem symbolisch interpretieren. Deshalb begrüßten sie auch die irrige Auffassung des Numenios, der bei Platon überall pythagoreische Zahlensymbolik sehen wollte. Longinos hingegen war ein Skeptiker und wandte sich gegen die neuplatonische Schwärmerei. Seine Kritik war bodenständig, sachorientiert, detailliert, bisweilen pedantisch, und umfasste auch rein sprachliche Aspekte. „Das Urteil Longins über Numenios scheint überwiegend negativ

---

[315]Nesselrath (2005) S. 166 Fußnote 48
[316]Clay (1999/2000) S. 7

und ablehnend zu sein", meint Männlein-Robert[317]. Deshalb wurde Longinos auch eher als Kritiker und Philologe denn als Philosoph wahrgenommen. In Byzanz soll die sprachliche Kompetenz des Longinos noch bis ins 11. Jahrhundert hinein sprichwörtlich gewesen sein.

Seine Opposition gegen den neuplatonischen Irrweg[318] bringt es mit sich, dass Longinos noch zum Mittelplatonismus gerechnet wird, obwohl er in der Zeit des Neuplatonismus lebte. Longinos war sogar in der Lage, Platon selbst zu kritisieren! Im Zusammenhang mit dem am Anfang des Timaios geplanten *mythos*, der dann zugunsten der realen Darlegung von Ur-Athen und Atlantis verworfen wird, bezweifelt Longinos, dass nur die politisch erfahrenen Dialogteilnehmer in der Lage wären, einen solchen *mythos* zu dichten, Dichter aber nicht. Umgekehrt meint er, wenn es Dichter nicht könnten, dann auch die philosophischen Dialogteilnehmer nicht.[319]

Die Meinung des Longinos über Platons Atlantis ist uns bei Proklos überliefert. Es gibt allerdings nur eine einzige vage explizite Aussage, wie Longinos die Atlantisüberlieferung einstufte, die um eine Reihe von indirekten Aussagen ergänzt wird. Diese zusammengenommen ergeben zum Glück ein sehr klares Bild.

Für Longinos ist die vor den eigentlichen Vortrag des Timaios vorgeschaltete kurze Atlantisüberlieferung mitsamt dem Überlieferungslogos an dieser Stelle grundsätzlich überflüssig[320]. Sie wurde von Platon lediglich zu dem Zweck „vorgezogen" (*parelaben*), um den Leser zu erfreuen und ihn auf diese Weise für den folgenden, trockenen Vortrag des Timaios vorzubereiten[321].

Diese Begründung des Longinos finden wir auch im direkt folgenden Satz über Numenios und Origenes Platonicus wiederholt:

„Origenes aber sagte, dass die Darlegung erfunden sei,
und in diesem Punkt ging er konform mit dem Kreis um Numenios,
(dass) nicht die Bewirkung der Erbauung (des Lesers) gemäß Longinos
(der Grund) für die Erfindung ist:
Den Grund für die Erfindung nennt (Origenes) nicht."[322]

In dieser Passage lauert ein gefährliches Missverständnis: Man könnte aus dieser Stelle herauslesen, dass Longinos von einer Erfindung der Atlantisgeschichte ausging, nämlich einer Erfindung zum Zweck der Erbauung des Lesers. Doch das wird hier nicht gesagt. Man lese genau: Es wird lediglich die Auffassung des Longinos angeführt, dass die Atlantisgeschichte im Timaios zum Zweck der Erbauung des Lesers auftaucht, um dies sodann als einen möglichen Grund für eine Erfindung zu disku-

---

[317]Männlein-Robert (2001) S. 89
[318]Vgl. Tarrant (2006) S. 74-76
[319]Proklos In Timaeum I 1,66 bzw. 21C
[320]Proklos In Timaeum I 1,204 bzw. 63B
[321]Proklos In Timaeum I 1,83 bzw. 26C; vgl. Männlein-Robert (2001) S. 36 f.
[322]Proklos In Timaeum I 1,83 oder 26C; Übersetzung Thorwald C. Franke

tieren – wobei die Erfindungsaussage von *anderen* gemacht wird: Von Origenes Platonicus und Numenios.

Die Wendung „gemäß Longinos" (*kata ton Longinon*) bezieht sich mit Sicherheit auf die Motivation für das Auftauchen des Atlantisthemas im Timaios, also den Kunstgriff zur Erbauung des Lesers, aber es ist *nicht* gesichert, dass diese Wendung sich auch auf die Erfindungsaussage bezieht. Das wäre zwar grammatikalisch möglich, aber es ist nicht gesichert.

Es ist sogar sehr unwahrscheinlich: Denn Longinos spricht ja gar nicht über die Atlantisgeschichte an sich, wie Origenes und Numenios, sondern von einem „Vorziehen" derselben. Bei Longinos geht es also nur um die Frage, warum die Atlantisgeschichte auch an *dieser* Stelle Erwähnung findet, aber nicht um die Frage, ob die Atlantisgeschichte wahr oder falsch ist. Ein „Vorziehen" ist kein „Erfinden". Erst nachdem Proklos die Meinung des Longinos über das „Vorziehen" zum Zweck der Erbauung vorgetragen hat, kommt Proklos auf Origenes und Numenios zu sprechen, und erst hier ist von „Erfinden" statt von „Vorziehen" die Rede: Es ist fast offensichtlich, dass sich das nicht auf die Meinung des Longinos beziehen kann.

Es gibt eine lange Tradition des Irrtums, die Longinos aufgrund einer falschen Interpretation dieser Stelle als Atlantisskeptiker einordnet, obwohl er es nicht war[323].

Tarrant schreibt dem Longinos noch eine weitere Aussage bei Proklos zu, wo die Motivation für das kurze Anschneiden des Atlantisthemas im Timaios mit dem Wort *psychagogia*, „Seelenführung", wiedergegeben wird[324]. Aber an keiner dieser Stellen spricht Longinos davon, dass Atlantis eine Erfindung sei, und darauf kommt es an. Es geht bei Longinos nur darum, wie das Thema Atlantis an dieser Stelle verwendet wird, nicht aber darum, woher das Thema Atlantis kommt.

Hingegen gibt es eine ganze Reihe von Stellen, die zeigen, dass Longinos die Atlantisüberlieferung im Timaios nicht als eine symbolische Erzählung deutete, sondern die Darlegung so nahm, wie sie sich präsentierte. Und das heißt nichts anderes, als dass er sie als reale historische Überlieferung akzeptierte. Wir sahen das bereits an der Kritik des Longinos im Zusammenhang mit dem geplanten *mythos* ganz am Anfang des Timaios, der dann zugunsten der realen Atlantisüberlieferung verworfen wird: Longinos nimmt die Aussagen Platons völlig ernst und kritisiert sie an dieser Stelle auch, anstatt eine „höhere" Weisheit dahinter zu vermuten. An anderer Stelle hinterfragt Longinos die von Platon in der Atlantisgeschichte genannte Erklärung dafür, dass in Athen geistreiche Menschen entstehen, und versucht diese Behauptung Platons mit einer alternativen Erklärung zu retten[325]. Auch hier wird deutlich, dass Longinos Platon wörtlich nimmt, gerade weil er kritisch ist. Schließlich führt Tarrant

---

[323]Vgl. z.B. falsche Einordnung bei Rudberg (1917/2012) S. 20 (engl.) / S. 13 (schwed.); Taylor (1928) S. 50
[324]Proklos In Timaeum I 1,129 bzw. 40A; Tarrant (2006) S. 225
[325]Proklos In Timaeum I 1,162 f. bzw. 50C

1.4 Spätantike Erwähnungen

mit Recht folgende Worte gegen verschraubte symbolische Interpretationen auf Longinos zurück[326]:

> „Dass erstens ihm, Platon, die Ausdeutelei dieser und ähnlicher Worte (*logoi*) erscheint, wie wenn jemand mühsam arbeitet und dennoch erfolglos bleibt[327]. Zweitens aber, dass die Lehre Platons nicht so rätselhaft ist wie die des Pherekydes, sondern über die meisten Themen lehrt er klar. Deshalb ist es nicht nötig, sich Gewalt anzutun (und) zu analysieren, was jemand uns klar als Lehre vorlegt."[328]

Auch aufgrund dieses Zeugnisses kann es als sicher gelten, dass Longinos die Atlantisüberlieferung im Timaios so nahm, wie sie sich präsentierte, nämlich als reale historische Überlieferung, und nicht nach „höheren" Interpretationen suchte. Das bedeutet noch nicht, dass Longinos die Atlantisgeschichte in allen Einzelheiten für wahr hielt – so kritisierte er z.B. wie gesehen die Klima-These Platons bezüglich Athen. Die Atlantisüberlieferung präsentiert sich als wahre Überlieferung, und diese Selbstauskunft eines platonischen Dialoges zu hinterfragen hielt Longinos für unangebracht.

Es ist deshalb grundsätzlich falsch, wenn Tarrant bei Longinos keine hinreichenden Hinweis auf die Realität von Atlantis sehen will[329]. Tarrant selbst liefert das letzte starke Indiz dafür, dass Longinos die Atlantisüberlieferung für wahr hielt: Tarrant hat vorgeschlagen, dass der Name des Longinos in der zentralen Aufstellung der verschiedenen Meinungen bei Proklos deshalb fehlt, weil Longinos dieselbe Meinung hatte wie Krantor und deshalb nicht eigens aufgeführt wird[330]. Krantor aber hielt die Atlantisüberlieferung für real!

Bereits 2001 hatte sich Irmgard Männlein-Robert mit anderen Argumenten als Tarrant ausführlich dafür ausgesprochen, dass Longinos das Atlantis des Platon für eine Erfindung hielt. Eine Rezension mit einer ausführlichen Gegenargumentation findet sich im Anhang.[331]

Wir halten fest: Longinos hielt die Atlantisüberlieferung im Timaios wie alle Darlegungen Platons, die sich selbst so präsentieren, mit größter Wahrscheinlichkeit grundsätzlich für wahr, und er verteidigte diese Auffassung gegen den Irrweg der Neuplatoniker. Die Atlantisüberlieferung enthielt für Longinos keine „höhere" Symbolik, sondern bot lediglich Lehren von jener Art, wie man sie für gewöhnlich aus der Geschichte ziehen kann. Longinos übt Kritik nur im Detail, nicht aber an der ganzen Darlegung.

---

[326]Tarrant (2006) S. 224 Fußnote 551
[327]Vgl. Phaidros 229d f.
[328]Proklos In Timaeum I 1,129 bzw. 40A; Übersetzung Thorwald C. Franke
[329]Tarrant (2006) S. 75; Tarrant (2007) VII.
[330]Tarrant (2006) S. 75
[331]Vgl. Männlein-Robert (2001)

Amelios Gentilianos (ca. 216/26-290/300 n.Chr.)

Amelios Gentilianos war zusammen mit Porphyrios Schüler des Neuplatonikers Plotin in Rom. Wie Plotin, so rezipierte auch Amelios eifrig die Werke des Numenios.

Die Auffassung des Amelios über Platons Atlantis ist uns bei Proklos überliefert. Dort heißt es, Amelios gehöre zu jenen, die nicht grundsätzlich ausschließen, dass die Atlantisüberlieferung real ist, die aber *ausschließlich* der Frage nach einer „höheren" symbolischen Bedeutung der Atlantisüberlieferung Bedeutung beimessen[332]. Mit anderen Worten: Es ist diesen Philosophen im Grunde egal, ob die Atlantisüberlieferung real ist oder nicht. Sie stehen zu dieser Frage neutral.

Amelios sah in der Auseinandersetzung zwischen Ur-Athen und Atlantis den Gegensatz von Fixsternen und Wandelsternen verkörpert. Proklos vermutet, dass die Analogie von Atlantis mit den Wandelsternen daher rühre, dass Amelios von sieben Ringen der Stadt Atlantis ausgeht, die den sieben Planeten entsprechen würden.

Tarrant hat Schwierigkeiten diese sieben Ringe in Atlantis zu erkennen und vermutet sieben Land- und Wasserzonen, von der Burginsel über die drei Gräben und zwei Landringe bis hin zum Land um die Ringstruktur herum; außerdem sieht er die Analogie zu den Planeten nicht[333].

Die Idee des Amelios wird vielleicht verständlicher, wenn wir an die bei Herodot beschriebene Stadt Ekbatana denken, die übrigens gerne als eines von mehreren Vorbildern für eine mutmaßliche Erfindung von Atlantis herangezogen wird. Dort gibt es sieben Mauerringe, die entsprechend der Farben der Planeten bemalt sind. In Atlantis gab es ebenfalls Mauerringe in verschiedenen Farben, und man vergesse nicht den äußersten Mauerring um die Stadt herum. – Doch der Vergleich funktioniert nicht. Um auf sieben Ringe zu kommen, muss man bei Atlantis nicht nur Mauerringe, sondern Ringe verschiedenster Art annehmen, also gewissermaßen Äpfel mit Birnen vergleichen. Außerdem stimmen die Farben der Mauerringe in keiner Weise mit den Planetenfarben von Ekbatana überein. Auch sonst gibt es zahlreiche Unterschiede.[334]

Porphyrios (ca. 233-301/5 n.Chr.)

Porphyrios studierte zunächst bei Longinos in Athen, mit dem ihn eine lebenslange Freundschaft verband. Dann ging er nach Rom, wo er gemeinsam mit Amelios Gentilianos Schüler des Plotin wurde. Da er auch eine Streitschrift gegen die Christen verfasste, erging im Jahr 448, also rund 150 Jahre nach seinem Tod, ein Erlass der Kaiser Theodosius II. und Valentinian III., der die Verbrennung all dessen befahl, was Porphyrios „von seinem Wahnsinn getrieben gegen die ehrwürdige christliche Reli-

---

[332]Proklos In Timaeum I 1,76 bzw. 24BC
[333]Tarrant (2006) S. 169 f. Fußnote 311
[334]Franke (2006/2016) S. 154-158

gion vorgebracht" hat. Von seinem umfangreichen Werk ist deshalb nur wenig erhalten geblieben.[335]

Die Auffassung des Porphyrios über Atlantis ist uns bei Proklos überliefert. Laut Proklos habe Porphyrios versucht, die beiden Auffassungen von Numenios und Origenes Platonicus zu vereinen[336]: Aufstrebende Seelen würden gegen niedersteigende Dämonen kämpfen. Diese Verbundenheit mit Numenios und Origenes Platonicus bedeutet natürlich auch, dass Porphyrios die Atlantisüberlieferung wie diese als eine Fiktion ansah.

Porphyrios beeinflusste viele spätere Autoren, doch eine Beeinflussung in Bezug auf seine Meinung zu Platons Atlantis scheint nicht stattgefunden zu haben, wie er ja auch selbst in dieser Frage eine andere Meinung wie sein Lehrer Longinos vertrat.

Iamblichos von Chalkis (ca. 240/5-320/5 n.Chr.)

Iamblichos studierte in Rom bei dem Neuplatoniker Porphyrios, stand aber teilweise in Opposition zu seinem Lehrer. Später ging er nach Apameia und gründete dort eine eigene Philosophenschule. Wir erfahren die Meinung des Iamblichos bei Proklos.

Iamblichos ist offenbar der erste Vertreter der Auffassung, dass die Atlantisüberlieferung *gleichermaßen* sowohl wahr ist als auch zugleich über eine „höhere" symbolische Bedeutung verfügt[337]. Dieser Meinung schlossen sich spätere neuplatonische Philosophen wie Syrianos und Proklos an.

Tarrant meint: „What we do not find in Iamblichus is any attempt to prove that the literal meaning is historically true."[338] Dies ist eine überzogene Argumentation. Natürlich gibt es bei Iamblichos keinen Versuch analog zu Krantors ägyptischen Stelen, die historische Wahrheit von Ur-Athen und Atlantis zu beweisen. Aber die Meinung, dass die Atlantisüberlieferung im Sinne Platons „in jeder Hinsicht wahr" ist, reicht aus, um auch den historischen Aspekt einzuschließen. Anders als Tarrant meint, ist es überhaupt nicht nötig, dass Iamblichos dafür dann noch einen weiteren Beweis antritt.

Calcidius (ca. 321 n.Chr.)

Um das Jahr 321 n.Chr. übersetzte und kommentierte ein gewisser Calcidius – oft auch fälschlich: Chalcidius – Platons Dialog Timaios[339]. Die Bedeutung dieser Übersetzung und Kommentierung liegt vor allem darin, dass der lateinische Westen im Mittelalter die Philosophie Platons fast nur durch diese Übersetzung und Kommen-

---

[335]Fuhrmann (1994) S. 140
[336]Proklos In Timaeum I 1,77 bzw. 24CD
[337]Proklos In Timaeum I 1, 77 f. bzw. 24DE
[338]Tarrant (2006) S. 83
[339]Vgl. z.B. Reydams-Schils (2020)

tierung des Timaios von Calcidius kannte. Hinzu kommt, dass die lateinische Übersetzung des Calcidius uns hilft, mögliche Abweichungen im Text von späteren Handschriften zu erkennen. Allerdings war Calcidius kein sehr genauer Übersetzer.

Möglicherweise bildet der Timaios-Kommentar des Poseidonios den Kern von Calcidius' Kommentar, der im Laufe der Zeit von mehreren Autoren umgearbeitet und angereichert wurde. So findet sich u.a. auch neuplatonisches Gedankengut zur Dämonenlehre wieder[340]. Aber auch christliche Elemente kommen vor, weswegen man vermutet, dass Calcidius ein Christ war. Vor allem aber war Calcidius offenbar ein Eklektiker, der sich mehr oder weniger wahllos bei verschiedenen Quellen bediente.

Calcidius übersetzte nur etwa die erste Hälfte des Dialoges (17a-53c) und ließ in seinem Kommentar den Anfang mitsamt der Atlantisüberlieferung aus (bis 31b), weil er meinte, dass der Anfang nicht erklärungsbedürftig sei: Dort gäbe es nur eine „einfache Erzählung" (*simplex narratio*) des Dialoges vom Vortag und eine „Begutachtung der alten Geschichte" (*historiae veteris recensitio*). Man beachte: Die „Begutachtung" meint hier natürlich die im Dialog erwähnte Begutachtung daraufhin, ob diese alte Geschichte von Ur-Athen und Atlantis als Beispiel für Platons politische Philosophie geeignet ist, und deshalb als Stoff für geplanten Vortrag des Kritias geeignet ist, und nicht etwa eine Begutachtung daraufhin, ob diese Geschichte wahr sei.

Auch in seinem kurzen Vorwort zur Übersetzung äußert sich Calcidius nicht über Ur-Athen und Atlantis, und auch die Übersetzung selbst ist bemerkenswert neutral gehalten: *Akoe* wird mit *narratio* übersetzt und *logos* mit *sermo*; es gibt also keine erkennbare Neigung der Übersetzung pro oder contra Atlantis, wie bei modernen Übersetzern, wenn sie z.B. *logos* mit „Märchen" oder „Mythos" übersetzen. Obwohl Calcidius vermutlich ein Christ war, ist auch davon wenig zu spüren. So wird z.B. die Flutkatastrophe nicht *diluvio*, also „Sintflut", sondern *illuvio* genannt.

Ein Problem ist die mehrfache Verwendung des Wortes *fama* als Übersetzung verschiedener Wendungen im griechischen Originaltext, darunter des Wortes *akoe*[341]. Hier besteht die Gefahr einer Bedeutungsverschiebung von einer neutralen „Kunde" zu einem negativ konnotierten „Gerücht". Ein weiteres Problem ist die Wiedergabe des griechischen Wortes *mythos* durch das lateinische *fabula*. Das führt zu einer Bedeutungsverschiebung, derer man sich bewusst sein sollte. Hinzu kommt, dass wir heute unter „Mythos" und „Fabel" ganz andere Dinge verstehen, als man in der Antike unter *mythos* und *fabula* verstand.

Das größte Problem ist allerdings, dass Calcidius in seiner Übersetzung häufig vom Wortlaut des Originals abweicht, um erklärende Worte in seine Übersetzung einzubauen. Diese gut gemeinten Erklärungen geben jedoch nur die Interpretation des Calcidius wieder, und können im Einzelfall in die Irre führen. Besonders ins Gewicht fällt dies an der wichtigen Stelle Timaios 26e, wo Sokrates sagt, dass die Atlantis-

---
[340]Vgl. z.B. Tarrant (2006) S. 77
[341]Timaios 23a

überlieferung kein *mythos* sondern *logos* sei. Calcidius fügt der Stelle eine eigene Erklärung hinzu, hier in *kursiver* Schrift:

> ... magnificum vero
> illud non fictam commenticiamque fabulam, sed veram historiam
> *vitae possibilis fato quodam*
> *a me vestris animis intimatam.*

Eine möglichst wörtliche Übersetzung lautet:

> ... vielmehr ist jenes großartig,
> dass sie keine erfundene und erdachte Fabelei sondern eine wahre Geschichte
> *des durch ein gewisses Schicksal möglichen Lebens* (ist);
> *(jene Fabelei,) die euch von mir mitgeteilt wurde.*

An sich hat Calcidius hier nur eine erklärende Ergänzung eingeschoben, die völlig korrekt ist: Was Sokrates am Vortag als *fabula* bzw. *mythos* eines Staates in Gedanken entwickelte, wird nun an einer wahren Begebenheit vorgeführt, und zwar im Sinne der Politeia, dass der Idealstaat durch eine Wendung des Schicksals ermöglicht wird, wenn nämlich ein Herrscher zugleich Philosoph ist.

Doch die Phrase *vitae possibilis* steht hier verführerisch nahe an *veram historiam* und verleitet zu einer irrigen Übersetzung von einer wahren *historia*, die aber doch nur möglich sei, dass also ihre Wahrheit in ihrer Möglichkeit liege, wie bei einem wenig wahrscheinlichen *mythos*, der nur allegorischen Wert hat. – Ebenfalls ungewöhnlich ist die weite Sperrung von *fabulam* und *intimatam*, die dem Fortgang des entwickelten Gedankens eigentlich zuwiderläuft und einen gedanklichen Rückgriff bedeutet, der übersetzerisch nur durch eine Wiederholung lösbar ist. Logischer wäre es gewesen, wenn es statt *intimatam* besser *intimatae* geheißen hätte, was sich dann auf *vitae* bezöge. Der Sinn würde sich dadurch praktisch nicht ändern, doch der Gedankenfluss wäre intakt bewahrt. Möglicherweise liegt hier eine Verschreibung vor.

Die Konstruktion bietet in jedem Fall Anlass zu fehlerhaften Übersetzungen. Auch das *fato quodam* verführt zu einer falschen Zuordnung zu *intimatam* im Sinne von Timaios 25e, wo Kritias erkennt und den anderen mitteilt, dass die ägyptische Überlieferung „wie durch eine Fügung des Schicksals" (*ek tinos tyches*, lat.: *fato quodam*) mit der theoretischen Überlegung harmoniert; doch genau dieser Bezug liegt hier nicht vor, *fato quodam* bezieht sich auf den durch das Schicksal möglich werdenden Idealstaat.

Wir haben keine explizite Aussage des Calcidius über Ur-Athen und Atlantis als reale Orte. Allerdings ist die Aussage, dass der Anfang des Timaios nicht erklärungsbedürftig sei, weil er „einfach" sei, und die lapidare Erwähnung der „alten Geschichte" ein deutliches Indiz dafür, dass Calcidius diese Angaben in Platons Dialog so nahm wie sie sich darstellen, also als reale Historie. Das würde auch mit der Vermutung zusammenpassen, dass der Kommentar des Calcidius auf dem Kommentar des Poseidonios aufbaute, der es bekanntlich für „besser" hielt, Atlantis für real zu halten.

Weniger gut in dieses Bild passt die Dämonenlehre, in der Calcidius jenen Neuplatonikern folgt, die Atlantis für eine Erfindung halten. Der Eklektizismus des Calcidius spricht jedoch dagegen, von der Dämonenlehre einen direkten Schluss auf seine Haltung zur Atlantisüberlieferung zu ziehen. Ein Eklektiker kann ohne Probleme die Dämonenlehre der Atlantis-skeptischen Neuplatoniker übernehmen, und gleichzeitig Atlantis für historisch halten. Zumal wir bei späteren Neuplatonikern sehen, dass die dämonologische Deutung der Atlantisüberlieferung mit der Annahme vereinbart wird, dass Atlantis nicht nur symbolisch verstanden wird, sondern auch als realer Ort galt.

Hinzu kommt die bemerkenswerte Begründung, warum Calcidius den Anfang des Timaios in seinem Kommentar übergeht: Ihm liegt daran, vorhandene Irrtümer zu widerlegen. Im Umkehrschluss bedeutet das, dass es nach Meinung des Calcidius über den Anfang des Timaios offenbar keine Irrtümer gab, die er hätte widerlegen müssen. Auf den ersten Blick erscheint das seltsam, da doch die Neuplatoniker mit ihrer Auffassung von Atlantis als einer Allegorie auf die Dämonenlehre bereits hervorgetreten waren, so u.a. Origenes Platonicus (vor 268 n.Chr.) und Porphyrios (ca. 233-301/5 n.Chr.). Doch die Gegenbewegung war ebenfalls bereits auf den Plan getreten, u.a. in Person des Kassios Longinos (ca. 212-272 n.Chr.); man denke auch an Iamblichos von Chalkis (ca. 240/5-320/5 n.Chr.). Calcidius verfasste sein Werk in der Zeit nach diesen Auseinandersetzungen. Ein Jahrhundert später sehen wir bei den Neuplatonikern Syrianos und Proklos die völlige Akzeptanz von Ur-Athen und Atlantis als realen Orten neben einer symbolischen Deutung.

Wir können mit Recht annehmen, dass Calcidius die Auseinandersetzung um die Realität von Ur-Athen und Atlantis bereits als entschieden und den Irrtum einer bloßen Allegorie bereits als widerlegt ansah – sonst hätte er sich gemäß seiner explizit formulierten Intention, Irrtümer über Platons Timaios zu widerlegen, dazu veranlasst gesehen, auch hierzu eine Widerlegung von Irrtümern zu schreiben: Sei es für oder gegen die eine oder die andere Seite.

Schließlich spricht auch die Vermutung, dass Calcidius ein Christ war, zumindest nicht gegen die Annahme, dass Calcidius Atlantis für real hielt. Christliche Autoren wie Tertullian (ca. 150-220 n.Chr.) oder – zur selben Zeit – Arnobius Afer (bis ca. 330 n.Chr.) gingen lapidar davon aus, dass Atlantis real war.

Wir halten fest, dass Calcidius mit größter Wahrscheinlichkeit von der Realität der Atlantisüberlieferung ausging. Die weitgehende Nichtbeachtung von Atlantis im Kommentar des Calcidius trug dazu bei, dass mittelalterliche Autoren sich mit Platons Atlantis zurückhaltend befassten.

Die Timaios-Übersetzung des Calcidius ist neben dem Timaios-Kommentar des Proklos eine Quelle desjenigen Irrtums, der Platon die Aussage zuschreibt, dass die

Atlantisgeschichte in Ägypten in Inschriften auf Stelen und Wänden in und auf Tempeln zu lesen gewesen sei. Näheres dazu siehe unter Platon bei den Nichterwähnungen von Atlantis in der Antike.

Arnobius Afer (bis ca. 330 n.Chr.)

Arnobius Afer war ein christlicher Apologet, der im heutigen Tunesien lebte. Er benutzte Platons Atlantisgeschichte an einer Stelle als geschichtliches Faktum, um es als ein Beispiel für ein Unglück anzuführen, für das die Christen nicht verantwortlich gemacht werden können:

> „Dass vor zehntausend Jahren eine große Menge Menschen von der Insel, welche man für die Atlantis des Neptuns hält, wie Platon dartut, hervorbrach und eine Unzahl Nationen gänzlich vertilgte: daran waren wir schuld?"[342]

Dieses Argument funktioniert natürlich nur, wenn Atlantis real war. Arnobius hat sogar korrekt das von Platon aus der Sicht Solons angegebene Datum von „vor 9000 Jahren" für seine Zeit angepasst und spricht von „vor 10000 Jahren", d.h. er berücksichtigt, dass von Solons Zeit bis in seine Gegenwart weitere 1000 Jahre vergangen sind. Damit kann Arnobius Afer zu jenen gezählt werden, für die Platons Atlantis eine Realität war.

Ammianus Marcellinus (ca. 325-395 n.Chr.)

Ammianus Marcellinus war ein römischer Soldat und Verfasser eines spätantiken Geschichtswerkes über die römische Kaiserzeit. Er ist nicht mit dem bei Proklos erwähnten Marcellus zu verwechseln. Eine Stelle in seinem Geschichtswerk *Res gestae* wird auf Platons Atlantis bezogen:

> „Andere Erdbeben heißen *Klimatiae*, welche in schiefer Richtung Städte, Gebäude und Berge ebnen: noch andere *Chasmatiae*, welche durch heftige Erschütterung plötzlich Erdschlünde eröffnen, und ganze Striche Landes verschlingen, wie im Atlantischen Meere eine Insel, größer als Europa [*Europaeo orbe spatiosior insula*], im Krissäischen Meerbusen Helike und Bura, in Ciminien, einem Landstriche Italiens, die Stadt Succumum bis zu den tiefsten Klüften nah am Erebus hinabgesunken, in ewige Nacht vergraben sind."[343]

Die Redewendung „größer als Europa" gleicht zwar nicht der aus Platons Atlantisgeschichte, die „größer als Asien und Libyen" lautet, weswegen Vidal-Naquet vermutet, dass Ammianus Marcellinus sich vielleicht nicht direkt auf Platon bezog, sondern

---

[342] Arnobius Afer Adversus Nationes I 5; Übersetzung Franz Anton von Besnard 1842
[343] Ammianus Marcellinus Res gestae XVII 7,13; Übersetzung Johann Augustin Wagner 1792

auf eine Zwischenüberlieferung[344]. Eine Brücke zwischen beiden Redewendungen schlägt Herodot, der meint, dass Europa größer als Asien und Libyen ist[345]. Jedenfalls gibt es in der antiken Überlieferung nur eine einzige derart große Insel, die im Atlantik versunken sein soll, und das ist Atlantis. Damit gehört Ammianus Marcellinus zu jenen, die Atlantis für real hielten.

Ammianus Marcellinus wird von Manfred Fuhrmann übrigens als „Wahrheitsfanatiker" beschrieben:

> „kaum ein anderer Geschichtsschreiber der Antike hat den bekannten historiographischen Topos, dass es gelte, *sine ira et studio* zu urteilen, so ernstgenommen wie er."[346]

Gleichzeitig wird Ammianus Marcellinus gescholten, dass er in geographischen oder meteorologischen Dingen viele angelesene „bunte" Irrtümer verbreite – doch dies könnte eine moderne Fehlwahrnehmung sein. Denn aus der Sicht des Ammianus Marcellinus waren die Aussagen über Atlantis sicherlich ernst gemeint, auch wenn wir heute wissen, dass es eine solche Insel im Atlantik nie gab.

In der englischsprachigen Literatur gibt es unnötige Diskussionen über die Atlantis-Stelle bei Ammianus Marcellinus, weil sie von Charles Duke Yonge falsch übersetzt wurde. Yonge übersetzte:

> „... as in the Atlantic sea, on the coast of Europe, a large island was swallowed up ..."

Manche haben versucht, diese Übersetzung anzupassen auf „off the coast of Europe". Die Übersetzung von John C. Rolfe in der Loeb Classical Library ist hingegen korrekt:

> „... as in the Atlantic Ocean an island more extensive than all Europe ...".

Bei Ammianus Marcellinus gibt es eine weitere Stelle, die mit Atlantis in Verbindung gebracht wurde, jedoch zu Unrecht. Siehe unter Timagenes von Alexandria bei den Nichterwähnungen von Atlantis in der Antike.

Johannes Stobaios (frühes 5. Jhdt.)

Für seinen Sohn stellte Johannes Stobaios eine thematisch geordnete Sammlung lehrreicher Exzerpte aus den Werken von über 500 Autoren zusammen. Darunter finden sich auch drei Zitate aus Platons Atlantisgeschichte[347]. Das zweite Kritias-Zitat bezieht sich u.a. auf Platons Vorstellungen von Ur-Athen, vor allem aber darauf, dass Männer und Frauen zusammen über dieselbe Tüchtigkeit verfügen. Man kann auf dieser Text-

---

[344]Vidal-Naquet (2006) S. 46 (dt.) / S. 52
[345]Herodot IV 42, vgl. auch IV 45; vgl. Franke (2006/2016) S. 173 f.
[346]Fuhrmann (1994) S. 124
[347]Stobaios Lib. II Cap. XXXI Nr. 110k (Timaios 26b); Stobaios Lib. II Cap. I Nr. 28 (Kritias 107ab); Stobaios Lib. IV Cap. I Nr. 64 (Kritias 110a-c)

grundlage zwar begründet vermuten, dass Stobaios Platons Atlantisgeschichte ohne weiteres für real hielt, doch mehr als eine Vermutung lässt sich nicht begründen.

Martianus Capella (um 410/429 n.Chr.)

Martianus Capella war ein lateinischer Autor, der sich auf die neuplatonische Philosophie stützte. Vermutlich lebte er in Karthago. Von ihm ist nur ein einziges Werk überliefert, *De nuptiis Philologiae et Mercurii*, das zwischen 410 und 429 n.Chr. verfasst wurde.

Darin fasste Martianus Capella das gesamte Wissen seiner Zeit zusammen. Weil er in Latein schrieb, konnte sein Werk auch im lateinischen Mittelalter noch rezipiert werden, denn Griechischkenntnisse waren zur Seltenheit geworden. Tatsächlich stützt sich die mittelalterliche Bildungstradition maßgeblich auf das Werk von Martianus Capella. So wurde auch die von Martianus Capella gewählte Einteilung des Wissens in sieben Wissensgebiete in Form der sogenannten „sieben freien Künste" zur führenden Wissensordnung des Mittelalters.

Auf Platons Atlantis wird an zwei Stellen explizit Bezug genommen: Zunächst im sechsten Kapitel über die Geometrie, in dem u.a. auch die Geographie der Welt beschrieben wird. Zur Grenze des bewohnten Landes, die durch die Säulen des Herakles bei Gibraltar gesetzt wird, heißt es:

> „... weil ja die Unwegsamkeiten der verschlungenen Erde [*consumtae telluris*] verhinderten, über sie hinauszugehen."[348]

Diese Aussage ist nicht nur eine Wiederholung der Meinung des Aristoteles über den Schlamm vor Gibraltar. Es ist mit dem Hinweis auf die „verschlungene Erde" eine Interpretation der „Unwegsamkeiten" in dem einzigen Sinne, den die antike Bildungstradition anzubieten hatte: Es ist ein eindeutiger Verweis auf Platons untergegangenes Atlantis.

Der zweite Bezug zu Platons Atlantis findet sich im achten Kapitel über die Astronomie. Es spricht die Personifikation der Astronomie:

> „... weil ich in den Heiligtümern der Ägypter eingeschlossen war und verborgen wurde durch die unermesslichen Zeiträume der Jahrhunderte hindurch, ... In der Tat war ich an jenem Ort fast vierzigtausend Jahre in ehrfürchtiger Beobachtung verborgen; und o dass mich doch nach der Abschweifung des sintflutlichen Entsetzens, und (nachdem) Athen nach langer Unterbrechung wiederhergestellt worden war, keine irdischen Verlockung in Griechenland ... gekannt hätte!"[349]

Hier wird unübersehbar auf Platons Ur-Athen und die Überschwemmungskatastrophe hingewiesen, die Ur-Athen und Atlantis getroffen haben soll. Außerdem wird ein Zeit-

---

[348] Martianus Capella Kapitel VI (Geometrie) 624; Übersetzung Thorwald C. Franke
[349] Martianus Capella Kapitel VIII (Astronomie) 812; Übersetzung Thorwald C. Franke

raum von 40000 Jahren erwähnt, der die Angaben bei Platon noch um ein vielfaches übertrifft.

Es ist eindeutig, dass Martianus Capella Platons Atlantis für real hielt. Damit hatte auch das Mittelalter eine klare Vorlage dafür, Platons Atlantis für real zu halten. Ebenfalls ein Vorgriff auf das lateinische Mittelalter ist der Umstand, dass Martianus Capella Platons Atlantis nur beiläufig und sichtlich desinteressiert behandelt. Dies entspricht auch seinen neuplatonischen Vorstellungen, die wohl nahe an den Vorstellungen des Syrianos und des Proklos waren. An einigen Stellen seines Werkes, an denen man hätte erwarten könnten, dass Atlantis erwähnt wird, schweigt Martianus Capella. Die Ursache dafür ist nicht Zweifel, sondern Desinteresse. Das Mittelalter wird diese Tradition fortsetzen.

Syrianos (bis 437 n.Chr.)

Syrianos war ein neuplatonischer Philosoph, der die von Plutarch von Athen neu begründete Platonische Akademie als dessen Schüler und Nachfolger leitete. Sein Schüler, Freund und Nachfolger Proklos überlieferte uns dessen Meinung über Platons Atlantis.

Demzufolge hätte sich Syrianos der Meinung des Iamblichos angeschlossen, dass die Atlantisgeschichte sowohl wahr ist, als auch zugleich über eine „höhere" symbolische Bedeutung verfügt[350].

Proklos Diadochos (412-485 n.Chr.)

Proklos Diadochos, lat.: Proclus Lycaeus, war Schüler, Freund und Nachfolger von Syrianos, dem Leiter der von Plutarch von Athen neu begründeten Platonischen Akademie in Athen. Seine Meinung über Platons Atlantis ist uns ausführlich in seinem Kommentar zu Platons Dialog Timaios überliefert. Proklos schließt sich der Meinung des Iamblichos und seines Lehrers Syrianos an, dass die Atlantisgeschichte sowohl wahr ist, als auch zugleich über eine „höhere" symbolische Bedeutung verfügt[351]. U.a. argumentiert Proklos auch mit Stellen aus den Werken des Aristoteles sowie dem Untergang der Stadt Helike dafür, dass die Atlantisgeschichte tatsächlich ein reales Geschehen darstellt. Das ist interessant, denn heutige Atlantisskeptiker argumentieren mit denselben Stellen gegen die Existenz von Atlantis[352].

---

[350] Proklos In Timaeum I 1, 77 f. bzw. 24DE
[351] Proklos In Timaeum I 1, 77 f. bzw. 24DE
[352] Vgl. auch Franke (2010/2016) S. 38 f.; Proklos In Timaeum I 1, 187 f. bzw. 58AB

1.4 Spätantike Erwähnungen

Proklos – Überblick über die Neuplatoniker

Der Timaios-Kommentar des Proklos ist eine der wichtigsten antiken Quellen über die verschiedenen Meinungen über Platons Atlantis. Die Meinung zahlloser antiker Autoren, vor allem von Neuplatonikern, ist uns ausschließlich über dieses Werk überliefert. Deshalb fügen wir an dieser Stelle einige Überblicke zu den Neuplatonikern ein, die die Erschließung von Proklos als Quelle erleichtern sollen. Zunächst eine Aufstellung der Lehrer-Schüler-Verhältnisse der neuplatonischen Philosophen – die Schüler jeweils eingerückt unter ihren Lehrern:

    Ammonios Sakkas (bis 242/3 n.Chr.). Alexandria.
        Origenes Platonicus (vor 268). Alexandria.
        Longinos (bis 272). Athen.
        Plotin (bis 270). Rom.
    Origenes Platonicus (vor 268). Alexandria.
        Longinos (bis 272). Athen.
    Longinos (bis 272). Athen.
        Porphyrios (bis 301/5). Rom.
    Plotin (bis 270). Rom.
        Amelios (bis 290/300). Rom. Apameia.
        Porphyrios (bis 301/5). Rom.
            Iamblichus (bis 320/5). Apameia.
    Plutarch von Athen (bis ca. 432). Athen.
        Syrianos (bis 437). Athen.
            Proklos (bis 485). Athen.
            Hermias (5. Jhdt.). Alexandria.
    Ammonios, Sohn des Hermias (ca. 435/50 - nach 517). Alexandria.
        Damaskios (ca. 462 - 538). Athen.
        Simplikios (ca. 480/490 - nach 550). Athen.
        Johannes Philoponos (ca. 490-575). Alexandria.

Proklos – Überblick über die Meinungen der Neuplatoniker

Im folgenden eine Aufschlüsselung der für die Auffächerung der verschiedenen Meinungen zentralen Proklos-Stelle *In Timaeum* I 1,76 ff. bzw. 24A ff. Die Schwierigkeit besteht darin, dass Proklos zwar den Eindruck erweckt, er würde die verschiedenen Meinungen und ihre Vertreter systematisch der Reihe nach durchgehen, doch in Wahrheit handelt er die verschiedenen Auffassungen durcheinander ab. Nur aus dem Kontext und durch andere Stellen wird ersichtlich, welche Meinungen die einzelnen Denker genau haben. Das Schema der zentralen Stelle bei Proklos Punkt für Punkt:

- Einige: Reine Geschichte (*historia psile*); z.B. Krantor. Vermutlich Longinos[353].
  Also insbesondere keine „höhere" Symbolik, sondern Lehren aus der Geschichte.
- Andere: Reine Fiktion (*mythos, plasma*); ausschließlich „höhere" Symbolik.
  Kein Name genannt. Kritik des Proklos, dass Platon etwas anderes sagte.
- Andere: Realität zwar möglich, doch nur „höhere" Symbolik (*nyn hos eikonas*).
  Einige davon: Fixsterne vs. Planeten; z.B. Amelios.
- Andere: „Höhere" Symbolik: Dämonen; z.B. Origenes Platonicus.
  Wegen *In Timaeum* I 1,83 bzw. 26C:
  Reine Fiktion, ausschließlich „höhere" Symbolik.
- Andere: „Höhere" Symbolik: Seelen; z.B. Numenios.
  Wegen *In Timaeum* I 1,83 bzw. 26C:
  Reine Fiktion, ausschließlich „höhere" Symbolik.
- Andere: Mischung der Meinungen von Origenes Platonicus und Numenios:
  Seelen vs. Dämonen; z.B. Porphyrios.
  Wegen Mischung Origenes Platonicus / Numenios und Kontrast zu Iamblichos:
  Reine Fiktion, ausschließlich „höhere" Symbolik.
- „Diese" werden von Iamblichos korrigiert.
  „Diese" meint offensichtlich Origenes Platonicus / Numenios / Porphyrios,
  wegen der Korrektur der Auffassung, dass es reine Fiktion sei.
- Iamblichos / Syrianos: Es ist sowohl wahre Geschichte als auch „höhere" Symbolik.
  Proklos selbst ist sichtlich ebenfalls dieser Auffassung.
  Vgl. auch *In Timaeum* I 1,129 ff. bzw. 40A ff.

Proklos – Die Bedeutung von „historia"

Tarrant weit mit Recht darauf hin[354], dass das Wort *historia* bei Proklos nicht dasselbe bedeutet wie das moderne Wort Historie, d.h. „Geschichte" im Sinne von Geschichtsschreibung. Vielmehr bezeichnet *historia* bei Proklos jede Form von Darlegung, hinter der keine „höhere" symbolische Deutung steckt; dabei ist es unerheblich, ob diese Darlegung wahr oder unwahr ist. Man kann dies an mehreren Stellen erkennen: Zunächst wird der Phaethon-Mythos als *historia* bezeichnet[355]. Dann gibt es eine Stelle, wo es heißt, man möge einer Darlegung gegenüber nicht skeptisch sein, auch wenn man diese Darlegung nur als bloße *historia* nimmt[356]. Schließlich und drittens ist auch die Aussage über Krantor, dass er die Atlantisgeschichte als *historia psile*, als „reine Geschichte", ansah, zunächst in dem Sinne zu verstehen, dass es sich eben um eine Darlegung handelt, hinter der keine „höhere" symbolische Deutung steckt[357]. Also „nur" um „eine Geschichte", und nicht um „Geschichte".

---

[353]Vgl. Tarrant (2006) S. 75
[354]Tarrant (2006) S. 63-65
[355]Proklos In Timaeum I 1,109 bzw. 33F
[356]Proklos In Timaeum I 1,182 bzw. 56C
[357]Proklos In Timaeum I 1,76 bzw. 24A

Allerdings ist der Erkenntniswert dieser Überlegungen von Tarrant begrenzt. Denn an allen entscheidenden Stellen wird durch zusätzliche Angaben deutlich, dass es nicht nur um „eine Geschichte", sondern um „Geschichte" geht. Dies ist zunächst bei Krantor der Fall: Dadurch, dass Krantor einen Beleg für die Wahrheit der Atlantisgeschichte gefunden haben will, wird aus der „bloßen" Geschichte von Atlantis tatsächlich Geschichte im modernen Sinn. Wenn es stimmt, was Tarrant vermutet[358], dass nämlich Longinos sich an die Meinung des Krantor anschloss, dann gilt dasselbe auch für Longinos. Zudem wird Krantor von Proklos als Gegensatz zu jenen Philosophen präsentiert, die die Atlantisgeschichte für erfunden hielten.

Schließlich macht Proklos selbst an mehreren Stellen deutlich, dass er die Wahrheit der Atlantisgeschichte als eine Wahrheit in „jeder" Hinsicht versteht, und das schließt eine geschichtlich verstandene Wahrheit natürlich mit ein. So kritisiert Proklos z.B. jene, die die Atlantisgeschichte ausschließlich für eine Fiktion halten, sie hätten Platon nicht richtig gelesen, dass nämlich die Geschichte *pantapasi*, „in jeder Hinsicht" wahr sei[359]. Die Meinung des Iamblichos, der sich Proklos anschließt, wendet sich gegen ein Abtun des Realitätsaspektes und hält die Atlantisgeschichte für *pantos*, d.h. „in jeder Hinsicht" geschehen[360].

Proklos – Neigung zur Erfindung von Atlantis?

Tarrant meint, dass Proklos seine Linie, die Atlantisgeschichte nicht für symbolisch, sondern auch für real zu halten, nicht konsequent durchhalten würde. Dies werde u.a. an folgender Stelle deutlich:

> „Während die Persische Mission von Osten her gegen die Griechen – speziell gegen die Athener – aufbrach, führte er selbst [Platon] von Westen her den Atlantischen Krieg herauf, damit man auf diese Weise die Stadt der Athener im Zentrum sähe wie sie die beiderseitige ungeordnete Bewegung der Barbaren zur Vernunft bringt."[361]

Tarrant meint, hier käme zum Ausdruck, dass Platon die Details der Atlantisgeschichte bewusst gewählt habe, was die Vorstellung unterminiere, dass die Details der Geschichte nicht von Platons Absichten, sondern allein durch die geschichtliche Wahrheit bestimmt werden[362].

Dem ist entgegen zu halten, dass Platon in der Tat eine Wahl traf: Diese Wahl betrifft jedoch nicht die Einzelheiten der Atlantisgeschichte, die Platon etwa frei gewählt und kombiniert hätte, sondern diese Wahl betrifft natürlich die gesamte Atlantisgeschichte als solche. Die gesamte Atlantisgeschichte wurde von Platon als passendes

---

[358] Tarrant (2006) S. 75
[359] Proklos In Timaeum I 1,76 bzw. 24B; vgl. Timaios 20d
[360] Proklos In Timaeum I 1,76 bzw. 24DE
[361] Proklos In Timaeum I 1,173 bzw. 53B; Übersetzung Thorwald C. Franke
[362] Tarrant (2006) S. 272 Fußnote 735

geschichtliches Beispiel ausgewählt, um anhand dieses geschichtlichen Beispieles seine Lehren verdeutlichen zu können. In diesem Sinne enthält dann auch der angeführte Satz des Proklos keine Aussage, die auf eine Erfindung hindeuten würde.

Proklos – Einzelnes

Proklos ist der letzte antike Autor, der uns eine weitere Variante für die Benennung der Bewohner von Atlantis bzw. der Bewohner des Atlasgebirges bietet. Deshalb wollen wir uns an dieser Stelle einen kurzen Überblick über die verschiedenen Varianten verschaffen:

- Platon: Keine Verwendung eines Namens.
- Herodot: *Atlantes*.
- Dionysios Skytobrachion / Diodor: *Atlantioi*.
- Plinius d.Ä.: *Atlantes*.
- Proklos: *Atlantinoi*.

Warum die einzelnen Autoren die verschiedenen Namensformen verwendeten ist unbekannt. Man kann lediglich vermuten, dass die Gründe in der Sprachentwicklung und dem jeweiligen Sprachgefühl der Zeit gelegen haben müssen.

Proklos nennt auch eine weitere Variante des Namens des ägyptischen Priesters, mit dem sich Solon in Sais getroffen haben soll. Bei Proklos heißt dieser Priester Pateneit[363]. Eine Besprechung der verschiedenen Namensvarianten für diesen Priester siehe bei Plutarch bei den antiken Erwähnungen von Atlantis.

Der Timaios-Kommentar des Proklos ist auch die Hauptquelle des Irrtums, dass Platon angeblich geschrieben hätte, dass die Atlantisgeschichte in Ägypten in Inschriften auf Stelen und Wänden in und auf Tempeln zu lesen gewesen sei. Näheres dazu siehe unter Platon bei den Nichterwähnungen von Atlantis in der Antike.

Hermias (5. Jhdt. n.Chr.)

Der Philosoph Hermeias von Alexandria, kurz: Hermias studierte in Athen zusammen mit Proklos in der neuplatonischen Philosophenschule des Syrianos. Danach kehrte er nach Alexandria zurück.

In seinem Kommentar zu Platons Dialog Phaidros merkte Hermias an, dass Platon sich in seinen Dialogen häufig auf die Worte bzw. Schriften großer Männer berief: Im Phaidros auf Pythagoras, im Charmides auf Zamolxis und im Timaios auf den

---

[363]Proklos In Timaeum I 1,101 bzw. 31D

Atlantikos logos der Ägypter[364]. Dieser Kontext legt nahe, dass Hermias Platons Atlantis ernst nahm und für einen realen Ort hielt.

Das entspricht auch der Sichtweise seines Lehrers Syrianos und seines Mitschülers Proklos. Der Phaidros-Kommentar des Hermias soll nach Meinung der Forschung im Wesentlichen die Meinungen des Syrianos wiedergeben und der Interpretationsweise des Iamblichos von Chalkis folgen, der Atlantis ebenfalls für real hielt.

Damit können wir es für wahrscheinlich halten, dass auch Hermias Atlantis für real hielt. Gewiss ist dies jedoch nicht. Männlein-Robert ordnet Hermias den Atlantisskeptikern zu, hat dafür aber keine überzeugenden Argumente[365].

Damaskios (ca. 462 - 538 n.Chr.)

Der Philosoph Damaskios kam aus Damaskus und studierte zunächst in Alexandria, u.a. bei Ammonios (ca. 435/50 - nach 517 n.Chr.), einem Sohn des Hermias von Alexandria. Als Anhänger einer philosophisch durchdrungenen Form des alten Heidentums litten er und seine Mitphilosophen unter Verfolgungen durch die christliche Staatsreligion des byzantinischen Römischen Reiches.

Um das Jahr 482 ging Damaskios nach Athen, wo er sich der neuplatonischen Akademie unter Proklos und dessen Schülern anschloss. Spätestens im Jahr 515 wurde Damaskios das letzte Oberhaupt der neuplatonischen Akademie.

Als Kaiser Justinian im Jahr 529 den Lehrbetrieb an der Akademie in Athen untersagte, emigrierte Damaskios um 531 mit einigen Mitphilosophen, darunter auch Simplikios (ca. 480/490 - nach 550 n.Chr.), in das Sassanidenreich, wohin er von Großkönig Chosrau I. eingeladen worden war. Bereits 532 wurde in einem Friedensvertrag zwischen Byzanz und dem Sassanidenreich festgehalten, dass die neuplatonischen Philosophen unbehelligt wieder ins römische Reich zurückkehren durften, ohne sich zum Christentum bekehren zu müssen.

Damaskios verfolgte in seiner Philosophie das Ziel, zur Lehre des Iamblichos zurückzukehren, die er durch Syrianos und Proklos verfälscht sah. Für seine Sicht auf Platons Atlantis dürfte das jedoch keinen Unterschied gemacht haben, da sowohl Iamblichos als auch Syrianos und Proklos in diesem Punkt derselben Ansicht waren, d.h. sie sahen in Atlantis sowohl einen realen Ort als auch eine „höhere" Symbolik.

Damaskios verfasste einen Kommentar zu Platons Dialog Phaidon, der fragmentarisch erhalten ist, und früher fälschlich dem Olympiodoros zugeschrieben wurde. In drei Fragmenten wird Platons Atlantis erwähnt:

> „Dass die Erde etwas sehr großes (ist), zeigt auch der Timaios, indem er sagt, dass (die Erde) die älteste von denen (Gottheiten) am Himmel ist, (und) indem sie sich ihm (dem Himmel) näherte, haben alle anderen Himmelskörper (ihre) Füllungen von ihr; es zeigt

---

[364] Hermias In Platonis Phaedrum, ad Phaedrum 274c; S. 253 Couvreur
[365] Männlein-Robert (2001) S. 84, 484 mit Fußnote 358

aber auch der *Atlantikos logos*, der von den Ägyptern erhalten wurde, der sagt, dass auch die Atlantische Insel größer geschaffen war als Libyen und Europa (sic!) zusammen."[366]

„Dass die Erde etwas sehr großes ist, ... Zuerst nämlich, wenn ganz Europa als vierter Teil unserer Oikumene derart groß ist, (und wenn) dieses (ganze Europa) eine Art von Höhlung in der ganzen Erde ist, (und wenn) es viele solcher (Höhlungen) überall gibt, wie auch die Atlantische Insel zeigt, die einst außerhalb der Oikumene existierte (und) größer als zwei vierte Teile (unserer Oikumene war), (und wenn) jede Höhlung (nur) ein geringster (Teil) der Erde ist, (denn indem die ganze (Erde) kugelartig ist, mag wohl ihre Oberfläche meistens gewölbt sein, in welcher diese Höhlungen sind, wie die Luft zeigt, indem sie einen stehenden See bildet), (dann) wird es offensichtlich, dass die Erde etwas sehr großes zu sein scheint."[367]

„Dass die Erde etwas größeres ist, das zeigt auch die Geschichte (*historia*) der Atlantischen Insel, die unsere Oikumene an Größe übertraf; das zeigt auch das große Meer, das sie Okeanos nennen, das Land an seinem Grunde liegen hat; ...".[368]

Die überlieferten Fragmente zeigen eindrücklich, dass Damaskios Platons Atlantis für einen realen Ort hielt.

Johannes Philoponos (529 n.Chr.)

In seinem Werk *De aeternitate mundi contra Proclum* aus dem Jahr 529 n.Chr. überliefert der christliche Philosoph Johannes Philoponos eine Aussage des Mittelplatonikers Loukios Kalbenos Tauros zu Platons Kritias. In diesem Werk argumentiert Philoponos gegen die Auffassung von Platonikern wie Proklos oder Tauros, dass die Erschaffung der Welt durch den Demiurg in Platons Timaios nur bildlich zu verstehen sei. Als Christ glaubte er an die Erschaffung der Welt.

Während die von Philoponos angeführte Stelle des Tauros es sehr wahrscheinlich sein lässt, dass Tauros Atlantis für real hielt, ist dies für Philoponos nicht in derselben Weise wahrscheinlich. Denn die Aussage zu Platons Kritias ist Bestandteil eines längeren Zitates von Tauros, dessen Inhalt Philoponos weitgehend unkommentiert wiedergibt. Es besteht dennoch eine recht gute Wahrscheinlichkeit, dass auch Philoponos Atlantis für real hielt. Dafür spricht der Umstand, dass Philoponos gegen die Ansicht

---

[366] Damaskios In Phaedonem 507 Westerink 1976 = S. 160 Z. 17 C.E. Finkh Olympiodori scholia (=Damascii) 1847; Übersetzung Thorwald C. Franke; vgl. Timaios 40c: Die Erde ist die älteste aller Gottheiten im Himmel (Himmelskörper); vgl. Timaios 40e: Aus der Verbindung von Erde und Himmel entstanden alle anderen Gottheiten.
[367] Damaskios In Phaedonem 522 Westerink 1976 = S. 163 Z. 2 C.E. Finkh Olympiodori scholia (=Damascii) 1847; Übersetzung Thorwald C. Franke
[368] Damaskios In Phaedonem 125 Westerink 1976 = S. 201 Z. 4 C.E. Finkh Olympiodori scholia (=Damascii) 1847; Übersetzung Thorwald C. Franke

des Tauros argumentiert. Wenn Philoponos die Atlantisgeschichte für erfunden gehalten hätte, wäre dies eine Steilvorlage für eine Gegenargumentation gewesen. Eine solche erfolgt aber nicht.[369]

Scholion zum Peplos der Kleinen Panathenäen

In einem Scholion zu Platons Politeia wird lapidar behauptet, dass der Peplos der Göttin Athene – also ihr Gewand – zum Fest der Kleinen Panathenäen den Sieg der Athener über die Atlanter zeigen würde.

Bei diesem Scholion handelt es sich um einen Kommentar am Seitenrand zur Stelle Politeia I 327a. Er ist uns nur in einigen mittelalterlichen Handschriften überliefert. Wir wissen deshalb nicht genau, von wem oder von wann dieser Kommentar stammt. Es wird jedoch davon ausgegangen, dass er nicht erst im Mittelalter entstand. Den unbekannten Autor eines Scholion nennt man gemeinhin „Scholiast".

Eine so prominente Zurschaustellung der Atlantisgeschichte in Athen würde bedeuten, dass die Atlantisgeschichte nicht erst aus Ägypten hätte überliefert werden müssen. Das steht aber im Widerspruch zu Platons Darstellung. Es gibt auch keinen weiteren Beleg für eine athenische Überlieferung der Atlantisgeschichte. Deshalb ist ein Irrtum des Scholiasten sehr wahrscheinlich.

Das Missverständnis des Scholiasten kann sogar nachvollzogen werden: Höchstwahrscheinlich hat der Scholiast eine Stelle bei Proklos falsch gedeutet. Bei Proklos heißt es, dass der Peplos der Kleinen Panathenäen die Athener siegreich gegen Barbaren darstellte[370]. Vermutlich hat der Scholiast dies als eine Anspielung auf den Sieg der Athener über Atlantis gedeutet. In Wahrheit jedoch spielte Proklos auf den Sieg der Athener über die Perser an. Damit haben wir auch einen *terminus post quem* für die Abfassung des Scholions, nämlich nach der Veröffentlichung des Timaios-Kommentars des Proklos.

Im 19. Jahrhundert nahmen z.B. Alexander von Humboldt und August Boeckh dieses Scholion ernst und glaubten deshalb an eine athenische Überlieferung der Atlantisgeschichte. Dieser Irrtum ist jedoch längst aufgeklärt und widerlegt.[371]

Immerhin zeigt das Scholion, dass der Scholiast von der Realität von Atlantis absolut überzeugt gewesen sein muss. Denn sonst wäre er niemals Opfer eines solchen Missverständnisses geworden.

---

[369] Philoponos De aeternitate mundi contra Proclum VI 189,1; vgl. Share (2014) S. 141 Notes 264 und 265
[370] Proklos In Timaeum 1,85 bzw. 26F; vgl. 1,26 bzw. 9B
[371] Vgl. z.B. Rudberg (1917/2012) S. 48 f. (engl.) / S. 38 f. (schwed.); Ross (1977) S. 193

Kosmas Indikopleustes (um 550 n.Chr.)

Kosmas Indikopleustes war ein Zeitgenosse Kaiser Justinians I. (gestorben 565 n.Chr.) und stand an der Schwelle zwischen Spätantike und Mittelalter. Kosmas Indikopleustes bereiste als Kaufmann größere Teile der damals bekannten Welt, darunter das Schwarze Meer, Arabien und Ostafrika; vielleicht auch Indien, denn *Indikopleustes* bedeutet „Indienfahrer".

In seinem Werk *Topographia Christiana* hielt Kosmas Indikopleustes seine Vorstellungen vom Aussehen der Welt fest. Es handelt sich um eine flache, rechteckige Erdscheibe, in deren Mitte sich nördlich ein hoher Berg befindet, um den die Sonne kreist. Die bekannte Welt soll sich demnach im Süden dieses Berges befinden; wenn die Sonne nördlich des Berges steht, liegt der Süden im Schatten: Es ist Nacht. Als Christ zählte Kosmas Indikopleustes auch einen mehrgeschossigen Himmel zu seinem Weltbild. Die Stelle über Atlantis lautet:

> „In ebensolcher Weise beschreibt auch der Philosoph Timaios die Erde als ringsherum vom Okeanos umgeben, und den Okeanos (beschreibt er) als von der äußersten Erde (umgeben). Denn eine gewisse Insel Atlantis nimmt er im Westen, außen im Okeanos in Richtung Gadeira an; sie ist groß und gewaltig, und er erzählt, wie zehn Könige die auf ihr wohnenden Völker in Sold nahmen, und von der äußersten Erde aus nach Europa und Asien zogen und Krieg führten, und wie sie später von den Athenern überwunden wurden, und wie jene Insel von Gott im Meer versenkt wurde. Diesen [den Timaios] loben sowohl Platon als auch Aristoteles, und Proklos kommentierte (ihn), und dieser [Timaios] sagte Ähnliches wie wir, wobei er die Darlegung umbildete, indem er Osten mit Westen vertauschte, und auch noch die zehn Geschlechter bedachte und das Land außerhalb des Okeanos. Und einfach gesprochen ist es sehr klar, dass alle von Moses übernahmen und wie ihre eigenen (Worte) herausgaben. ... ... Als die Späteren Moses lasen und fanden, dass Noah der Zehntgeborene Adams war, zu dessen Zeit sich die Sintflut [*kataklysmos*] ereignete, (da) erfanden sie selbst zehn Könige bei ihnen, die 2242 Myriaden regiert hätten, wie zuvor schon gesagt. ... ... deshalb (sagte) einer der Ägypter, jener Salomon, mit Recht zu Platon: (Ihr) Griechen seid immer Kinder, und einen alten Griechen gibt es nicht, und es gibt bei Euch auch keine über die Zeit ergraute Gelehrsamkeit. ... ... Nur der schon erwähnte Timaios – ich weiß nicht woher er es nahm, vielleicht von den Chaldäern – bildete die zehn Könige um, wie sie von der äußersten Erde herzogen zur Insel Atlantis, die er als im Meer versunken darstellt, und wie sie die auf ihr (der Insel) einwohnenden Völker in Sold nahmen und in dieses Land zogen und Krieg gegen Europa und Asien führten, was ganz klar eine Erfindung ist. Denn wie er die Insel nicht vorzeigen konnte, beschrieb er sie als von Gott im Meer versenkt."[372]

---

[372] Kosmas Indikopleustes Topographia Christiana XII 376 ff.; Übersetzung Thorwald C. Franke

1.4 Spätantike Erwähnungen

Wie man sieht, wird Platons Darstellung mit Gewalt den religiösen Vorstellungen des Kosmas Indikopleustes angepasst. Der Untergang von Atlantis wird zur weltweiten Sintflut, die zehn Könige von Atlantis sind die zehn Söhne Adams, und der ägyptische Priester ist plötzlich der weise König Salomon. Auch sonst ist einiges durcheinander geraten: So werden z.B. verschiedene Autoren verwechselt, die alle den Namen Timaios tragen. Überhaupt ist der Erzähler der Atlantisgeschichte nicht Timaios, sondern Kritias.

Kosmas Indikopleustes wollte mit seinem Werk beweisen, dass alles Wissen auf den biblischen Glauben zurückgeht, und „heidnische" Philosophen nur von den biblischen Quellen, hier von Moses, abgeschrieben haben, wobei sie die geoffenbarte Wahrheit verdreht und verfälscht haben sollen. Es scheint, als sei mit Kosmas Indikopleustes die berüchtigte „dunkle Zeit" des Mittelalters endgültig angebrochen. Allerdings sollte man sich nicht täuschen lassen: Wie wir in der Einleitung zur Spätantike sahen, hatte die christliche Bildung zu Kosmas' Zeiten längst ihren Bund mit dem antiken Wissen geschlossen. Kosmas Indikopleustes ist insofern nur ein „Ausreißer", der nicht repräsentativ für das beginnende Mittelalter ist.

Wie wir sahen, erklärte Kosmas Indikopleustes die Insel Atlantis für nicht existent. Sie sei nur erfunden worden, um die Verfälschung der biblischen Überlieferung zu verbergen. Über solchen Zuspruch sollten Atlantisskeptiker nicht erfreut sein: Denn was auf diese Weise und mit dieser Motivation verdammt wird, kann schon allein deshalb fast als geadelte Meinung gelten.

Mehr noch: Es hätte nur allzu nahe gelegen, wenn Kosmas Indikopleustes an dieser Stelle die Argumente der antiken Atlantisskeptiker angeführt hätte, von denen es nach Meinung mancher moderner Autoren angeblich nur so wimmelte. Doch das unterbleibt. Offenbar kennt Kosmas Indikopleustes keine solchen Skeptiker. Nicht einmal das bekannte Argument aus Strabons *Geographica* wird angeführt, dass nämlich Platon die Insel Atlantis habe verschwinden lassen wie Homer die Mauer der Achäer[373]. Dieses Argument hätte an dieser Stelle wunderbar gepasst, und Strabons *Geographica* ist ein bis heute vollständig überliefertes Werk. Doch nichts davon bei dem geographisch bewanderten Kosmas Indikopleustes.

So steht denn nur das einsame Wort eines religiösen Fanatikers gegen die große griechische Tradition von Bildung und Aufklärung, die am Ende doch erhalten bleibt, und sich im Mittelalter fortsetzt. Es ist tatsächlich diese Bildungstradition, gegen die Kosmas Indikopleustes anschreibt, auch wenn er keine Namen wie Platon oder Aristoteles nennt. Es ist die gesamte griechische Tradition von Bildung und Aufklärung, der von Kosmas Indikopleustes pauschal unterstellt wird, sie ginge von der Existenz der Insel Atlantis aus. Damit hat Kosmas Indikopleustes ungewollt ein weiteres starkes Indiz dafür geliefert, dass man in der Antike Platons Atlantis generell für real hielt.

---

[373] Strabon 2.3.6 bzw. II 102

Atlantisskeptiker scheuen diese Schlussfolgerung, weshalb sie die Meinung des Kosmas Indikopleustes häufig nur spärlich kommentiert wiedergeben, und darauf hoffen, dass die Leser sich von der klaren Erfindungsaussage des Kosmas Indikopleustes blenden lassen[374]. Dass die Erfindungsaussage des Kosmas Indikopleustes in diesem Kontext praktisch das Gegenteil bedeutet, bemerkt nicht jeder. Auch versuchen Atlantisskeptiker bisweilen zu suggerieren, dass die Sicht des Kosmas Indikopleustes über Platons Atlantis das Denken des Mittelalters beherrschte: Auch das ist falsch.

Severus Sebokht (662 n.Chr.)

Der syrische Mönch und Bischof der syrisch-orthodoxen Kirche Severus Sebokht (ca. 575-666) wirkte als Astronom und spielte eine wichtige Rolle in der Übermittlung des indischen Dezimalsystems an die sich entfaltende arabische Kultur, über die es später nach Europa gelangte.

Sebokht führte in einem Brief aus dem Jahr 662 die Begegnung Solons mit dem ägyptischen Priester als historisches Ereignis an, um gegen die Vorherrschaft der Weisheit der Griechen zu polemisieren. Seine Quelle war vermutlich eine entsprechende Passage bei Pseudo-Iustinus Martyr. Damit nahm Sebokht die Atlantisgeschichte Platons zwar grundsätzlich ernst, wir haben jedoch keine hinreichende Sicherheit, inwieweit er die Überlieferung aus Ägypten historisch deutete.[375]

1.5 Spätantike Nichterwähnungen

Wie schon in der Antike, so gab es auch in der Spätantike eine Reihe von Nichterwähnungen von Platons Atlantis, die unter den verschiedensten Gesichtspunkten von Interesse für die Rezeption von Platons Atlantisgeschichte sind.

Gaius Iulius Solinus (um 300 n.Chr.)

Gaius Iulius Solinus war ein lateinischer Grammatiker, der eine Sammlung wunderlicher Denkwürdigkeiten *De mirabilibus mundi* verfasste. Darin spricht er auch über Libyen. In einem der Sätze über Libyen wollen manche eine Erwähnung von Atlantis erkannt haben. Der Satz lautet im Original:

---

[374] Vgl. z.B. Vidal-Naquet (2006) S. 53-56 (dt.) / S. 60-62 (frz.)
[375] Vgl. Reich (2000) S. 485 f.; Arzhanov (2019) S. 9 f.

"Quod ab Atlante usque Canopitanum ostium panditur, ubi Libyae finis est et Aegyptium limen, dictum a Canopo Menelai gubernatore sepulto in ea insula quae ostium Nili facit, gentes tenent dissonae, quae in auiae solitudinis secretum recesserunt."[376]

Doch „ab Atlante" heißt keineswegs „von Atlantis", sondern bezieht sich auf den Berg Atlas, also das Atlas-Gebirge, was aus dem Kontext unzweifelhaft hervorgeht. Eine richtige Übersetzung der Stelle lautet demnach:

„Was sich vom (Berg) Atlas bis zur Kanopischen Mündung erstreckt, wo das Ende Libyens und die ägyptische Grenze ist, benannt nach Kanopus, dem Steuermann des Menelaus, der auf jener Insel begraben ist, die die Mündung des Nils hervorbringt, (das also) halten (oder: bewohnen) verschiedenartige Völker, die in die Abgeschiedenheit einer abgelegenen Einsamkeit zurückgewichen sind."[377]

Eusebius von Caesarea (nach 325 n.Chr.)

Der Kirchenvater Eusebius von Caesarea (ca. 260/64 - 339/40) verfasste ein umfangreiches chronologisches Werk, das zahlreiche Chronologien der Ägypter, Chaldäer und Griechen versammelte und bis ins Jahr 325 n.Chr. reicht. Eusebius vertrat dabei den Standpunkt einer „kurzen", biblischen Chronologie von nur wenigen tausend Jahren.

Auch Platons Timaios wird zitiert, aber nur, wie Solon in Ägypten von der griechischen Mythologie erzählte, und wie der ägyptische Priester antwortete, dass die Griechen immer wie Kinder seien. Damit will Eusebius zeigen, dass die chronologischen Vorstellungen der Griechen unzuverlässig sind. Wir können mit großer Wahrscheinlichkeit davon ausgehen, dass Eusebius Atlantis nicht für real hielt.[378]

Julian Apostata (362 n.Chr.)

Der bekannte römische Kaiser Julian Apostata (331-363 n.Chr.) hielt Anfang des Jahres 362 eine Rede gegen den kynischen Philosophen Herakleios. Darin befinden sich zahlreiche Bezüge zu Platon u.a. antike Autoren sowie zur christlichen Bibel.

Eine Stelle[379] „erinnert deutlich" an das Ende von Platons Dialog Kritias, meint Heinz-Günther Nesselrath[380]. Dem ist zu widersprechen. Zwar ist eine solche Inspiration grundsätzlich möglich, doch wird ein Bezug nicht hinreichend deutlich. Bei Platon finden wir eine Götterversammlung, bei Julian einen Dialog mit – im wesentlichen

---

[376]Gaius Iulius Solinus De mirabilibus mundi XXX 1
[377]Gaius Iulius Solinus De mirabilibus mundi XXX 1; Übersetzung Thorwald C. Franke
[378]Eusebius von Caesarea Die Chronik S. 2, 85 nach Josef Karst 1911
[379]Julian Apostata In Heraclium 228cd
[380]Nesselrath (2008c) S. 217

– einem Gott. Bei Julian finden wir Zeus von Mitleid ergriffen, bei Platon hingegen nicht, jedenfalls nicht explizit. Auch in der Wortwahl ist kein Bezug erkennbar. Und auch die Übersetzerin Wright, die zahlreiche Bezüge zu Platons Werken mit Fußnoten kenntlich gemacht hat, hat an dieser Stelle keinen Bezug erkannt.[381]

Pseudo-Iustinus Martyr (4. Jhdt. n.Chr.)

Das auf Griechisch abgefasste Werk *Cohortatio ad Graecos* wurde fälschlicherweise Iustinus Martyr (ca. 100 - 165 n.Chr.) zugeschrieben, der die Hinwendung der christlichen Theologie zur Philosophie einleitete. Doch die Schrift wandte sich gegen die Weisheit der Griechen und behauptete, Platon habe seine Weisheit aus den biblischen Schriften des Moses.

Es gilt heute als sehr wahrscheinlich, dass in Wahrheit Bischof Marcellus von Ancyra (gestorben 374) der wahre Autor ist. Marcellus nahm im Jahr 325 n.Chr. an dem berühmten Konzil von Nizäa auf Seiten des Athanasius gegen die Arianer teil. Später wurde er als Häretiker abgesetzt und ging nach Rom. Dort wurde er von der römischen Westkirche rehabilitiert, später aber dann auf dem Ersten Konzil von Konstantinopel endgültig verurteilt.

In diesem Werk wird die Begegnung Solons mit dem ägyptischen Priester als historisches Ereignis aufgefasst und als Argument verwendet, um gegen die Vorherrschaft der Weisheit der Griechen zu polemisieren. Damit nahm Marcellus die Atlantisgeschichte Platons zwar grundsätzlich ernst, wir haben jedoch keine hinreichende Sicherheit, inwieweit er die Überlieferung aus Ägypten historisch deutete.[382]

Flavius Lucius Dexter (um 400 n.Chr.)

Die Universalgeschichte des Flavius Lucius Dexter aus der Zeit um 400 n.Chr. ist eine Fälschung des Jesuiten Jerónimo Román de la Higuera (1538-1611) von 1619, siehe dort. Es hat diesen Autor niemals gegeben. Zudem ist es unzutreffend, dass in dieser – ohnehin gefälschten – Universalgeschichte von Königen von Atlantis die Rede wäre, wie manche meinen.

Augustinus von Hippo (354-430 n.Chr.)

Der bedeutendste der vier lateinischen Kirchenlehrer, Augustinus von Hippo, erwähnte Atlantis entgegen anderslautender Meinungen mit keinem Wort. Er hielt nicht viel von den Lehren der Philosophen, mithin also von den Lehren Platons, dass die Welt älter als 6000 Jahre alt ist, oder das die Erde von wiederkehrenden Katastrophen heim-

---

[381] Wright (1913) S. 134 f. zu In Heraclium 228cd
[382] Pseudo-Justinus Cohortatio ad Graecos cap. 12; Arzhanov (2019) S. 9 f.

gesucht wird. Denn solche Lehren würden der biblischen Offenbarung widersprechen. Auch glaubte Augustinus nicht an ein von Menschen besiedeltes Land jenseits des Meeres, denn der unermessliche Ozean sei nicht zu Schiff überquerbar. In Ägypten entstand die Schrift erst etwa 1500 v.Chr., so Augustinus.

Die Zahl von 6000 Jahren entspricht der christlichen Lehre von den sechs bzw. sieben jeweils tausendjährigen Weltaltern, analog zu den sechs bzw. sieben Tagen der Schöpfung, in Anlehnung an Psalm 90:4, wo es heißt, dass vor Gott tausend Jahre wie ein Tag sind. Bezüglich der hohen Jahreszahlen bei den Ägyptern stellte Augustinus die Theorie auf, dass die Ägypter in „Jahren" zu 4 Monaten rechneten.

Wir können Augustinus von Hippo mit größter Wahrscheinlichkeit als Atlantisskeptiker einordnen, auch wenn er sich nirgends explizit über Ur-Athen oder Atlantis äußerte. Die irrigen Meinungen des Augustinus waren für das lateinische Christentum für viele Jahrhunderte ein gültiger Maßstab.[383]

Paulus Orosius (ca. 385-418)

Angesichts des Zusammenbruchs des weströmischen Reiches und der Barbareneinfälle hatte der spätantike Historiker und Theologe Paulus Orosius von Augustinus den Auftrag erhalten, der Auffassung der Nichtchristen entgegenzutreten, derzufolge der Abfall von den alten Göttern und die Hinwendung zum Christentum die Ursache für das Unglück der Zeit ist. Zu diesem Zweck verfasste Paulus Orosius ein Geschichtswerk namens *Historiae adversum paganos*, das die Menschheitsgeschichte als eine einzige Abfolge von Katastrophen darstellte. Damit wollten Augustinus und Orosius das große Unglück der Gegenwart relativieren und verharmlosen.

Ganz im Einklang mit der Auffassung von Augustinus wird auf Platons Atlantis und die Theorie von zyklisch wiederkehrenden Katastrophen nicht eingegangen, obwohl es in diesem Werk vor lauter Erdbeben und Fluten nur so wimmelt. Das Werk beginnt mit der Sintflut bzw. in der Zeit nach der Sintflut mit König Ninus von Assyrien.

Das Werk des Orosius hatte einen großen Einfluss auf die Nachwelt. Als ein Beispiel für einen Kulturtransfer vom Lateinischen ins Arabische diente das Werk des Orosius Ibn Khaldun als Vorlage. Auch Dante Alighieri stützte sich später auf Paulus Orosius[384].

Wir können Paulus Orosius mit größter Wahrscheinlichkeit als Atlantisskeptiker einordnen, auch wenn er sich nirgends explizit über Ur-Athen oder Atlantis äußert.

---

[383] Augustinus De civitate dei XII 10-21, XVI 9, XVIII 40
[384] Vgl. z.B. Dante De Monarchia II 33

Macrobius (ca 385/390-430 n.Chr.)

Macrobius war ein römischer Philosoph und Grammatiker, der in seinen Werken die antike Bildungstradition in lateinischer Sprache bewahrte und auf diese Weise maßgeblichen Einfluss auf die Entwicklung der Bildung im Mittelalter nahm.

In seinem Kommentar zu Ciceros *Somnium Scipionis*, dem Schlussmythos von *De re publica*, machte sich Macrobius zunächst das zyklische Geschichtsbild Platons zu eigen, das von wiederholten lokalen Überschwemmungen und Verbrennungen der Erde ausgeht. Macrobius glaubte in diesem Zusammenhang an die Ewigkeit der Welt; die Welt habe weder Anfang noch Ende. Eine zustimmende Erwähnung der Atlantisgeschichte liegt damit noch nicht vor.

Doch Macrobius geht einen Schritt weiter, und verbindet die Aussagen des *Somnium Scipionis* mit der Timaios-Übersetzung des Calcidius: Zunächst beklagt er das Versagen der mündlichen Überlieferung und versetzt sich damit in dieselbe Situation wie Solon vor den ägyptischen Priestern. Dann aber leitet er zu dem Gedanken über, dass niemals die ganze Erde überschwemmt wird, und präsentiert denselben Zugang zu älterem Wissen, den Platon auch in der Atlantisgeschichte präsentiert: Das in Ägypten aufbewahrte Wissen!

> „Ägypten (jedoch), wie Platon im Timaios bekennt, hat gewiss niemals ein Übermaß an Feuchte oder Wärme geschadet, weswegen auch unendliche Tausende von Jahren allein in den Monumenten und Büchern der Ägypter ablesbar sind."[385]

Damit hat Macrobius sowohl die Quelle der Atlantisgeschichte akzeptiert, als auch deren Aussagen über eine vieltausendjährige Vergangenheit. Es ist damit sehr wahrscheinlich, dass Macrobius auch die Atlantisgeschichte als geschichtliches Wissen akzeptierte.

Für das Mittelalter hatte das Werk *In Somnium Scipionis* von Macrobius noch eine weitere Bedeutung. Zum einen überlieferte Macrobius die antike Geographie über die Einteilung der Erde in Zonen: Während die Polkappen der Erde zu kalt für die Menschen seien, sei die Äquatorregion zu heiß. Deshalb gäbe es sowohl auf der Nord- als auch auf der Südhalbkugel je eine bewohnbare Zone. Diese Zonen wiederum würden sich nach Macrobius in Abschnitte einteilen, die durch Wüste oder Wasser voneinander getrennt sind. Die Bewohner der anderen Seite der Erde werden Antipoden, d.h. „Gegenfüßler" genannt. Außerdem greift Macrobius natürlich den Gedanken des Weltenjahres, des *annus mundus* auf, den Cicero im *Somnium Scipionis* in Anlehnung an Platons Weltjahr aus dem Timaios formuliert: Die Rückkehr aller himmlischen Zyklen in eine gemeinsame Ausgangsposition nach 15000 Jahren.

---

[385] Macrobius In Somnium Scipionis II X 14; Übersetzung Thorwald C. Franke

1.5 Spätantike Nichterwähnungen

Hesychios von Milet (6. Jhdt.)

Der byzantinische Geschichtsschreiber Hesychios von Milet verfasste u.a. eine Weltgeschichte, von der uns leider nur Fragmente erhalten sind. Insbesondere der für unsere Fragestellung entscheidende Anfang fehlt.

In seinem Werk *De viris illustribus* äußerte Hesychios die Auffassung, dass Platon Wahrheit und Lüge in seinen Dialogen durch ganz bestimmte Charaktere aussprach. Zu den Charakteren, die seiner Meinung nach die Wahrheit sagen, gehören u.a. Sokrates und Timaios. Kritias wird leider weder auf Seiten der Charaktere, die die Wahrheit aussprechen, noch auf Seiten der Charaktere, die der Lüge zugeordnet werden, erwähnt. Das legt zumindest nahe, dass Hesychios die Atlantisgeschichte für wahr hielt, denn es ist Sokrates, der die Atlantisgeschichte eine wahre Geschichte nennt, und Timaios stimmt dem implizit als anwesender Dialogpartner zu.[386]

Isidor von Sevilla (ca. 560-636 n.Chr.)

Der Bischof der Stadt Sevilla im Westgotenreich, Isidor von Sevilla, gilt als der „letzte" der Kirchenväter, und vor allem als der letzte lateinische Autor der Spätantike. Manche sehen ihn aber auch als den ersten Autor des Mittelalters.

Isidor von Sevilla scheint nicht nur von Atlantis sondern überhaupt von Platons Timaios nichts zu wissen, obwohl sein Werk sehr ausführlich und detailreich ist. Obwohl es zahlreiche Stellen gäbe, an denen Elemente der Atlantisgeschichte hätten erwähnt werden können, unterbleibt eine solche Erwähnung. Es gibt sogar Angaben, die der Atlantisgeschichte klar zuwiderlaufen: So wird die Stadt Gadira etymologisch anders erklärt als bei Platon, und Isidor von Sevilla äußert die Auffassung, dass „die Philosophen" sagen würden, dass jenseits des Meeres nichts sei[387]. Solche lapidaren Äußerungen ohne jeden Versuch einer Rechtfertigung können nur durch die Unkenntnis oder vielleicht auch Ablehnung des Timaios erklärt werden. Eine solche Unkenntnis ist durch die Krisen der Spätantike durchaus denkbar. Es würde damit ein Abbruch der platonischen Bildungstradition vorliegen.

Geographisch lehrte Isidor eine kreisförmige, vom Okeanos umflossene Oikumene. Die drei Kontinente Europa, Asien und Libyen teilen sich diesen O-förmigen Kreis, wobei Mittelmeer und Nil die Kontinente in Form eines T voneinander abgrenzen. Deshalb spricht man auch von einer T-O-Karte. Chronologisch vertrat Isidor von Sevilla die schon von Augustinus angewandte christliche Lehre von den sechs bzw. sieben jeweils tausendjährigen Weltaltern, analog zu den sechs bzw. sieben Tagen der Schöpfung, in Anlehnung an Psalm 90:4, wo es heißt, dass vor Gott tausend Jahre wie ein Tag sind. Die Vorstellungen von Isidor von Sevilla sind nichts anderes als ein

---

[386]Hesychios von Milet De viris illustribus LV. Platon, letzter Absatz
[387]Isidor von Sevilla Etymologiae XIV 6; De rerum naturae XLI 3

Rückfall sogar noch hinter das Werk des Herodot und dessen geographische und chronologische Vorstellungen.

Isidor ist damit kein lupenreiner Vermittler des antiken Wissens wie Martianus Capella oder Macrobius, sondern zeigt eine gefährliche Nähe zu Fanatikern wie Kosmas Indikopleustes. Er ist damit nur bedingt tauglich als Vorbild für die Vermittlung von Wissen. Dennoch wurde er 1598 – rund einhundert Jahre, nachdem sein Weltbild durch Kolumbus für alle sichtbar widerlegt wurde – heiliggesprochen. Im Jahr 2001 war Isidor von Sevilla als Schutzpatron ausgerechnet für das Internet im Gespräch. Ist es nicht eine Ironie der Geschichte, dass von Spanien sowohl der Verlust als auch die spätere Rückgewinnung eines wissenschaftlichen geographischen Weltbildes ausging – erst der Verlust durch Isidor von Sevilla, dann die spätere Rückgewinnung durch Christoph Kolumbus – und dass Christoph Kolumbus ausgerechnet in Sevilla seine letzte Ruhestätte fand, wo Isidor einst Bischof war?

1.6 Zusammenfassung der antiken Rezeption

Im Rahmen der Aufstellungen der einzelnen Erwähnungen und interessanten Nichterwähnungen von Platons Atlantis in der Antike haben wir zunächst die Fakten gesichert und bereits einen ersten Einblick über größere Zusammenhänge und Entwicklungslinien in der Rezeption von Platons Atlantis bekommen. Diese Zusammenhänge wollen wir hier noch einmal übersichtlich darstellen.

Atlantis stand nicht im Zentrum der Wahrnehmung

Der Entwurf des Dialoges Kritias ruhte vermutlich bis zu Platons Tod unvollendet in der Schublade. Platon wird nur noch ungern darüber nachgedacht und kaum mit seinen Schülern darüber gesprochen haben, da sich schlechte Erinnerungen an Syrakus damit verbanden. In Syrakus war Platon als Berater von Dionyisos II. gescheitert, was auch den Abbruch der Arbeit am Kritias zur Folge hatte. Nach diesem Erlebnis hatte Platon gründlich umgedacht, wie der Dialog Nomoi erkennen lässt. Mehr zu dem Zusammenhang von Platons Syrakus-Aufenthalt und der Abfassung des Kritias in einer späteren Publikation.

Während also der Dialog Kritias in der Schublade ruhte, lag der Öffentlichkeit zunächst nur der Dialog Timaios vor, in dem Atlantis nur kurz erwähnt wird, und für das eigentliche Thema des Timaios keine Rolle spielt. Deshalb können wir davon ausgehen, dass es von Anfang an eine gewisse Tradition gab, die Atlantisgeschichte ohne größeres Nachdenken zu übergehen.

Spuren dieser Tradition finden wir u.a. in Theopomps Meropis oder in den Aussagen mittelplatonischer Philosophen: Obwohl Theopomps Meropis den geographischen Rahmen aufgreift, der auch der Atlantisgeschichte zugrunde liegt, und obwohl

Theopomp alle möglichen Platonischen Mythen verballhornt, kommt Atlantis doch mit keinem Wort vor. Man wartet als Leser von Theopomps Meropis geradezu darauf, dass auch Atlantis verballhornt wird, doch es geschieht nicht.

Von den Mittelplatonikern Severus und Longinos lesen wir bei Proklos explizit, dass sie die Atlantisgeschichte für überflüssig hielten und deshalb gar nicht oder nur widerwillig kommentierten:

> „An dieser Stelle ist das Proömium des Timaios beendet, das Severus einer Auslegung überhaupt nicht für würdig, Longinos aber nicht ganz für überflüssig hielt, sondern nur das, was über die Atlanter und die ägyptischen Dinge ausgeführt wird, ..."[388].

Tarrant streicht heraus, dass Longinos trotz seiner Haltung zu den Passagen über Atlantis und Ägypten einige Kommentare dazu abgegeben hat und zwar offenbar unter Anregung des Porphyrios[389]. Tarrant meint auch, dass Plotin, der Hauptvertreter des Neuplatonismus, keine Notwendigkeit sah, die Passagen über Atlantis zu interpretieren[390]. Auch Calcidius äußert in seinem Kommentar die Auffassung, dass die Einleitung des Timaios mit der Atlantisüberlieferung unkommentiert bleiben kann.

Am Anfang Ungewissheit mit Neigung pro Existenz

Als der Dialog Kritias dann nach Platons Tod aus dessen Nachlass veröffentlicht wurde, wurde diese Tradition der Nichtbeachtung einfach fortgesetzt. Nachfragen bei Platon waren nun nicht mehr möglich. Anders als der Dialog Nomoi, der von einem Schüler Platons in dessen Sinne zu Ende geschrieben wurde, geschah nichts dergleichen mit dem Dialog Kritias. Man wusste vermutlich darum, dass Platon im Idealstaat der Politeia, wie er in der Atlantisgeschichte in Gestalt von Ur-Athen auftaucht, zuletzt einen Irrweg sah, und hielt sich lieber an die Nomoi. Wozu sich also noch mit Atlantis beschäftigen, das dem alten Paradigma zuzurechnen war? Ohne den philosophischen Gehalt war Atlantis nicht mehr als eine historisch-geologische Notiz, ein *eikos mythos*, dessen wahrscheinliche Anteile – das ideale Ur-Athen – nicht mehr als wirklich wahrscheinlich galten.

Hinzu kommt, dass die Atlantisgeschichte aufgrund ihrer Unvollendetheit einige Rätsel aufgibt, die zu lösen die Mühe nicht lohnte. Man könnte diese Situation wenigstens teilweise mit Platons berühmten Vortrag „Über das Gute" vergleichen, der uns ebenfalls nicht überliefert ist: Dieser Vortrag wurde von vielen nicht verstanden und als „rätselhaft" angesehen. Ähnliches könnte bis zu einem gewissen Grad auch für die Atlantisgeschichte gelten.

Alles in allem wären somit Ungewissheit bzw. mangelndes Interesse als frühe Meinung über Atlantis zu vermuten. Tatsächlich ist es genau dieses, was wir als Meinung

---

[388] Proklos In Timaeum I 1,204 bzw. 63AB; Übersetzung Thorwald C. Franke
[389] Tarrant (2006) S. 36, S. 61 und Fußnote 87, S. 197 Fußnote 438
[390] Tarrant (2006) S. 74

des Aristoteles erschließen können: Einerseits Ungewissheit über Platons Atlantis. Andererseits aber keine misstrauische Skepsis, sondern im Gegenteil eine klar erkennbare Neigung dazu, die Atlantisgeschichte im Rahmen der grundsätzlichen Ungewissheit eher für wahr als für falsch zu halten.

Diese Neigung der ersten Generation nach Platon macht Sinn: Man hatte Platon noch persönlich gekannt, und deshalb erstens keinen Grund, ihm zu misstrauen, und zweitens war man noch wohl vertraut damit, wie Platon dachte und seine Dialoge, *mythoi* und *logoi* konzipierte, weshalb ein Rätselraten darüber, wie die Atlantiserzählung im Grundsatz gemeint war, nicht stattfand. Alle wussten, dass die Atlantisgeschichte nur so gemeint sein konnte, wie sie auf dem Papier stand. Nur ob sie tatsächlich wahr ist, ob also Platon z.B. einem ägyptischen Märchen aufgesessen war, das war es, was man nicht wusste.

Am Anfang herrschte also eine Ungewissheit mit deutlicher Neigung zur Annahme, dass die Atlantisgeschichte wahr ist, zugleich aber auch ein ausgeprägtes Desinteresse daran, diese Frage näher zu klären.

Für Außenstehende nicht ganz leicht glaublich

Die Anhänger Platons werden sich recht leicht damit getan haben, die Atlantisgeschichte zu glauben, doch für platonisch ungeschulte Geister war sie nicht ganz so leicht zu glauben. Die durchschnittlichen Menschen von damals hätten sich u.a. an den folgenden Punkten gestört, und das umso mehr, je geringer ihre Bildung war:

- Die Herkunft einer Geschichte aus Ägypten scheint für viele ein Verdachtsmoment *per se* gewesen zu sein[391].
- Die Tatsache, dass der Idealstaat ausgerechnet in Athen bereits einmal Wirklichkeit gewesen sein soll, wird nur für platonisch geschulte Geister ohne weiteres glaubhaft gewesen sein.
- Erzählungen von großen Gebäuden, großen Pflanzen u.a. standen offenbar unter dem Generalverdacht, erfundene Märchen zu sein, denn auch Herodot zweifelte, ob man ihm in solchen Dingen glauben würde[392].
- Das zyklische Geschichtsbild Platons dürfte auch nicht jedem eingeleuchtet haben. Es ist in dieser Form nicht in der griechischen Mythologie angelegt, die den Volksglauben bestimmte.

Auch dieses antike Glaubwürdigkeitsproblem mag ein Grund dafür gewesen sein, dass man sich mit Platons Atlantis nicht näher befasste. Es ist sicher kein Zufall, dass Platon in den Nomoi zu historischen Beispielen griff, die – teilweise – dasselbe zeigen

---

[391] Vgl. Phaidros 275b
[392] Vgl. z.B. Herodot I 193

sollen wie die Atlantisgeschichte, die aber für die damaligen Griechen wesentlich näher lagen und vertrauter waren.

Die andere Qualität des antiken Zweifels

Man beachte, dass sich Platons Zeitgenossen weniger an jenen Elementen der Atlantisgeschichte gestört hätten, die uns modernen Menschen sofort als falsch auffallen: Die 9000 Jahre ordneten sich problemlos in die Wahrnehmung ein, die man von der ägyptischen Geschichte hatte. Von Geologie hatte man keine hinreichende Ahnung, so dass der Untergang einer großen Insel durchaus vorstellbar war. Bei Aristoteles finden wir klare Andeutungen, die darauf hinweisen, dass er von einer ehemaligen Landbrücke über den Atlantik von den Säulen des Herakles bis nach Indien ausging[393].

Damit war auch die Qualität des Zweifels in der Antike eine andere als heute: Der moderne Leser von Platons Atlantisgeschichte weiß genau, dass sie wörtlich nicht wahr sein kann: Er weiß genau, dass im Atlantik keine große Insel versank, und er weiß genau, dass 9000 Jahre vor Solon und Platon keine entwickelte Zivilisation existierte. Für den modernen Leser liefert die Atlantisgeschichte direkte Widersprüche zur Realität. Der moderne Leser beginnt sein Nachdenken über Atlantis deshalb mit einer starken Skepsis, und nur der im historisch-kritischen Denken Geschulte vermag sich vorzustellen, dass die Atlantisgeschichte dennoch einen historischen Hintergrund haben könnte.

Doch nichts davon beim antiken Leser! Denn die Bedenken der antiken Leser bauten nicht auf Beweisen, sondern auf Plausibilitäten auf. Antike Skeptiker hätten den Wahrheitsgehalt der Atlantisgeschichte als zweifelhaft qualifiziert, nicht jedoch als von vornherein unglaubhaft oder gar erwiesenermaßen falsch. Nicht Wissen um die Unmöglichkeit der wörtlichen Darstellung von Atlantis, sondern Misstrauen und Zweifel bezeichnen die Haltung der antiken Skeptiker. Die Skepsis antiker Atlantisskeptiker war demgemäß eine „schwache" Skepsis im Vergleich zur „starken" Skepsis moderner Atlantisskeptiker. Auch deshalb gab es in der Antike nicht so viele und hartnäckige Atlantisskeptiker wie heute.

Die erste Welle des Zweifels: Antiplatoniker

Der erste Angriff auf die Glaubwürdigkeit der Atlantisgeschichte knüpfte sich ganz entsprechend zu unseren Vorüberlegungen nicht an die Atlantisgeschichte selbst an. Es ging vielmehr um Platons Politeia und um die Rivalität zwischen Platon und Isokrates und deren Anhänger. Vielleicht spielte auch der Streit um das Verhältnis von Athen und Sais mit hinein, der von der ptolemäischen Propaganda befeuert wurde. Während sich bis zu diesem Zeitpunkt – zwei Generationen nach Platon – auch die

---

[393]Vgl. Franke (2010/2016) S. 23-25

Gegner Platons offenbar nicht an der Atlantisgeschichte gestört hatten, wurde sie nun zum Ziel des Zweifels. Dabei richtete sich der Zweifel noch nicht einmal gegen Atlantis direkt, sondern vielmehr um die Aussagen über Ägypten in der Atlantisgeschichte.

In dieser Situation waren die Anhänger Platons zum ersten Mal seit Platons Tod dazu gezwungen, sich mit der Atlantisgeschichte zu befassen, für die sie sich eigentlich nicht näher interessierten, die sie für unwichtig hielten, und deren Wahrheitsgehalt sie zwar mit Ungewissheit, doch mit wohlwollendem Vertrauensvorschuss für Platon immer für gegeben hielten.

Krantor glaubte in dieser Situation, in Inschriften auf ägyptischen Stelen einen Beleg für die Wahrheit der Atlantisgeschichte gefunden zu haben, der unabhängig von Platons Überlieferung war, und deshalb zur Verteidigung der bestehenden Meinung über Platons Atlantisgeschichte dienen konnte. Ob Krantor tatsächlich einen validen Beleg hatte, wissen wir nicht. Es wäre immerhin möglich.

Es ist bezeichnend, dass kein Zweifler dieser ersten Welle des Zweifels namentlich genannt wird. Nur indirekt können wir erschließen, dass es vor allem die Anhänger des Isokrates oder Anhänger der ptolemäischen Propaganda waren.

Die zweite Welle des Zweifels: Geologie

Rund 300 Jahre nach Platon finden bei Poseidonios (135-51 v.Chr.) und Strabon (ca. 63 v.Chr. - 23 n.Chr.) erneut Zweifler Erwähnung. Auch jetzt werden ihre Namen nicht genannt, und leider lässt sich diesmal nicht einmal mehr indirekt erschließen, um wen es sich gehandelt haben könnte. Allerdings scheinen sich die Zweifel jetzt erstmals direkt gegen Atlantis zu richten: Ursache des Zweifels sind geologische Überlegungen, namentlich die Größe der Insel. Das kann man daraus schließen, dass gegen die Zweifler ausschließlich geologisch argumentiert wird, obwohl die Zweifler nur mit einem literarischen Kunstgriff als alternativer Deutung für Atlantis zitiert werden.

Offenbar hat die Entwicklung der Naturwissenschaften zu diesem Zeitpunkt ein Stadium erreicht, das die geologischen Rahmenbedingungen für Platons Atlantis zunehmend in Frage stellte. Führende Autoritäten halten allerdings immer noch an der Existenz von Atlantis fest und die Zweifler bleiben namenlos.

Bei Plinius d.Ä. (23-79 n.Chr.) sehen wir eine ähnliche Entwicklung. Grundsätzlich geht er von der Existenz von Atlantis aus, doch er hat Bedenken gegen die Größe von Atlantis. Auch bei Plutarch (ca. 45-125 n.Chr.) sehen wir geologische Bedenken: Zwar zweifelt auch Plutarch nicht daran, dass die Atlantisgeschichte auf einem historischen Kern beruht, doch hat er in seinem *mythos* in *De facie in orbe lunae* den Schlamm im Atlantik ganz anders gedeutet: Als Sedimente der Flüsse des gegenüberliegenden Kontinentes. Offenbar hat sich zu Plutarchs Zeiten die Erkenntnis allgemein herumgesprochen, dass es den Schlamm vor Gibraltar gar nicht gibt. Für Plutarch zählte der Schlamm direkt vor Gibraltar demzufolge wohl zu den Hinzuerfindungen Platons.

Bei Plutarch sehen wir auch das Schwinden des Wissens um Platons Absichten. Plutarch weiß nicht mehr, wie Platon seine *mythoi* bzw. *logoi* konstruierte, und deshalb vermutete er willkürliche Hinzuerfindungen und Ausschmückungen durch Platon. Auch sonst dürfte das Wissen um den Kontext der Entstehung von Platons Texten nach mehreren Jahrhunderten stark geschwunden sein. Ohne das Wissen um den Kontext jedoch schwindet auch das Verständnis dafür, wie Platon seine Texte verstanden wissen wollte.

Damit repräsentiert diese zweite Welle des Zweifels genau denselben Zweifel – allerdings in schwächerer Form – wie der moderne Zweifel, der maßgeblich durch die gewachsenen naturwissenschaftlichen Erkenntnisse entstand, und historisch-kritisches Denken bis heute außer Acht lässt.

Der wegweisende Ansatz des Plutarch

Plutarch ist der einzige, der trotz mancher Irrtümer dem Denken Platons am nächsten kam. Plutarch hielt trotz naturwissenschaftlicher Bedenken daran fest, dass die Atlantisgeschichte einen historischen Kern hat. Diesen Kern wurde von Platon willkürlich ausgeschmückt, so Plutarch. Damit hat Plutarch immerhin die grobe Grundstruktur der Atlantisgeschichte erkannt, auch wenn er ihren wahren Charakter nicht völlig entschlüsseln konnte.

Denn natürlich hat Platon keine willkürlichen Ausschmückungen hinzugefügt, sondern nur das, was er selbst explizit ausspricht und der Wahrscheinlichkeit nach zufügt, nämlich den Idealstaat in Ur-Athen, sowie diverse Schlussfolgerungen und ausgestaltende Ausführungen von gegeben Faktenkernen.

Hinzu kommen Fehler in der Überlieferung und der Wahrnehmung der Überlieferung, die man nur mit der historisch-kritischen Methode entschlüsseln kann. Über dieses Wissen und dieses Instrumentarium zur Aufschlüsselung historischer Texte verfügte Plutarch jedoch nicht. Dennoch hat Plutarch – wie viele moderne Atlantisbefürworter – intuitiv erfasst, dass die Atlantisgeschichte einen wahren Kern hat.

Eine Atlantissuche begann zu Plutarchs Zeiten dennoch nicht. Der Grund dafür ist, dass man zwar an der Größe der Insel zu zweifeln gelernt hatte, nicht jedoch an deren Lage. Von Überlieferungsfehlern und deren historisch-kritischer Hinterfragung wusste man noch nicht viel. Damit war Atlantis für antike Menschen unerreichbar, denn es gab noch keine Möglichkeiten, den Meeresboden zu erforschen. Eine Suche war unmöglich. Deshalb ging Plutarch davon aus, dass die Lage von Atlantis grundsätzlich wahr ist.

Die dritte Welle des Zweifels: Neuplatonismus

Rund 500 Jahre nach Platon taucht mit Numenios von Apameia der erste namentlich bekannte Atlantisskeptiker auf. Numenios leitete die Entwicklung hin zum Neuplatonismus mit ein. Der Neuplatonismus zeichnete sich dadurch aus, dass er hinter den Texten Platons einen „höheren" symbolischen Sinn erkennen zu können glaubte. In völlig einseitiger Verzerrung der Tatsachen wurde Platon z.B. als wahrer Fortsetzer der pythagoreischen Tradition angesehen. Überall in Platons Werken wurde nun eine verborgene pythagoreische Zahlensymbolik vermutet. Diese esoterische Häresie der wahren platonischen Lehre bemächtigte sich auch der Atlantisgeschichte.

Interessanterweise hielten keineswegs alle Neuplatoniker die Atlantisgeschichte für eine Erfindung Platons. Doch gemeinsam war ihnen allen, dass sie mit einem realen Atlantis nicht viel anfangen konnten, selbst wenn sie von der Realität von Atlantis neben einer „höheren" symbolischen Deutung ausgingen.

Gegen diesen Irrweg des Platonismus protestierte mit Recht Longinos, der offenbar ein bodenständiger Platoniker von echtem Schrot und Korn war, denn sein Leben weist Parallelen sowohl zum Syrakus-Erlebnis Platons als auch zum Tod des Sokrates auf. Rund einhundert Jahre nach diesen Auseinandersetzungen zwischen der neuplatonischen Maßlosigkeit und deren Kritikern wie Longinos fand Atlantis als realer Ort bei Neuplatonikern volle Akzeptanz, wie wir z.B. bei Martianus Capella, Syrianos und Proklos sehen.

Eine weitere mögliche Quelle des Zweifels ist in der Entwicklung des Romans in der Zeit des Numenios zu finden: Mit Lukian von Samosata (ca. 120-180 n.Chr.) tauchten damals die ersten literarischen Wahrheitsbeteuerungen und fingierten Überlieferungswege von Erzählungen auf, die vom Leser als solche erkannt werden sollten[394]. Es liegt nicht fern zu vermuten, dass diese neuen Konzepte irrigerweise auf Platons Atlantisgeschichte rückübertragen wurden.

In dieselbe Zeit fällt auch das Aufkommen von erstem Zweifel an Platons *Großem Jahr*, oft auch *Annus Platonicus* genannt, das Platon im Timaios einführt[395], und das den größeren Rahmen für die 9000 Jahre der Atlantisgeschichte darstellt. Es sind die skeptischen Philosophen der Kaiserzeit und frühe christliche Schriftsteller, die Zweifel an dem Konzept des *Annus Platonicus* äußern, und damit auch den Zweifel an der Datierung der Atlantisgeschichte möglich machen.[396]

Die vierte Welle des Zweifels: Religiöse Enge

Bei den christlichen Autoren findet sich ein zunehmender Widerstand gegen Elemente der Atlantisgeschichte, die nicht zum biblischen Mythos passen. Dazu gehören die

---
[394]Brandenstein (1951) S. 41
[395]Timaios 39d
[396]Callataÿ (1996) S. 81 ff.

9000 Jahre und auch das geographische Weltbild. Gerade diese Details der Atlantisgeschichte standen damals für ein wissenschaftliches, philosophisches Weltbild, das zeitlich und geographisch einen weiten, auf *logos* gegründeten Horizont bedeutete. Um die antike Bildungstradition zu unterminieren und erneut ein mythisches Weltbild zu etablieren, mussten diese Elemente der Atlantisgeschichte von den Christen abgelehnt werden.

Es ist interessant zu sehen, dass das platonische Mittelalter sehr schnell wieder an die antike Bildungstradition anknüpfen wird, und dass Platons Atlantisgeschichte mit ihren 9000 Jahren und ihrem geographischen Horizont in der Neuzeit eine wichtige Rolle bei der Überwindung des biblischen Mythos spielen wird.

Grundsätzlicher Glaube an die Existenz von Atlantis

Bei Kosmas Indikopleustes sehen wir, wie die Existenz von Atlantis mit der gesamten griechischen Tradition von Bildung und Aufklärung verbunden wird: All das wird als eine Einheit gesehen, gegen die sich der religiöse Fanatiker wendet. Damit ist im Rückblick auf die Antike ausgesprochen, was moderne Atlantisskeptiker nur ungern zugeben: In der Antike wurde grundsätzlich von der Existenz von Atlantis ausgegangen. Es gab zwar pauschale Anfeindungen gegen Platon und seine Lehre, es kam geologisches Misstrauen auf, und Fehlinterpretationen von einem Teil der Neuplatoniker trübten das Bild, aber im Großen und Ganzen behandelte man Atlantis in der Antike als reale Gegebenheit. Wir sehen das an vielen bedeutenden und weniger bedeutenden Zeugen zu allen Zeiten.

Diese Grundstimmung für die Existenz von Atlantis war allerdings nie eine fröhliche und eifrige. Von Anfang an wusste man nicht recht, was man mit der Atlantisgeschichte nach dem Abbruch des Kritias zugunsten der Nomoi noch anfangen sollte. Spätere Zeiten haben das Interesse nicht wiederbeleben können. Atlantis wurde entgegen seinem ursprünglichen Sinn häufig nur noch als Beispiel für eine Naturkatastrophe verwendet, wie wir schon bei Theophrast sehen.

Diese verzerrte Wahrnehmung hat sich über die Zeiten erhalten und herrscht auch in unserer Gegenwart noch vor, wenn Atlantisbefürworter sich vor allem für den Untergang von Atlantis interessieren. Es ist Zeit, dieses schiefe Bild wieder gerade zu rücken, und den von Plutarch begonnenen Weg der historischen Kritik im Lichte der vertieften Kenntnisse unserer modernen Zeit zu Ende zu gehen.

Tabellarische Übersicht

Verschaffen wir uns nun einen tabellarischen Überblick über die antike Rezeption, um die gewonnenen Erkenntnisse zusammenzufassen. Autoren, die Platons Atlantis zwar erwähnen, denen wir aber keine Meinung über Platons Atlantis zuschreiben konnten, wurden in diese Tabelle nicht aufgenommen.

1. Die Antike

Autor Tätigkeit	Lebensdaten	Meinung zu Atlantis	Kommentar
Aristoteles Philosoph	384-322 v.Chr.	Ungewissheit; Neigung zu Existenz	
Theophrast von Eresos Philosoph	Ca. 371-287 v.Chr.	Existenz	Schüler und Nachfolger des Aristoteles.
Unbenannte Zweifler, gegen die Krantor argumentiert; vermutlich Anhänger des Isokrates.		Erfindung	Eher Spott gegen Platons Politeia als spezieller Zweifel an Atlantis.
Krantor von Soloi Philosoph	Bis 275 v.Chr.	Existenz	Wichtiges Mitglied der Akademie Platons.
Apollodoros von Athen Schriftsteller	Ca. 180-120 v.Chr.	Existenz (wahrscheinlich)	
Unbenannte Zweifler, gegen die Poseidonios und Strabon argumentieren.		Erfindung	Offenbar von geologischen Bedenken getrieben, deshalb Zuflucht bei literarischer Erklärung (Mauer der Achäer).
Poseidonios Philosoph	135-51 v.Chr.	Ungewissheit; Neigung zu Existenz	Eng an Aristoteles angelehnt.
Strabon Geograph	Ca. 63 v.Chr. - 23 n.Chr.	Ungewissheit; Neigung zu Existenz	
Philon von Alexandria Philosoph	Ca. 15 v. - 40 n.Chr.	Existenz	
Plinius der Ältere Naturforscher	23-79 n.Chr.	Existenz; jedoch geologische Bedenken gegen die Größe.	
Plutarch Philosoph	Ca. 45-125 n.Chr.	Existenz; beliebig ausgeschmückt.	Existenz bzw. historischer Kern; Bedenken gegen Ausschmückungen.

1.6 Zusammenfassung der antiken Rezeption

Autor Tätigkeit	Lebensdaten	Meinung zu Atlantis	Kommentar
Loukios Kalbenos Tauros Mittelplatoniker	Um 150 n.Chr.	Existenz (sehr wahrscheinlich)	
Numenios von Apameia Mittelplatoniker	Um 150 n.Chr.	Erfindung. **500 Jahre nach Platon der erste namentlich bekannte Atlantisskeptiker.**	Übertrieben pythagoreisch-symbolische Deutung Platons.
Atticus Platonicus Mittelplatoniker	2. Jhdt. n.Chr.	Existenz (sehr wahrscheinlich)	Generell für eine wörtliche Lesung von Platon.
Kelsos Platoniker	Um 178 n.Chr.	Existenz (sehr wahrscheinlich)	
Theophilos von Antiochia Bischof	Um 180 n.Chr.	Erfindung (sehr wahrscheinlich)	Biblische Chronologie
Galenos von Pergamon Berühmter Arzt	Ca. 130-214 n.Chr.	Existenz (wahrscheinlich)	
Tertullian Frühchristlicher Schriftsteller	Ca. 150-220 n.Chr.	Existenz	
Sextus Iulius Africanus Christlicher Chronist	Ca. 165-240 n.Chr.	Erfindung (wahrscheinlich)	Schwerpunkt Chronologie
Hippolytos von Rom Kirchenlehrer	Ca. 170-235 n.Chr.	Existenz (wahrscheinlich)	
Origenes Kirchlicher Autor	Ca. 185-254 n.Chr.	Erfindung	Biblische Chronologie
Origenes Platonicus Neuplatoniker	Vor 268 n.Chr.	Erfindung	Verengung auf ausschließlich symbolische Deutung.
Kassios Longinos Mittelplatoniker	Ca. 212-272 n.Chr.	Existenz (sehr wahrscheinlich)	Gegen symbolische Ausdeutelei von Platons klaren Lehren.

1. Die Antike

Autor Tätigkeit	Lebensdaten	Meinung zu Atlantis	Kommentar
Amelios Gentilianos Neuplatoniker	Ca. 216/26-290/300 n.Chr.	Neutrale Ungewissheit	Kein Interesse an der Existenzfrage.
Porphyrios Neuplatoniker	Ca. 233-301/5 n.Chr.	Erfindung	Verengung auf ausschließlich symbolische Deutung.
Iamblichos von Chalkis Neuplatoniker	Ca. 240/5-320/5 n.Chr.	Existenz und „höhere" Symbolik zugleich	
Calcidius Vermutlich christlicher Platoniker	Ca. 321 n.Chr.	Existenz (sehr wahrscheinlich)	Maßgeblicher Autor für das lateinische Mittelalter.
Arnobius Afer Christlicher Apologet	Bis ca. 330 n.Chr.	Existenz	
Eusebius von Caesarea Kirchenvater	Nach 325 n.Chr.	Erfindung (sehr wahrscheinlich)	Biblische Chronologie
Ammianus Marcellinus Historiker	Ca. 325-395 n.Chr.	Existenz	
Macrobius Lateinischer Autor	Ca 385/390-430 n.Chr.	Existenz (sehr wahrscheinlich)	Maßgeblicher Autor für das lateinische Mittelalter.
Martianus Capella Lateinischer Autor	Um 410/429 n.Chr.	Existenz	Maßgeblicher Autor für das lateinische Mittelalter.
Augustinus von Hippo Lateinischer Kirchenlehrer	354-430 n.Chr.	Erfindung (sehr wahrscheinlich)	Maßgeblicher Autor für das lateinische Mittelalter. Biblische Chronologie.
Paulus Orosius Historiker und Theologe	Ca. 385-418 n.Chr.	Erfindung (sehr wahrscheinlich)	Maßgeblicher Autor für das lateinische Mittelalter. Biblische Chronologie.

1.6 Zusammenfassung der antiken Rezeption

Autor Tätigkeit	Lebensdaten	Meinung zu Atlantis	Kommentar
Syrianos Neuplatoniker	Bis 437 n.Chr.	Existenz und „höhere" Symbolik zugleich	
Proklos Diadochos Neuplatoniker	412-485 n.Chr.	Existenz und „höhere" Symbolik zugleich	Maßgeblicher Autor für die Renaissance.
Hermias Philosoph	5. Jhdt.	Existenz (wahrscheinlich) und „höhere" Symbolik zugleich	
Damaskios Philosoph	Um 500 n.Chr.	Existenz und „höhere" Symbolik zugleich	
Johannes Philoponos Christlicher Philosoph	529 n.Chr.	Existenz (wahrscheinlich)	
Scholiast	nach Proklos	Existenz	Scholion zum Peplos der Kleinen Panathenäen
Unbenannte Existenzbefürworter, gegen die Kosmas Indikopleustes argumentiert.		Existenz	Sie repräsentieren für Kosmas Indikopleustes die gesamte griechische Tradition von Bildung und Aufklärung.
Kosmas Indikopleustes Christlicher Geograph	Um 550 n.Chr.	Erfindung	Religiöser Fanatismus.
Isidor von Sevilla Bischof	Ca. 560-636 n.Chr.	Erfindung (sehr wahrscheinlich)	Maßgeblicher Autor für das lateinische Mittelalter. Biblische Chronologie.

1.7 Die „Schwarze Legende" der antiken Atlantisrezeption

Die jüngere Platonforschung hat die Darstellung der Rezeption von Platons Atlantisgeschichte bei antiken Autoren immer wieder dazu benutzt, den Gedanken zu unterminieren, dass Platon sein Atlantis als realen Ort verstanden wissen wollte. Auf der Grundlage eines allzu festen Glaubens, dass Atlantis nur eine Erfindung Platons sein *könne*, hat man vielfach die nötige Sorgfalt außer Acht gelassen, und Schritt um Schritt eine stark verzerrte Wahrnehmung der antiken Rezeption konstruiert. Schon 1886 schrieb Wilhelm von Christ:

> „Die nächsten Nachfolger Platos in der Akademie nahmen also die Angabe des Plato, dass sein Ahne Solon jene Märe von der Atlantis aus dem Munde ägyptischer Priester in Sais vernommen habe, für bare Münze und beriefen sich dabei auf das Zeugnis ägyptischer Priester, welche die Wahrheit jener Erzählung aus noch erhaltenen Urkunden nachwiesen. Unsere skeptische Zeit hat von jener Überlieferung ein Steinchen nach dem anderen abgebröckelt, bis zuletzt Susemihl ... und Rohde ... in der Erzählung von der Atlantis nur noch reine Fiction und freieste Dichtung erkennen wollten."[397]

Bei einigen Autoren ist das allzu einseitige und damit unwissenschaftliche Streben danach, alle nur erdenklichen Argumente dafür aufzubieten, dass Atlantis eine Erfindung des Platon war, so ausgeprägt, dass es gerechtfertigt ist, von einer „Schwarzen Legende" der antiken Rezeption zu sprechen. Diese „Schwarze Legende" dominiert leider auch die öffentliche Meinung über Atlantis. Was von manchen wissenschaftlichen Autoren vorgelegt wird, verschleiert und verdreht die Wirklichkeit so sehr, dass man sich wundern muss. Wir legen diese „Schwarze Legende" im folgenden anhand dreier Autoren dar:

- Alan Cameron.
- Pierre Vidal-Naquet.
- Harold Tarrant.

Neben einigen Ergänzungen zu anderen Autoren werden wir uns schließlich auch noch kurz der Frage zuwenden, ob Platons Atlantisgeschichte vielleicht die Vorläuferin der literarischen Gattungen von Roman und Utopie war.

Vor übereilten Urteilen wird dringend gewarnt!

Atlantisbefürworter könnten bei der Lektüre dieses Kapitels versucht sein, voreilige Urteile über Atlantisskeptiker zu fällen. Davor sei jedoch dringend gewarnt! Zunächst

---

[397] Christ (1886) S. 507 f.

führen wir hier keine politischen Schaukampf, sondern betrachten die Geschichtsschreibung von Atlantisskeptikern unter wissenschaftlichen Gesichtspunkten. Und da gibt es kein „gut" oder „böse", sondern nur ein „richtig" oder „falsch".

Die Frage nach den Gründen für die irrige Geschichtsschreibung der Atlantisskeptiker ist ein weites Feld. Die Hauptursache ist keineswegs irgendeine böse Absicht, sondern natürlich die falsche Prämisse, dass Atlantis kein realer Ort sondern eine Erfindung Platons sei. Die Fähigkeit des menschlichen Geistes, ohne jede böse Absicht einer durch Vorurteile verzerrten Wahrnehmung zu erliegen, darf nicht unterschätzt werden. Nicht selten ist eine vermeintliche Bosheit einfach nur ein unbeabsichtigter Irrtum. Ebenso trägt die Wahrnehmung eines „Feindes" psychologisch dazu bei, die Reihen enger zu schließen und Offenheit als „Schwäche" zu vermeiden. Der „Feind" der Wissenschaft sind natürlich Pseudowissenschaftler. Auch liegt der Denkfehler nahe, es sei legitim, einen „Feind" mit allen Mitteln zu bekämpfen. Die negativen Rückwirkungen eines solchen Verhaltens auf die Wissenschaft werden von Wissenschaftlern oft nicht gesehen.

Die weite Verbreitung und Aufrechterhaltung eines Irrtumsgeflechtes ist ebenfalls kein Indiz für eine böse Absicht im Sinne einer „Verschwörung". Eine wichtige Rolle spielt vielmehr das Phänomen des *kollektiven Irrtums*, in den sich die Wissenschaftsgemeinde wie jedes andere menschliche Kollektiv hineinsteigern kann. Was von außen wie eine im Geheimen abgesprochene Verschwörung aussehen mag, ist in Wahrheit oft ein historisch gewachsenes, gemeinschaftliches Irren ohne gegenseitige Absprachen.

Dringend gewarnt werden muss vor der Unterstellung böser Absichten, solange man dafür nicht hieb- und stichfeste Belege hat. Auch wenn es für manchen Atlantisbefürworter so aussehen mag, dass Atlantisskeptiker sich dazu verschworen haben, alternative Meinungen unterschiedslos zu unterdrücken, so sind doch die Gründe für das Verhalten der Atlantisskeptiker meist banaler. Ausdrücklich in Schutz genommen sei hier Pierre Vidal-Naquet. Über die keineswegs bösartigen Motive Pierre Vidal-Naquets für sein Irren wird noch im Rahmen der „Schwarzen Legende" der neuzeitlichen Atlantisrezeption zu sprechen sein.

Allerdings: Ein Satz wie der von Alan Cameron: „it is only in modern times that people have taken the Atlantis story seriously; no one did so in antiquity"[398] ist von einer so offenkundigen wissenschaftlichen Verantwortungslosigkeit, dass die Frage nach einer unlauteren Absicht nicht mehr ohne weiteres von der Hand gewiesen werden kann.

---

[398] Cameron (2004) S. 124 Fußnote 5

Alan Cameron – Methodisch fragwürdig

Die Ausführungen Camerons zur antiken Rezeption von Platons Atlantis leiden unter schweren methodischen Fehlern. So hält Cameron es für „indeed virtually demonstrable", dass Atlantis eine Erfindung Platons sei – doch „virtually" bedeutet eben nur „so gut wie" und nicht „eindeutig". Pseudowissenschaftlern mag ein „virtually" genügen, doch in der Wissenschaft sollte das einen Unterschied machen. Das Ziel der Untersuchung von Cameron ist leider von einem einseitigen Interesse geleitet: Die Einleitung verkündet, dass es darum gehe, eine Stütze für den Wahrheitsanspruch von Atlantis zu eliminieren – von einer Untersuchung mit offenem Ausgang ist nicht die Rede.[399] Vor diesem Hintergrund verwundert es nicht, wenn Alan Cameron Platon folgendes Verhalten unterstellt:

> „Plato is careful not to lay himself open to contradiction by suggesting that there was any documentary evidence extant when he wrote."[400]

Das ist natürlich allein schon sachlich falsch, denn Platon zieht einige Belege für seine Atlantisgeschichte aus seiner eigenen Gegenwart heran, so z.B. den Schlamm vor Gibraltar oder die Geologie Athens. Auch der Tempel in Sais war zu Platons Zeiten im Prinzip erreichbar. Der Irrtum kann nur aus Camerons methodisch falschem Herangehen erklärt werden: Es kann nicht sein, was nicht sein darf.

Noch bedauerlicher ist es, dass auch Alan Cameron – wie so viele – die Aussagen zu Beginn des Timaios über das Projekt eines gut erfundenen *mythos* über den Idealstaat direkt auf die Atlantisgeschichte bezieht[401]. Damit ignoriert er natürlich völlig, dass die Atlantisgeschichte als eine bessere, weil teilweise historische Alternative zu einem ausschließlich erfundenen *mythos* präsentiert wird. Cameron setzt auch ohne Umschweife den Wahrheitsanspruch des Gorgias-Mythos mit dem Wahrheitsanspruch der Atlantisgeschichte gleich[402]. Er hat nicht erkannt, dass Sokrates im Gorgias sich damit begnügt, selbst an die Wahrheit seines Jenseitsmythos zu glauben, während in den Atlantisdialogen Philosophen beisammen sitzen, die in Übereinstimmung die Wahrheit der historischen Überlieferung aus Ägypten akzeptieren und sie zur Grundlage eines *eikos mythos* machen. Wie so oft zeigt sich, dass ein unzureichendes Verständnis von Platonischen Mythen zu einem falschen Verständnis der Atlantisgeschichte führt.

---

[399] Cameron (1983) S. 81
[400] Cameron (1983) S. 84
[401] Cameron (1983) S. 85
[402] Cameron (1983) S. 85

Alan Cameron – Aristoteles

Dass Aristoteles gegen die Existenz von Atlantis eingestellt gewesen sei, wird von Alan Cameron einfach behauptet. Cameron spricht vom „trenchantly expressed disbelief", also dem „energisch vorgetragenen Unglauben" des Aristoteles. Eine Begründung dieser Behauptung liefert Cameron nicht. Statt dessen verweist Cameron in einer Fußnote kurz angebunden auf die beiden Stellen Strabon II 102 und XIII 598 und deren Inhalte, die angeblich zeigen würden, dass die darin enthaltene Erfindungsaussage zu Atlantis von Aristoteles stamme. Zu allem Überfluss verwechselt Cameron dabei auch noch die Inhalte der beiden Stellen.

Noch erstaunlicher ist jedoch, dass Cameron in derselben Fußnote die mit Emphase vorgetragene Behauptung von einer dem Aristoteles zugeschriebenen Erfindungsaussage über Atlantis praktisch selbst wieder entwertet, indem er knapp anmerkt:

> „But the attribution is far from certain."[403]

Alan Cameron – Schweigen als Argument

Wie so viele, so wertet auch Cameron das Schweigen über Atlantis als ein starkes Indiz dafür, dass Platons Zeitgenossen Atlantis nicht als realen Ort verstanden. Weder die attischen Geschichtsschreiber noch die politischen Redner erwähnen die in der Atlantisgeschichte behauptete Vorzeit Athens; Atlantis wurde von ihnen nicht einmal als „genuin legend" akzeptiert, so Cameron[404].

Cameron übersieht hier die Schwierigkeiten, die auch eine echt historische Überlieferung dieser Art gehabt hätte, um allgemein akzeptiert zu werden. Er hat auch kein Verständnis dafür, dass die Schwierigkeiten antiker Leser, Atlantisgeschichte zu glauben, von einer *anderen* Qualität waren, als die Schwierigkeiten moderner Leser. Ein Schweigen als Ablehnung zu deuten ist klar falsch, zumal sich mit Krantor der erste wichtige Vertreter der platonischen Akademie, von dem wir eine Meinung kennen, für die Existenz von Atlantis ausgesprochen hatte. Es ist einfach völlig überzogen, wenn Cameron Sätze formuliert wie z.B.:

> „Contemporaries familiar with both Plato's ideas and his ways of expressing them would (of course) have realized this." Oder: „That is why no contemporary was tempted to believe in the historical reality of Atlantis."

Die Zeitgenossen Platons hätten den Untergang von Helike und Atalante in der Atlantisgeschichte wiedererkannt, meint Cameron. Doch Cameron kümmert sich nicht darum, diese Analogien gründlich zu untersuchen, Inspiration und Anspielung zu unter-

---

[403]Cameron (1983) S. 84 und Fußnote 14
[404]Cameron (1983) S. 84 f.

scheiden, oder gar Belege vorzuweisen. Und selbst die eine Analogie, die er nennt, ist unzutreffend: Wie Helike so sei Atlantis in einer Nacht untergegangen, meint Cameron. Doch Atlantis ist bekanntlich an einem *Tag* und in einer Nacht untergegangen.[405]

Alan Cameron – Interpretatorische Debatten

Cameron beschreibt, dass es über den Untergang von Helike eine Debatte zwischen „Wissenschaftlern" und „Religiösen" gab: Die einen interessierten sich nur für die wissenschaftlichen Aspekte des Untergangs, die anderen deuteten den Untergang als Strafe Gottes. Cameron leitet daraus keine Schlussfolgerung ab, sondern insinuiert unterschwellig, dass damit auch eine Aussage über Atlantis getroffen wird[406]. Doch es ist nicht zu sehen, was aus dieser Debatte über den Wahrheitsanspruch von Atlantis abzuleiten wäre.

Interessanter ist die Debatte über die richtige Deutung des Schöpfungsmythos in Platons Timaios. Es soll zwei Lager gegeben haben: Auf der einen Seite die Anhänger einer metaphorischen Deutung: Xenokrates, Speusippos und evtl. Herakleides. Auf der anderen Seite eine Minderheit von Anhängern einer wörtlichen Deutung, zu denen auch Aristoteles gehört haben soll. Cameron stellt es nun so dar, als hätten alle unmittelbaren Nachfolger Platons die metaphorische Deutung bevorzugt, also z.B. auch Krantor – dass aber Aristoteles natürlich auch zu den unmittelbaren Nachfolgern Platons gehörte, unterschlägt Cameron hier!

Mit Krantor versucht Cameron folgendes Argument aufzubauen: Wenn Krantor ein Anhänger der metaphorischen Deutung des Schöpfungsmythos im Timaios war, dann könne er nicht zugleich ein Anhänger einer wörtlichen Deutung der Atlantisgeschichte sein, so Cameron[407]. Doch hier übersieht Cameron den Unterschied zwischen dem Timaios-Mythos und der Atlantisgeschichte. Beide sind zwar vom Typ *eikos mythos*, doch es ist natürlich ein großer Unterschied, dass der eine *mythos* auf einer greifbaren historischen Überlieferung aufbaut, während der andere *mythos* eine kosmologische Spekulation mit einem weitaus weniger sicheren Fundament ist. Je unsicherer das Fundament eines *eikos mythos* ist, desto weniger konkret ist er, und desto mehr nähert er sich in Aspekten einem exemplarisch-allegorischen *mythos* an.

Es ist auch überhaupt nicht einzusehen, warum Cameron Krantor dem Lager der metaphorischen Deutung des Timaios-Mythos zuschlägt, und nicht dem anderen Lager. – Und es ist höchst seltsam, wenn Cameron Aristoteles hier als Anhänger einer wörtlichen Lesart des Timaios-Mythos nennt, obwohl Cameron ihn doch zugleich als Atlantisskeptiker eingeordnet hat!

---

[405]Cameron (1983) S. 90 f.
[406]Cameron (1983) S. 90
[407]Cameron (1983) S. 91

Alan Cameron – Krantor

Die Hauptargumentation von Alan Cameron gegen die Existenz von Atlantis macht sich an Krantor fest. Denn Cameron hat genau erkannt, welches Gewicht das Zeugnis des Krantor hat:

> „Either way, if there is any truth in the story at all, unbelievers have more than Plato to contend with."[408]

Deshalb tut Cameron alles, das Zeugnis des Krantor zu schmälern und zu widerlegen – natürlich vergeblich, wie wir sehen werden.

Camerons Grundidee ist, dass die entsprechende Proklos-Stelle über Krantor ganz einfach falsch übersetzt worden sei, und zwar vor allem von Thomas H. Martin und Thomas Taylor[409]. Im Schlusssatz der Passage würde sich das *phesi*, d.h. „sagt er", nicht auf Krantor, sondern auf Platon als Subjekt beziehen:

> „Einige sagen, dass jene Erzählung [*logos*] über alles, was mit den Atlantern zusammenhängt, reine Geschichte [*historia psile*] sei, wie (z.B.) der erste Kommentator Platons, Krantor. Dieser [Krantor] sagt nun, dass er [Platon] von den Damaligen verspottet worden sei, weil er nicht der Schöpfer (seiner) Politeia sei, sondern (nur) der Umschreiber der (Staatsordnung) der Ägypter. Er [Platon] habe sich aus diesem (Wider-)wort der Spötter aber (so viel) gemacht, dass er [Platon] jene Geschichte [*historia*] über die Athener und Atlanter auf die Ägypter zurückführte, dass die Athener einst gemäß dieser Politeia gelebt hätten. Es bezeugen dies aber die Priester [*prophetai*] der Ägypter, sagt er [Krantor!], indem sie sagen, dass dies auf noch existierenden Stelen [*stelai*] geschrieben stünde."[410]

Es ist also nach Meinung von Cameron Platon, der sagt, dass die ägyptischen Priester die Atlantisgeschichte auf noch existierenden Stelen aufgezeichnet vorfanden. Die Annahme von Platon als Subjekt würde durch den natürlichen Verlauf des Satzes nahegelegt, so Cameron[411].

Diese Argumentation stößt auf gewichtige Einwände. Zunächst ist festzuhalten, dass Platon in seinen Atlantisdialogen an keiner Stelle davon spricht, dass die Atlantisgeschichte auf Stelen aufgezeichnet gewesen sei. Platon spricht vielmehr von Schriften, die man „zur Hand nehmen" kann (*ta grammata labontes*), wie auch Nesselrath schon deutlich gemacht hat[412]. Doch Cameron vermeidet es konsequent, diese Problematik anzusprechen. Vielmehr geht Cameron wie selbstverständlich da-

---

[408] Cameron (1983) S. 82
[409] Cameron (1983) S. 82, 84
[410] Proklos In Timaeum 24A f. oder I 1,75 f.; Übersetzung Thorwald C. Franke
[411] Cameron (1983) S. 82
[412] Timaios 24a; Nesselrath (2001) S. 34

von aus, dass Platon von Stelen sprach, und nennt dazu sogar Timaios-Stellen, an denen solche Aussagen natürlich nicht zu finden sind:

„Neith, in whose temple the precious pillars stood (Tim. 21e; 23a)"[413]

Ein weiterer gewichtiger Einwand stützt sich auf Satzbau und Grammatik. Anders als Cameron meint, legt der Satz nicht Platon als Subjekt des „sagt er" nahe. Vielmehr klammern Anfang und Ende der Passage über Krantor die Aussagen Platons in dessen Mittelteil; grammatikalisch kehrt der letzte Satz unanzweifelbar wieder auf die Ebene von Krantor als Subjekt zurück, indem das Tempus von Aorist (Platon) in Präsens (Krantor) zurückfällt. Der Sachverhalt wurde auch von anderen bereits erkannt und kritisiert: Das wiederholte *phesi*, „sagt er", bezieht sich deutlich auf Krantor und nicht auf Platon[414].

Cameron stellt auch zu hohe Ansprüche an den Kontext: So meint Cameron, dass der Passage die Dramatik und Ausschmückung fehlt, mit der diese Aussage hätte präsentiert werden müssen – doch das ist nur die moderne Sicht des Atlantisskeptikers; für den antiken Leser war eine Existenzaussage über Atlantis keineswegs „dramatisch". Auch ist es nicht üblich, in antiken Texten klare Quellenangaben im modernen Sinn zu machen. Krantor spricht von Stelen, die es heute – also zu seiner Zeit – noch gibt. Mehr als eine solche Aussage zur Belegbarkeit einer Behauptung kann man von einem antiken Text nicht erwarten.[415]

Realistischer sind Einwände Camerons, dass die ägyptischen Priester die Stelen vielleicht nicht korrekt übersetzt haben und die Erwartungshaltung von Griechen befriedigen wollten, oder dass vielleicht ptolemäische Propaganda am Werk war[416]. Dennoch gilt: Wir wissen, dass Krantor selbst glaubte, über einen validen Beleg zu verfügen. Ob dieser Beleg wirklich valide war, wissen wir natürlich nicht.

Widersprochen werden muss Cameron auch in der Frage, welche Zeit mit *eti sozomenais*, d.h. „(auf Stelen) jetzt noch bewahrt" gemeint ist. Cameron meint, hier sei die Zeit Solons gemeint[417]. Das ist aber in jedem Fall falsch. Denn das „jetzt noch" bezieht sich immer auf die Zeit des Subjekts. Wenn Platon das Subjekt des Satzes wäre, wie Cameron glaubt, dann wäre es Platons Zeit. Da das Subjekt aber nicht Platon, sondern Krantor ist, wie wir zeigten, ist die Zeit Krantors gemeint.

Cameron will seine Argumentation dadurch stützen, dass er meint, *sozomenais* greife *sesosmena* aus Platons Timaios auf[418]. Aber die Übereinstimmung eines einzelnen Wortes kann keine Ableitung belegen. Vielmehr müsste man sich fragen, warum es in diesem Wort eine Übereinstimmung geben sollte, nicht aber in der viel wichti-

---
[413]Cameron (1983) S. 81, 83 f., 88
[414]Nesselrath (2001a) S. 34; Tarrant (2006) S. 169 Fußnote 309 zu Proklos In Timaeum I 1,76
[415]Cameron (1983) S. 83; vgl. auch Nesselrath (2001a) S. 34
[416]Cameron (1983) S. 82, 86 f.
[417]Cameron (1983) S. 84
[418]Cameron (1983) S. 84; Timaios 23a

geren Frage, ob die Atlantisgeschichte auf Säulen geschrieben stand oder nicht. Es ist weiterhin unglücklich, dass Cameron seine Argumentation auch durch eine Übersetzung der Proklos-Stelle mit „pillars stood" untermauern will[419]. Denn *sozomenais* ist Präsens, „stood" jedoch ist eine Vergangenheitsform. Eine Vergangenheitsform würde natürlich auf Solons Zeit verweisen, doch es ist Präsens, das auf die Gegenwart des jeweiligen Subjekts verweist, also auf Krantors Zeit.

Krantor muss also zu seinen Lebzeiten einen Hinweis auf Stelen in Ägypten bekommen haben. Hier hat die Vermutung Werner Jaegers die größte Wahrscheinlichkeit für sich, dass Krantor von diesen Stelen aus der *Geschichte Ägyptens* des Hekataios von Abdera erfahren haben will[420]. Wie gesagt: Ob Krantor tatsächlich einen validen Beleg für die Historizität der Atlantisüberlieferung gefunden hatte, wie er selbst glaubte, wissen wir nicht.

Alan Cameron – Poseidonios und Strabon

Wie bekannt, sagt Poseidonios in der Stelle Strabon II 102 unmissverständlich, dass es „besser" sei, von der Existenz von Atlantis auszugehen, als es für eine Erfindung zu halten. Darin drückt sich zweierlei aus: Zum einen eine grundsätzliche Ungewissheit über die Frage von Existenz oder Erfindung. Zum anderen aber eine klare Neigung dazu, die Existenz zu bevorzugen. – Cameron meint nun aber, die Meinung des Poseidonios folgendermaßen fassen zu können:

> „It would just be 'better' to leave the possibility open. There is nothing here to suggest that Posidonius was expressing any degree of positive belief in Plato's Atlantis."[421]

So kann man es natürlich nicht machen. Hier wird die Meinung des Poseidonios direkt gegen ihren wahren Sinn gedeutet.

Zwei Seiten später äußert sich Cameron überraschend und ohne weitere Motivation noch einmal zu Poseidonios. Cameron meint, Poseidonios habe Atlantis „no doubt only half seriously" in seine Liste von Katastrophenereignissen aufgenommen, und deshalb gelte von Poseidonios:

> „He should not be counted a serious believer."[422]

Offenbar ist sich Cameron sehr wohl bewusst, dass er das „Problem" mit seinen bisherigen Ausführungen zu einer Umdeutung der Meinung des Poseidonios nicht wirklich gelöst hat, denn warum sonst würde er noch einmal darauf zurück kommen? Jetzt muss Cameron also auch noch die Ernsthaftigkeit des Poseidonios bezweifeln und das

---

[419] Cameron (1983) S. 84; Timaios 23a
[420] Jaeger (1938) S. 128 f.
[421] Cameron (1983) S. 89
[422] Cameron (1983) S. 91

Allheilmittel aller Atlantisskeptiker, die Ironie („only half seriously"), bemühen, damit dieser vorsichtige Fürsprecher für die Existenz von Atlantis in jedem Fall „eliminiert" ist, sollte jemand die Umdeutung seiner Meinung durch Cameron nicht akzeptieren.

Dass sich Strabon der Meinung des Poseidonios anschließt und deshalb ebenfalls ein vorsichtiger Fürsprecher für die Existenz von Atlantis ist, wird von Cameron nicht erwähnt. Statt dessen wird der Name des Strabon *en passant* mit dem Attribut „more skeptical"[423] versehen, was wohl andeuten soll, dass Strabon noch skeptischer sei als der angeblich skeptische Poseidonios. Das alles ist keine Argumentation mehr, sondern eine unzulässige Insinuation.

Alan Cameron – Proklos

Von Proklos ist bekannt, dass er die Atlantisgeschichte sowohl real als auch symbolisch deutete. Cameron hingegen versucht durch rhetorische Tricks, auch Proklos als einen Atlantisskeptiker darzustellen:

> „[Proclus] clearly treated Crantor's view as a mere personal opinion, nothing more; in fact he first quotes and then dismisses it as representing one of the two unacceptable extremes."[424]

Hier erweckt Cameron den Anschein, als ob Proklos die Meinung des Krantor abgelehnt hätte – in Wahrheit hat er sie jedoch in seine Interpretation als eine von zwei *gleichzeitig* validen Deutungen inkludiert! – Im Anschluss an Camerons Deutung, dass Poseidonios Atlantis angeblich lediglich für *möglich* hielt, fügt Cameron an:

> „Proclus too remarks ... that from the scientific point of view Plato's account was plausible enough."[425]

Damit suggeriert Cameron, dass Proklos genau dieselbe Meinung hatte, wie Cameron sie dem Poseidonios zuschreibt: Dass nämlich die Atlantisüberlieferung lediglich für *möglich* gehalten wird, ohne dazu zu neigen, sie tatsächlich auch für wahr zu halten.

Alan Cameron – Zusammenfassung

Es verwundert nicht, wenn Alan Cameron als ein Fazit seiner Analyse schreibt:

> „So far as can be judged from the names and opinions cited by Proclus, not one of the many other Timaeus-commentators in the eight centuries between Crantor and himself shared Crantor's literalist approach."[426]

---

[423]Cameron (1983) S. 89
[424]Cameron (1983) S. 83
[425]Cameron (1983) S. 89
[426]Cameron (1983) S. 88

1.7 Die „Schwarze Legende" der antiken Atlantisrezeption

Noch deutlicher wird Cameron 21 Jahre später. Jetzt schreibt er:

> „„... it is only in modern times that people have taken the Atlantis story seriously; no one did so in antiquity""[427].

Es ist wissenschaftlich verantwortungslos, solche extremen und ganz offensichtlich falschen Aussagen zu formulieren. Die Wissenschaft wird so der Lächerlichkeit preisgegeben und pseudowissenschaftliche Atlantisbefürworter können sich in ihren Vorurteilen bestätigt sehen. Wissenschaftler hingegen werden vor die unangenehme Wahl gestellt, diesen apodiktischen Dogmatismus schweigend zu übergehen, oder ihn frontal zu hinterfragen – das aber bedeutet Unfrieden und die Gefährdung der Karriere.

Vidal-Naquet – Essayistischer Stil

Pierre Vidal-Naquet war bekannt dafür, seine Texte in einem bewusst essayistischen Stil abzufassen. Ein solcher Stil kann sehr kraftvoll und beeindruckend sein, wenn die vorgetragenen Meinung gut begründet ist. Ist sie es jedoch nicht, so wirkt ein essayistischer Stil sehr ungünstig, weil er den Eindruck erweckt, dass das Fehlen von Argumenten mit Rhetorik überspielt werden soll. Leider ist dieses Phänomen beim Thema Atlantis öfter bei Vidal-Naquet zu beobachten.

Die besondere Problematik des essayistischen Stils von Pierre Vidal-Naquet offenbart sich nicht zuletzt in den Übersetzungen seiner Werke. Es gibt mehrere Beispiele dafür, dass sogar professionelle Übersetzer durch Vidal-Naquets Stil zu Übersetzungen verleitet wurden, die nicht das wiedergeben, was Vidal-Naquet wirklich geschrieben hatte. Davon im folgenden mehr.

Wir stützen uns hier hauptsächlich auf das zuletzt von Vidal-Naquet über Atlantis veröffentlichte Werk, *L'Atlantide – Petite histoire d'un mythe platonicien*. Manche meinen, man dürfe dieses Werk nicht so ernst nehmen, weil es für eine breitere Öffentlichkeit geschrieben sei, und dass man statt dessen in die wahrhaft wissenschaftlichen Arbeiten von Pierre Vidal-Naquet schauen müsse. Doch das ist ein großer Irrtum. Denn wer diese „wahrhaft wissenschaftlichen" Arbeiten kennt, der weiß, dass dieses letzte Werk nichts anderes ist als eine Kompilation der verschiedenen Veröffentlichungen Vidal-Naquets über Atlantis. Sie sind die Quelle dieses letzten Werkes, und sie entsprechen in Stil und Inhalt diesem letzten Werk.

Vidal-Naquet – Antike Autoren

Zunächst meint Pierre Vidal-Naquet, dass viele Nachfolger Platons über Atlantis ganz einfach nur gelacht hätten[428]. Wie viele wissenschaftliche Autoren, so führt auch

---

[427]Cameron (2004) S. 124 Fußnote 5
[428]Vidal-Naquet (2006) S. 39 (dt.) / 45 (frz.)

Vidal-Naquet Aristoteles als einen frühen Vertreter der These an, dass Atlantis eine Erfindung Platons sei. Pierre Vidal-Naquet begründet dies wie üblich nur kurz angebunden durch den lapidaren Verweis auf die Strabon-Stellen II 102 und XIII 598[429]. Wir wissen natürlich, dass das eine irrige und unzureichende Argumentation ist.

Erstaunlicherweise erwähnt Pierre Vidal-Naquet auch die Äußerung des Theophrast über Atlantis, der Schüler und direkter Nachfolger des Aristoteles in der Leitung von dessen Philosophenschule war. Und erstaunlicherweise unternimmt Vidal-Naquet keinen Versuch, die Aussage des Theophrast zugunsten der Existenz von Atlantis kritisch zu hinterfragen. Doch diese Erwähnung geschieht nur in einer Fußnote, und auch nicht an der Stelle, wo sie chronologisch hätte stehen müssen. Es ist eine Fußnote zu dem erst viel später lebenden Philon von Alexandria, der die Aussage des Theophrast überliefert.[430]

Auch Krantor wird von Pierre Vidal-Naquet chronologisch nicht dort erwähnt, wo er eigentlich hingehört hätte: In der Zeit unmittelbar nach Platon. Vielmehr wird Krantor bei dem Autor erwähnt, durch den seine Meinung überliefert wurde, also bei Proklos[431]. Das ist aber in der Spätantike! Durch dieses Verdrängen von frühen Autoren in chronologisch später gelegene Abschnitte, ja sogar in Fußnoten, entsteht beim Leser ein völlig falscher Eindruck der wahren Verhältnisse der antiken Rezeption von Platons Atlantis.

Für die Wiedergabe der Proklos-Stelle über Krantor greift Vidal-Naquet auf die Übersetzung von Festugière zurück, die eher fragwürdig ist. Dort heißt es über Platon:

> „qu'il avait rapporté aux Égyptiens cette histoire sur les Athéniens et les Atlantes, pour leur faire dire que les Athéniens avaient réellement vécu sous ce régime à un certain moment du passé."[432]

Abgesehen von der übersetzerischen Fragwürdigkeit klingt das so, wie wenn Platon die Ägypter mit seiner Atlantisgeschichte „gebrieft" hätte, damit sie jedem bestätigen, dass die Atlantisgeschichte wahr sei, obwohl sie es nicht ist.

Es erscheint seltsam, wenn Vidal-Naquet daraufhin – wiederum in den Worten der Übersetzung Festugières – kurz angebunden den Schluss zieht, dass für Krantor die Atlantisgeschichte „purement et simplement de l'histoire" gewesen sei, also Geschichte. Vidal-Naquet tut das nicht ohne weitere rhetorische Finessen, die die vorgetragene Meinung des Krantor weiter abwerten sollen.

Doch leider hat Vidal-Naquet es mit seiner abdrängenden und abwertenden Darstellung des Krantor so weit übertrieben, dass die deutsche Übersetzerin den Fehler beging, in Krantor einen Atlantisskeptiker (!) zu sehen, weshalb sie statt mit „Geschichte" mit „eine Geschichte" übersetzte:

---

[429] Vidal-Naquet (2006) S. 40 f. (dt.) / 46 ff. (frz.)
[430] Vidal-Naquet (2006) 46 f. Fußnote 72 (dt.) / 53 Fußnote 15 (frz.)
[431] Vidal-Naquet (2006) S. 50 f. (dt.) / 58 (frz.)
[432] Proklos in Timaeum 24A f. oder I 1,75 f.; Übersetzung Festugière (1966) I Liv. 1 S. 111

„All dieses Gerede über die Atlanter ist also laut Crantor, ..., nichts weiter als eine Geschichte."[433]

Wenn eine versierte Übersetzerin den Suggestionen von Vidal-Naquet auf den Leim ging und es falsch verstanden hat, wieviele Leser dann erst?

Im Übrigen meint Vidal-Naquet, dass Krantor von Stelen spricht, die Solon gesehen haben soll. Doch Krantor spricht im Zusammenhang mit den Stelen nicht von Solon. Und in Platons Atlantisgeschichte ist von Stelen, die Solon gesehen haben soll, ohnehin nichts zu finden.

Vidal-Naquet – Irrige Erwähnungen von Atlantis

Die Darstellung der antiken Rezeption von Platons Atlantis bei Pierre Vidal-Naquet ist vollgestopft mit Pseudo-Erwähnungen von Platons Atlantis. Vidal-Naquet konfrontiert den Leser mit Autoren und Stellen, in denen in Wahrheit überhaupt nicht von Atlantis die Rede ist. Entweder handelt es sich um Stellen, die nur von Pseudowissenschaftlern mit Atlantis in Beziehung gebracht werden, oder um irrige Verballhornungen und Adaptionen von Atlantis.

So berichtet Vidal-Naquet des langen und breiten von den verschiedenen mythologischen Variationen über den Titanen Atlas und seine Töchter bei verschiedenen Autoren. Auch die libyschen Atlanten des Herodot und des Diodor werden besprochen. Schließlich unterlässt es Vidal-Naquet nicht, alle möglichen Phantasieerzählungen als angebliche Adaptionen von Platons Atlantis darzustellen, darunter Theopomps Meropis und die Insel Panchaia des Euhemeros. Der essayistische Stil ermöglicht es Vidal-Naquet, die von ihm behaupteten Anspielungen ohne Beleg zu lassen. Denn einer näheren Überprüfung halten diese Anspielungen natürlich nicht stand. Oft ist bei näherem Hinsehen nicht einmal klar, was Vidal-Naquet mit diesem oder jenem Beispiel überhaupt sagen wollte.

Beim Leser schafft Vidal-Naquet dadurch mehr Verwirrung als Klarheit, sofern der Leser nach Klarheit strebt. Der passive Leser jedoch ist in akuter Gefahr, dem Eindruck zu erliegen, dass hier ein Gelehrter viele gewichtige Dinge gegen die Existenz von Atlantis vorbringt, die er – der Leser – mangels Bildung nicht ganz nachvollziehen kann. Aus dieser undurchschaubaren Melange von Mythologien und Erfindungen errettet den passiven Leser nur das Vertrauen in die Autorität von Pierre Vidal-Naquet, dass Atlantis eben doch nur eine Erfindung war.

Ein Beispiel: Zu Theopomps Meropis meint Vidal-Naquet, dass Theopomp Platons Allegorie durch eine andere Allegorie ersetze, woran man sehen könne, dass Theopomp die allegorische Bedeutung der Atlantisgeschichte erkannt habe[434]. Das ist mehrfach fragwürdig. Was bedeutet hier genau die „Ersetzung" einer Allegorie durch eine

---

[433]Vidal-Naquet (2006) S. 51 (dt.)
[434]Vidal-Naquet (2006) S. 40 (dt.) / 45 f. (frz.)

andere? Wie kann eine Anspielung auf Atlantis erkannt werden, wenn diese durch etwas anderes „ersetzt" wurde? „Ersetzt" Theopomp Atlantis, oder fügt er nicht vielmehr eine Allegorie hinzu? Und bezieht sich Theopomps Meropis überhaupt auf Atlantis? Wir konnten oben zeigen, dass dies keinesfalls klar ist. Alle essayistischen Andeutungen von Vidal-Naquet laufen somit ins Leere. Vidal-Naquet unterlässt es auch nicht, auf die ironischen Bemerkungen des Tertullian über Theopomps Meropis hinzuweisen – doch darauf, dass derselbe Tertullian Atlantis als realen Ort ansah, weist Vidal-Naquet nicht hin.

Vidal-Naquet – Spätere Autoren

Plinius d.Ä. wird von Vidal-Naquet wie bei vielen anderen Autoren auch als Atlantisskeptiker eingeordnet[435]. Dass sich das *si Platoni credimus* des Plinius nicht auf Atlantis als solches bezog, sondern darauf, ob wirklich das ganze Meer zwischen Gibraltar und Indien von Land ausgefüllt war[436], wie es übrigens wohl eher Aristoteles als Platon sah, ist Vidal-Naquet vermutlich entgangen. Ein durchaus verzeihlicher Fehler.

Die wichtige Meinung des Plutarch über Atlantis, der in der Atlantisgeschichte einen historischen Kern erblicken wollte, wird von Vidal-Naquet rhetorisch geschickt vor den Augen des Lesers verborgen gehalten[437]: Elegant nutzt Vidal-Naquet seinen essayistischen Stil, um einfach keine Aussage darüber zu machen, was denn die Meinung des Plutarch war. Statt dessen ergeht sich Vidal-Naquet über angebliche innere Widersprüche und Fehler des Plutarch, sowie über einen von Plutarch gewählten Vergleich, den Vidal-Naquet als ein „großartiges Stück Literatur" lobt – was davon beim Leser hängen bleibt ist folgendes: Plutarch ist ein zweifelhafter Autor, dessen Werk nicht historisch, sondern als Literatur aufzufassen ist. Dass Plutarch einen – wenn auch unzulänglichen – Begriff von Platons Mythen hatte und einen historischen Kern in der Atlantisgeschichte sah, fällt völlig unter den Tisch.

Bei noch späteren Autoren, die Atlantis als realen Ort ansahen, hat Vidal-Naquet dann keine Hemmungen mehr, deren Meinung zu berichten[438]. Er tut dies jedoch lapidar und vermeidet es konsequent, diese Meinungen näher zu kommentieren oder ihnen eine Bedeutung beizumessen. Er vermeidet es auch, anzugeben, auf welche früheren Autoren sich diese späteren Autoren stützten.

Vidal-Naquet – Spätantike

Die Meinung des Proklos zu Platons Atlantis wird von Vidal-Naquet zunächst korrekt wiedergegeben: Die Atlantisgeschichte ist symbolisch und wahr zugleich, in jeder

---
[435]Vidal-Naquet (2006) S. 44 (dt.) / 51 (frz.)
[436]Vgl. Nesselrath (2008b) Fußnote 20
[437]Vidal-Naquet (2006) S. 44 f. (dt.) / 51 f. (frz.)
[438]Vidal-Naquet (2006) S. 46 ff. (dt.) / 53 ff. (frz.)

Hinsicht wahr. Doch wenig später heißt es nur noch, Proklos schließe sich an die symbolische Deutung anderer Autoren an. Nun ist nicht mehr von symbolisch und real *zugleich* die Rede, nun werden nur noch die verschiedenen Anhänger einer symbolischen Deutung aufgezählt, wie sie Proklos aufführt. Dann schreibt Vidal-Naquet über Proklos:

> „An diese Deutung schließt er sich letztlich an, und dass Platons Text in diese Richtung weist, habe ich zu zeigen versucht."[439]

Hat Vidal-Naquet damit nun gesagt, dass Proklos Atlantis für eine erfundene Allegorie hält? Genau genommen hat Vidal-Naquet die anfangs erwähnte reale Deutung nicht negiert. Aber dass der Leser genau diesen Eindruck mitnimmt, das kann man mit Sicherheit sagen.

Auf Kosmas Indikopleustes als üblicherweise letzte Erwähnung von Atlantis an der Schwelle zum Mittelalter geht Vidal-Naquet näher ein und lässt ihn vor allem auch selbst zu Wort kommen[440]. Wieder wird dem Leser ein Atlantisskeptiker vor Augen geführt. Doch Vidal-Naquet vermeidet es sorgsam, den Text in den Kontext der Zeit einzuordnen. Dass Kosmas Indikopleustes ein religiöser Fanatiker war, der ausgerechnet das bekämpfte und dadurch in seiner Existenz bestätigte, was nach Meinung von Vidal-Naquet gar nicht existierte, nämlich dass die gesamte griechische Tradition von Bildung und Aufklärung Atlantis für einen realen Ort hielt, das wird dem Leser nicht erklärt.

Vidal-Naquet – Zusammenfassung

Pierre Vidal-Naquet ist ein anerkannter Wissenschaftler, aber sein Werk über Platons Atlantis ist kein Ruhmesblatt für die Wissenschaft. Seine essayistische Darstellung und seine Urteile sind teils ohne Beleg, teils unklar in ihrer Aussage, teils übertrieben. Leider pflegen nicht wenige Wissenschaftler einen ähnlichen Umgang mit dem Thema Atlantis. Weil sie sich zu sicher darin fühlen, dass Atlantis eine Erfindung Platons war, verfallen sie in Bezug auf alternative Meinungen in unwissenschaftliche Ironie und Spott. Dennoch sollte sich niemand dazu hinreißen lassen, wegen Autoren wie Vidal-Naquet die Wissenschaft als solche infrage zu stellen.

Harold Tarrant – Aristoteles contra Existenz

Im Zentrum der Deutung der antiken Rezeptionsgeschichte von Platons Atlantisgeschichte stehen bei Harold Tarrant Aristoteles und Krantor. Wir erörtern zunächst Tar-

---

[439] Vidal-Naquet (2006) S. 51 ff. (dt.) / 56 ff. (frz.)
[440] Vidal-Naquet (2006) S. 53-56 (dt.) / S. 60-62 (frz.)

rants Argumente zu diesen und weiteren Autoren, bevor wir zu einer Gesamtdeutung von Tarrants Ansatz kommen.

Was die Argumentation von Tarrant zu Aristoteles und Atlantis anbetrifft, so wurde alles nötige dazu bereits in Franke (2010/2016) gesagt. Aber weil Tarrant eine hohe Rezeption zu erfahren scheint, lohnt es sich, seine Argumentation noch einmal sehr genau und im Detail zu analysieren, auch wenn wir dazu manches Argument wiederholen müssen.

Tarrant greift – ohne sich des Irrtums bewusst zu sein – den im 19. Jahrhundert entstandenen Irrtum auf, dass in der Stelle Strabon II 102 ein explizites Wort des Aristoteles gegen die Existenz von Atlantis vorliegen würde, und dass man anhand von Strabon XIII 598 sehen könne, dass es ein Wort des Aristoteles ist. Anders als praktisch alle anderen Autoren versucht Tarrant, eine wenn auch knappe Begründung dafür zu liefern, warum man dies sehen könne.

Die Hauptargumentation führt Tarrant in Tarrant (2006) S. 289 Fußnote 798. Hinzu kommt eine weniger formale Erklärung auf S. 62 f. desselben Werkes. Tarrant wiederholt seine Argumentation in Tarrant (2007), auch hier werden Details nur in einer Fußnote genannt. In Tarrant (2008a) wird die Argumentation ebenfalls erläutert, jedoch ohne Details.

Tarrant macht seine Argumentation an den Worten *plasso* und *aphanizo* fest. Diese kommen sowohl in Platons Atlantisgeschichte als auch in den Aussagen des Aristoteles über Homers Passagen zur Mauer der Achäer vor. Tarrant mutmaßt zudem, dass Aristoteles an derselben Stelle, wo er Homers Passagen zur Mauer der Achäer kommentiert, auch den Untergang der Phäaken als analoges Beispiel kommentierte, so wie wir beide Beispiele bei Proklos in einer Reihe genannt sehen[441]. Dies mag sein, leistet aber keinen entscheidenden Beitrag zur Argumentation.

Tarrant meint, aus der Verwendung derselben Worte *plasso* und *aphanizo* schließen zu können, dass sich Aristoteles nicht nur über Entstehung und Verschwinden von Homers Mauer der Achäer und Homers Phäaken äußerte, sondern auch über Entstehen und Verschwinden von Platons Atlantis. Die Worte *plasso* und *aphanizo* seien „perfectly tailored" d.h. „maßgeschneidert"[442] für Platons Atlantis, da sie ebenfalls in den Atlantisdialogen vorkommen. In allen drei Fällen sei es zudem Poseidon, der das Verschwindenlassen durch eine Katastrophe bewerkstellige.

An dieser Stelle fangen die Schwierigkeiten an, an denen Tarrants Argumentation schlussendlich zerbricht. Ist es legitim, aus der Übereinstimmung von einzelnen Worten – nicht von Sätzen! – einen solchen Schluss zu ziehen? Welches Wort außer *aphanizo* hätte man denn in der griechischen Sprache sonst wählen sollen, um ein Verschwinden zu bezeichnen? Welches, um eine Erfindung zu bezeichnen? Ist die Übereinstimmung hier nicht vielmehr zufällig, weil diese Worte naheliegen? Hinzu kommt, dass die Übereinstimmung im Wort *plasso* höchst fragwürdig ist: Denn Platon

---

[441]Proklos In Timaeum I 1,190 bzw. 58A
[442]Tarrant (2006) S. 62

1.7 Die „Schwarze Legende" der antiken Atlantisrezeption 225

benutzt dieses Wort im Timaios ja gerade dazu, um auszudrücken, dass Atlantis *keine* Erfindung ist. Sind Übereinstimmungen in Worten aussagekräftig, wenn die Worte mal bejaht, mal verneint gebraucht werden? Hinzu kommt, dass die Worte in unterschiedlichen Konjugationsformen verwendet werden. Nicht einmal hierin gibt es Übereinstimmungen.

Weiterhin ist es fragwürdig, den Untergang von Atlantis kurzerhand dem Poseidon zuzuschreiben. Es ist zwar zutreffend, dass es wahrscheinlich der Plan Platons war, das Zerstörungswerk an Atlantis dem Poseidon zuzuschreiben, aber eine explizite Aussage dazu gibt es bei Platon nicht. Um eine Übereinstimmung herzustellen, hätte also nicht nur die Verneinung des *plasso* in ihr Gegenteil verkehrt werden müssen, sondern es hätte auch eine Schlussfolgerung gezogen werden müssen, die den Text Platons um eine Aussage ergänzt, die nicht in ihm enthalten ist. Von „perfectly tailored" / „maßgeschneidert"[443] kann also nicht die Rede sein, abgesehen davon, dass Übereinstimmungen in einzelnen Worten ohnehin keinen großen Aussagewert haben.

Es muss auch die Frage nach dem genauen Sitz im Leben gestellt werden. Wie und wo sollte Aristoteles denn genau die Aussage über Platons Atlantis gemacht haben? Die Aussage über die Erfindung der Mauer der Achäer durch Homer wird allgemein dem heute verlorenen Werk *Aporemata Homerika* des Aristoteles zugeschrieben, das noch zu Platons Lebzeiten in der Akademie entstanden sein soll. Es mag wohl sein, dass Aristoteles hier die Mauer der Achäer und die Phäaken in einer Reihe als Beispiele für Erfindungen nannte, die der Dichter selbst wieder verschwinden lässt. Aber warum sollte Aristoteles in einem Werk über Homer auch Platons Atlantis erwähnen? Wo ist hier der Zusammenhang, wo die Motivation? Zunächst einmal muss doch ein Stilmittel als solches festgestellt werden, bevor es bekannt und sprichwörtlich werden kann. Erst *danach* kann es bei anderen Autoren entdeckt und sprichwörtlich bezeichnet werden. Es ist viel wahrscheinlicher, dass jemand – wohl kaum Aristoteles selbst – das von Aristoteles für Homer festgestellte Stilmittel auf Platons Atlantis anwandte. – Tarrant meint nur lapidar:

> „... and it seems likely (though less than certain) that Aristotle too had used it in connection with Atlantis."[444]

An anderer Stelle spricht Tarrant allgemein von einem „lost work" und dass es „possible" sei, dass die Erfindungsaussage über Atlantis auf Aristoteles zurückginge bzw. dass Strabon einen „strong clue" auf die Person des Aristoteles als Urheber der Erfindungsaussage über Atlantis gibt[445]. In 2007 meint Tarrant dann, die Autorschaft des Aristoteles für die Erfindungsaussage über Platons Atlantis sei „strongly suggested", und zur Stelle bei Proklos, wo die Mauer der Achäer und die Phäaken gemeinsam erwähnt werden, meint Tarrant: „... so it must surely have belonged to the

---
[443]Tarrant (2006) S. 62
[444]Tarrant (2006) S. 289 Fußnote 798
[445]Tarrant (2006) S. 62 f.

same original Atlantean context."⁴⁴⁶ Warum ein Homerischer Kontext aber ein „atlantischer" Kontext sein soll, sagt Tarrant nicht. Vielmehr meint Tarrant lapidar:

> „It is likely to go right back to the most celebrated pupil of Plato, who, if anybody, should have been in a position to know the status of the story."

Das ist zwar richtig, hilft uns aber nicht das geringste bei der Bestimmung der Meinung des „most celebrated pupil of Plato". In 2008 steigert Tarrant seine Aussagen zum Terminus „evidence", schwächt dann aber sofort wieder zu „likely" ab, das dem schon gesehenen „likely (though less than certain)" entspricht:

> „Other evidence shows that he [Posidonius] was drawing on Aristotle. ... So it is likely that Plato's own pupil Aristotle had referred to the collapse of Homer's Achaean Wall and the destruction of the Phaeacian ships when claiming that Plato had invented both Atlantis and its destruction by cataclysmic events."⁴⁴⁷

Es erstaunt, mit welcher Überzeugung Tarrant seine Argumentation vorträgt, und dann doch nur ein „likely (though less than certain)"⁴⁴⁸ produziert. Vermutlich weiß Tarrant in seinem Inneren sehr genau, dass seine Argumentation nicht trägt.

Hinzu kommen weitere Argumentationen, die Tarrants ohnehin haltlose Meinung vollends ins Nichts sinken lassen: Sollte es möglich sein, dass bei Poseidonios und Strabon ein Argument des Aristoteles genannt wurde, noch dazu ablehnend genannt wurde, ohne dass der Name des Aristoteles fiel? Das wäre ungewöhnlich. Warum griff niemand dieses Wort des Aristoteles gegen Atlantis auf? Warum spricht Aristoteles selbst von dem Schlamm vor Gibraltar, den Atlantis angeblich zurückgelassen haben soll, ohne eine alternative Erklärung für den Schlamm zu geben, noch dazu in einem Werk über geologische Phänomene, wo dies sehr angebracht gewesen wäre? Warum entscheidet sich Poseidonios, der sich in seinen geologischen und geographischen Auffassungen eng an Aristoteles anlehnte, dafür, die Existenz von Atlantis eher für wahr als für falsch zu halten? Wieso finden wir bei Philon von Alexandria ein Fragment von Theophrast, dem Schüler und Nachfolger des Aristoteles, in dem Atlantis als realer Ort erwähnt wird? Warum nennt Platon zahlreiche Spuren von Atlantis in der wirklichen Welt, die er nicht verschwinden lässt? Insbesondere der Verweis auf Sais ist sehr konkret und nicht unmöglich zu überprüfen. Und nicht zuletzt: Wie erklärt Tarrant, dass die Idee, dass Aristoteles gegen die Existenz von Atlantis eingestellt gewesen sein könnte, erst im Laufe des 19. Jahrhunderts (!) im Zuge eines kollektiven Irrtums entstand? Diese und weitere Argumente findet man in Franke (2010/2016).

Es ist einfach nicht wahr, wenn Tarrant schreibt, dass nur die mutmaßliche Meinung des Krantor zugunsten der Existenz von Atlantis die Wissenschaft daran gehindert hätte, die vermeintliche Meinung des Aristoteles gegen die Existenz von Atlantis zu

---
⁴⁴⁶Tarrant (2007) IV.
⁴⁴⁷Tarrant (2008a) S. 16 f.
⁴⁴⁸Tarrant (2006) S. 289 Fußnote 798

akzeptieren⁴⁴⁹. Es ist sogar doppelt unwahr. Zum einen spricht wahrlich nicht nur die Meinung des Krantor dagegen, sondern auch vieles andere, wie wir sahen, was Tarrant aber völlig übergeht. Zum anderen hat sich die Wissenschaft keineswegs daran hindern lassen, immer wieder vollmundig zu behaupten, Aristoteles hätte sich explizit gegen die Existenz von Atlantis ausgesprochen⁴⁵⁰. Tarrant tut hier so, als sei er der erste, der die Behauptung mit Verve aufstellt, doch das ist er keineswegs. Vielmehr ist Tarrant der erste, der die fragwürdige These von der ablehnenden Meinung des Aristoteles über Platons Atlantis auch tatsächlich zu *begründen* versuchte. Das Scheitern dieses Begründungsversuches offenbart endgültig die Unzulänglichkeit dieser These.

Tarrant versteigt sich sogar zu der Behauptung, dass moderne Wissenschaftler „have somehow needed to preserve against the odds a real possibility that the Atlantis myth is true, at least in outline."⁴⁵¹ Von welchen Wissenschaftlern spricht er? Hans Herter? Christopher Gill? Pierre Vidal-Naquet? Alan Cameron? Julia Annas?

Harold Tarrant – Krantor contra Existenz

Anders als die These, dass Aristoteles angeblich gegen die Existenz von Atlantis eingestellt war, ist die Argumentation von Tarrant, dass auch Krantor so gedacht haben soll, neu, und erfährt offenbar einen hohen Grad an Rezeption. Deshalb lohnt es sich, sie im Detail zu analysieren und zu widerlegen. Die Hauptargumentation führt Tarrant in Tarrant (2006) S. 63-70. Tarrant wiederholt seine Argumentation in Tarrant (2007). In Tarrant (2008a) wird die Argumentation ebenfalls kurz erläutert.

Zunächst weist Tarrant nach, dass das Wort *historia*, das in der Proklos-Stelle über Krantor und Atlantis vorkommt, im Kontext von Proklos' Werk nicht im Sinne von „Geschichte", sondern in dem neutralen Sinne von „einer Geschichte" zu verstehen ist, und dass *psile historia*, „reine Geschichte", nur ausdrücken soll, dass die Geschichte keine „höhere" symbolische Bedeutung hat. Die Proklos-Stelle lautet:

> „Einige sagen, dass jene Erzählung [*logos*] über alles, was mit den Atlantern zusammenhängt, reine Geschichte [*historia psile*] sei, wie (z.B.) der erste Kommentator Platons, Krantor. Dieser [Krantor] sagt nun, dass er [Platon] von den Damaligen verspottet worden sei, weil er nicht der Schöpfer (seiner) Politeia sei, sondern (nur) der Umschreiber der (Staatsordnung) der Ägypter. Er [Platon] habe sich aus diesem (Wider-)wort der Spötter aber (so viel) gemacht, dass er [Platon] jene Geschichte [*historia*] über die Athener und Atlanter auf die Ägypter zurückführte, dass die Athener einst gemäß dieser Politeia gelebt hätten. Es bezeugen dies aber die Priester [*prophetai*] der Ägypter, sagt er [Krantor!], indem sie sagen, dass dies auf noch existierenden Stelen [*stelai*] geschrieben stünde."⁴⁵²

---

⁴⁴⁹Tarrant (2006) S. 63; Tarrant (2008a) S. 17
⁴⁵⁰Vgl. Franke (2010/2016)
⁴⁵¹Tarrant (2007) VIII.
⁴⁵²Proklos In Timaeum 24A f. oder I 1,75 f.; Übersetzung Thorwald C. Franke

Die Argumentation von Tarrant bezüglich der Bedeutung des Wortes *historia* bei Proklos ist grundsätzlich richtig[453]. Dennoch genügt sie nicht, um Krantor ein geschichtliches Verständnis von Atlantis abzusprechen. Denn Krantor spricht von ägyptischen Stelen als Beleg für die Richtigkeit und damit die Historizität der Atlantisüberlieferung. Es handelt sich also doch um Geschichte, und nicht nur um „eine Geschichte". Tarrant beendet seine Argumentation damit aber noch nicht.

Als erstes versucht Tarrant, aus den Angaben des Krantor einen anderen Vorwurf der Spötter an die Adresse Platons herauszulesen, als man dies bisher hat[454]. Bisher ging man davon aus, dass der Kern des Vorwurfs an Platon lautete, dass er seine Politeia lediglich von dem Vorbild Ägyptens „abgekupfert" habe, dass Platon also gar keine originelle philosophische Idee ersonnen habe, sondern ein unorigineller Plagiator sei. Tarrant hingegen meint nun, dass dies gar nicht der Kern des Vorwurfs gewesen sei, sondern vielmehr der unterstellte Herkunftsort an sich, dass also die vermeintliche ägyptische Herkunft ungeachtet jeden Inhalts allein für sich schon des Spottes wert und auch der Kernpunkt des Spottes war. Solchen Spott gegen „ägyptische Geschichten" gab es in der damaligen Zeit durchaus. Platon selbst dürfte sich von dieser Art von Spott jedoch kaum beeindruckt gezeigt haben: So hält Platons Sokrates seine Meinung über die verspottete ägyptische Geschichte von Theut und Thamus tapfer aufrecht[455]. Überhaupt hat Platon von Ägypten anders als viele seiner Zeitgenossen eine relativ hohe Meinung, wie sich an vielen Stellen seines Werkes zeigt. Der Grund dafür ist einfach: Platon glaubt in Ägypten tatsächlich Elemente des Idealstaates wiederzuerkennen. Die Atlantisgeschichte ist denn auch völlig ungeeignet, um einen Spott zu beantworten, der sich gegen ägyptische Geschichten als solche richtet. Denn die ganze Atlantisgeschichte ist eine ägyptische Geschichte!

Hingegen ist die Atlantisgeschichte bestens dazu geeignet, sich gegen jenen Vorwurf zu verteidigen, den Tarrant als Irrtum erkannt zu haben glaubt: Den Vorwurf der Unoriginalität und des Plagiats. Denn weder Ägypten noch Ur-Athen sind in der mutmaßlichen historischen Überlieferung vollendete Idealstaaten im Sinne Platons. Ur-Athen muss von Platon erst zum vollen Idealstaat ergänzt werden. Dies kann Platon aber nur deshalb, weil er nicht einfach übernimmt, was ihm überliefert wird, sondern weil er einen originellen Eigenanteil an denkerischer Leistung vorzuweisen hat. Das hat Tarrant völlig übersehen. Tarrants Aussage wird so zum Bumerang:

> „The more precisely the story is tailored to suit Plato's immediate objective of placing the Socratic state in its true context, the less its contents can be determined by any supposed historical truth."[456]

---

[453] Tarrant (2006) S. 63-65
[454] Tarrant (2006) S. 65-68
[455] Phaidros 275bc
[456] Tarrant (2006) S. 68

1.7 Die „Schwarze Legende" der antiken Atlantisrezeption   229

Denn Platon behauptet ja gar nicht, dass die Geschichte „präzise maßgeschneidert" ist, sondern im Gegenteil, dass sie zwar harmoniert, jedoch der Ergänzung bedarf. Hinzu kommt, dass Sais von Platon nicht als Gründung von Athen angesehen wird, sondern beide Orte unabhängig voneinander einstmals als Idealstaaten entstanden sein sollen. Es ist also schlicht falsch, wenn Tarrant meint, Platon würde die ägyptische Geschichte durch eine athenische Herkunft veredeln, um dadurch dem Vorwurf einer ägyptischen Geschichte zu begegnen – denn das tut Platon nicht. Tarrant hat auch übersehen, dass der wahre Vorwurf an Platon in den Worten des Krantor unmissverständlich formuliert ist: Dass Platon nicht der Schöpfer der Politeia, sondern der Umschreiber der Staatsordnung der Ägypter sei. Die Betonung liegt hier unzweifelhaft auf dem Gegensatz von „Schöpfer" versus „Umschreiber", und nicht auf der ägyptischen Herkunft.

Überdies meint Tarrant, dass Krantor die Hauptmotivation Platons für die Erfindung der Atlantisgeschichte darlegen würde: Eine Antwort auf einen Spott[457]. Damit wäre die Glaubwürdigkeit der ganzen Atlantisgeschichte unterminiert. Doch so ist es nicht. Solche literarischen „Antworten" sind selten die Hauptmotivation für ganze Werke, sondern werden in grundsätzlich anders motivierten Werken am Rande untergebracht.

Es ist auch unzulässig, die Aussage, dass Platon die Atlantisgeschichte auf Ägypten „zurückführte", im Sinne einer Zurückführung durch Erfindung zu deuten. Von einem Zurückführen spricht man auch bei der Feststellung einer Ableitung, nicht nur bei der Herstellung einer Ableitung. So sagt man z.B., man „führt" ein Problem auf eine Ursache „zurück", ohne dass die Ursache dabei erfunden ist. Man beachte auch, dass Platon tatsächlich eine freie Wahl hatte, um die Geschichte in diesem Punkt hinreichend passend sein zu lassen: Zwar nicht die erfinderische Wahl von Details einer gegebenen historischen Überlieferung, wohl aber die Wahl gerade dieser historischen Überlieferung, statt irgendeiner anderen historischen Überlieferung. In den Nomoi trifft Platon dann eine andere Wahl, und entscheidet sich für eine andere historische Überlieferung für die Demonstration seiner politischen Ideen.

Als drittes möchte Tarrant grundsätzlich hinterfragen, ob Krantor die Atlantisüberlieferung überhaupt wahr genannt haben kann[458]. Tarrant meint, folgendes spreche dagegen: Erstens sei die Übereinstimmung mit dem Idealstaat unglaubwürdig. Wie wir sahen, bricht dieses Argument in sich zusammen, denn die von Kritias vorgetragene Überlieferung entspricht nicht dem voll entwickelten Idealstaat, sondern wird zu diesem ergänzt. Zweitens hätte man keine Entwicklung allegorischer Deutungen der Atlantisgeschichte in der Zeit nach Platon beobachten können, wenn Krantor von der Existenz von Atlantis ausgegangen wäre. Offenbar meint Tarrant, es hätte solche allegorischen Deutungen gegeben. Doch dagegen ist zu sagen: Es hat solche allegorischen Deutungen für eine sehr lange Zeit nach Platon tatsächlich *nicht* gegeben. Es bleibt

---
[457]Tarrant (2006) S. 68
[458]Tarrant (2006) S. 68 f.

völlig unklar, welche allegorischen Interpretationen es Tarrant zufolge angeblich gegeben habe, die gegen Krantors Meinung sprechen.

Tarrant versucht, die Aussage des Krantor über die Geschichtlichkeit der Atlantisgeschichte wegzuerklären, die es seiner Meinung nach gar nicht gegeben haben kann. Tarrant nimmt an, dass ein sehr später Kommentator, der Neuplatoniker Porphyrios, unter dem Einfluss seines mittelplatonischen Lehrers Longinos, der generell eine wörtliche Lesung von Platons Texten bevorzugte, den Kommentar des Krantor falsch interpretierte[459]. Tarrant vermutet, dass in Krantors Timaios-Kommentar die Aussage über die Geschichtlichkeit der Atlantisgeschichte in der dritten Person stand. Damit wäre aber – so vermutet Tarrant weiter – aber nicht Platon gemeint, sondern der Dialogteilnehmer Kritias. Nicht die reale Person Platon, sondern der fiktional gestaltete Dialogteilnehmer Kritias sei es also den von Tarrant vermuteten Worten des Krantor zufolge gewesen, der die Atlantisüberlieferung wahr nannte. Weil Porphyrios die Aussage in der dritten Person aber auf Platon bezog, habe er dann irrig geschlossen, dass auch Krantor die Atlantisüberlieferung für wahr hielt.

Diese These ist reine Spekulation. Es gibt in der Proklos-Stelle über Krantor kein Indiz für diese These. Was Tarrant vorschlägt, wäre zwar rein theoretisch möglich, aber es spricht nichts dafür – und vieles dagegen.

Das Problem, dass der Dialogteilnehmer Sokrates die Wahrheit der Atlantisüberlieferung akzeptiert, und sie als „wahren *logos*" bezeichnet, wischt Tarrant kurzerhand mit der Begründung vom Tisch, dass es sich um „relatively obvious irony" handeln würde[460]. Schon wieder bewegt sich Tarrant im Bereich haltloser Spekulation, denn nichts spricht für diese These. Tarrant scheint auch selbst nicht völlig überzeugt zu sein, denn die Qualifizierung des Wortes „obvious" durch „relatively" mutet seltsam an: Wie kann etwas „offensichtlich" sein, aber doch nicht ganz offensichtlich? Das Problem, dass nicht nur Sokrates, sondern alle Dialogteilnehmer der Atlantisdialoge als glaubwürdige Philosophen angesprochen werden, übergeht Tarrant.

Das Problem, das Krantor laut Proklos auf Stelen als Beleg für die Geschichtlichkeit der Atlantisüberlieferung verweist, versucht Tarrant erneut mit dem Hinweis vom Tisch zu wischen, dass Krantor auch hier nur referiere, was Kritias in den Atlantisdialogen sagen würde[461]. Das bedeutet aber, dass sich Porphyrios gleich zweimal in der Interpretation von Krantor geirrt haben muss. Hinzu kommt, dass in den Atlantisdialogen nirgends von Stelen die Rede ist. Der Dialogteilnehmer Kritias spricht definitiv nicht von Stelen, also kann auch Krantor nicht geschrieben haben, dass Kritias von Stelen rede. Hier tritt die Haltlosigkeit der Spekulation von Tarrant mit großer Offensichtlichkeit zutage.

Da sich Tarrant seiner Sache offenbar nicht hinreichend sicher ist, gibt Tarrant eine alternative Argumentation für den Fall an, dass es doch Krantor selbst und nicht nur

---
[459] Tarrant (2006) S. 69
[460] Tarrant (2006) S. 69 über Timaios 26e4-5
[461] Tarrant (2006) S. 69

1.7 Die „Schwarze Legende" der antiken Atlantisrezeption

Kritias war, der von Stelen in Ägypten sprach[462]: In diesem Fall hätte Krantor eben ironisch gesprochen, indem er den Vorwurf der Spötter an Platon bestätigte – aber nur ironisch. Mit dieser wiederholten Ausflucht in das Verlegenheitsargument der Ironie, die beim besten Willen nicht zu erkennen ist und auch nicht in den Kontext passt, entblößt Tarrant die Unglaubwürdigkeit seiner Argumentation endgültig.

Was Tarrant hier vorgelegt hat, ist eine äußerst spekulative Argumentation, bei der eine Haltlosigkeit auf der anderen aufbaut. Nichts spricht dafür – und alles dagegen. Unter Einbeziehung des historischen Kontextes spricht noch viel mehr gegen die These von Tarrant.

Getrieben ist Tarrants Spekulation von einer falschen Gewissheit: Dass doch Atlantis auf gar keinen Fall ein realer Ort gewesen sein kann, dass doch Atlantis eine Erfindung von Platon gewesen sein muss! Hier sehen wir, zu welchen Irrtümern diese falsche Grundannahme verleiten kann. Es bleibt dabei: Krantor sah Platons Atlantis grundsätzlich historisch, und zwar hauptsächlich aufgrund der Tatsache, dass er einen Beleg für die Wahrheit der mutmaßlich historischen Überlieferung vorweisen zu können glaubte.

Es macht keinen guten Eindruck, wenn Tarrant den bisherigen Forschern in völlig unzutreffender Weise unterstellt, sie hätten die Wahrheitsfrage aus psychologischen Gründen in der Schwebe gehalten:

> „Proclus' words have been repeatedly misunderstood, I suggest, not because scholars lack the ability to translate accurately, but because we humans have a psychological need to preserve the mystery of the Atlantis story by balancing the evidence on either side."[463]

Auch Proklos selbst unterläuft an einer anderen Stelle seines Kommentars der Irrtum, dass Kritias im Dialog von Stelen gesprochen hätte[464]. Dies ist aber kein Hinweis auf ein „verlorenes Stück" der Atlantisdialoge oder eine Aussage im verlorenen Timaios-Kommentar des Krantor, sondern ganz klar ein Irrtum des Proklos, der von der missverständlichen Proklos-Stelle über Krantor inspiriert wurde. Man erkennt diese irrige Inspiration mit Klarheit daran, dass hier wie dort von *historia* die Rede ist, ein Wort, das bei Platon an dieser Stelle nicht vorkommt. An einer späteren Stelle macht Proklos es übrigens wieder richtig und spricht ganz wie Platon von Aufzeichnungen „in den Heiligtümern"[465].

Ein plausibler Grund für den Irrtum des Proklos ist, dass Proklos Platon meist aus der Erinnerung zitiert[466]. Solche falschen Zuschreibungen von Inhalten der Atlantisdialoge, die dort gar nicht enthalten sind, kommen auch bei modernen Autoren vor. So

---

[462] Tarrant (2006) S. 69 f.
[463] Tarrant (2008a) S. 16
[464] Proklos In Timaeum I 1,102 bzw. 31E zu Timaios 23a
[465] Proklos In Timaeum I 1,123 bzw. 38BC
[466] Vgl. z.B. Tarrant (2006) S. 178 Fußnote 355

schrieb z.B. Desmond Lee, dass die äußere Mauer von Atlantis dicht mit Häusern bebaut sei[467]. Doch das ist ein Gedanke, der nur in den Nomoi vorkommt, nicht aber in der Atlantisgeschichte.

Übrigens hat sich Tarrant selbst wiederum zu einer falschen Übersetzung jener Stelle verleiten lassen, an der Proklos es wieder richtig sagt. Wo es mit relativem Anschluss heißt „... Heiligtümer, in welchen sie aufschrieben ..." (*en hois anagraphontai*), schreibt Tarrant: „... temples ..., upon which they inscribe"[468]. Dieses „upon" ist im Kontext von Platons Atlantisdialogen keinesfalls die Übersetzung der Wahl, denn Platon schreibt nicht von beschrifteten Stelen oder Tempeln, sondern von Schriften, die man „zur Hand nehmen" kann[469]. Außerdem würde „upon" in diesem Fall bedeuten, dass die Atlantisgeschichte nicht auf Stelen in den Tempeln, sondern auf den Außenwänden der Tempel geschrieben stünde. Davon sagt aber weder Platon noch Krantor etwas.

Harold Tarrant – Weitere antike Autoren umgedeutet

Über das antike Publikum, das Platons Atlantisdialoge las, meint Tarrant generell:

> „One obvious point to be made is that informed readers often treated it as some kind of allegory, rather than as a vehicle of any kind of remote historical truth."[470]

Doch wer diese „informed readers" sind, sagt Tarrant nicht, und es bleibt unklar warum Tarrant von „obvious" spricht; hier ist gar nichts „obvious".
Ohne die Namen Poseidonios und Strabon zu nennen meint Tarrant lapidar:

> „the geographers assumed that it was a fiction."[471] Und: „it seems that the more reputable ancient geographers and natural history writers did not have any site for Atlantis on their map."[472]

Wie passt das damit zusammen, dass Poseidonios und Strabon es für „besser" hielten, von der Existenz von Atlantis auszugehen?

Bei Plutarch tut sich Tarrant schwerer damit, dessen Aussage zugunsten eines wahren Kerns der Atlantisgeschichte abzutun. Man erkennt dies daran, dass er von einem „Plutarchean Interlude" spricht[473], so wie wenn die Plutarch mit seiner Annahme eines wahren Kerns einsam dastünde zwischen lauter Zeugen gegen die Wahrheit der Atlantisüberlieferung.

---

[467]Lee (1971/1977) S. 152
[468]Proklos In Timaeum I 1,123 bzw. 38BC; vgl. Tarrant (2006) S. 219
[469]Timaios 24a
[470]Tarrant (2008a) S. 15
[471]Tarrant (2006) S. 70
[472]Tarrant (2007) VIII.
[473]Tarrant (2006) S. 80

1.7 Die „Schwarze Legende" der antiken Atlantisrezeption 233

Wo der Atlantisskeptiker nicht mehr weiter weiß, greift er für gewöhnlich zum Verlegenheitsargument der Ironie, mit der er alles zu relativieren vermag, und so meint auch Tarrant, dass Plutarch in der Aussage des Sokrates, dass es *logos* und nicht *mythos* sei, Hinweise auf Ironie sah[474]. Dass Plutarch explizit einen historischen Kern in der Atlantisgeschichte sah, übergeht Tarrant geschickt, indem er nur davon spricht, dass Plutarch Zufügungen Platons sah, aber unerwähnt lässt, dass man zu einer Erzählung nur dann etwas hinzufügen kann, wenn sie einen nicht-erfundenen Kern hat, zu dem man etwas hinzufügen kann:

> „This seems to indicate that Plutarch thought that, at very least, Critias' account of Atlantis was full of material that was not part of any received story and had been added so as to import an entirely contrived grandeur and magnificence into it."[475]

Tarrant schließt:

> „Plutarch, I would claim, viewed the story in its Platonic version as no better than historical fiction."[476]

So kann man es natürlich nicht machen. An dieser Stelle fragt man sich auch, warum Tarrant eingangs von einem „Plutarchean Interlude" sprach, wo sich doch am Ende – wenn man Tarrants gewundener Argumentation folgt – herausstellt, dass sich Plutarch angeblich problemlos in die Reihe jener einordnet, die die Atlantisgeschichte für Fiktion hielten?

Auch der Mittelplatoniker Longinos wird von Tarrant nicht geschont. Dieser war bekannt dafür, eine wörtliche Lesung der Dialoge Platons zu bevorzugen, und er kämpfte gegen das Konzept der Neuplatoniker, in Platons Dialogen eine „höhere" symbolische Deutung zu suchen. Mit Recht schreibt Tarrant vier überlieferte Argumente in diesem Sinne dem Longinos zu[477], darunter:

> „Dass erstens ihm, Platon, die Ausdeutelei dieser und ähnlicher Worte (*logoi*) erscheint, wie wenn jemand mühsam arbeitet und dennoch erfolglos bleibt[478]. Zweitens aber, dass die Lehre Platons nicht so rätselhaft ist wie die des Pherekydes, sondern über die meisten Themen lehrt er klar. Deshalb ist es nicht nötig, sich Gewalt anzutun (und) zu analysieren, was jemand uns klar als Lehre vorlegt."[479]

Von einer Allegorie dürfe man nur ausgehen, wenn keine andere Erklärung möglich ist, so Longinos.

---

[474] Tarrant (2006) S. 81
[475] Tarrant (2006) S. 81
[476] Tarrant (2006) S. 81
[477] Tarrant (2006) S. 224 Fußnote 551: Diese Argumente gehen auf Longinos zurück.
[478] Vgl. Phaidros 229d f.
[479] Proklos In Timaeum I 1,129 bzw. 40A; Übersetzung Thorwald C. Franke

Doch Tarrant will darin keine Argumente erkennen, die für die Annahme der Wahrheit der Atlantisgeschichte sprechen! Vielmehr argumentiert Tarrant so: Longinos sei im Ordnungsschema in Proklos' Timaios-Kommentar an derselben Stelle einzuordnen wie Krantor – das ist wahrscheinlich korrekt. Aber weil Krantor nach Meinung von Tarrant – siehe oben – nicht von der Wahrheit der Atlantisüberlieferung ausging, wird auch Longinos bei Tarrant mit einiger Gewalt zu einem Autor gemacht, der nicht von der Wahrheit der Atlantisüberlieferung ausging[480].

Harold Tarrant – Erst ab Proklos Glaube an reales Atlantis?

Tarrant meint, erst ein gegenseitiges Aufschaukeln von verschiedenen Meinungen bei Mittel- und Neuplatonikern hätte dazu geführt, dass eine historische Lesart für die Atlantisgeschichte entstand und sich schrittweise bis auf auf Augenhöhe zur allegorischen Lesart etablierte. Zunächst hätte die realistische Deutung in der Auffächerung verschiedener Deutungsmöglichkeiten nur eine untergeordnete Rolle gespielt, aber durch Gelehrtenstreit und missverständliche Lesungen von Krantors Meinung sei es schließlich dazu gekommen, dass Proklos im fünften Jahrhundert nach Christus erstmals die realistische Deutung gleichrangig mit der allegorischen Deutung behandelt habe.[481] Erst ab Proklos' Zeiten hätte es dann bis in die Gegenwart den bekannten Gegensatz zwischen der Meinung des Aristoteles und der Meinung des Krantor gegeben, der eine angeblich gegen, der andere angeblich für die Existenz von Atlantis[482].

Diese Deutung ist natürlich vollkommen unhaltbar. Sie ist vollkommen unvereinbar mit dem Faktum, dass die Meinung, Aristoteles sei gegen die Existenz von Atlantis eingestellt gewesen, erst seit dem 19. Jahrhundert existiert. Es kann diesen historischen Gegensatz zwischen Aristoteles und Krantor also nicht bereits seit Proklos' Zeiten gegeben haben. Hinzu kommt, dass die These vom gegenseitigen Aufschaukeln der Meinungen nicht funktioniert. Tarrant hat die Meinung von manchen Mittel- und Neuplatonikern in überzogener Weise einseitig interpretiert, um diese These aufstellen zu können. Wir sahen bereits bei Krantor und Aristoteles, wie Tarrant vorgeht. Wir sahen, wie Tarrant mit den Meinungen von Poseidonios, Strabon und Plutarch umgeht. Wir sahen auch, dass Tarrant den klaren Argumenten des Longinos nicht zubilligen wollte, dass sie auf eine Lesart hinauslaufen, derzufolge Atlantis real ist. Auch bei Iamblichos ist Tarrants Urteil zu hinterfragen:

> „What we do not find in Iamblichus is any attempt to prove that the literal meaning is historically true."[483]

---

[480] Tarrant (2006) S. 75
[481] Tarrant (2006) S. 81-84; Tarrant (2008a) S. 18 f.
[482] Tarrant (2007) Abstract
[483] Tarrant (2006) S. 83

1.7 Die „Schwarze Legende" der antiken Atlantisrezeption

Dies ist eine überzogene Argumentation. Natürlich gibt es bei Iamblichos keinen Versuch analog zu Krantors Stelen, die historische Wahrheit von Ur-Athen und Atlantis zu beweisen. Aber die Meinung, dass die Atlantisüberlieferung im Sinne Platons „in jeder Hinsicht wahr" ist, reicht aus, um auch den historischen Aspekt einzuschließen. Es ist überhaupt nicht nötig, dass Iamblichos dafür einen Beweis antritt.

Harold Tarrant – Methodisches Versagen

Wie bei Iamblichos gerade gesehen, finden sich bei Tarrant immer wieder Extremaussagen, die zum Kopfschütteln Anlass geben. So schreibt Tarrant ohne mit der Wimper zu zucken:

> „We are not convinced that there was ever an interpreter who was convinced that the story of the conflict between Athens and Atlantis was historically true in our sense, and hence questions of the detailed truth of the Atlantis story never actually arose."[484]

Oder:

> „Right up to this time, in spite of our 'modern myth', there is no evidence that any Platonist interpreter in antiquity credited Plato with an attempt to preserve historical truth."[485]

Und:

> „Until Proclus in the fifth century CE, there is no evidence that any of Plato's followers either knew of, or argued for, the literal truth of even the bare outlines of Plato's story of Atlantis."[486]

Hinzu kommt, dass Tarrant an die Adresse der Atlantisbefürworter Extremforderungen stellt, die völlig überzogen sind:

> „Hence Plutarch does nothing to alter our picture of a scholarly world without any notable advocate of the view that the story of Atlantis was strictly and literally true."[487]

Es dürfte allein schon durch Platons eigene Aussagen im Timaios klar sein, dass es zwar mutmaßlich eine historische Atlantisüberlieferung gab, dass diese aber zu einem *eikos mythos* ergänzt wurde. Allein deshalb schon ist die Forderung, dass die gesamte Atlantisgeschichte „strictly and literally true" sein müsse, überzogen und sinnlos. Abgesehen von Verzerrungen der Überlieferung. Ähnlich verhält es sich mit folgender Aussage:

---

[484] Tarrant (2006) S. 80
[485] Tarrant (2007) VI.
[486] Tarrant (2007) VIII.
[487] Tarrant (2006) S. 81

> „What we may say with absolute certainty is that no events exactly matching Plato's report ever took place."[488]

Die Erkenntnis, dass es Platons Atlantis im wortwörtlichen Sinne nicht gab, ist trivial. Aber das beantwortet nicht die Frage, ob es Atlantis gab oder nicht, denn wir haben es mit einem *eikos mythos* auf der Grundlage einer verzerrten Überlieferung zu tun.

Schließlich gibt Tarrant in einigen wenigen Passagen sein Verständnis Platonischer Mythen preis. Es ist völlig unzureichend. Hier dürfte der tiefere Grund dafür zu suchen sein, dass Tarrant am Thema Atlantis gescheitert ist. Die Atlantisgeschichte sei Tarrant zufolge einfach wie jeder andere Platonische Mythos

> „a creative amalgam of traditional elements and philosophic theory."[489]

Dieser Begriff von Platonischen Mythen ist ärmlich. Er enthält keine Aussage, wie Platon die Elemente verwob. Auch fehlt das Bewusstsein, dass auch Gleichnisse in Platonischen Mythen enthalten sind. An anderer Stelle meint Tarrant:

> „Plato was aware where myths were appropriate, and he was aware of their huge importance in shaping the education of the community, regardless of their truth."[490]

Hier kommt nun endlich zum Vorschein, dass auch Tarrant von einem Täuschungsmythos ausgeht und damit Platon ganz offensichtlich einen lässlichen Umgang mit der Wahrheit unterstellt. Aber Tarrant kann sogar diesen Irrtum noch steigern:

> „It is as if the central feature of a successful myth is our inability to affirm or to deny its literal truth."[491]

Hier wird nun vollends offenbar, dass Tarrant ein völlig falsches Verständnis von Platonischen Mythen hat. Die Auffassung, dass Platon *mythoi* „regardless of their truth" zum Einsatz brachte, ist schon falsch genug. Aber die Auffassung, dass Platon den Unterschied von Wahrheit und Lüge verwischen und im Unklaren halten wollte, ist nun völlig falsch.

Weitere Autoren

Greifen wir noch folgende Autoren aus der Masse der wissenschaftlichen Atlantisskeptiker heraus, um unser Bild von einer verfehlten Diskussion der antiken Rezeption von Platons Atlantis abzurunden:

Werner Jaeger hat sich am Rande mit dem Zeugnis des Krantor für Atlantis als einem realen Ort befasst, wie es uns bei Proklos überliefert ist. Dabei ergreift er die

---

[488] Tarrant (2008a) S. 18
[489] Tarrant (2008a) S. 18
[490] Tarrant (2007) II.
[491] Tarrant (2007) II.

Gelegenheit, Krantors Zeugnis herabzuwürdigen. Krantor wäre „weniger kritisch" als Theophrast gewesen, meint Jaeger, und „wir gehen wohl nicht fehl in der Annahme, dass das angebliche Zeugnis der altägyptischen Tradition für ihn sogar eine Hauptstütze seines Glaubens an die Geschichtlichkeit der platonischen Atlantisgeschichte war"[492].

Argumente dafür, warum Jaeger Krantor für „weniger kritisch" als Theophrast hält, nennt Jaeger nicht. Immerhin haben wir bei Philon von Alexandria ein Fragment des Theophrast überliefert, in dem Theophrast Atlantis als realen Ort ansieht. Auch Theophrasts Lehrer Aristoteles sowie dessen später Anhänger Poseidonios neigten – der eine vermutlich, der andere sicher – dazu, Atlantis für einen realen Ort zu halten. Jaegers Argumentation hängt völlig in der Luft.

Argumente dafür, dass der mutmaßliche Beleg auf ägyptischen Stelen der Hauptgrund dafür waren, dass Krantor an Atlantis als realen Ort glaubte, liefert Werner Jaeger ebenfalls nicht. Hier müssen wir doch die Frage stellen, wie es denn dazu kam, dass Krantor überhaupt erst nach Belegen zu suchen begann? Wäre es nicht möglich, dass Krantor nach Belegen für eine Meinung suchte, die er bereits hatte, bevor er diese Belege kannte?

Jedenfalls meint Jaeger: „Das Lob eines 'sorgfältigen und verständnisvollen Erklärers', das Krantor neuerdings zuteil geworden ist, muss in seinem zweiten Teil ... doch eingeschränkt werden." Denn „der Anspruch der platonischen Dialoge auf Geschichtlichkeit in diesem realistischen Sinne, der ihrem Urheber fremd war", spräche dagegen, und den späteren Dialogen Platons sei die Geschichtlichkeit abzusprechen[493].

Hier verwechselt Werner Jaeger Dialogsituation und Dialoginhalt. Natürlich sind die Dialogsituationen der späten Dialoge Platons nicht historisch. Platon achtet durchaus auf die historische Möglichkeit seiner Dialogsituationen, aber wirklich historisch sind sie gerade bei den späten Dialogen wohl kaum. Doch für die Dialoginhalte gilt dieses Urteil nicht. Die Geschichte von Atlantis ist genauso ein Dialoginhalt wie die Darlegung der Geschichte der dorischen Staaten in den Nomoi. Und diese ist historisch. Damit ist die Argumentation von Werner Jaeger hinfällig. Vielleicht war Krantor eben doch ein „sorgfältiger und verständnisvoller Erklärer"?[494]

Diskin Clay hat wie viele andere Autoren auch eine schrecklich Verstümmelung der wahren Rezeptionsgeschichte von Platons Atlantis in der Antike vorgelegt und dafür den Titel gewählt: *A brief history of ancient credulity, with an appendix on mimetic incredulity*[495]. Wie der Titel schon anzeigt, befasst sich Clay auch besonders mit den angeblichen Nachahmungen von Platons Atlantisgeschichte, die seiner Meinung nach eindeutig zeigen würden, dass Atlantis nicht für real gehalten wurde. Dazu zählt Clay u.a. den *mythos* des Plutarch in *De facie in orbe lunae*, Theopomps Meropis, die

---

[492] Jaeger (1938) S. 133
[493] Jaeger (1938) S. 133
[494] Hans von Arnim, s.v. „Krantor", in: Pauly-Wissowa RE XI/2 1922; Spalte 1586
[495] Clay (1999/2000) S. 4-9

sieben Sonneninseln des Iambulos, und – wie üblich – die Insel Panchaia des Euhemeros von Messene.

Doch Diskin Clay formuliert eine Schlussfolgerung, die der Mangelhaftigkeit seiner Untersuchung die Krone aufsetzt:

> „By contrast, Plato fabricated the myth of Atlantis with such art that it has virtually gone unrecognized as a fiction, even as its imitators were detected."[496]

Es sei also nicht nur die Atlantisgeschichte von Platon so geschickt erfunden worden, dass sie von wahrer Geschichte kaum unterscheidbar sei, sondern auch die angeblichen Nachahmungen wären von damaligen Lesern nicht auf Platons Atlantis bezogen worden.

Man fragt sich, wo dann noch das Argument von Clay bleibt? Wenn Atlantis sich *vollkommen* wie Geschichte darstellt – war es dann nicht vielleicht tatsächlich als wahre Geschichte gemeint? Wenn die angeblichen Nachahmungen von Platons Atlantis nicht auf Atlantis bezogen wurden – bezogen sie sich dann wirklich auf Atlantis?

Clay hat sich mit dieser Feststellung in jene Gefahr begeben, der die Wissenschaft im Falle von Atlantis häufig zu erliegen droht: Die Gefahr, sich in eine kritikimmune Dogmatisierung zu begeben. Denn wenn die Genialität einer Täuschung so groß ist, dass sie praktisch nicht mehr erkennbar ist, wie will man dann noch sagen, dass es eine Täuschung ist? Worin unterscheidet sich eine geniale Täuschung von einer verzerrten historischen Überlieferung?

Exkurs: Begründung von Roman und Utopie durch Atlantis?

In aller gebotenen Kürze weisen wir an dieser Stelle die Auffassungen zurück, dass es sich bei Platons Atlantisgeschichte um einen Roman oder um eine Utopie gehandelt hätte. Denn:

- Es ist kein Roman, weil die Entwicklung des Romans erst zur Zeit des Lukian von Samosata (ca. 120-180 n.Chr.) literarische Techniken entwickelte, wie z.B. literarische Wahrheitsbeteuerungen und fingierte Überlieferungswege, die vom Leser als solche erkannt werden sollten, die daran denken ließen, dass Platons Atlantisgeschichte unter diesem Gesichtspunkt verstanden werden könnte[497]. Wie wir sahen, trat in genau dieser Zeit mit Numenios von Apameia der erste namentlich bekannte Atlantisskeptiker auf: Womöglich projizierte er diese neu entwickelten literarischen Techniken in die Vergangenheit und wandte sie auf Platons Atlantis an?

---

[496] Clay (1999/2000) S. 8
[497] Vgl. z.B. Brandenstein (1951) S. 41

1.7 Die „Schwarze Legende" der antiken Atlantisrezeption

- Es ist keine Utopie, weil natürlich die Politeia die Utopie Platons ist: Hier ist der Ort, wo Platon einen Staat „in Worten" entwickelt[498]. Die Atlantiserzählung ist keine Utopie und keine Fiktion, sondern der Versuch, die Utopie anhand eines historischen Beispieles zu konkretisieren. Atlantis ist das Gegenteil einer Utopie. Deshalb greifen weder die antiken noch die neuzeitlichen Utopien auf die Atlantisgeschichte zurück – sie alle beziehen sich auf Platons Politeia.

Eine ausführlichere Argumentation zu diesem Thema wird in einer kommenden Veröffentlichung im Kontext einer weiter ausgreifenden literarischen Argumentation dargestellt werden.

---

[498] Politeia II 369a; VI 501e; IX 592a

2. Das Mittelalter

Das Mittelalter bereitete sich in der Spätantike vor, und es gibt gute Gründe, die Spätantike dem Mittelalter zuzurechnen[499]. Aus praktischen Gründen bleiben wir jedoch bei der traditionellen Einteilung, die die Spätantike noch der Antike zuordnet.

Nach dem Zerfall des römischen Reiches, das den gesamten Mittelmeerraum umfasste, bildeten sich drei Herrschaftsbereiche heraus, die einerseits alle an die klassische Antike anknüpften, andererseits kulturell eigene Wege gingen:

- Der lateinische Westen, vornehmlich das Reich Karls des Großen.
- Der griechische Osten bzw. das byzantinische Reich.
- Die arabisch-islamischen Reiche.

Jedem dieser drei Herrschaftsbereiche ist ein Hauptabschnitt dieses Kapitels gewidmet. Innerhalb dieser drei Hauptabschnitte werden wir aufgrund der geringeren Zahl von Autoren anders als bei der Antike nicht mehr nach Erwähnungen und Nichterwähnungen trennen. Um den Überblick über die Meinungen zu Atlantis in dem mehrteiligen und gemischten Abschnitt über den lateinischen Westen nicht zu verlieren, fügen wir an dessen Ende einen tabellarischen Überblick über die Autoren mit hinreichend verlässlich feststellbaren Meinungen an.

Ein technischer Hinweis für alle Texte des lateinischen Mittelalters: Das griechische Wort *mythos* wird im Lateinischen mit *fabula* wiedergegeben. Das führt zu einer Bedeutungsverschiebung, derer man sich bewusst sein sollte. Hinzu kommt, dass wir heute unter „Mythos" und „Fabel" ganz andere Dinge verstehen, als man in der Antike unter *mythos* und *fabula* verstand.

Gedankt sei an dieser Stelle Prof. Peter Adamson, dessen Podcast *History of Philosophy without any Gaps* sehr dabei geholfen hat, den größeren Kontext der Erwähnungen von Platons Atlantis im Mittelalter zu erschließen.

2.1 Lateinischer Westen – Anknüpfung an die Antike

Zwischen der letzten Beschäftigung der Spätantike mit Platons Timaios bei Boethius bis zur Wiederaufnahme der Timaios-Rezeption im Mittelalter konstatiert der Historiker Paul Dutton eine Lücke von vielen hundert Jahren[500]. In dieser Zeit brach das römische Reich in sich zusammen, was zu einem ungeheuren Verlust an Wohlstand und Bildung führte. Zugleich wurde das Christentum zur herrschenden Religion. Doch der Fanatismus eines Kosmas Indikopleustes gegen die antike Bildungstradition konnte sich nicht durchsetzen und es kam zu einer Symbiose von christlicher und „heidnischer" Bildung. Nachdem Kirche und Staat im Reich Karls des Großen ihre

---

[499]Fuhrmann (1994) S. 17
[500]Dutton (1991) S. 3 f.

Macht gesichert hatten, konnte die Beschäftigung mit „heidnischen" Bildungsinhalten wieder aufblühen.

Die maßgeblichen spätantiken Autoren

Das lateinische Mittelalter konnte an den Platonismus der Antike nur durch lateinische Werke anknüpfen, da die Griechischkenntnisse dramatisch zurückgegangen waren. Von den Dialogen Platons war hauptsächlich nur der Dialog Timaios bekannt und verbreitet, und zwar in der lateinischen Übersetzung und Kommentierung des Calcidius. Wie wir sahen behandelt Calcidius die Atlantisgeschichte als simples Faktum, das nicht weiter zu kommentieren ist. Es gab auch noch die Timaios-Übersetzung des Cicero, doch diese beginnt erst ab Stelle 27d, so dass die Passagen zu Atlantis nicht enthalten waren. Der Dialog Kritias lag im lateinischen Mittelalter nicht vor. Man wusste zwar, dass es ihn gibt, kannte ihn aber offenbar nicht inhaltlich.

Neben Platons Timaios wurde der Platonismus der Antike durch die Werke anderer Autoren an das Mittelalter weitergegeben, die sich implizit oder explizit auf Platon bzw. den spätantiken Neuplatonismus bezogen[501]. Dazu gehören u.a. Augustinus, Boethius, Dionysios Areopagita, aber natürlich auch die enzyklopädischen Werke von Macrobius, Cassiodor, Martianus Capella und Isidor von Sevilla.

Macrobius kleidete in seinem Werk *Saturnalia* die Darstellung des gesamten Wissens seiner Zeit in einen Dialog unter gebildeten römischen Neuplatonisten, die sich auf einem Symposion zum Saturnalienfest unterhalten. Der Kommentar des Macrobius zu Ciceros *Somnium Scipionis* erwähnt sowohl das zyklische Geschichtsbild Platons als auch Ägypten als Land einer viele tausend Jahre zurückreichenden Überlieferung. Atlantis bleibt zwar unerwähnt, doch deutet die Akzeptanz der ägyptischen Überlieferung eine Akzeptanz auch der Atlantisüberlieferung an. Macrobius überlieferte auch die Geographie der Klimazonen, die die Existenz von unbekannten Kontinenten explizit einschließt, sowie die Lehre von dem 15000 Jahre dauernden Weltenjahr.

Cassiodor war derjenige, der es zur typischen Aufgabe von Klöstern machte, sich um die Abschrift und Verbreitung von Büchern zu kümmern, indem er sich selbst in seinem Kloster Vivarium in Kalabrien dieser Aufgabe widmete. Was Cassiodor in seiner Bibliothek bewahrte, hat in der Regel bis heute überdauert.

Das Werk des Martianus Capella *De nuptiis Philologiae et Mercurii*, kleidete das Wissen seiner Zeit in ein allegorisches Geschehen um eine eheliche Verbindung zwischen allegorischen Figuren, die Wissenschaft und Beredsamkeit versinnbildlichten. Anlehnend an ein früheres Werk des Varro teilte Martianus Capella das Weltwissen in sieben Themenbereiche ein, was zur Herausbildung der sogenannten „sieben freien Künste" in der mittelalterlichen Bildungstradition maßgeblich beitrug. Wie wir

---

[501]Vgl. z.B. Fuhrmann (1994) S. 95-98

bereits sahen, bezieht sich Martianus Capella zweimal auf Platons Atlantisgeschichte als einem realen Geschehen.

Isidor von Sevilla vermittelte das antike Wissen nur unzureichend an das Mittelalter. Geographisch und chronologisch fiel er noch hinter die Erkenntnisse des Herodot zurück, indem er die Welt vom Okeanos kreisrund umflossen in Form einer T-O-Karte zeichnete, und das Alter der Welt wie Augustinus auf wenige tausend Jahre beschränkte. Platons Timaios kommt im Werk des Isidor von Sevilla praktisch nicht vor. Das verengte T-O-Weltbild des Isidor und seine dramatisch verkürzte Weltchronologie stehen natürlich in direkter Konkurrenz zum platonischen Weltbild des Macrobius, und es ist spannend zu sehen, welche spätantike Quelle von welchem mittelalterlichen Autor bevorzugt wird.

Das Alter der Welt

Im Mittelalter galt eine kirchliche Doktrin, dass die Welt nicht ewig existierte, sondern mit dem Zeitpunkt der Schöpfung begann. Dieser Zeitpunkt der Schöpfung wurde von verschiedenen Autoren auf wenige tausend Jahre vor Christus angesetzt.

Erste Ansätze zu einer biblischen Chronologie gab es bereits bei Jose ben Halafta (ca. 130-160 n.Chr.). Seiner Berechnung nach wurde die Welt im Jahr 3761 v.Chr. geschaffen. Der Kirchenlehrer Augustinus (354-430 n.Chr.) vertrat die Auffassung, dass die sechs bzw. sieben Tage der Schöpfung jeweils einem tausendjährigen Weltalter entsprachen, in Anlehnung an Psalm 90:4, wo es heißt, dass vor Gott tausend Jahre wie ein Tag sind. Diese Auffassung wurde auch von Isidor von Sevilla (ca. 560-636) vertreten und an das Mittelalter überliefert. Der Mönch Dionysius Exiguus (ca. 470-540) war mit Cassiodor befreundet und gilt als Begründer der christlichen Zeitrechnung. Seit der Zeit des Dionysius Exiguus rechnet man die Jahre von Christi Geburt an. Diese Zeitrechnung löste die antiken Zeitrechnungen ab, die in Rom *ab urbe condita* – von Gründung der Stadt an – bzw. in Griechenland in Olympiaden zählten.

Maßgeblich für das Mittelalter wurde schließlich die Berechnung des Beda Venerabilis (ca. 672/3-735). Gestützt auf Dionysius Exiguus und die Lehre von den Weltaltern, die Schöpfungstagen entsprechen, berechnete er den Tag der Schöpfung für den 18. März 3952 v.Chr. Verschiedene Autoren schlugen später auch andere Termine vor, und es ist nicht immer ganz leicht herauszufinden, auf wessen Berechnung sie sich dabei im Einzelnen stützten. Die letzte Berechnung des Schöpfungstages, die noch Wirkung entfaltete, wurde im Jahr 1650 von dem irischen Erzbischof James Ussher vorgelegt. Ihm zufolge fand die Schöpfung im Jahr 4004 v.Chr. statt.

Bemerkenswert ist – wie wir sehen werden – dass sich die Gelehrten des Mittelalters zunächst nicht sonderlich an solche kirchlichen Lehren gebunden zu fühlen schienen. Erst mit der Verschärfung der Inquisition ab dem Jahr 1200 wurde die kirchliche Lehre ernst genommen. So unberechtigt der Vorwurf an das Mittelalter ist, dass man damals die Erde für eine Scheibe hielt, so berechtigt ist der Vorwurf, dass man damals die Erde für nur wenige tausend Jahre alt hielt.

2.2 Lateinischer Westen – Frühmittelalter

Die Periode des Frühmittelalters setzen wir bis zum Einfall der Hunnen in Europa an, der zu einem erneuten Rückgang der kulturellen Produktion führte. Unser Frühmittelalter dauert also ungefähr bis zum Jahr 1100. In den dunklen Jahrhunderten nach Boethius – hingerichtet etwa im Jahr 524/6 – bis zur Karolingerzeit gab es keine Beschäftigung mit Platons Timaios.

Beda Venerabilis (ca. 672/3-735)

Beda war ein angelsächsischer Benediktinermönch, der vor allem durch seine Geschichtsschreibung und seine Kalenderwerke bekannt wurde. Indem er sich u.a. auch auf Isidor von Sevilla stützte, errechnete er das Datum der Weltentstehung für das Jahr 3952 v.Chr. Das Thema Atlantis berührt er nicht, obwohl es mehrere Anknüpfungspunkte dafür in seinem Werk gegeben hätte.

Die Karolingische Renaissance

Eine erste Beschäftigung mit Platons Timaios ist während der sogenannten Karolingischen Renaissance festzustellen, die eine Initiative Karls des Großen zu einer großen Bildungsreform war. Allerdings wurde Platons Timaios dabei nur am Rande gestreift; Paul Dutton ist der Auffassung, dass eine eingehende Beschäftigung mit dem Timaios erst später mit Bernhard von Chartres einsetzte[502].

Alkuin von York (735-804)

Als Berater Karls des Großen war Alkuin einer der Begründer der sogenannten Karolingischen Renaissance. Nicht von ihm selbst, wohl aber von seinen Schülern ist bekannt, dass sie über die Timaios-Übersetzung des Calcidius verfügten. Irrtümlich wurde Alkuin außerdem der Timaios-Kommentar des Calcidius zugeschrieben, was einiges darüber aussagt, welche Rolle spätere Zeiten Alkuin und dem Timaios zuschrieben.

Eine Aussage zum Thema Atlantis liegt nicht vor. Allerdings kann man aus der Tatsache, dass Alkuin irrtümlich für den Autor des Calcidius-Kommentars zu Platons Timaios gehalten wurde, einige Schlüsse ziehen: Sollte Alkuin Platons Timaios ge-

---

[502]Dutton (1991) S. 3 f.; Dutton (2003) S. 183

kannt haben, dann ist es nicht unwahrscheinlich, dass er die Meinung des Calcidius über Atlantis teilte, die in dem Timaios-Kommentar des Calcidius zum Ausdruck kommt: Denn man hielt Alkuin ja irrtümlich für dessen Autor. Und Calcidius hielt Platons Atlantis bekanntlich für eine wahre Geschichte, über die es sich deshalb nicht lohnte, weitere Worte zu verlieren.

Rhabanus Maurus (ca. 780-856)

Der Universalgelehrte Rhabanus Maurus war Abt des Klosters Fulda und Erzbischof von Mainz und einer der bedeutendsten Vertreter der karolingischen Renaissance, weshalb man ihn im 19. Jahrhundert *primus praeceptor Germaniae* nannte. Sein Werk *De rerum naturis seu de universo* ist enzyklopädisch angelegt und behandelt auch Geschichte und Geographie.

Von Atlantis ist darin jedoch nicht die Rede. Ein Grund dafür könnte sein, dass die wichtigste Quelle für Rhabanus Maurus die *Etymologiae* des Isidor von Sevilla waren.

Dicuil (um 825)

Der iro-schottische Mönch Dicuil schrieb um das Jahr 825 sein geographisches Werk *De mensura orbis terrae*. Es handelt sich hauptsächlich um eine Zusammentragung anderer Quellen mit einem Schwerpunkt auf Entfernungsangaben, enthält aber auch den ältesten Bericht über die Besiedelung Irlands und die Ersterwähnung der Färöer-Inseln. Dicuil schreibt von den glückseligen Inseln, den Gorgaden und Hesperiden, vom Atlasgebirge und den Säulen des Herakles, aber er kommt nirgends auf Atlantis zu sprechen.

Johannes Scotus Eriugena (ca. 815-877)

Eriugena war ein herausragender Vertreter der karolingischen Renaissance. Er verfügte anders als die meisten damaligen Gelehrten auch über Griechischkenntnisse und förderte das neuplatonische Denken. Unter anderem glossierte er auch das Werk von Martianus Capella. Sein wichtigstes Werk *De divisione naturae* handelt von der Erschaffung der Welt und ihrer physischen Beschaffenheit. Es stützt sich teilweise auf die Timaios-Übersetzung des Calcidius.

Eriugena orientiert sich sehr stark an biblischen Aussagen zu seinen Themen. Obwohl er Platon als größten Philosophen lobt, legt er doch Wert darauf, nicht als Platoniker wahrgenommen zu werden. Teilweise kritisiert er Platon auch für dessen Sichtweisen, so z.B. bezüglich der Frage, ob die Welt aus präexistenter Materie erschaffen wurde.

Eriugena hätte an vielen Stellen von *De divisione naturae* Gelegenheit gehabt, Platons Atlantis zu erwähnen, so z.B. bei Themen wie Ägypten, dem Paradies, Flutkatastrophen oder der biblischen Sintflut. Doch er unterließ es. Die Gründe dafür könnten sein, dass Eriugena sich zuerst an der Bibel orientierte, und Platon nur selektiv unter biblischer Perspektive las, und dass sein Neuplatonismus sein Denken von realen Dingen weg auf „höhere" Dinge lenkte.

Remigius von Auxerre (ca. 841-908)

Als Schüler des Eriugena verfasste Remigius von Auxerre zahlreiche Kommentare zu antiken Autoren wie z.B. Boethius und Martianus Capella. Die Stelle über das „verschlungene Land" bei Martianus Capella übergeht Remigius ohne Kommentar, und streut lediglich einige philologische Notizen zu Worten im Umfeld dieser Stelle aus. Offenbar hat ihn der Gedanke an versunkenes Land vor Gibraltar nicht gestört.

Die Stelle bei Martianus Capella über die 40000 Jahre, die sich die personifizierte Astronomie in Ägypten angeblich verborgen hielt, missfällt Remigius jedoch: Weil er sich auf Isidor von Sevilla stützt, kritisiert er, dass Martianus Capella ein Platoniker sei – *Platonicus iste fuit* – der an die Ewigkeit der Welt glaube. Deshalb lehnt er diese hohe Jahreszahl ab. Allerdings formuliert Remigius wiederum keine Kritik an der Erwähnung von Ur-Athen.

Wie steht Remigius damit zur Atlantisgeschichte? Offenbar hat er keine Vorbehalte gegen die Atlantisgeschichte selbst, nur die hohen Jahreszahlen stören ihn. Wir können dies nur vermuten.

Lanfrank von Bec (ca. 1010-1089)

Als Mitglied des Benediktinerordens war Lanfrank von Bec Erzbischof von Canterbury unter Wilhelm dem Eroberer. Man weiß immerhin, dass er die Timaios-Übersetzung des Calcidius kannte.

Anselm von Canterbury (ca. 1033-1109)

Der einflussreiche Theologe und Philosoph Anselm von Canterbury wird oft als „Vater der Scholastik" bezeichnet. Anselm war ein Schüler des Lanfrank von Bec und später selbst Erzbischof von Canterbury. Eine Erwähnung von Atlantis ist nicht bekannt. Doch ist im Zusammenhang mit Platons Atlantis das philosophische Gedankenexperiment des Gaunilo von der „verlorenen Insel" von Interesse:

Nachdem Anselm von Canterbury 1077/78 in seinem *Proslogion* den berühmten ontologischen Gottesbeweis vorgelegt hatte, formulierte der Mönch Gaunilo eine Kritik, in der er das hypothetische Beispiel einer „verlorenen" Insel verwendete:

> „Ein Beispiel: Man erzählt sich, irgendwo im Ozean gebe es eine Insel, die einige wegen der Schwierigkeit oder vielmehr Unmöglichkeit, das, was nicht existiert,

aufzufinden, ergänzend *verschwundene [besser: verlorene]* Insel nennen und die, so geht die Sage, noch weit mehr, als es von den Inseln der Glückseligen berichtet wird, unermesslich reich sei an lauter kostbaren Gütern und Annehmlichkeiten, niemandem gehöre, von keinem bewohnt werde und alle anderen bewohnten Länder durch ein Übermaß an Besitztümern allenthalben übertreffe."[503]

Der moderne Leser denkt natürlich sofort an Platons Atlantis, aber bei näherem Hinsehen bestätigt sich die Vermutung nicht: Die Eigenschaften der „verlorenen" Insel stimmen mit Atlantis nicht hinreichend überein. Die „verlorene" Insel sei noch reicher an natürlichen Ressourcen als die mythologischen „Inseln der Seligen", und niemand wohne auf der Insel. Das passt in keiner Weise. Zudem soll diese „verlorene" Insel im Sinne des Gottesbeweises bzw. seiner Widerlegung natürlich existieren bzw. nicht existieren. Von einem *Untergang* der Insel ist nirgends die Rede, und das würde im Sinne der Argumentation auch keinen Sinn machen. Denn auch eine untergegangene Insel würde immer noch eine existente Insel sein. Das „verloren" bezieht sich auf die Unkenntnis der Lage der Insel bzw. auf deren Nichtexistenz, nicht aber auf einen Untergang dieser Insel. Schließlich ziehen weder Gaunilo noch Anselm von Canterbury irgendeinen Bezug zu Platons Atlantis. Es ist also nicht Atlantis.

Es ist auch deshalb nicht Atlantis, weil uns die Konstruktion dieser hypothetischen Insel offen vor Augen liegt: Gaunilo stützt sich ganz auf den Mythos von den „Inseln der Seligen", und überdehnt diese ohnehin fabelhaft ausgestatteten Inseln im Sinne von Anselms ontologischem Gottesbeweis. Damit ist die „verlorene" Insel vollständig erklärt, eine Spur von Platons Atlantis ist darin nicht vorhanden.

Zudem gibt es statt einer Übereinstimmung mit Atlantis eine erstaunlich große Übereinstimmung mit der u.a. bei Diodorus Siculus erwähnten Karthagerinsel: Denn die Lage dieser Insel war unbekannt bzw. geheim, ihre natürlichen Ressourcen wurden ebenfalls gerühmt, und sie war unbewohnt.

Eine Assoziation zu Platons Atlantis bei modernen Lesern ist immerhin verständlich: Es handelt sich um eine Insel im Atlantischen Ozean. Die „Verlorenheit" und die reichen natürlichen Ressourcen passen zwar nicht zu Atlantis, lassen es aber in modernen Ohren anklingen, ohne dass eine Anspielung vorliegen würde.

Nicht zufällig wurde die „verlorene" Insel des Gaunilo immer wieder mit Atlantis verwechselt: Die meisten Autoren behaupten die Identität von „verlorener" Insel und Atlantis lapidar ohne jede Begründung, so z.B. 1881 der einflussreiche US-amerikanische Pädagoge und Philosoph William T. Harris, 1907 der deutsch-amerikanische protestantische Kirchenhistoriker Philipp Schaff, 1917 posthum der protestantische Kirchenhistoriker Franz Overbeck, oder 1961 die beiden katholischen Philosophen Gustave Weigel SJ und Arthur G. Madden.[504]

---

[503] Appendix Proslogion Obiectiones Gaunilonis 6; Übersetzung Burkhard Mojsisch
[504] Harris: The Journal of Speculative Philosophy Vol. 15 No. 4 / 1881; S. 412 – Schaff: History of the Christian Church Vol. 5/1 §98, 1907; S. 603 – Overbeck: Vorgeschichte und Jugend der mittelalterlichen Scholastik – Eine kirchenhistorische Vorlesung, 1917; S. 222 – Weigel /

Im Jahr 2000 haben Konrad Goehl und Johannes Gottfried Mayer vorgeschlagen[505], dass sich hinter Gaunilo niemand anderer als Anselm von Canterbury verbirgt. Anselm hätte seinen berühmten ontologischen Gottesbeweis im *Proslogion* zusammen mit der Kritik des Gaunilo und seiner Erwiderung darauf im Appendix zum *Proslogion* als einen aristotelischen Dialog gestaltet. Neben Anspielungen auf Platons Hippias maior schreiben die Autoren auch:

> „Das Inselgleichnis, der parodistische Höhepunkt ..., muss doch wohl als eine Anspielung auf Platons 'Atlantis-Bericht' aufgefasst werden." Und: „Wahrscheinlich ist dabei an Atlantis zu denken".

Doch eine echte Begründung formulieren die Autoren nicht, sie stellen lediglich die Stelle Timaios 25d bei: „Die Insel versank aber im Meer und verschwand." Das ist keine Begründung, sondern fast schon eine Widerlegung ihrer eigenen These, denn von dem „Verschwinden" einer Insel oder ihrem „Untergang" ist bei Gaunilo nicht die Rede. Auch räumen die Autoren ein, dass Anselm von Canterbury nach heutigem Kenntnisstand keine Kenntnis des Hippias maior hatte.

Es ist sehr wahrscheinlich, dass die in der Moderne stereotyp gewordene Redewendung vom „verlorenen" Atlantis, die sich aus Platons Atlantisdialogen nicht ableiten lässt, auf die „verlorene" Insel des Gaunilo zurückgeht. Es wäre zu untersuchen, ob sich diese Vermutung substantiieren ließe. Schon in *New Atlantis* von Francis Bacon lesen wir von „lost":

> „For within less than the space of one hundred years, the great Atlantis was utterly lost and destroyed".

Wegen des Attributes „verloren" sind gerade moderne Menschen noch mehr in der Gefahr, dem Irrtum zu unterliegen, bei Gaunilo wäre von Atlantis die Rede. Denn sie erkennen hier ein Attribut wieder, das ihnen nur von Atlantis bekannt ist – doch in Wahrheit stammt dieses Attribut aus der Quelle, in der sie es wiederzuerkennen glauben.

Ein Bezug zu Platons Atlantis liegt also nicht vor. Wir können aber dennoch eine Aussage über die Rezeption von Atlantis in dieser Phase des Mittelalters ableiten: Der Umstand, dass Gaunilo bzw. Anselm von Canterbury offenbar keinen Bezug zu Atlantis sehen konnten, lässt nämlich darauf schließen, dass Atlantis damals kein im allgemeinen Bewusstsein präsenter Topos war. Gaunilo entwickelte sein hypothetisches Beispiel auf der Grundlage der mythologischen „Inseln der Seligen" und kam offenbar nicht auf die Idee, dass er damit auch nahe an Platons Atlantis rührte. Die Frage nach Platons Atlantis war damals offenbar keine Frage, der man Aufmerksamkeit schenkte.

Madden: Religion and the Knowledge of God, 1961; S. 117
[505]Goehl/Mayer (2000) S. 351 f.; 353

2.2 Lateinischer Westen – Frühmittelalter

Macrobius-Weltkarte (10. Jhdt. / Santarém 1850)?

Ein Irrtum über eine mittelalterliche Karte ist an dieser Stelle zu berichten: Der portugiesische Historiker, Diplomat und Kartograph Manuel Francisco de Barros e Sousa Vicomte de Santarém (1791-1855) veröffentlichte 1849 sein Werk *Essai sur l'histoire de la cosmographie et de la cartographie pendant le moyen-âge et sur les progrès de la géographie après les grandes découvertes du XVe siècle etc.* Darin gibt Santarém Erläuterungen zu einem Atlas alter Karten, den er zuvor veröffentlicht hatte.

Auf einer Weltkarte in einem Manuskript aus dem 10. Jahrhundert, das das Werk des spätantiken Autors Macrobius enthält, fand Santarém westlich der Säulen des Herakles neben einer kleinen kreisförmigen Insel eine große kreisförmige Insel ohne Beschriftung eingezeichnet. Santarém vermutete, dass der Kartenzeichner mit dieser kreisförmigen Insel Platons Insel Atlantis zeichnen wollte. Doch das ist falsch.

Auf einer vergleichbaren mittelalterlichen Karte aus einem anderen Macrobius-Manuskript sind ebenfalls zwei große kreisförmige Inseln im Atlantik eingezeichnet: Ein mittelgroßer Kreis westlich von Spanien, und ein großer Kreis westlich der Säulen des Herakles bzw. westlich von Afrika. Hier jedoch sind die Kreise beschriftet: Der mittelgroße Kreis mit „gorgades insule", der große Kreis mit „Hesperides Insule". Das entspricht auch den Beschreibungen zeitgenössischer Werke wie z.B. dem Werk *Imago mundi* des Honorius Augustodunensis von 1122, in dem es heißt:

> „*Gorgodes insulae in Oceano iuxta Atlantem. ... Iuxta has Hesperides ...*
> *Inter has fuit illa magna, quae Platone scribente, cum populo est submersa*".

Damit ist die Vermutung widerlegt, dass einer der eingezeichneten Kreise als Platons Atlantis anzusehen ist. Das war auch nicht zu erwarten, denn eine untergegangene Insel wird nicht auf einer aktuellen Karte eingezeichnet. Damit hatte sich Santarém geirrt. Dieser Irrtum wurde später auch bei Gaffarel aufgegriffen.[506]

Scholion (10./12 Jahrhundert)

Ein sogenanntes Scholion – d.h. eine Randnotiz – zu Platons Dialog Alkibiades I, die im 10. oder 12. Jahrhundert an den Rand eines Manuskriptes geschrieben und von dort weiter abgeschrieben wurde, vertritt die Auffassung, dass Zoroaster möglicherweise „von dem Festland jenseits des großen Meeres" herüberkam. Diese Auffassung stützt sich wiederum auf den Kommentar des Proklos zu Platons Alkibiades I. – Der Verfasser des Scholions ist unbekannt.[507]

Wir können daraus ableiten, dass die Meinung des Proklos und damit auch Platons Geographie einschließlich von Atlantis von dem unbekannten Scholiasten akzeptiert

---

[506] Santarém (1849/50) II §VI S. 43; Gaffarel (1869) S. 9
[507] Greene (1938) S. 100, zu Alkibiades I 122a; Codizes T und W, nach Proklos

wurde. Das entspricht auch dem Umgang anderer mit den Werken des Proklos im Mittelalter. Atlantis wird allerdings nicht erwähnt, so dass wir nur begründet vermuten können, dass der Scholiast von dessen Existenz ausging.

Das Scholion fiel Windischmann auf, der dabei u.a. auch an Atlantis dachte. Windischmann hielt Atlantis für einen realen Ort. Frank Joseph kennt davon nur die englische Übersetzung aus einem Buch, in dem auch ein Text von Wilhelm Geiger enthalten war. Deshalb schreibt Frank Joseph die Aussage von Windischmann irrigerweise Wilhelm Geiger zu.[508]

Die Edda (10. - 13. Jhdt.)?

An dieser Stelle wollen wir noch einen weiteren verbreiteten Irrtum ausräumen. Manche glauben, dass die Edda Aussagen über Atlantis enthält.

Die Edda ist kein einheitliches Werk, sondern bezeichnet mehrere Sammlungen von altisländischen epischen Texten und Liedern. Die ältesten darin enthaltenen Texte gehen aufgrund von Merkmalen der Sprachentwicklung bis maximal ins 10. Jahrhundert n.Chr. zurück. Wenn wir großzügig eine mündliche Überlieferung von 500 Jahren ansetzen, reicht die Überlieferung der Edda nur bis in die Zeit der Völkerwanderung. Tatsächlich handelt die Edda u.a. von der Völkerwanderung und der Nibelungensage. Die Endredaktion der Texte fand im 13. Jahrhundert statt.

Überlieferungen über Platons Atlantis sind von der Edda also nicht zu erwarten. Dennoch haben pseudowissenschaftliche Atlantisbefürworter immer wieder behauptet, die Edda handele auch von Atlantis. Sie befinden sich in tiefen Irrtümern verstrickt.

2.3 Lateinischer Westen – Hochmittelalter

Das Hochmittelalter setzen wir in der Zeit von ungefähr 1100 bis 1250 an, also von der Zäsur der Hunneneinfälle bis zur Ablösung von Platon durch Aristoteles als dem führenden philosophischen Vorbild. Im Zentrum der hochmittelalterlichen Beschäftigung mit Platon stand die sogenannte *Schule von Chartres*. Doch müssen auch Autoren besprochen werden, die nicht der Schule von Chartres zuzurechnen sind.

Adelard von Bath (ca. 1070-1160)

Adelard von Bath war ein bedeutender englischer Gelehrter und Übersetzer. Der Platonismus des Adelard stützte sich u.a. auf Boethius und Augustinus. Für Adelard von Bath gab es keinen Widerspruch zwischen Glaube und Vernunft.

---

[508] Windischmann (1863) S. 275 Fußnote 1; Geiger/Windischmann (1897) S. 86 f. Fußnote 2; Joseph (2005) S. 123, s.v. Geiger, Wilhelm

Mit Gerhard von Cremona gilt Adelard von Bath als einer der wichtigsten Gelehrten, deren Übersetzungen die arabische Wissenschaft und damit die antike Wissenschaft in Europa bekannt machten, bevor Wilhelm von Moerbeke die griechischen Originale ins Lateinische übersetzte. Adelard von Bath übersetzte vor allem mathematische und astronomische Werke wie z.B. Euklids Elemente. Auf Reisen nach Sizilien und in den Nahen Osten hatte Adelard unmittelbaren Kontakt mit der arabischen Kultur. Er war einer der ersten, der das indisch-arabische Dezimalsystem nach Europa brachte. Er beeinflusste u.a. Hugo von St. Viktor und Wilhelm von Conches.

Im Stil eines Platonischen Dialoges handelte Adelard von Bath in seinen *Quaestiones naturales* auch Phänomene wie die Gestalt des Menschen, die Planeten, die Gezeiten, Blitze u.v.a. ab. Anknüpfungspunkte für die Erwähnung von Atlantis liegen vor, doch Adelard schweigt zu Atlantis.

Honorius Augustodunensis (ca. 1080-1150)

Der Benediktinermönch Honorius Augustodunensis kam aus Irland und lebte in Frankreich und Deutschland. Um 1120 publizierte er sein Werk *Imago mundi*, einen geographischen Gesamtüberblick über die Welt. In dem Kapitel über die Inseln der Welt wird Atlantis kurz und lapidar erwähnt:

> *Inter has fuit illa magna [insula], quae Platone scribente, cum populo est submersa, quae Affricam & Europam sua magnitudine vicit, ubi nunc est concretum mare.*
>
> „Unter diesen [Inseln] war jene große [Insel], die wie Platon schreibt, mitsamt dem Volk unterging, die Afrika und Europa an Größe übertraf, wo jetzt das Meer undurchdringlich geworden ist."[509]

Weil er den gegenwärtigen Zustand der Welt beschrieb, hätte Honorius Augustodunensis das untergegangene Atlantis nicht erwähnen müssen, so wie es viele andere Geographen auch taten. Doch er hat es getan, und gewährt uns so einen Einblick in sein Denken. Das Werk fand eine weite Verbreitung, und diente auch als Vorbild für spätere, ebenfalls weit verbreitete Werke, wie z.B. *Imago mundi* des Walther von Metz. Man kann mit Recht sagen, dass sich hier die damalige „öffentliche Meinung" über das Thema Atlantis manifestierte, sofern es überhaupt eine Meinung zu Atlantis gab.

Die Viktoriner und Hugo von St. Viktor (ca. 1097-1141)

Die zentrale Figur der Denkschule der Viktoriner, die nach der von Wilhelm von Champeaux gegründeten Abtei St. Viktor bei Paris benannt ist, war Hugo von St. Viktor. Als Abt von St. Viktor widmete er sein ganzes Leben der Theologie und

---

[509] Honorius Augustodunensis, Imago mundi; Übersetzung Thorwald C. Franke

Philosophie. Die Viktoriner waren theologisch der Mystik zugewandt und traten dafür ein, die Bibel wieder mehr wörtlich und historisch zu verstehen. Philosophisch neigten sie dem Platonismus zu.

In seinen Werken hatte Hugo von St. Viktor viele Gelegenheiten, Atlantis am Rande zu erwähnen, doch er tat es nicht. Er schreibt über die Weltgeschichte und über die Weltgeographie[510], und auch über die Entstehung bzw. Herkunft der Wissenschaften aus Ägypten, wie man damals glaubte, aber weder Solon noch Neith noch Atlantis finden Erwähnung[511]. Platons Dialog Timaios ist ihm bekannt: Hugo von St. Viktor zitiert nacherzählend aus dem Timaios-Kommentar des Calcidius[512], spricht wie Calcidius über den Timaios als ein Buch über das „natürliche Recht", und erwähnt auch die Timaios-Übersetzung des Cicero[513].

Es fällt auf, dass Hugo von St. Viktor im Zusammenhang mit der Herkunft der Wissenschaften aus Ägypten ständig von Isis, nicht aber von Neith spricht. Das geht vermutlich auf Augustinus zurück[514]. Fast hat man den Eindruck, dass Hugo von St. Viktor die Atlantisgeschichte am Anfang des Timaios gar nicht kannte. Die griechisch-römische Geschichte ist ihm durchaus bekannt, auch wenn er sie nach biblischen Gesichtspunkten ordnet. Die Geschichte der einzelnen Länder wird von ihm explizit postdiluvial genannt.

Hugo von St. Viktor vertritt offenbar eine streng biblische Sicht, und ignoriert die Atlantisgeschichte bewusst. Damit ist er – vermutlich – als Atlantisskeptiker einzuordnen.

Otto von Freising (ca. 1112-1158)

Bischof Otto von Freising war Zisterzienser, nahm am zweiten Kreuzzug teil, vermittelte als Angehöriger des Geschlechtes der Babenberger erfolgreich im Investiturstreit, und führte als einer der ersten die damals neu bekannt gewordenen Werke des Aristoteles in Deutschland ein.

Zwischen 1143 und 1146 veröffentlichte er sein bedeutendstes Werk, die *Chronica sive Historia de duabus civitatibus*, oft kurz die „Weltchronik" des Otto von Freising genannt. In insgesamt acht Büchern geht er darin die Geschichte der Menschen von der Erschaffung des Adam bis zum zukünftigen Jüngsten Tag durch. Otto von Freising stützte sich dabei – wie so viele – maßgeblich auf das Werk *Historiae adversum paganos* des Paulus Orosius.

Unabhängig von Paulus Orosius beruft sich Otto von Freising als Beleg für wiederkehrende Katastrophen von Wasser und Feuer explizit auf Platons Timaios, und über-

---

[510] Hugo von St. Viktor, Excerptionum Allegoricarum; u.a.
[511] Hugo von St. Viktor, Didascalicon de studio legendi III 2
[512] Hugo von St. Viktor, Didascalicon de studio legendi I 10
[513] Hugo von St. Viktor, Adnotationes elucidatoriae in Pentateuchon
[514] Vgl. Augustinus De civitate dei XVIII 3

nimmt auch die Entmythologisierung der Geschichte von Phaethon direkt in sein Werk. Aber ganz wie Paulus Orosius schweigt Otto von Freising zu Platons Atlantis. Auch zu Solon in Ägypten schweigt Otto von Freising. Damit können wir vermuten, dass Otto von Freising eher nicht an die Realität von Platons Atlantis glaubte.[515]

Theodoricus Monachus (1176/80)

Der Benediktiner Theodoricus Monachus verfasste zwischen 1176 und 1180 das Werk *Historia de antiquitate regum Norwagiensium*, das die erste schriftliche Darstellung der Geschichte Norwegens war und den Zeitraum vom 9. Jahrhundert bis zum Jahr 1130 beschrieb. Die Identität von Theodoricus ist unklar, jedoch studierte er in der Abtei St. Viktor bei Paris und war später Bischof oder Erzbischof in Norwegen.

Theodoricus erwähnte, dass sich – angeblich laut Platon – Perioden von Feuer und Fluten einander im Abstand von 15000 Jahren abwechseln und erklärte so die Unwissenheit der Norweger über ihre eigene Geschichte. Außerdem gestaltete Theodoricus die isländischen Quellen in auffälliger Analogie zur Rolle Ägyptens in Platons Timaios, das älteres Wissen über andere Kulturen bewahrt haben soll. Vermutlich hatte Theodoricus keinen direkten Zugang zur Calcidius-Übersetzung des Timaios. Es ist unklar, ob Theodoricus die Zahl von 15000 Jahren direkt von Macrobius hatte, oder durch die *Glosae super Platonem* des William von Conches kannte.[516]

Damit liegt eine Bezugnahme zu Platons Atlantisgeschichte vor. Man kann vermuten, dass Theodoricus Monachus die Atlantisgeschichte ernst nahm, da er sie für Erklärungen heranzog. Sicher ist dies jedoch nicht.

Vincentius Kadłubek (ca. 1218)

Der Zisterzienser Vincentius Kadłubek (ca. 1150-1223), auch Wincenty Kadłubek, studierte in Paris und Bologna und war 1208-1218 Bischof von Krakau. Er war vielseitig beschlagen und ein Vielschreiber. In seinem um das Jahr 1218 veröffentlichten Geschichtswerk *Chronica seu originale regum et principum Poloniae* entwickelte er den theologischen Standpunkt *Vox populi vox dei* weiter und vertrat die Auffassung, dass ein König an die Beschlüsse eines Rates gebunden ist, der aus Geistlichen und Vertretern des Volkes besteht. Dieses Geschichtswerk hat maßgeblich zur Herausbildung der nationalen Identität Polens beigetragen und republikanisches Denken in der politischen Tradition Polens verankert.

Die Forschung weiß schon länger, dass dieses Werk zahlreiche Anleihen bei der Timaios-Übersetzung des Calcidius macht. Neben nicht gekennzeichneten Zitaten gehört dazu auch die Dialogform des Werkes. Die Geschichte, wie die Polen die däni-

---

[515] Otto von Freising Chronica sive Historia de duabus civitatibus I 18, VIII 7
[516] Rutkowski (2015) S. 122 f., 133-137

schen Inseln erobern und König Knut gefangen nehmen, ist sichtlich nach dem Krieg von Athen gegen Atlantis gestaltet. Die Dialogpartner werden dabei analog zur Situation von Solon und dem ägyptischen Priester als unwissende Kinder vorgestellt, die von einem „Älteren" über ihre eigene Vergangenheit belehrt werden. Dieser bezieht sein Wissen allerdings nicht aus Aufzeichnungen. Vielmehr wird die These aufgestellt, dass große Taten niemals völlig in Vergessenheit geraten können. Es ist unklar, ob Kadłubek die *Glosae super Platonem* des William von Conches kannte.[517]

Leider wird nicht deutlich, ob Vincentius Kadłubek die Atlantisgeschichte ernst nahm. Vielleicht war sie für ihn lediglich eine literarische Vorlage?

Die Schule von Chartres

Die Bezeichnung *Schule von Chartres* knüpft an die 1020 gegründete Kathedralschule von Chartres an, wo im 12. Jahrhundert wichtige Denker dieser Schule lehrten. Doch darf man sich die Schule von Chartres nicht als eine geschlossene Gruppe von Denkern aus der Kathedralschule von Chartres vorstellen. Weder lehrten alle, die man dieser Schule zurechnet, in Chartres, noch hatten sie ein gemeinsames philosophisch-theologisches Programm. Es handelt sich bei dem Begriff *Schule von Chartres* eher um eine lockere Sammelbezeichnung.

Allen gemeinsam war vor allem ein Platonismus, der sich auf den Dialog Timaios bezieht. Außerdem vermuteten die Chartrianer hinter den Worten Platons einen „verdeckten" Sinn, den sie mit dem lateinischen Wort *integumentum* bezeichneten. Das erinnert an die Interpretation des Neuplatonismus, der in Platons Dialogen einen „höheren" symbolischen Sinn erkennen wollte. Der Einfluss der Schule von Chartres auf die Wahrnehmung Platons war so groß, dass der Timaios-Kommentar des Calcidius durch die neuen Timaios-Kommentierungen verdrängt wurde, und oft nicht mehr gemeinsam mit der Timaios-Übersetzung des Calcidius verbreitet wurde.

Die Generationenfolge der Schule von Chartres im Überblick:

- Bernhard von Chartres (bis ca. 1124).
  - Wilhelm von Conches (ca. 1090-1154).
  - Gilbert von Poitiers (ca. 1080-1155).
  - Thierry von Chartres (ca. 1085-1155).
  - Bernardus Silvestris (ca. 1085-1160/78).
    - Clarembaldus von Arras (ca. 1110-1187).
    - Johannes von Salisbury (ca. 1115-1180).
    - Alain de Lille (ca. 1120-1202).

---

[517] Rutkowski (2015) S. 111 f., 119 f.

Bernhard von Chartres (bis ca. 1124)

Bernhard von Chartres war der erste große und gründende Geist der sogenannten *Schule von Chartres*. Von ihm stammt der berühmte Satz, dass wir – die Forscher von heute – Zwerge sind, die auf den Schultern von Riesen stehen: Weil wir nämlich auf den Ergebnissen aufbauen können, die Generationen von Forschern vor uns erarbeiteten. Bernhard von Chartres orientierte sein Denken ganz an Platons Denken. Nach der Aussage von Johannes von Salisbury war er der perfekteste Platoniker von allen Angehörigen der Schule von Chartres[518]:

> *perfectissimus inter Platonicos saeculi nostri*

Im Jahr 1984 konnte Paul Dutton einen bis dahin anonymen Kommentar zu Platons Timaios Bernhard von Chartres als Autor zuordnen. Wie alle mittelalterlichen Platoniker stützte sich Bernhard von Chartres auf Übersetzung und Kommentar des Timaios von Calcidius. Als Christ wich er von Platons Text teilweise ab[519], schrieb z.B. *diluvio* statt wie Calcidius *illuvio*, und wandte sich gegen die Frauengemeinschaft in Platons Idealstaat: Sie sei von Platon nicht fleischlich gemeint.

In seinem Kommentar zu Platons Timaios, der in Glossen dem Dialogtext beigestellt ist, äußert sich Bernhard von Chartres indirekt auch zum Wahrheitsgehalt der Atlantisgeschichte. Im Hintergrund steht dabei der Gegensatz von natürlicher und positiver Gerechtigkeit, wie er schon im Kommentar des Calcidius aufgezeigt wird: Die natürliche Gerechtigkeit leitet sich aus der Weltwirklichkeit ab, die die Rede des Timaios widerspiegelt, die positive Gerechtigkeit des Staates wird durch die Ausführungen Platons in der Politeia bzw. durch die Rede des Sokrates am Vortag des Dialoges Timaios repräsentiert.

In der Einleitung *Accessus ad Timaeum* sagt Bernhard von Chartres zunächst, dass Platon seinen Idealstaat so ideal ausgestattet habe, dass man in der Welt keinen finden könne, der die Gerechtigkeit so voll erfüllt. Dann beschreibt er, wie Platon versichert (*firmavit*), dass in Ur-Athen die positive Gerechtigkeit voll erfüllt gewesen sei. Das ist kein Widerspruch, denn die eine Aussage bezieht Bernhard von Chartres auf seine Gegenwart und die Gegenwart Platons, die andere auf den Beginn der Welt: Denn ebenfalls im *Accessus* schreibt Bernhard von Chartres, dass Platon angeblich gezeigt hätte, dass die natürliche Gerechtigkeit bei den Menschen in der ersten Zeit am meisten blühte: Ganz offensichtlich bezieht Bernhard von Chartres die Geschichte von Ur-Athen und Atlantis auf das christliche Paradies.

An dieser Stelle sei darauf hingewiesen, dass es unzulässig ist, die Aussage, dass man einen solchen Idealstaat in der Welt nicht finden könne, auf eine ähnliche Aus-

---

[518] Dutton (1991) S. 96
[519] Dutton (1991) S. 95

sage in der Politeia zu beziehen[520]. Die Politeia war Bernhard von Chartres inhaltlich unbekannt. Vielmehr kommentiert Bernhard von Chartres hier entlang des Kommentars von Calcidius, und fügt an die dort beschriebene bestmögliche Ausstattung des Idealstaates den eigenen Kommentar an, dass man einen solchen Idealstaat in der Gegenwart nicht finden könne. Nur in der Frühzeit der Menschheit hätte es so etwas gegeben, meint Bernhard von Chartres: Das ist seine Interpretation von Platons Datierung von Ur-Athen und Atlantis. Eine Kritik an den hohen Jahreszahlen in Platons Timaios erfolgt nicht.

Dort, wo der Dialog jene berühmte Wendung vollzieht, dass statt einer erfundenen Erzählung eine wahre Geschichte präsentiert wird, stehen bei Bernhard von Chartres nur unbedeutende, lapidare Kommentare, z.B. zu Timaios 20e: *„Huius urbis, scilicet Athenae."* Eine Interpretation oder eine Kommentierung des bemerkenswerten Vorganges dieser Wende von einer Erfindung hin zu einer realen Vorlage findet nicht statt. Das Urteil des Sokrates, dass eine wahre Geschichte besser sei als eine erfundene, wird bei Bernhard von Chartres sogar in einem „etc." bei Timaios 26e versteckt: *„Hoc approbo et aestimo magnificum etc."*

Warum hat Bernhard von Chartres diese bemerkenswerte Wende nicht kommentiert? Ein wesentlicher Schlüssel zur richtigen Erkenntnis ist hier der Umstand, dass der Kommentar in Form von Glossen dem eigentlichen Text des Dialoges beigestellt war. Man liest diesen Kommentar nicht losgelöst vom Dialog, sondern gewissermaßen im Dialog mit dem Dialogtext. Der mittelalterliche Leser las zuerst Platons Timaios, und dann erst las er zusätzlich auch noch, was der Kommentator zur jeweiligen Stelle zu sagen hatte – wenn er überhaupt etwas zu sagen hatte.

Deshalb können wir davon ausgehen, dass Bernhard von Chartres die Stellen, die die Wahrheit der Atlantisgeschichte behaupteten, so billigte, wie sie sich selbst darstellten, da er auf einen Kommentar verzichtete. Für Bernhard von Chartres war klar: Platon meinte das ernst. Die Wendung im Dialog musste Bernhard von Chartres nicht kommentieren, da der Dialog hier für sich selbst spricht, und er selbst auch keine Kritik daran hatte. Auch die Aussagen im *Accessus*, die den Idealstaat offenbar mit dem Zustand des Paradieses in Verbindung bringen, zeigen, dass Bernhard von Chartres an Ur-Athen und Atlantis als reale Orte glaubte. Über Atlantis äußert sich Bernhard von Chartres zwar nicht direkt, aber solange er nicht gegen die Existenz von Atlantis argumentiert, ist das in der allgemeinen Akzeptanz der Atlantisgeschichte mit eingeschlossen.

Weitere starke Indizien dafür, dass Bernhard von Chartres die Atlantisgeschichte für wahr hielt, ist seine ausführliche Diskussion von Details, z.B. wie die unterschiedlichen Jahreszahlen von 8000 und die 9000 Jahren zusammenpassen, oder was es mit den Säulen des Herakles auf sich hat. Bernhard von Chartres stört sich nicht an den hohen Jahreszahlen.

---

[520]Politeia IX 592ab

Die Frauengemeinschaft in Platons Idealstaat versuchte er so zu interpretieren, dass sie aus christlicher Sicht akzeptabel wurde. Die Atlantisgeschichte stand natürlich nicht im Mittelpunkt des Interesses von Bernhard von Chartres, aber wir können guten Gewissens sagen, dass er an Ur-Athen und Atlantis als historische Orte glaubte.

Dem stehen auch folgende Aussagen nicht entgegen: Über die Dialogsituation sagt Bernhard von Chartres zutreffend:

Quos non habet veritas sic disputasse
„Dass diese so disputierten, hat keine Wahrheit"

Zunächst könnte man meinen, dass sich diese Aussage auf den ganzen Dialog als einer reinen Erfindung und Dichtung bezieht, doch gleich der nächste Satz macht deutlich, dass ausschließlich die Dialogsituation gemeint ist: Hier werden drei mögliche Formen der Darstellung genannt, und der Dialog wird als aktive Form der Darstellung bezeichnet. Bernhard von Chartres hat also richtig erkannt, dass die Dialogform eine Frage der Darstellung und nicht der Inhalte ist, und dass eine Erfindung der Dialogsituation nicht bedeutet, dass der Dialoginhalt ebenfalls erfunden ist.

Die Überlieferung aus Ägypten wird *fama* genannt. Dieses Wort kommt schon bei Calcidius als Übersetzung von *akoe* vor und bedeutet in diesem Kontext kein vages „Gerücht", sondern die „Kunde" in einem eher neutralen Sinn[521].

Schließlich macht Bernhard von Chartres eine für einen Christen sehr seltsame Aussage. Im Zusammenhang mit den langen Zeiträumen von tausenden von Jahren sagt er:

Nec obest tamdiu vixisse Minvervam,
quae immortalis est, ut dea sapientiae
„Und es steht dem nicht entgegen, dass Athene so lange lebte,
denn sie ist ja als Göttin der Weisheit unsterblich."

Hier spricht Bernhard von Chartres von der Göttin Athene in der gleichen Weise wie Platon: Dass Athene hier nur als eine Allegorie auf die Weisheit verstanden werden soll, wird nicht gesagt[522].

Wilhelm von Conches (ca. 1090-1154)

Wilhelm von Conches war ein Schüler des Bernhard von Chartres und der zweite große Vertreter der Schule von Chartres. Er war selbst an der Domschule von Chartres tätig, und seinerseits Lehrer des Johannes von Salisbury. Wilhelm pflegte seine Meinung über traditionelle Ansichten zu stellen, denn für ihn galt die Wahrscheinlichkeit einer Meinung höher als eine Autorität. Er hielt Platon für den gelehrtesten der Philo-

---

[521]Timaios 23a
[522]Vgl. Dutton (1991) S. 153 Zeile 208 f.

sophen, der stark mit dem christlichen Glauben übereinstimmte, und sprach von *nos Platonem diligentes* – „wir, die wir Platon lieben".[523]

In seinen *Glosae super Platonem*, die er um 1120/5 verfasste, akzeptiert Wilhelm von Conches einerseits die Existenz einer historischen Vorlage aus Ägypten und eines Ur-Athen, doch andererseits hält er den historischen Gehalt der Vorlage für gering und das Maß des Hinzuerfundenen offenbar für sehr groß; an eine Insel Atlantis glaubt er offenbar überhaupt nicht.

Zunächst erkennt Wilhelm von Conches korrekt die Konstruktion von Platons *eikos mythos* von Ur-Athen und Atlantis: Es ist zwar eine Dichtung, aber eine Dichtung, die sich an einem historischen Ur-Athen orientiert: *secundum veterem Atheniensium confinxit*[524]. Die von Kritias behauptete historische Überlieferung aus Ägypten wird also auch von Wilhelm von Conches grundsätzlich anerkannt, was sich auch daran zeigt, dass er die Aussagen Platons zu Sais und Ur-Athen sehr ernst diskutiert. Allerdings macht Wilhelm von Conches nicht deutlich, dass Ur-Athen dem Ideal schon sehr gut entsprochen habe, so dass bei Wilhelm von Conches der Schwerpunkt auf der Erfindung und nicht auf der historischen Überlieferung liegt.

Bei Atlantis gibt Wilhelm von Conches gleich zu Anfang zu verstehen, dass er auch hier die erfinderische Tätigkeit Platons am Werk sah, indem er formuliert:

Vultque Plato in illo mari quasdam fuisse insulas
„Und Platon wollte, dass es in jenem Meer gewisse Inseln gab"[525]

Wilhelm von Conches weist darauf hin, dass die Säulen des Herakles errichtet wurden, um anzuzeigen, dass jenseits davon kein Land existiere. Die Aussagen Platons zu Atlantis werden so gedeutet, als habe Platon kritischen Fragen zuvorkommen wollen: Auf die Frage, wie es kommt, dass von dort (gemeint ist wohl das jenseitige Festland) niemand mehr komme, habe er auf die Unfahrbarkeit des Meeres verwiesen. Auf die Frage, wie von einer Insel ein so großes Volk kommen könne, habe er auf die Größe der Insel verwiesen (*Quae quidem, etc.*). Die Größe des Volkes von Atlantis wird damit erklärt, dass Platon das Lob von Ur-Athen vergrößerte, indem er ihm einen großen Gegner gegenüberstellt. Schließlich weist Wilhelm von Conches darauf hin, wieviel Text Platon für die Vorbereitung der Beschreibung des Atlanterkrieges und den anschließenden Sieg von Ur-Athen verwendet hat, und wie wenig für die Beschreibung des Krieges selbst: Davon würden Dichter lernen.

Es wird zwar nicht explizit formuliert, aber es wird doch sehr deutlich, dass Wilhelm von Conches nicht an Atlantis und den Atlanterkrieg glaubt, und sie deshalb für hundertprozentige Erfindungen Platons hält. Dass Wilhelm von Conches dann noch einmal den Schlamm kommentiert, der von der untergehenden Insel Atlantis angeblich zurückgelassen wurde, bedeutet nicht, dass er an diese Insel glaubte: Er

---

[523] Wilhelm von Conches Glosae Super Platonem Introduction S. LII-LV
[524] Wilhelm von Conches Glosae Super Platonem III und vor allem XXI
[525] Wilhelm von Conches Glosae Super Platonem XXX

erklärt hier nur noch ein weiteres Mal, wie eine Passage im Sinne von Platons Fiktion zu verstehen ist.

Die Annahme einer Erfindung von Atlantis wirft einige Fragen auf, die Wilhelm von Conches unbeantwortet lässt. Dass Platon sein Publikum praktisch belügt wird von Wilhelm von Conches nicht thematisiert. Wilhelm von Conches sieht die Atlantisgeschichte auch nicht als *mythos* an, und wendet deshalb seine Interpretationstechnik des *integumentum* – eine Art Entmythologisierung – nicht auf sie an. Die Interpretationstechnik des *integumentum* wendet Wilhelm von Conches nur auf den Phaethon-Mythos an[526].

Wilhelm von Conches hat die entscheidende Wende im Dialog Timaios nicht erkannt, dass statt einer rein erfundenen Geschichte ein *eikos mythos* aufbauend auf einer historischen Überlieferung vorgetragen werden soll. Für Wilhelm von Conches ist nämlich die Erfindung der Atlantisgeschichte nach einer historischen Vorlage aus Ägypten praktisch immer noch eine ebenso große Erfindung wie eine reine Erfindung. Das wird auch dadurch deutlich, dass Wilhelm von Conches irrtümlich Sokrates als den Erfinder des idealen Ur-Athen nennt, und das ideale Ur-Athen somit auf dieselbe Stufe wie den ohne jede historische Vorlage von Sokrates erdachten Idealstaat der Politeia stellt[527].

Wilhelm von Conches scheint u.a. durch eine leicht zu missdeutende, ergänzende Übersetzung Platons durch Calcidius fehlgeleitet worden zu sein. In Timaios 26e übersetzt Calcidius, indem er einen eigenen Kommentar anhängt:

> ... magnificum vero
> illud non fictam commenticiamque fabulam, sed veram historiam
> *vitae possibilis fato quodam*
> a me vestris animis intimatam.

Eine möglichst wörtliche Übersetzung lautet:

> ... vielmehr ist jenes großartig,
> dass sie keine erfundene und erdachte Fabelei sondern eine wahre Geschichte
> *des durch ein gewisses Schicksal möglichen Lebens (ist);*
> (jene Fabelei,) die euch von mir mitgeteilt wurde.

Calcidius spricht hier von der „Fabelei" des Vortages, also dem Inhalt nach etwa von der Politeia, die ein staatliches Leben beschreibt, das durch ein gewisses Schicksal möglich wird. Es sieht so aus, als ob dieses von Calcidius ergänzte *vitae possibilis* von Wilhelm von Conches als von *fato quodam* isoliert betrachtet und damit gram-

---

[526] Wilhelm von Conches Glosae Super Platonem XXVI
[527] Wilhelm von Conches Glosae Super Platonem XXI

matikalisch falsch bezogen wurde[528]. Dies könnte eine Ursache für die Fehldeutung sein, dass die vorgetragene Atlantisgeschichte, vor allem aber Atlantis selbst, zwar als grundsätzlich möglich, aber nicht als real aufgefasst werden. Sicher ist dies jedoch nicht.

Wilhelm von Conches versäumt es zudem, ein Kriterium dafür anzugeben, warum er die Überlieferung über Ur-Athen grundsätzlich ernst nimmt, die Überlieferung über Atlantis jedoch nicht. Denn laut Platon stammt beides aus derselben ägyptischen Quelle.

Ein Grund, warum Wilhelm von Conches gegen die Existenz von Atlantis eingestellt ist, wird nicht genannt. Ein klarer Fingerzeig wird aber durch die von Wilhelm von Conches vorgestellte Karte gegeben: Es ist eine T-O-Karte im Sinne des Isidor von Sevilla[529]. Offenbar ist Wilhelm von Conches daran gescheitert, die Sichtweisen von Isidor von Sevilla mit der platonischen Tradition zu vereinen. Eine Insel im Atlantik würde das kreisrunde Weltbild des Isidor von Sevilla stören, um das sich wie in ältesten Mythen der Okeanos legt – schon Herodot wusste es besser[530].

Diese geographische Ablehnung Platons ist umso erstaunlicher, als Wilhelm von Conches selbst die Frauengemeinschaft in Platons Idealstaat christlich entschärft, um Platon auch hierin folgen zu können[531]. Auch bezüglich der Chronologie wandelt Wilhelm von Conches auf platonischen Pfaden: Hier folgt er dem Macrobius statt Isidor von Sevilla, dass die *physici* von einem Weltenjahr von 15000 Jahren ausgehen[532], weshalb sich Wilhelm von Conches nicht an den hohen Jahreszahlen in Platons Atlantisgeschichte stört. Auch die Flutkatastrophe von Ur-Athen wird von Wilhelm von Conches ernst genommen. Dabei unterscheidet Wilhelm von Conches streng zwischen lokalen Fluten wie der von Ur-Athen, und der biblischen Sintflut, die weltweit stattgefunden haben soll.[533]

Wilhelm von Conches ist damit eindeutig weniger platonisch als Bernhard von Chartres. In seinen späteren Werken *De philosophia mundi* und dem darauf aufbauenden *Dragmaticon*, die er um 1130 und 1148 schrieb, kommt Wilhelm von Conches nicht mehr auf Atlantis zu sprechen. Er führt dort allerdings die Geographie des Macrobius ein, die auch andere, unbekannte Erdteile kennt, und die es ihm ermöglicht hätte, noch einmal über Atlantis nachzudenken[534]. Doch es geschieht nicht.

---

[528] Wilhelm von Conches Glosae Super Platonem XXXI
[529] Wilhelm von Conches Glosae Super Platonem XXV; vgl. Ronca/Curr (1997) S. 124-128
[530] Herodot IV 36
[531] Wilhelm von Conches Glosae Super Platonem XVIII
[532] Macrobius In Somnium Scipionis II XI 11
[533] Wilhelm von Conches Glosae Super Platonem XXVII
[534] Wilhelm von Conches Philosophia mundi II 27, IV 1-4; Ronca/Curr (1997) S. 124-128

2.3 Lateinischer Westen – Hochmittelalter

Gilbert von Poitiers (ca. 1080-1155)

Auch bekannt als Gilbert Porreta, Gilbertus Porretanus oder Gilbert de la Porrée. Gilbert war Schüler von Bernhard von Chartres und Kanzler der Kathedralschule von Chartres. Allerdings war sein Denken nicht auf Platons Timaios ausgerichtet, insofern war er kein typischer Vertreter der Schule von Chartres.

Thierry von Chartres (ca. 1085-1155)

Auch bekannt als Theodericus Carnotensis, im Englischen als Theodoric of Chartres. Thierry war Nachfolger von Gilbert als Kanzler der Kathedralschule von Chartres und einer der ersten westlichen Gelehrten, die sich für die Verwendung arabischer Literatur eingesetzt haben.

Sein Hauptwerk *Heptateuchon* ist eine Zusammenstellung von Grundlagentexten zu den sogenannten sieben freien Künsten, das sich am Werk des Martianus Capella orientiert. Da wir wissen, dass Martianus Capella die Atlantisgeschichte zweimal positiv erwähnt, wäre es interessant zu wissen, was Thierry von Chartres dazu geschrieben hat. Doch leider ist das *Heptateuchon* bis heute nicht ediert worden, so dass wir keinen Einblick nehmen konnten.

Bernardus Silvestris (ca. 1085-1160/78)

Der Philosoph und Dichter Bernardus Silvestris lernte und lehrte an der Kathedralschule von Chartres. Er verfasste eine *Cosmographia*, ein episches Gedicht über die Erschaffung und das Wesen der Welt, das sich stark an Platons Timaios anlehnte. Da sich Bernardus dabei auch an Macrobius und Martianus Capella orientierte, wäre eine Erwähnung von Atlantis wahrscheinlich gewesen, doch es gibt keine.

Ursache hierfür ist vermutlich, dass es sich nicht um ein wissenschaftlich genaues Werk handelt, sondern um eine schwärmerische Poesie, die die Schöpfung wie sie sich in der Gegenwart von Bernardus darstellte, verherrlicht. So sind z.B. auch keine Zahlenangaben enthalten. Immerhin wird der Phaethon-Mythos aus dem Timaios an mehreren Stellen ernst genommen und auch Überflutungen und Verbrennungen sowie das Schicksal von Soldaten, Königen und Philosophen ganz allgemein erwähnt, was alles schon sehr dicht an die Atlantisgeschichte rührt. Dennoch können wir keine hinreichend erkennbare Erwähnung von Atlantis feststellen.

Wir sehen bei Bernardus Silvestris, dass Platons Atlantis auch dann keine Erwähnung finden muss, wenn sich die mittelalterlichen Autoren auf jene spätantiken Werke stützten, die Platons Atlantis für real halten.

Clarembaldus von Arras (ca. 1110-1187)

Der Schüler von Thierry von Chartres und von Hugo von St. Viktor, Clarembaldus von Arras, befasste sich u.a. mit der Grundlegung der Mathematik. Es ist keine Erwähnung von Platons Atlantis bekannt.

Johannes von Salisbury (ca. 1115-1180)

Einerseits war Johannes von Salisbury Schüler von Wilhelm von Conches, Gilbert von Poitiers und Peter Abaelard, andererseits war er Mitschüler von Thierry von Chartres. Zeitweise war er Sekretär von Thomas Becket, dessen Ermordung er als Augenzeuge miterlebte. Später wurde er zum Bischof von Chartres. Johannes von Salisbury war einer der berühmtesten Theologen seiner Zeit.

In seinen Werken *Entheticus* und *Metalogicon* behandelt Johannes von Salisbury den Wert der antiken Bildung. Erwähnungen von Platons Atlantisgeschichte sind nicht feststellbar.

Außerdem verfasste Johannes von Salisbury noch ein Werk namens *Policraticus* über politische Philosophie. Eine darin enthaltene Erwähnung der Ägyptenreise des Platon könnte man als Hinweis darauf ansehen, dass Platon Wissen aus Ägypten mitbrachte[535]. Doch das ist kein hinreichender Beleg für eine Meinung über Atlantis.

Johannes von Salisbury war eher gegen den Platonismus eingestellt und spottete über das Bemühen von Bernhard von Chartres, Platon und Aristoteles in Einklang zu bringen. Insofern ist Johannes von Salisbury kein „echter" Vertreter der Schule von Chartres.

Alain de Lille (ca. 1120-1202)

Alain de Lille, auch als Alanus ab insulis oder de Insulis bekannt, war Schüler des Gilbert von Poitiers und gehörte damit dem Zweig der „Porretaner" der Schule von Chartres an. Er war von enzyklopädischer Gelehrsamkeit, was ihm den Beinamen *Doctor universalis* einbrachte.

Sein Hauptwerk *Anticlaudianus* ist ein Überblick über das gesamte Wissen der damaligen Zeit in allegorischer Darstellung. Ähnlich wie die *Cosmographia* des Bernardus von Silvestris handelt es sich weniger um ein wissenschaftliches Werk, sondern um ein Werk, das mit Wissen spielt und in dichterischen Figuren brilliert, statt Wissen tatsächlich zu vermitteln. Es liegt keine Erwähnung von Platons Atlantisgeschichte vor.

---

[535] Johannes von Salisbury Policraticus VII 5

Bartholomaeus Anglicus 1235

Der franziskanische Gelehrte Bartholomaeus Anglicus (ca. 1190-1250) schrieb in Magdeburg um 1235 sein Werk *De proprietatibus rerum*. Darin war das ganze Weltwissen thematisch nach Kapiteln geordnet, innerhalb jeden Kapitels waren die behandelten Stichworte alphabetisch sortiert. Bartholomaeus Anglicus orientierte sich stark an Isidor von Sevilla, den er ständig zitiert. Dass Isidor von Sevilla eine der Hauptquellen von Bartholomaeus Anglicus war, dürfte der Grund dafür sein, dass Platons Atlantis in diesem Werk mit keinem Wort erwähnt wird.

Thomas von Cantimpré (1241)

Der Dominikanermönch Thomas von Cantimpré (1201-1270/2), lat. Thomas Canti(m)pratensis, veröffentlichte im Jahr 1241 erstmals sein Werk *Liber de natura rerum*. Darin besprach er alle Erscheinungen der natürlichen, physikalischen Welt, darunter auch Geographie, Geologie und Astronomie. Er stützte sich dabei u.a. auf Autoren wie Aristoteles, Plinius, Solinus, Ambrosius, Isidor von Sevilla oder Honorius Augustodunensis. Platon und Platons Timaios werden erwähnt, und dass Platon den Ägyptern in der Astronomie folgen würde. Ein Hinweis auf Atlantis fehlt jedoch. Später sollen sich Vinzenz von Beauvais u.a. auf dieses Werk gestützt haben.[536]

Vinzenz von Beauvais 1244/1260

Der Dominikanermönch Vinzenz von Beauvais (ca. 1190-1264) war Bibliothekar und Vertrauter des französischen Königs Ludwig IX. der Heilige, für dessen Söhne er auch als Erzieher tätig war.

Im Jahr 1244 vollendete er mit dem *Speculum naturale* den ersten Teil seines dreibändigen Hauptwerkes *Speculum maius*. Es handelt sich um eine Art mittelalterliche Enzyklopädie, in der Vinzenz von Beauvais alles verfügbare Wissen nach Themen geordnet sammelte. Die große Zahl an antiken und mittelalterlichen Autoren, auf die er sich dabei häufig im direkten Zitat stützte, ist beachtlich. Wichtige Quellen waren Aristoteles, Isidor von Sevilla, aber auch Plinius der Ältere oder Wilhelm von Conches. Bemerkenswert ist auch die Rezeption von arabischen Autoren. Im Jahr 1259/60 erarbeitete Vinzenz von Beauvais eine erweiterte, letzte Fassung seines *Speculum naturale*.

Im Speculum naturale erwähnte Vinzenz von Beauvais unter der Überschrift *De insulis ac terris mari absorptis* auch Platons Atlantis als einen realen Ort, wie wir es bei Plinius dem Älteren finden. Das Zitat ist leicht paraphrasiert:

---

[536]Cantimpratensis (1241)

Vinzenz von Beauvais:
In totum vero terras abstulit primum omnium ubi Atlanticum est mare,
*si Platoni credimus **in medio** spacio,*
*mox **in termino quo** videmus hodie mersam Acarnaniam sinu Ambrachio ...*

Plinius d.Ä.:
In totum vero abstulit terras primum omnium ubi Atlanticum mare est,
*si Platoni credimus, **inmenso** spatio,*
*mox **interno quoque quae** videmus hodie mersam Acarnaniam Ambracio sinu ...*

Vinzenz von Beauvais – Deutsch:
Im Ganzen aber nahm (das Meer) Länder weg vor allem wo das Atlantische Meer ist,
wenn wir Platon glauben mitten im Raum (des Meeres),
dann (aber auch) am Rand (des Meeres), wo wir heute das versunkene Acarnania im
Ambrakischen Golf sehen ...

Fettgedruckt sind hier die besonders auffälligen Abweichungen. Sie führen aber zu keinem Bedeutungsunterschied für die Frage, ob Vinzenz von Beauvais Atlantis für real hielt oder nicht. Wie bei Plinius bezieht sich auch bei Vinzenz von Beauvais das *si Platoni credimus* nicht auf Atlantis selbst, sondern auf dessen Größe (bei Plinius) bzw. Lage (bei Vinzenz von Beauvais). Damit gehört Vinzenz von Beauvais zu jenen Autoren, die Atlantis grundsätzlich für real hielten, auch wenn sich die Zustimmung von Vinzenz von Beauvais in engen Grenzen hält.

Ist es überhaupt zulässig, die nach Plinius d.Ä. zitierte Meinung Vinzenz von Beauvais selbst zuzuschreiben? Zweifelsohne! Denn Vinzenz von Beauvais hat diese Zitate selbst für sein Werk ausgewählt, und seine Auswahl war seine Entscheidung darüber, was er für wahr oder nicht wahr hielt. Vinzenz von Beauvais hätte durchaus auch Material zur Verfügung gehabt, in dem Zweifel an der Existenz von Atlantis formuliert werden. Doch dieses Material zitiert er nicht. So zitiert er z.B. an anderer Stelle Wilhelm von Conches, der Atlantis explizit ablehnte.

Ein weiteres starkes Indiz dafür, dass Vinzenz von Beauvais Platons Atlantisgeschichte grundsätzlich für wahr hielt, ist die zweimalige Erwähnung der Geschichte von Phaethon als einer wahren Geschichte, noch dazu in engem Zusammenhang mit der Frühgeschichte Athens und einer Fluterzählung.[537]

Walther von Metz (um 1246)

Der Priester und Dichter Walther von Metz, auch Gaut(h)ier oder Goss(o)uin de Metz, verfasste um das Jahr 1246 sein Werk *Imago mundi*, das wie alle Werke dieses Namens ein Gesamtbild der Welt und allen Wissens zeichnen wollte. Es handelt sich

---

[537]Plinius d.Ä. Naturalis Historia II 90, andere Zählungen: 92 oder 205; Vinzenz von Beauvais Speculum naturale Liber VI Cap. XXXV Sp. 391; Übersetzung Thorwald C. Franke; Speculum naturale Liber XXXII Cap. XXXII Sp. 2422 f.; Speculum historiale Liber II Cap. LIV S. 64

um eine enzyklopädische Großdichtung in drei Teilen mit insgesamt 6594 Versen über Theologie, Kosmologie, Geographie und viele weitere Themen.

Inspiriert wurde Walther von Metz u.a. auch durch das Werk *Imago mundi* des Honorius Augustodunensis. Genau wie er erwähnt er Platons Atlantis als realen Ort in seinem Abschnitt über Inseln[538]. Das Werk fand eine weite Verbreitung und wurde in viele Sprachen übersetzt. Man kann es als Ausdruck der „öffentlichen Meinung" der damaligen Zeit ansehen.

Ein weiteres Werk namens *Imago Mundi*, dessen Verfasser sich selbst Omons nennt, wird häufig Walther von Metz zugeschrieben. Auch hier soll Atlantis erwähnt werden[539].

Francisque Michel (1809-1887) wies darauf hin, dass Walther von Metz das Meer, in dem Atlantis liegt, *Mer betée* nennt. Die Bedeutung des Begriffs ist umstritten und wird in verschiedenen Ritterromanen zur Bezeichnung fernliegender Meere verwendet. Paul Gaffarel hatte diese Bemerkung aufgegriffen, wusste aber auch nichts weiter dazu zu sagen.[540] Letztlich folgt Walther von Metz Honorius Augustodunensis, der von *concretum mare* spricht.

Epoche der Kreuzzüge (ca. 1100-1300)

Die Epoche der Kreuzzüge fällt mit der Hochphase des mittelalterlichen Platonismus zusammen. Für gewöhnlich hat die in einer Zeit vorherrschende Philosophie auch mit den Geschehnissen in dieser Zeit zu tun. Könnte es also sein, dass es eine Verbindung zwischen dem mittelalterlichen Platonismus und den Kreuzzügen gibt?

Auf den ersten Blick sieht es nicht danach aus, denn Platon entwickelte seine Konzepte von Krieg und Frieden in den Dialogen Politeia und Nomoi, die beide nicht im lateinischen Mittelalter zur Verfügung standen. Man hatte nur den Timaios. – Doch auch der Timaios spricht von Krieg: Vom Krieg Ur-Athens gegen Atlantis! Ein Krieg, der nach den Regeln geführt wird, die in der Politeia entwickelt wurden. Wilhelm von Conches hat die wenigen Angaben dazu explizit zur Kenntnis genommen und gelobt[541].

Der Eroberungszug der Muslime gegen die christliche Mittelmeerwelt lädt in der Tat zu Vergleichen mit der Atlantisgeschichte ein: Ist der Angriff der Muslime nicht ebenfalls der Angriff eines scheinbar übermächtigen Gegners von außerhalb des Mittelmeerraumes gegen die geschlossene Welt des Mittelmeeres, mit dem Ziel, die ganze Mittelmeerwelt zu erobern? Sind die Muslime aus der Sicht der lateinischen Christen nicht ebenfalls vom rechten Weg abgekommen, wie die Atlanter bei Platon?

---

[538] Walther von Metz Imago mundi II V (Altfranzösisch:) *De diverses ylles de la mer* = Verse 2987-3106
[539] Vgl. Santarém (1849/50) I S. 113 f.
[540] Michel (1878) S. xvi f. Fußnote 2; Gaffarel (1880) S. 430
[541] Wilhelm von Conches Glosae super Platonem XXX

Spielt das lateinische Christentum nicht offensichtlich die Rolle von Ur-Athen, das Widerstand leistet und siegt, zuerst in der Schlacht von Tour und Poitiers im Jahr 732, dann im Kampf um das heilige Land? Und bekunden die lateinischen Christen nicht wiederholt, dass sie den östlichen Christen großzügig ihre Freiheit wiedergeben wollen, ganz so wie Ur-Athen den Bewohnern des Mittelmeerraumes nach dem Sieg über Atlantis die Freiheit wiedergab?

Wäre es angesichts dieser Vergleichspunkte so abwegig zu vermuten, dass sich die lateinische Christenheit eine ideologische Legitimation für ihre Kreuzzüge aus der vorherrschenden Philosophie, also dem Platonismus, konstruierte, und dabei den Atlanterkrieg in Platons Timaios als Vorlage nahm? Ein Beleg für eine solche Verbindung des mittelalterlichen Platonismus mit den Kreuzzügen liegt nicht vor, aber die Frage ist zu gut, um sie nicht wenigstens kurz anzureißen und an dieser Stelle als Forschungsfrage aufzuwerfen.

Man beachte allerdings: Es wäre vermessen zu behaupten, die Kreuzzüge hätten „wegen Atlantis" stattgefunden. Vor solchen Überspitzungen sei gewarnt. Es geht nur um die Frage, ob die Atlantisgeschichte abseits der wahren Gründe für die Kreuzzüge – politische, ökonomische und religiöse Gründe – mit den Kreuzzügen in Verbindung gebracht wurde. Die maßgebliche Lehre von Krieg und Frieden stützte sich im frühen und hohen Mittelalter auf die Lehre von Augustinus über den gerechten Krieg. Augustinus wiederum war von Cicero, und dieser von den Stoikern beeinflusst.

Die Muslime ihrerseits folgten damals einer Doktrin von Dschihad, die sich maßgeblich auf Platons Nomoi stützte. Das würde bedeuten, dass sich in den Kreuzzügen die beiden Konzepte Platons aus der Politeia und den Nomoi im Krieg gegenüberstanden. Es ist dann kein Wunder, dass die Muslime letztendlich den Sieg davontrugen.

2.4 Lateinischer Westen – Spätmittelalter

Wir setzen das Spätmittelalter ungefähr von 1250 bis 1484/5 an. Um 1250 wurde der Platonismus vom Aristotelismus als führende Philosophie des Mittelalters abgelöst. Im Jahr 1484/5 erschien die erste vollständige Platon-Ausgabe des Renaissance-Gelehrten Marsilio Ficino, und das mittelalterliche Dunkel um Platon endete; wenige Jahre darauf entdeckte Christoph Kolumbus Amerika: Die sogenannte „Neuzeit" begann.

Averroismus und Aristotelismus

In Europa nahm der Aristotelismus seinen Ausgang ab den 1230er Jahren von den Übersetzungen der Werke des 1198 verstorbenen arabischen Philosophen Ibn Ruschd, lat. Averroes, durch Michael Scotus. Während die islamische Welt sich den rationalistischen Gedanken des Ibn Ruschd verschloss, öffnete sich das christliche Europa für den Aristotelismus. Spätestens 1255 wurde Platon und der Timaios vom Lehrplan der Kathedralschule von Chartres durch Aristoteles verdrängt[542]. Die Beschäftigung mit Aristoteles und Averroes war so intensiv, dass der eine nur „der Philosoph", der andere nur „der Kommentator" genannt wurde. Andere Philosophen standen plötzlich im Abseits.

Allerdings wurde der Aristotelismus zunächst als Irrlehre bekämpft. Im Jahr 1210 untersagte die Pariser Synode das Studium der naturphilosophischen Schriften des Aristoteles. 1239 bekräftigte der Bischof von Paris dieses Verbot für die Studenten der Pariser Universität. Der radikale Aristotelismus wurde als „Averroismus" bezeichnet und verurteilt, am prominentesten in einem Dekret des Pariser Bischofs Étienne Tempier vom 7. März 1277.[543]

Ein Vertreter des „Averroismus" war Siger von Brabant (1235/40-1284). Der Averroismus lehrte z.B. die Ewigkeit der Welt, d.h. ein Motiv, das durch das Werk von Macrobius in einem gewissen Zusammenhang mit der Atlantisgeschichte stand. Der Aristotelismus konnte sich schließlich trotz aller Widerstände etablieren, aber nur, weil er im Sinne der kirchlichen Lehre gezügelt und beschnitten wurde.

Mit der Verdrängung Platons durch Aristoteles wurde auch Platons Atlantis buchstäblich verdrängt: Da sich alle Welt jetzt nur noch mit Aristoteles beschäftigte und Platon und der Timaios gewissermaßen aus der Mode gekommen waren, kam es auch kaum noch zu einer Beschäftigung mit Platons Atlantis. Man beachte, dass der Aristotelismus Platons Atlantis *nicht* deshalb verdrängte, weil Aristoteles angeblich die Existenz von Atlantis bestritten hätte – Aristoteles tat das natürlich nicht –, sondern einfach nur deshalb, weil die Beschäftigung mit Platon an sich uninteressant geworden war. Die platonische Philosophie lebte unterschwellig weiter.

Die kirchliche Inquisition

Eine Inquisition von Abweichlern hatte es in der Kirchengeschichte schon seit langem gegeben, doch man kann sagen, dass sich die Inquisition als eigene Institution erst in dem Zeitraum 1200-1250 etablierte. Ursache hierfür ist das Auftreten von größeren Gruppen von Abweichlern wie z.B. die Katharer in Südfrankreich. Damit fällt die Verschärfung der Inquisition zeitlich mit dem Aufkommen des Aristotelismus zusammen. Ein Zusammenhang zwischen dem Aufkommen des Aristotelismus bzw. Averroismus und dem Auftreten größerer Gruppen von Abweichlern wie den Katharern ist aber nicht gegeben.

Ab 1227 begann Papst Gregor IX. die Inquisition aus den Händen der lokalen Bischöfe in die Hände von Inquisitoren zu legen, die von Rom benannt wurden, darunter vor allem Angehörige des Dominikanerordens. Die Synode von Toulouse verschärfte nach dem Ende des Albigenserkreuzzuges gegen die Katharer im Jahr

---

[542] Lee (1971/1977) S. 21
[543] Grabher (2005) S. 4

1229 die Maßnahmen weiter. Papst Innozenz IV. genehmigte 1252 schließlich die Anwendung der Folter in Inquisitionsprozessen.

Es ist wahrscheinlich, dass ein Schweigen über Platons Atlantis auch durch die verschärfte Inquisition herbeigeführt wurde. Bisher hatte man sich – wie wir sahen – recht leicht über die kirchliche Lehre vom biblischen Alter der Welt hinweggesetzt und sogar über die Ewigkeit der Welt philosophiert. Das ist nun vorbei.

Bei einigen Autoren hat man allerdings den Eindruck, dass sie ihren Lesern dennoch die verbotenen Meinungen mitteilen möchten. Denn sie legen die verbotenen Meinungen in aller Ausführlichkeit dar, nur um dann zu sagen, dass man sich der kirchlichen Lehre anschließe. Hinzu kommen Versuche, die hohen Jahreszahlen in Platons Timaios dadurch zu rechtfertigen, dass es sich nicht um Sonnen- sondern um Mondjahre, also Monate, handelte. Wir sehen das bei Thomas Bradwardine und Pierre d'Ailly.

Albertus Magnus (ca. 1200-1280)

Albertus Magnus gilt als Kirchenlehrer. Einer seiner Schüler war Thomas von Aquin. Einerseits war Albertus Magnus ein wichtiger Wegbereiter des christlichen Aristotelismus, andererseits war er aber auch ein entschiedener Gegner des Averroismus. Er lebte und lehrte u.a. in Köln.

Albertus Magnus stand am Beginn des Aristotelismus und versuchte eine Synthese von platonischer und aristotelischer Philosophie zu erreichen, weshalb er öfters auf Platons Timaios zurückgriff. Trotz häufiger Aussagen zu Solons Ägyptenreise und dem Phaethon-Mythos fehlt eine direkte Aussage zur Atlantisgeschichte. Es gibt allerdings auch keine direkte Ablehnung derselben.

Im *Liber de causis proprietatem elementorum* bespricht Albertus Magnus die Möglichkeit lokaler und weltweiter Flutkatastrophen. Was deren Ursachen anbetrifft widerspricht er dabei Platon und anderen Gelehrten. Albertus Magnus kommt auch auf die Phaethon-Sage zu sprechen und meint:

> *Hae autem opiniones sunt fere omnes falsae*
> „Aber diese Meinungen sind fast alle falsch"

Es seien die Ägypter gewesen, die sich geirrt hätten. Überhaupt geht es Albertus Magnus nur um die weltweite Sintflut, nicht um lokale Überflutungen.[544]

In seinem Werk *Politica* bezieht sich Albertus Magnus direkt auf den Bericht des Kritias und die 9000 Jahre[545], doch er referiert ihn lapidar, und geht direkt zur Problematik der Frauengemeinschaft in Platons Politeia über, die Albertus Magnus natürlich nicht gefällt. Deshalb bleibt unklar, wie Albertus Magnus zum Bericht des

---

[544] Albertus Magnus Liber de causis proprietatem elementorum II 2 und 12
[545] Albertus Magnus Politica II 1

Kritias steht. In seinem Werk *De quindecim problematibus* spricht Albertus Magnus von Sintfluten, die laut Platons Timaios durch Abweichungen der Gestirne von ihrem Lauf zustande kommen. Insbesondere der Satz „O Solon Solon, Ihr Griechen seid immer Kinder"[546] wird von Albertus Magnus immer wieder aufgegriffen, ohne dass ein Bezug zu Atlantis hergestellt würde[547].

Alles in allem wird deutlich, dass Albertus Magnus den Besuch Solons in Ägypten für real hält, doch es bleibt unklar, inwieweit er dem Inhalt des Berichtes des Kritias Glauben schenkt, denn an einigen Inhalten dieses Berichtes übt Albertus Magnus Kritik, und den Ägyptern unterstellt er, sie hätten sich geirrt. Was Albertus Magnus über die Atlantisgeschichte dachte, bleibt damit letztlich unklar, doch es scheint, er stand ihr vorwiegend skeptisch gegenüber.

Roger Bacon (1214-1292/4)

Der englische Franziskaner und Philosoph Roger Bacon betonte die Wichtigkeit der empirischen Forschung und bekam den Ehrentitel *Doctor Mirabilis* zugeschrieben.

In seinem *Opus Maius* schreibt Roger Bacon ganz allgemein, die Griechen hätten ihre Weisheit aus Ägypten[548]. Die Weisheit aus Ägypten wird später noch einmal erwähnt, und zwar im Zusammenhang mit der Deukalionischen Flut, dem frühen athenischen König Kekrops und den Namen Solinus und Solomon, bei denen man das Gefühl hat, es ginge um Solon[549] – doch es bleibt alles im Vagen. Die Stelle stützt sich wohl auf Augustinus[550]. Bemerkenswert ist noch eine weitere Stelle, in der Roger Bacon den Gedanken des Aristoteles aufgreift, dass der Abstand zwischen den Säulen des Herakles und Indien nicht groß sein könne; Roger Bacon kommt in diesem Zusammenhang ebenso wie Aristoteles auch auf die Elephanten in Afrika und Indien zu sprechen[551].

Doch überall schweigt Roger Bacon über Platons Atlantis. Es wird weder positiv noch negativ erwähnt.

Wilhelm von Moerbeke (ca. 1215-1286)

Der Bischof von Korinth Wilhelm von Moerbeke kam aus dem Flämischen und war ein anerkannter Gelehrter und bedeutender Übersetzer antiker Schriften ins Lateinische. Während des Mittelalters war Moerbeke der wichtigste Übersetzer griechischer Literatur ins Lateinische. Im Vergleich dazu spielten Übersetzungen ursprünglich

---

[546] Timaios 22b
[547] Albertus Magnus Ethica IX 1,3; Super Ieremiam 1 frag.; Super Threnos 5; Super Ioannem 8
[548] Roger Bacon Opus Maius II 3
[549] Roger Bacon Opus Magnum II 11
[550] Augustinus De civitate dei XVIII 3
[551] Roger Bacon Opus Magnum IV Geographia S. 292

griechischer Texte aus dem Arabischen, von denen heute so oft die Rede ist, nur eine untergeordnete Rolle. Unter den Übersetzungen des Moerbeke waren Auszüge aus Platons Timaios und vor allem auch der Timaios-Kommentar des Proklos.

Man kann es für sehr wahrscheinlich halten, dass sich Wilhelm von Moerbeke der Meinung des von ihm übersetzten Proklos angeschlossen hat, dass er also Atlantis für einen realen Ort hielt. Doch hinreichend sicher ist das nicht. Moerbekes Proklos-Übersetzung wurde zunächst leider wenig rezipiert, doch später wird Marsilio Ficino sich auf sie beziehen und auch aus ihr zitieren; von Marsilio Ficino wissen wir, dass er eine Meinung wie Proklos vertrat.

Dietrich von Freiberg (ca. 1240/5-1318/20)

Der Dominikanermönch Dietrich von Freiberg war Philosoph, Theologe und Naturwissenschaftler, und führte die platonistische Tradition der Dominikaner in Deutschland fort: In seinen theologischen Werken war Dietrich von Freiberg eher neuplatonisch, in seinen naturwissenschaftlichen Werken neigte er zum Aristotelismus. Er übte maßgeblichen Einfluss auf den berühmten mittelalterlichen Mystiker Meister Eckhart aus.

Eine Erwähnung von Atlantis ist nicht bekannt; auf den Timaios wird im ganzen Werk nur dreimal in der Abhandlung *De animatione caeli* angespielt, und zwar im Zusammenhang mit dem Lauf der Gestirne. Eine direkte Aussage zu Atlantis liegt wie so oft nicht vor, so dass wir im Unklaren bleiben.

Pietro d'Abano (ca. 1250-1316)

Der italienische Arzt Pietro d'Abano (ca. 1250-1316) studierte in Konstantinopel und konnte griechische Texte im Original lesen. Manche meinen, dass er durch die Lektüre der Werke des Philosophen Ibn Ruschd, lat. Averroes, zum Neuplatoniker wurde. Später ging d'Abano nach Paris und wurde schließlich Professor für Medizin in Padua.

Wegen Häresie wurde Pietro d'Abano schließlich vor ein Inquisitionsgericht gestellt. Noch vor Ende des Verfahrens verstarb Pietro d'Abano als Gefangener in der Engelsburg in Rom. Trotz seines Todes wurde das Verfahren bis zur Verurteilung fortgeführt, um mit ihm auch seine Lehren zu ächten.

Pietro d'Abano stellte u.a. eine Theorie von astronomischen Zeitzyklen von mehreren zehntausend Jahren auf, was natürlich im Widerspruch zur kirchlichen Lehre vom Alter der Welt stand. Im Zusammenhang mit den Zeitzyklen berief sich Pietro d'Abano auf Platons Atlantisgeschichte und die Menschen, die 9000 Jahre vor Solons Zeit lebten, aber in Vergessenheit gerieten. Dabei erwähnt er Atlantis allerdings nicht explizit. Da Pietro d'Abano in diesem Zusammenhang die Autorität Platons beschwört und sich ohne Einschränkung auf die Atlantisgeschichte beruft, ist es jedoch sehr wahrscheinlich, dass Pietro d'Abano die Atlantisgeschichte als ganzes akzeptierte.[552]

Dante Alighieri (ca. 1265-1321)

Der berühmte Dichter Dante Alighieri kam aus Florenz und fasste das Weltwissen seiner Zeit u.a. in seiner *Divina Commedia* zusammen.

Das geographische Weltbild des Dante ist grundsätzlich aristotelisch. An einigen Stellen seines Werkes jedoch spricht er von untergehenden und wieder auftauchenden Landmassen, oder davon, dass die Sterne das Land über das Meer erheben würden. Auch der Phaethon-Mythos wird mehrfach erwähnt. Dennoch schweigt Dante zum Thema Atlantis, so dass wir nicht wissen, was er darüber dachte.[553]

Thomas Bradwardine (ca. 1290-1349)

Der englische Mathematiker, Philosoph und Theologe Thomas Bradwardine, der auch kurzzeitig Erzbischof von Canterbury war, trug als Vertreter der Scholastik den Ehrentitel *Doctor profundus*. Er war jedoch vor allem der Mathematik und der Physik zugewandt, weshalb er vermutlich in der Lage war, das enge Korsett der auf Aristoteles festgelegten Scholastik zu durchbrechen.

In seinem Werk *De causa dei* greift Thomas Bradwardine Platons Atlantisgeschichte auf: Zunächst stellt er fest, dass die von Platon genannten hohen Jahreszahlen die biblische Überlieferung falsifizieren würden. Das kann aber nicht sein, stellt er fest. Deshalb kritisiert Bradwardine zunächst die ägyptischen Priester als unglaubwürdig, und dass deren Bücher doch ebenfalls durch die Sintflut hätten zerstört worden sein müssen. Außerdem müsste es doch in Ägypten Philosophie geben, wenn Ägypten niemals zerstört worden wäre. „Was also hat sich dieser alte Priester da zusammenphantasiert?" fragt Bradwardine rhetorisch. Daraufhin präsentiert er die Lösungsmöglichkeit, dass die Ägypter Monate statt Jahre, also Mondjahre, gemeint haben müssen.[554]

Das bedeutet aber, dass die Ägypter doch Recht hatten und das Misstrauen ihnen gegenüber auf einem Missverständnis aufgebaut war. Es bedeutet, dass Bradwardine die von Platon behauptete ägyptische Überlieferung als real und seriös akzeptiert, nur dass sie „richtig" interpretiert werden muss. Das spricht Bradwardine aber nicht explizit aus. Damit wird implizit auch Atlantis akzeptiert, auch wenn Bradwardine kein Wort dazu sagt. Wie wir oben darlegten, könnte Thomas Bradwardine diese Art der Argumentation aus Vorsicht vor der verschärften Inquisition gewählt haben.

---

[552] Callataÿ (1996) S. 181; Pietro d'Abano De motu octavae sphaerae; Lucidator dubitabilium astrologiae; Conciliator differentiarum quae inter philosophos et medicos versantur
[553] Vgl. Thorwald C. Franke, Dante Alighieri und das Atlantis des Platon; siehe Anhang
[554] Thomas Bradwardine De causa dei I,1,40 bzw. 140a-142a

Konrad von Megenberg 1350

Der Domschullehrer und Vielschreiber Konrad von Megenberg (1309-1374), lat. Conradus de Montepuellarum, schrieb 1348 bis 1350 an seinem *Buch der Natur* in deutscher Sprache. Darin wurden von Medizin, über Tiere, Pflanzen und Edelsteine, bis hin zur Astronomie alle möglichen naturwissenschaftlichen Themen behandelt. Das Werk wandte sich an ein weniger gebildetes Publikum und schlug einen „praktischen" Ton an, der stets auf Ereignisse der Gegenwart als Beispiele verwies. Antike Bezüge kamen so gut wie nicht vor. Die Quellen von Konrad von Megenberg waren u.a. das *Liber de natura rerum* von Thomas von Cantimpré und die Werke des Albertus Magnus.

In dem langen Artikel über Erdbeben (II, 33) wird die aristotelische Theorie von Winden in Erdhöhlen um die Vorstellung ergänzt, dass die eingeschlossene Luft in der Erde fault und bei Austritt Krankheiten wie die Pest verursacht. Auch werden Sternkonstellationen als Ursache bemüht. Speziell zum Thema Erdbeben hatte Konrad von Megenberg schon 1349 ein eigenes Werk unter dem Titel *Causa terremotus* verfasst.

Es ist stark zu vermuten, dass in keinem der zahlreichen Werke des Konrad von Megenberg von Atlantis die Rede ist. Ein Grund dafür ist der völlige Gegenwartsbezug des Autors. Ein anderer Grund sind die Quellen von Konrad von Megenberg: Thomas von Cantimpré schwieg zu Atlantis, während sich Albertus Magnus explizit negativ über die alten Ägypter als Geschichtsquelle äußerte.

Pierre d'Ailly (1350/1-1420)

Pierre d'Ailly, lat. Petrus de Alliaco, war französischer Theologe und Kardinal. Im Jahr 1415 spielte Pierre d'Ailly auf dem Konzil von Konstanz eine führende Rolle; er war dort auch Mitglied der Inquisitionskommission gegen Johannes Hus. Aufgrund einer Argumentation von Pierre d'Ailly wurde Johannes Hus als Ketzer verurteilt und verbrannt, obwohl ihm freies Geleit zugesichert worden war.

Um das Jahr 1380 veröffentlichte Pierre d'Ailly das Werk *Super De consolatione philosophiae Boethii*, das jenes Werk des spätantiken Autors Boethius bespricht, in dem Platons Timaios zum letzten Mal in der Spätantike besprochen wurde. Darin zitiert d'Ailly zwanglos eine Aussage des ägyptischen Priesters zu Solon über die Verfassung Ägyptens[555]. Später referiert er ausführlich von Solon in Ägypten, von den 9000 bzw. 8000 Jahren, und von den zwei gegründeten Städten, womit er auch Atlantis explizit anspricht.[556]

Allerdings hat Pierre d'Ailly diesen Abschnitt mit einem Vor- und Nachwort eingerahmt: Davor weist er darauf hin, dass hier ein Widerspruch zur kirchlichen Lehre

---

[555]Pierre d'Ailly Super De consolatione philosophiae Boethii 12
[556]Pierre d'Ailly Super De consolatione philosophiae Boethii 91-92

vorliegt, derzufolge das Alter der Welt bis zu Christi Geburt nur 6200 Jahre betragen habe. Danach stellt er die Glaubwürdigkeit der Ägypter infrage, ob diese überhaupt ein Wissen aus der Zeit vor der Sintflut haben könnten. Deshalb sei es angebracht, der kirchlichen Lehre zu folgen, und die Angaben Platons zu negieren, so d'Ailly. In einem Nachsatz erlaubt sich Pierre d'Ailly dann noch, eine Möglichkeit anzugeben, wie man die Angaben Platons doch mit der kirchlichen Lehre in Einklang bringen könnte: Er präsentiert die Idee der Mondjahre.[557]

Damit hat Pierre d'Ailly praktisch dieselbe Argumentation wie Thomas Bradwardine geführt. Man fragt sich, warum er die Angaben Platons und anderer Autoren ausbreitet, nur um sie zu negieren? Warum wird dann noch die Möglichkeit der Mondjahre nachgeschoben? Es bleibt dabei nämlich offen, ob Pierre d'Ailly die Möglichkeit der Mondjahre auch für sich selbst in Anspruch nehmen möchte. Wenn nicht, warum präsentiert er dann diese Möglichkeit? – Wir wissen es letztlich nicht und können Pierre d'Ailly auch nicht leichtfertig zu einem Anhänger von Platons Angaben deklarieren, aber es sieht fast so aus, als habe Pierre d'Ailly seine Argumentation so aufgebaut, damit er damit nicht ins Gehege der Inquisition kommt: Obwohl er ketzerische Aussagen zu Papier gebracht hat, ist er doch ein treuer Sohn der Kirche geblieben.

Im Jahr 1410 veröffentlichte Pierre d'Ailly dann ein Werk unter dem Titel *Imago mundi*, das wie andere Werke dieses Namens das Weltwissen, vor allem aber auch die Geographie der Welt, darlegte. Dieses Werk soll eine der Inspirationen für Christoph Kolumbus gewesen sein, den Seeweg nach Indien über den Atlantik zu suchen. In diesem Werk findet sich nicht der kleinste Hinweis auf Platons Atlantisgeschichte, Pierre d'Ailly konzentriert sich ganz trocken auf die existente Welt und erlaubt sich nirgendwo einen Exkurs oder weiterführenden Kommentar, der auf die Atlantisgeschichte anspielen würde.

Coluccio Salutati 1391

Der italienische Humanist Coluccio Salutati (1331-1406) war einer der einflussreichsten Gelehrten Italiens und von 1375 bis 1406 Kanzler der Republik Florenz. Er war Mitschüler des Domenico Silvestri (ca. 1335-1411), mit dem er auch einen Briefwechsel unterhielt, und der eine andere Meinung zu Platons Atlantis hatte.

An seinem unvollendet gebliebenen Werk *De Laboribus Herculis* arbeitete Salutati über zwanzig Jahre, die letzte Version stammt von 1391. Darin äußerte er die Auffassung, dass die Atlantisgeschichte wegen der 9000 Jahre unsinnig ist und jeder Wahrheit entbehrt, da dies der Wahrheit der Bibel widerspricht, und weil die Heiden keine Belege für ein so hohes Alter der Welt vorlegen können[558]. Auch andere Lehren

---

[557]Pierre d'Ailly Super De consolatione philosophiae Boethii 90; 93-94
[558]Salutati (1391) Lib. III Cap. 2 Par. 3

Platons werden als lächerlich, gottlos, wahnsinnig und verwirrt bezeichnet[559]. Es wird bezweifelt, dass Griechen wie Solon oder Platon je in Ägypten waren[560].

Salutati hatte ein generelles Misstrauen gegen Philosophen wie Platon und Aristoteles, die er mit dem Averroismus in Verbindung brachte, den er für gefährlich hielt.

Domenico Silvestri (um 1400)

Der Florentiner Humanist Domenico Silvestri (ca. 1335-1411) war Jurist und Gesandter im Dienst seiner Heimatstadt. Als Schüler und Freund Giovanni Boccaccios (1313-1375) gehörte er zu dessen Gelehrtenzirkel in Florenz. Er war Mitschüler des Coluccio Salutati (1331-1406), mit dem er auch einen Briefwechsel unterhielt, und der eine andere Meinung zu Platons Atlantis hatte.

Zwischen 1385 und 1406 verfasste Silvestri sein Werk *De Insulis et earum proprietatibus*. Damit wollte er ein enzyklopädisches Werk des Boccaccio ergänzen, dessen Titel lautete: *De montibus, silvis, fontibus, lacubus, fluminibus, stagnis seu paludibus et de nominibus maris*.

In seinem Insularium, das prägend für nachfolgende Werke wurde, trug Domenico Silvestri 900 Inseln zusammen, darunter auch die Insel Atlantis. Er verwendete dazu die Timaios-Übersetzung des Calcidius und Strabons *Geographica*. Wie der moderne Editor Montesdeoca Medina richtig erkannte, war Strabon weit davon entfernt, Platons Atlantis nicht für real zu halten. Ebenso Domenico Silvestri. Vielmehr bemühte sich Domenico Silvestri, den Widerspruch der 9000 Jahre von Atlantis zur biblischen Chronologie aufzulösen, indem er über Mondjahre spekulierte.[561]

Geographisches Dokument von 1455?

Armand d'Avezac berichtet 1845 von einem „geographischen Dokument" aus dem Jahr 1455, das die legendäre Insel Antilia mit Atlantis gleichsetzt:

> „.... on trouve du moins, dans un document géographique portant la date de 1455, la désignation que voici: 'Cette île est appelée île *de Antiliis*; Platon, qui fut un grand et savant philosophe, assure que cette île était presque aussie grande que l'Afrique, et il dit que dans cette mer se voient de grands heurtements des courants qui passaient sur cette île sablonneuse, à raison desquels sables la susdite île s'est presque éffondrée par la volonté de Dieu; et cette mer est appelée mer de Batture.' "[562]

---

[559]Salutati (1391) Lib. III Cap. 25 Par. 19; Cap. 31 Par. 8; Cap. 41 Par. 3; Cap. 43 Par. 8
[560]Salutati (1391) Lib. IV Cap. 2/8 Par. 19
[561]Montesdeoca Medina (2000) S. XXI; XLVIII; LIII; 64-67 = Nr. 94 (Athlantis); Montesdeoca Medina (2001); vgl. auch Pecoraro (1954)
[562]Avezac (1845) S. 27

Ein solches Dokument ist nicht auffindbar. 1455 ist das Erscheinungsjahr der Karte des Bartolomeo Pareto, auf der auch *insulas Antillas* eingezeichnet sind; von Atlantis ist dort aber nicht die Rede. Recherchen mit charakteristischen Schlüsselworten aus dem von Avezac zitierten Text wie „Antiliis" führen immer nur auf den Text von Avezac. Die Existenz dieses Dokumentes von 1455 ist damit nicht belegt.

Spätere Untersuchungen über den Namen der Insel Antilia erwähnen dieses Dokument nicht[563] und kommen zu dem Schluss, dass Antilia seinen Namen nicht Platons Atlantis verdankt. Eine Begründung für die Nichterwähnung des Dokumentes von 1455 ist nirgends zu finden.

Der Inhalt des angeblichen Dokumentes wirft weitere Fragen auf: Hat man sich 1455 bereits mit Meeresströmungen beschäftigt? Möglicherweise irrte Avezac. Möglicherweise handelt es sich auch um eine Fälschung, sei es von Avezac, sei es von jemand anderem. Es fällt auf, dass wir in einem späteren Werk von Avezac von 1848 beim Thema Atlantis ebenfalls über Meeresströmungen diskutiert wird – allerdings ohne dass das ominöse Dokument von 1455 noch erwähnt wird[564].

Fazit: Das angebliche Dokument existiert vermutlich nicht und darf nicht als seriöse Quelle zitiert werden. Diesen Fehler beging z.B. Lyon Sprague de Camp[565].

Leonardo Qualea 1470/75

Im Zeitraum von 1470 bis 1475 verfasste Leonardo Qualea sein Werk *Astronomia medicinalis*. Darin fasste der weitgereiste Arzt aus Venedig, von dem sonst nicht viel weiter bekannt ist, sein Wissen über die Auswirkungen der Gestirne auf die Gesundheit des Menschen zusammen. In diesem Zusammenhang diskutierte Qualea auch die Verteilung von Wasser und Land auf dem Globus, da er die Anhebung ebenso wie die Senkung von Land über und unter den Meeresspiegel ebenfalls den Gestirnen zuschrieb. Einen zweiten Grund für die Hebung und Senkung von Land sah Qualea offenbar im Vulkanismus.[566]

Als konkrete Beispiele für Vulkanismus dienten ihm dafür die Entstehung einer neuen Insel nahe bei Santorin in Griechenland, sowie der Untergang von Platons Atlantis. An einer späteren Stelle erklärte Qualea, dass er die Kanarischen Inseln für die Überreste des untergegangenen Atlantis hält. Qualea nannte die Insel Atlantis „Insula Talanti" und schrieb, dass sie größer als ganz Europa gewesen sei. Man beachte, dass Qualea einer der ersten war, der Santorin und Atlantis zusammen erwähnte, Qualea zog aber keine Verbindung zwischen Santorin und Atlantis.[567]

---

[563] Vgl. z.B. Babcock (1922)
[564] Avezac (1848) II S. 8
[565] Sprague de Camp (1954) S. 22 (engl.) / S. 30 (dt.)
[566] Vogel (1995) S. 341-345
[567] Vogel (1995) S. 345, 349

Qualeas *Astronomia medicinalis* ist auch deshalb von größter Bedeutung, weil es eine der frühesten Schriften ist, die den westlichen Seeweg nach Indien für viel kürzer hielten als bislang angenommen. Auf solche Angaben stützte sich später auch Kolumbus, siehe dort. Es gibt aber keinen Zusammenhang zwischen Qualeas Auffassung von Atlantis und Qualeas Auffassung, dass der westliche Seeweg nach Indien kürzer ist als bislang gedacht.

Die Schedelsche Weltchronik 1493

Der deutsche Arzt und Humanist Hartmann Schedel veröffentlichte 1493 seine berühmte Schedelsche Weltchronik. Sie war eines der ersten gedruckten Werke dieser Art, und ihre lateinische Fassung fand in ganz Europa Verbreitung.

Obwohl Marsilio Ficino Platons Dialoge zu diesem Zeitpunkt bereits ins Lateinische übersetzt hatte und obwohl Christoph Columbus Amerika bereits 1492 entdeckt hatte, war die Schedelsche Weltchronik in Bezug auf die Frage nach Atlantis ganz dem Zeitgeist des späten Mittelalters verhaftet. Von Platon und Aristoteles wusste Schedel nur zu sagen, dass sie Lehren vertraten, die im Widerspruch zur Bibel stehen. Über die Entdeckung Amerikas wurde man sich in Europa erst durch die Südamerika-Expedition von Amerigo Vespucci von 1501/02 bewusst. Schedel stützte sich maßgeblich auf die biblische Geschichte und kannte nur die klassische griechische Mythologie. Solon kam in seiner Weltchronik überhaupt nicht vor.

Deshalb verwundert es auch nicht, dass Platons Atlantis in der Schedelschen Weltchronik mit keinem Wort erwähnt wird.

Die passive Verdrängung durch den Aristotelismus und die aktive Verdrängung durch die Inquisition hatten dazu geführt, dass die Beschäftigung mit Platons Timaios im Spätmittelalter in den Hintergrund trat. Dennoch hat gerade der Aristotelismus den Boden dafür bereitet, dass durch die Entwicklung der Naturwissenschaften – vor allem der Astronomie und Kartographie – und durch die Entdeckung Amerikas durch Christoph Kolumbus viele Angaben in Platons Timaios tatsächlich oder scheinbar bestätigt wurden, und das Thema Atlantis mit dem Umbruch zur Neuzeit mit neuem Schwung auf die Tagesordnung kam.

2.5 Lateinischer Westen – Tabellarische Übersicht

Verschaffen wir uns nun einen tabellarischen Überblick über die eindeutig feststellbaren Meinungen von Platons Atlantis im lateinischen Westen. Man beachte, dass auch jene Autoren, die keine klare Meinung erkennen ließen, von Bedeutung sind; sie werden hier jedoch *nicht* mit aufgeführt. Wie wir sehen, haben die Befürworter einer Existenz von Platons Atlantis eine klare Mehrheit:

2.5 Lateinischer Westen – Tabellarische Übersicht

Autor	Lebensdaten	Meinung zu Atlantis	Kommentar
Remigius von Auxerre	Ca. 841-908	Existenz (vermutlich)	Remigius störte sich an hohen Jahreszahlen, nicht aber an der Erwähnung von Ur-Athen.
Honorius Augustodunensis	Ca. 1080-1150	Existenz	
Hugo von St. Viktor	Ca. 1097-1141	Erfindung (vermutlich)	
Otto von Freising	Ca. 1112-1158	Erfindung (vermutlich)	Gestützt auf Paulus Orosius.
Bernhard von Chartres	Bis ca. 1124	Existenz	
Wilhelm von Conches	Ca. 1090-1154	Erfindung	Aber Ur-Athen wird für wahr gehalten, ebenso ein Weltalter von 15000 Jahren.
Vinzenz von Beauvais	1244/1260	Existenz	
Walther von Metz	Um 1246	Existenz	
Albertus Magnus	Ca. 1200-1280	Erfindung (vermutlich)	
Pietro d'Abano	Ca. 1250-1316	Existenz (wahrscheinlich)	9000 Jahre wörtlich genommen. Inquisition.
Thomas Bradwardine	Ca. 1290-1349	Existenz	9000 Jahre als Mondjahre.
Pierre d'Ailly	1350/1-1420	Existenz	9000 Jahre als Mondjahre.
Coluccio Salutati	1391	Erfindung	Biblische Chronologie.
Domenico Silvestri	Um 1400	Existenz	9000 Jahre als Mondjahre.
Leonardo Qualea	1470/75	Existenz	Kanaren

2.6 Der griechische Osten / Byzanz

Aus dem byzantinischen Reich ist uns kaum eine Erwähnung von Platons Atlantis bekannt. Zwar kannten die Byzantiner anders als der lateinische Westen das komplette Werk Platons und auch den Timaios-Kommentar des Proklos – noch dazu in der Originalsprache – doch machten sie schlicht nichts daraus. Platon diente in Byzanz mehr als eine Stütze für theologisch festgefügte Dogmen und als stilistisches Vorbild denn als Quelle für eigenständiges Denken.

Eine mögliche Ursache für diese Nichtbeachtung von Atlantis ist zunächst der schlichte Umstand, dass die Atlantisgeschichte weit weniger ins Auge fällt, wenn man über das komplette Werk Platons verfügt. Wer hingegen wie der lateinische Westen nur über den Dialog Timaios verfügt, der wird der Atlantisgeschichte natürlich weit mehr Aufmerksamkeit schenken.

Ein weiterer Grund für die Nichtbeachtung von Platons Atlantis könnte sein, dass das Thema Atlantis für die Byzantiner mit dem Timaios-Kommentar des Proklos schlicht ausdiskutiert war. Mehr als Proklos dazu zu sagen hatte, gab es in den Augen der Byzantiner offenbar nicht zu sagen. Ein Hinweis darauf könnte das Übersetzungswerk des Bischofs von Korinth Wilhelm von Moerbeke (ca. 1215-1286) sein: Er übersetzte sowohl Teile des Timaios als auch den Timaios-Kommentar des Proklos ins Lateinische, sah aber offenbar keine Notwendigkeit, dem noch irgendetwas hinzuzufügen.

Ebenfalls eine Ursache könnte sein, dass sich das Phänomen des Byzantinismus auch auf die produktive Auseinandersetzung mit Platon lähmend auswirkte. Während der Westen durch den Verlust von antikem Wissen zu neuem Fragen und Forschen angestachelt wurde und durch den institutionellen Zusammenbruch auch organisatorisch einen Neuanfang machen musste, war Byzanz in traditionellen organisatorischen und geistigen Strukturen gefangen, die eine Beschäftigung mit Atlantis nicht ermöglichten.

Bei den byzantinischen Geschichtsschreibern können wir eine erstaunliche Engführung der Geschichtsschreibung beobachten: Der Rahmen der biblischen Geschichte wird konsequent eingehalten. Der Anfang der Geschichte ist Adam, dann folgen die Geschlechter bis zu Noah und der Sintflut, stets lapidar *kataklysmos* genannt, und dann folgen die Geschlechter bis Abraham, Salomon und David und schließlich bis Jesus von Nazareth. Weil sie in der Bibel Erwähnung finden, sind die Assyrer das erste Großreich, von dem berichtet wird – nach der Flut. Der ganze Ablauf der Geschichte ist in einen chronologischen Rahmen von bis zu 6000 Jahren eingespannt. Platons Atlantis findet dabei keine Erwähnung. Wir wissen nicht, was die byzantinischen Geschichtsschreiber darüber dachten.

Von diesem Vorgehen weicht praktisch kein byzantinischer Geschichtsschreiber ab, soweit seine Werke überliefert sind: Helikonios von Byzanz (4. Jhdt.), Hesychios von Milet (6. Jhdt.), Georgios Monachos (um 870), Michael Psellos (ca. 1018-1078),

Georgios Akropolites (1217-1282), Theodoros Skoutariotes (13. Jhdt.), Doukas (ca. 1400-1462).

Es ist erstaunlich: Obwohl Byzanz über alle Werke von Platon, Aristoteles und Proklos verfügte, war es der lateinische Westen, der freier und produktiver mit den antiken Quellen umging. Die große Leistung der Byzantiner war die Bewahrung der Texte durch die Jahrhunderte und ihre philologische Aufschließung durch Kommentare und Lexika, nicht jedoch ihre inhaltliche Auswertung und philosophische Nutzbarmachung[568].

Georgios Synkellos (um 810)

Der byzantinische Mönch Georgios kam aus Palästina und stieg bis zum Amt des Synkellos, des Privatsekretärs des Patriarchen von Konstantinopel, auf. Er verfasste eine Weltchronik, in der die Schöpfung auf das Jahr 5493 v.Chr. angesetzt wurde.

Darin zitierte er – offenbar zustimmend – Sextus Iulius Africanus, dass die ägyptischen Priester Solon belogen hatten. Die Insel Atlantis selbst bleibt zwar unerwähnt, doch die Atlantisgeschichte wird explizit angesprochen: Es wird auf Platons Timaios verwiesen, die Begegnung von Solon mit dem ägyptischen Priester wird für historisch gehalten, und der Mythos des Phaethon wird christlich entmythologisiert. An zwei weiteren Stellen werden die Flut des Deukalion und die Zerstörungen durch Phaethon als lokale Ereignisse aufgefasst, an bekannten Orten wie Griechenland oder Äthiopien lokalisiert und auf nur wenige tausend Jahre v.Chr. datiert.[569]

Es wird sehr deutlich, dass für Atlantis kein Platz in dieser Weltchronik ist.

Suda (ca. 970)

Die Suda ist das größte erhaltene Lexikon aus byzantinischer Zeit. Sein Name leitet sich von griechisch *Souda* für Befestigungsanlage ab. Irrtümlich wurde das Werk einem Autor namens Suidas zugeschrieben. Von Platons Atlantis ist darin entgegen anderslautender Meinungen nicht die Rede.

Michael Psellos (ca. 1018-1078)

Der byzantinische Universalgelehrte Michael Psellos kommentierte in seinen Werken immer wieder Platons Timaios. Dabei kam er auch auf naturwissenschaftliche und geographische Themen zu sprechen.

Diese Werke ähneln überraschenderweise in Stil und Inhalt den entsprechenden Werken aus dem lateinischen Westen: In kurzen Artikeln werden verschiedene theo-

---

[568] Vgl. z.B. Oehler (1969) S. 334
[569] Synkellos p. 17 (S. 31), p. 126 (S. 238), p. 157 (S. 297) nach Wilhelm Dindorf 1829

logische, philosophische, naturwissenschaftliche und geographische Themen abgehandelt; einige davon sind Kuriositäten. Psellos sprach über Erdbeben, und dass Land zu Meer und Meer zu Land werden kann, seine Geographie kannte Thule und die Antipoden und verwirft die *mythoi* und *plasmata* der Griechen – womit er die Wortwahl in Platons Timaios aufgreift, mit der explizit ausgesprochen wird, dass gerade die Atlantisüberlieferung kein *plastheis mythos* ist[570]. Doch von Atlantis spricht er nicht.

Das Geschichtsbild von Psellos kannte lange Perioden von tausenden von Jahren, die bestimmte Konstellationen der Gestirne mit sich bringen und zu Überschwemmungen und Dürren führen. Wenn es aber um große Reiche geht, so begann Psellos – ähnlich wie viele westliche Autoren – mit den Assyrern, also dem ersten Großreich *nach* der Flut. Ganz wie die Denker im lateinischen Westen lehnte Psellos philosophische Ansichten ab, die der Religion widersprechen, so z.B. die Unerschaffenheit der Welt nach Aristoteles.

Der einzige Unterschied zum lateinischen Westen besteht darin, dass Psellos das Gesamtwerk Platons und die Werke von Aristoteles und Proklos kannte. Dabei bevorzugte Psellos Platon vor Aristoteles. Man möchte es für wahrscheinlich halten, dass Psellos Atlantis für real hielt – hinreichend sicher ist dies jedoch nicht.[571]

Johannes Italos (11. Jhdt.)

Der byzantinische Gelehrte Johannes Italos war der Sohn eines italienischen Söldners und verbrachte seine Kindheit in Militärlagern auf Sizilien. In Byzanz war er Schüler von Michael Psellos, dem er in der Rolle als führender Philosoph nachfolgte. Er befasste sich mit den Werken von Platon, Proklos, Aristoteles, Porphyrios und Iamblichos. Anders als sein Lehrer Michael Psellos vertrat Johannes Italos offensiv häretische Lehren, die er aus den Werken der Philosophen entnahm. Im Jahr 1082 wurde er dafür verurteilt, ohne dass er seine Meinung änderte. Später jedoch schwor er seinen Irrlehren ab.[572]

Eine Aussage zu Platons Atlantis ist nicht überliefert. Auch aus seinem philosophischen Repertoire lässt sich keine eindeutige Aussage ableiten: Während Proklos und Iamblichos Atlantis für real hielten, war Porphyrios ein Atlantisskeptiker. Es gibt aber zwei Hinweise darauf, dass Johannes Italos Platons Atlantis für real hielt: Zum einen glaubte sein Lehrer Michael Psellos an lange Perioden von tausenden von Jahren, die Überschwemmungen mit sich bringen. Während der Lehrer aus Rücksicht auf die Religion daraus keine allzu weitreichenden Schlüsse zog, scherte sich der Schüler nicht um dieses Hindernis. Zum anderen galt Johannes Italos als literarisch ungebildet

---

[570] Timaios 26e
[571] Psellos De omnifaria doctrina 125, 127, 128, 129, 142; Psellos Quaestionum Naturalium 5, 6; Psellos Encomium matris 29; Psellos Epistolae III cd
[572] Anna Komnena Alexiade V 8-9

und rhetorisch ungelehrt. Mit dieser Eigenschaft dürfte Johannes Italos eher einer wörtlichen Interpretation von Platons Atlantis zugeneigt haben. Doch dies ist nur eine Vermutung.

Konstantinos Manasses (um 1150)

Der byzantinische Diplomat und Schriftsteller Konstantinos Manasses (ca. 1130-1187) verfasste um das Jahr 1150 die Weltchronik *Chronike Synopsis*, die den Lauf der Geschichte von der Erschaffung der Welt bis in das Jahr 1181 n.Chr. beschreibt. Weder Atlantis noch Platon werden in dieser Weltchronik erwähnt. In den Schlussworten des Werkes wird es als Frevel bezeichnet, über die Säulen des Herakles hinausfahren zu wollen. Es scheint wahrscheinlich, dass Manasses nicht an die Realität von Atlantis glaubte.[573]

Ioane Petrizi (um 1300?)

Der georgische Philosoph Ioane Petrizi (um 1300?) soll ein Schüler des Johannes Italos gewesen sein und war noch mehr als dieser auf Proklos fokussiert. Petrizi gilt als Anhänger der Lehren des Proklos, im Zweifelsfall auch gegen die vorherrschende christliche Lehre. Deshalb wäre es gut möglich, dass Petrizi Atlantis für real hielt. Leider enthalten die überlieferten Werke dazu keine Aussage.

2.7 Arabische Reiche, Islam bzw. Judentum

Die arabische Welt bildete nach den Eroberungszügen des Islam einen eigenen Kultur- und Sprachraum, der seine eigene Entwicklung nahm. Zu großen Teilen baute die arabische Welt ebenso auf der „heidnischen" Antike auf wie die christliche Welt. Außerdem lebten und arbeiteten in der islamischen Welt neben islamischen auch christliche und jüdische Gelehrte. Da jüdische Gelehrsamkeit sich im Mittelalter vor allem im arabischen Raum entfaltete, ordnen wir sie in diesen Abschnitt ein.

Das Erbe der griechischen Antike ist nicht von Natur aus mit dem Westen verbunden, auch der Westen musste dieses Erbe erst für sich entdecken. Die griechische Antike wird heute nur deshalb mit dem Westen assoziiert, weil der Westen die griechische Antike schrittweise in sich aufnahm und auf diese Weise eine aufgeklärte Kultur des Rationalismus entwickelte, während andere das nicht taten, obwohl sie genau dasselbe hätten tun können. Grundsätzlich hat der Westen kein Vorrecht auf das Erbe der Antike, und der Vorgang der Aufklärung durch die Rezeption der griechischen Antike ist grundsätzlich in jeder Kultur denkbar.

---

[573] Manasses (1837)

Genau wie in Byzanz herrscht auch in arabischen Quellen weitgehend Schweigen über Atlantis. Der Grund dafür dürfte derselbe sein: Auch die Araber verfügten schon früh über mehrere Werke Platons und den Timaios-Kommentar des Proklos. Damit war das Interesse an Platons Atlantis von vornherein reduziert. Hinzu kommt, dass im islamischen Raum genau wie in der christlichen Welt die Vorstellung eine Rolle spielte, dass vor Gott tausend Jahre wie ein Tag sind, da der Koran diese Auffassung mit der Bibel teilt[574]. Religiöse Vorbehalte gegen die von Platon genannten hohen Jahreszahlen sind damit vorprogrammiert.

Die hier – offenbar erstmals – versuchte Darstellung der Atlantisrezeption im arabisch-islamischen Raum leidet darunter, dass dem Verfasser aufgrund der Sprachbarriere viele arabische Werke unzugänglich sind. Dennoch ist mit dieser Darstellung ein Anfang gemacht, der spätere Autoren zu Verbesserungen anregen kann.

Der Koran

Möglicherweise finden sich auch im Koran Hinweise auf Platons Timaios. Gläubige Muslime unter den Lesern mögen bitte beachten, dass hier nicht die Frage entschieden werden soll, ob der Koran von Gott oder von Menschen oder von beiden zugleich herstammt. Die bloße Feststellung von Spuren aus Platons Timaios im Koran genügt *nicht*, um diese Frage so oder so zu entscheiden. Denn der Koran enthält ganz generell viele Bezüge auf die Welt, wie sie den damaligen Menschen bekannt war: Dazu gehört natürlich die arabische Sprache in ihrer damaligen Form, oder auch die Nennung von Orten, die die damaligen Menschen kannten. Demselben Schema würde ein Bezug des Koran auf Platons Timaios entsprechen: Es wäre ein Bezug auf einen Sachverhalt, wie er den damaligen Menschen bekannt war. Die Frage, woher der Koran stammt, kann durch die Feststellung eines Bezuges auf Platons Timaios *nicht* geklärt werden, und muss an einem anderen Ort mit anderen Argumenten diskutiert werden. Das ist hier nicht unser Thema.

Der Koran ist ein Werk der Spätantike und muss im Kontext der Spätantike interpretiert werden. Kenntnisse über den Timaios könnten unter den damaligen Arabern über die Vermittlung der christlichen Tradition bekannt gewesen sein. Das Weltbild, das in ihm vertreten wird, entspricht den Vorstellungen des Timaios bzw. neuplatonischen Interpretationen des Timaios: Der Schöpfer erschafft die Welt aufgrund seiner Gutheit. Die Erde ruht im Mittelpunkt der Welt, und um sie herum laufen sieben Planeten auf ihren Bahnen, darunter die Sonne. Über allem steht die Sphäre der Fixsterne. In der Übersetzung von Rudi Paret:

> „Und er ist es, der den Tag und die Nacht geschaffen hat, und die Sonne und den Mond. Sie schweben ein jedes (Gestirn) auf seiner Laufbahn."[575]

---

[574]Callataÿ (1996) S. 137; Koran Suren 22:47, 32:5; Psalm 90:4
[575]Koran Sure 21:33

2.7 Arabische Reiche, Islam bzw. Judentum

> „Und wir haben doch (hoch) über euch sieben Schichten (des Himmelsgewölbes) geschaffen. Und nie sind wir bei der Erschaffung (der Welt) unachtsam gewesen."[576]

> „Und er bestimmte, dass es sieben Himmel sein sollten, (und erschuf diese Himmel) in zwei (weiteren) Tagen. Und in jedem Himmel gab er die Weisung über das, was darin geschehen sollte. Und den unteren Himmel versahen wir mit dem Schmuck von Lampen und (bestimmten diese auch) zum Schutz (vor neugierigen Satanen). Das ist (alles) von ihm bestimmt, der mächtig ist und Bescheid weiß."[577]

> „Allah ist es, der sieben Himmel geschaffen hat, und von der Erde ebensoviel, wobei der Logos (amr) zwischen ihnen herabkam (um die Schöpfung im einzelnen durchzuführen)."[578]

Ein weiterer Bezug zum Timaios sind Aussagen über die Erschaffung des Menschen, seiner Seele und seines Körpers bis hin zu medizinischen Betrachtungen. Diese medizinischen Aussagen stammen ursprünglich natürlich von Ärzten wie Hippokrates und könnten z.B. auch durch Texte des Galenos in den arabischen Raum überliefert worden sein. Doch ist es viel wahrscheinlicher, dass sie auf den viel wichtigeren Dialog Timaios zurückgehen, der auch von medizinischen Laien gelesen wurde. So könnte u.a. eine Aussage über die Herkunft des männlichen Spermas im Koran mit Timaios 91ab korrespondieren:

> „Er ist aus hervorquellendem Wasser geschaffen, das zwischen Lende und Brustkasten herauskommt."[579]

Der Koran nimmt also Bezug auf das Weltbild, das Platons Timaios vermittelt, und das zur damaligen Zeit den Gelehrten wohlbekannt gewesen ist. Auf dieser Erkenntnis aufbauend können wir versuchen, mögliche Hinweise auf Atlantis im Koran zu suchen. Beliebt sind folgende Verse:

> „Hast du nicht gesehen, wie dein Herr (seinerzeit) mit den ʿAad (und deren Siedlung) verfahren ist, mit Iram, der (Stadt) mit der Säule, dergleichen sonst nirgendwo geschaffen worden ist, und (mit) den Thamuud, die im Tal (in dem sie wohnten) den Fels aushöhlten, und (mit) Pharao, dem mit den Pfählen, (mit ihnen allen) die im Land gewalttätig waren und darin viel Unheil anrichteten? Dein Herr ließ die Geißel einer (schrecklichen) Strafe auf sie herabsausen. Er liegt auf der Lauer (und ist jederzeit bereit einzugreifen)."[580]

---

[576] Koran Sure 23:17
[577] Koran Sure 41:12
[578] Koran Sure 65:12
[579] Koran Sure 86:6-7
[580] Koran Sure 89:6-14

Hier finden wir zerstörte Städte genannt, die von Gott gestraft wurden, nachdem sie selbst gewalttätig wurden. Manche denken bei der oder den genannten Säulen auch an die Säulen des Herakles.

Obwohl sich manches nach Platons Atlantis anhört, liegt dennoch keine Anspielung vor. Denn die genannten Städte werden mit konkreten Namen benannt und haben mit Atlantis nichts zu tun. 1992 identifizierten Nicholas Clapp et al. den antiken Ort Ubar in Oman mit der Stadt Iram des Koran; ironischerweise wird sie seither in Anspielung an Platons Atlantis auch „Atlantis of the Sands" genannt.

Eine Recherche im Internet ergibt, dass die Meinungen unter Muslimen über das Vorkommen von Atlantis im Koran geteilt sind: Einige meinen, es gäbe Hinweise auf Atlantis im Koran, andere meinen, es gäbe keine Referenz auf Atlantis im Koran[581]. Atlantisbefürworter identifizieren häufig willkürlich das im Koran genannte Volk der Ad mit Atlantis.

Fassen wir zusammen: Bezüge zu Platons Timaios sind im Koran vorhanden. Bezüge zu Platons Atlantisgeschichte hingegen konnten bis jetzt nicht belegt werden.

Islamischer Rationalismus

Im Islam haben rationalistische Strömungen immer nur zeitweise Einfluss gehabt. Meistens herrschte im Islam eine der Philosophie abgeneigte Theologie vor, die den Islam auch heute noch in einem vernunftwidrigen Traditionalismus gefangen hält. Es spricht nichts dagegen, dass der Rationalismus auch im Islam zur Hauptströmung werden könnte, doch das ist ein Potential, das erst noch realisiert werden muss.

Im 9. Jahrhundert war Kalif al-Mamun ein Förderer der rationalistischen Strömung der sogenannten Mutaziliten. Weil al-Mamun die Sichtweisen der Mutaziliten durch die Mihna, eine Art von Inquisition, durchzusetzen versuchte, verloren die Mutaziliten die Sympathie der Menschen, so dass ihre Meinungen ins Hintertreffen gerieten.

Im 12. Jahrhundert versuchte der Aristoteliker Ibn Ruschd, lat. Averroes, eine rationalistische Denkweise im Islam zu begründen. Er wurde aber in der islamischen Welt zurückgewiesen, namentlich durch den islamischen Philosophen al-Ghazali (1058-1111), der den Wert von Philosophie generell skeptisch betrachtete. Die Ideen von Averroes fielen statt dessen im christlichen Europa auf fruchtbaren Boden. Europa verdankt also den Anstoß zum Aufblühen des Aristotelismus nicht dem Islam an sich, sondern dem islamischen Rationalismus.

Für die Befassung mit Platon bzw. mit Platons Timaios und damit vielleicht auch mit Platons Atlantis hatte der islamische Rationalismus eine große Bedeutung.

---

[581] Vgl. z.B. www. understanding-islam. com 04.02.1999

2.7 Arabische Reiche, Islam bzw. Judentum

Übersetzungsbewegung

Im Jahr 825 gründete Kalif al-Mamun in Bagdad, der Stadt der Kalifen, eine Art wissenschaftliche Akademie: Das sogenannte *Haus der Weisheit*. Dessen Hauptaufgabe war es, griechische und andere fremdsprachige Werke ins Arabische zu übersetzen, um so ihren Inhalt zugänglich und fruchtbar zu machen. Zu den Mitarbeitern dieser Einrichtung zählten fast ausschließlich Christen, Juden und Sabäer, denn nur sie verfügten über die benötigten Sprachkenntnisse. Die berühmtesten Übersetzer waren der arabische Christ Hunain ibn Ischak (808-873) und der islamische Philosoph al-Kindi (ca. 800-873).

Die Texte wurden dabei übrigens häufig nicht direkt vom Griechischen ins Arabische übertragen: Als Vorlage dienten oft ältere syrisch-aramäische Übersetzungen griechischer Texte. Der Grund dafür ist, dass das Syrisch-Aramäische, oft auch einfach Syrisch oder Syriakisch genannt, die Sprache der syrischen Christen war, deren Verbreitungsgebiet vollständig unter arabische Herrschaft gelangt war. Diese syrischen Christen spielten eine wichtige Rolle bei der Kulturvermittlung an die Araber. Von mindestens einem syrisch-christlichen Autor, Severus Sebokht (ca. 575-666), wissen wir auch, dass er Platons Atlantis erwähnte, siehe bei den spätantiken Erwähnungen.

Durch diese Übersetzungsbewegung standen sowohl Platons Timaios als auch der Timaios-Kommentar des Proklos ab Mitte des 9. Jahrhunderts auf Arabisch zur Verfügung. Quellen sprechen von drei Büchern Platons, von denen eines der Timaios gewesen sein soll: Man vermutet, dass die Dialoge Politeia, Timaios und Kritias gemeint waren, deren Bindeglied die Atlantisgeschichte war. Auch Galen, dessen Timaios-Exzerpt ebenfalls auf Arabisch vorlag, und dessen griechisches Original heute verloren ist, sah die Atlantisgeschichte als Bindeglied für Platons Dialoge.[582]

Aufbauend auf den Überlegungen des Theon von Smyrna (2. Jhdt.) zur richtigen Reihenfolge der Dialoge Platons erwähnten sowohl Ibn an-Nadim in seinem um 989/90 verfassten Werk *Kitab al-Fihrist* als auch Ibn al-Qifti (1172-1248) in seinem Werk *Kitab Ikhbar al-Ulama bi-Akhbar al-Hukama*, d.h. *Leben und Werke der großen Philosophen* auch den Dialog Kritias, und zwar als *Atlîqûs* bzw. *Atlîtoforus*, also als *Atlantikos*. Entgegen bisheriger Lesarten, die an dieser Stelle einen anderen Dialogtitel lasen und glaubten, der Kritias würde deshalb nicht aufgeführt, weil er vielleicht als Teil des Timaios angesehen wurde, hat Michael R. Dunn 1974 diese Lesart durchgesetzt, und wird darin u.a. von Olaf Nüsser bestätigt.[583]

Damit hatte der arabische Raum eine erheblich bessere Voraussetzung für die Rezeption von Platons Atlantisgeschichte als der lateinische Westen. Allerdings hatten

---

[582]d'Ancona (2003) S. 211 und Fußnote 21; Fußnote 22 auf S. 230 f.
[583]Vgl. Nesselrath (2006b) S. 68 f.; Dodge (1970) Vol. 2 S. 592 Fußnote 78; Dunn (1974) S. 151, 33; Nüsser (1991) S. 149 Fußnote 27

wir bereits am Beispiel von Byzanz gesehen, dass das Vorhandensein von guten Voraussetzungen nicht bedeuten muss, dass diese auch genutzt wurden.

Arabisch-islamischer Platonismus

Die arabischen und islamischen Philosophen des frühen Mittelalters haben sich in der gleichen Weise und mit demselben Interesse mit Platon beschäftigt wie die lateinischen und christlichen Philosophen. So wie die christlichen Denker versuchten, Platon für christliche Lehren dienstbar zu machen, so versuchten islamische Denker, Platons Philosophie mit islamischen Lehren zu vereinbaren. Grundsätzlich wäre es deshalb möglich, dass arabische und islamische Denker am Rande ihrer Beschäftigung mit Platon ebenso von Atlantis Kenntnis nahmen, wie es die christlichen Denker taten.

Man beachte: Anders als im lateinischen Christentum kann man die Beschäftigung mit Platon und Aristoteles nicht eindeutig in zwei scharf voneinander getrennte Phasen einteilen, denn die Werke beider Philosophen lagen anders als im lateinischen Westen jederzeit vor und wurden auch nicht in derselben Weise als Gegensätze empfunden.

Al-Andalus 711?

Der Name Al-Andalus für das ab dem Jahr 711 muslimisch beherrschte Gebiet auf der spanischen Halbinsel hat Anlass zu etymologischen Spekulationen gegeben. Neben der vorherrschenden Interpretation, dass sich der Name Al-Andalus vom Namen der Vandalen ableitet, gibt es eine Hypothese von Joaquín Vallvé Bermejo, derzufolge sich der Name Al-Andalus auf den Namen von Platons Insel Atlantis bezieht.[584]

Diese Interpretation gilt in der Forschung jedoch als reine Spekulation, die jeder wissenschaftlichen Grundlage entbehrt[585]. Angesichts der Tatsache, dass die arabische Literatur auch sonst recht schweigsam zu Platons Atlantis ist, wäre es in der Tat sehr seltsam, wenn die Bezeichnung von Platons Insel Atlantis eine so prominente Verwendung gefunden hätte, ohne dass sich andere Spuren davon in der Literatur niedergeschlagen hätten. Im heutigen Arabisch heißt Atlantis übrigens /atlantis/, und es ist nicht bekannt, dass dies jemals anders gewesen wäre.

Hinzu kommt die Schwierigkeit, dass Atlantis nach Platon bekanntlich vor der Meerenge von Gibraltar lag und als versunken galt. Es wäre ein völliger Anachronismus, wenn bereits im Jahr 711 eine nicht versunkene (Halb-)Insel an einem anderen Ort als dem Atlantik westlich von Gibraltar für Atlantis gehalten worden wäre – solche Hypothesen kamen erst sehr viel später.

---

[584] Vallvé Bermejo (1986) S. 55 ff.
[585] Vgl. z.B. Noll (1997) Fußnote 9

2.7 Arabische Reiche, Islam bzw. Judentum

Albumasar (ca. 787-886)

Der persische Astronom Abu Ma'schar al-Balchi, auch Albumasar genannt, lebte am Hof der Abbasiden in Bagdad und verfasste über 50 Werke. Diese wurden im 12. Jahrhundert auch ins Lateinische übersetzt und entfalteten einen großen Einfluss. Damals waren Astronomie und Astrologie noch keine getrennten Wissenszweige.

In Anlehnung an die Idee eines *Großen Jahres* aus Platons Timaios, nach dessen Ablauf sich alle Planeten wieder in Konjunktion befinden, datierte Albumasar die Sintflut auf das Jahr 3101 v.Chr. Dieses Datum wurde u.a. auch von al-Chwarizmi (ca. 780-835/50) bestätigt. Ein Weltjahr setzte Albumasar auf 4'320'000 Jahre an.[586] Ob Albumasar Bezüge zu Platons Atlantisgeschichte hergestellt hat, ist leider nicht bekannt.

Al-Tabari (839-923)

Der in Baghdad lebende persische Universalgelehrte Muhammad ibn Jarir al-Tabari (839-923) verfasste u.a. eine bedeutende Universalgeschichte von der Schöpfung bis zur Gegenwart: Die *Geschichte der Propheten und Könige*, arabisch: *Tarikh al-Rusul wa al-Muluk*.

Darin wird auch das damalige geographische Weltbild dargelegt: Demnach gibt es sieben große Inselkontinente im Weltmeer, die von dem „umgebenden" Meer umgeben werden[587]. Das hört sich sehr nach *De mundo* des Pseudo-Aristoteles an. Irgendeinen Hinweis auf Atlantis oder Platon sucht man jedoch vergebens. Die Universalgeschichte des al-Tabari ist wie die entsprechenden Universalgeschichten im lateinischen Westen bezüglich der Vorgeschichte stark von biblischen Vorstellungen geprägt.

Al-Farabi (ca. 872-950)

Der islamische Philosoph al-Farabi gilt als einer der wichtigsten islamischen Philosophen und erhielt den Ehrentitel „Zweiter Lehrer". Gemeint ist: Zweiter Lehrer nach Aristoteles. Al-Farabi vertrat neuplatonische Ansichten und nannte Platon „göttlich".

In dem zentralen Text *Al-Madina al-Fadila* (etwa: „Der Tugendstaat") präsentierte al-Farabi einen islamisch-platonischen Idealstaat, den er in Medina zur Zeit Mohammeds verwirklicht sah. Ein Bezug zu Atlantis liegt jedoch nicht vor.

In seiner Abhandlung über die Philosophie Platons kommt al-Farabi auch auf die Atlantisdialoge Timaios und Kritias zu sprechen[588]. Dabei konzentriert er sich ganz auf

---

[586] Callataÿ (1996) S. 129 ff.
[587] Al-Tabari (1989) Vol. 1 S. 208
[588] Al-Farabi (1962) S. 65 f. bzw. II 33, 35

den Philosophenherrscher, der sich durch die Kombination von Theorie und Praxis auszeichnet. Er wird von Timaios gezeugt und von Sokrates aufgezogen, so al-Farabi. Man beachte, dass Timaios nicht Ur-Athen oder Atlantis „zeugt", sondern natürlich den Kosmos als ganzes, einschließlich des Philosophenherrschers. Dieser wird dann gemäß den Überlegungen des Sokrates in der Politeia aufgezogen. Sein Wirken wird schließlich im Kritias veranschaulicht, so al-Farabi.

Damit übergeht al-Farabi die Frage nach der Realität der Atlantisgeschichte völlig. Von Ur-Athen oder Atlantis ist überhaupt nicht die Rede. Immerhin wird die schrittweise Entwicklung der Kultur aus dem Timaios erwähnt[589]. Jedoch nur in Bezug auf einen noch zu schaffenden Idealstaat. Aber auch aus dem Dialog Menon oder dem Dialog Phaidon werden wesentliche Inhalte nicht genannt, so z.B. die Lehren von der Wiedergeburt, von der Kugelgestalt der Erde, oder vom Jenseits.

Es wäre möglich, dass diese Lehren genau wie das angeblich 9000 Jahre alte Ur-Athen aus Gründen der Unvereinbarkeit mit der islamischen Religion schlicht unerwähnt geblieben sind. Das könnte immerhin bedeuten, dass Al-Farabi diese Lehren nicht wirklich verwarf, sonst hätte er dies vermutlich explizit getan. Eine andere Erklärungsmöglichkeit sind schlechte Quellen: Den Dialogen Timaios und Kritias schreibt Al-Farabi vor allem Aussagen zu, die in anderen Dialogen, vor allem den Nomoi, mit größerer Übereinstimmung zu finden sind. Das betrifft z.B. die Imitation Gottes durch Politiker, die Kulturentwicklung, oder die Stellung des Philosophen in der idealen Stadt[590]. Nicht zufällig werden die Nomoi nicht etwa im Anschluss sondern zwischen den beiden Dialogen Timaios und Kritias erwähnt.

Avicenna (980-1037)

Der berühmte persische Arzt und Philosoph Ibn Sina (ca. 980-1037), lat. Avicenna, veröffentlichte u.a. ein Werk mit dem Titel *Hayy ibn Yaqsan*, das eine hochallegorische Erzählung zur Darstellung philosophischer Meinungen ist. Derselbe Titel wird später von Ibn Tufail wiederverwendet werden.[591]

In dieser Erzählung ist davon die Rede, dass im Westen ein großes Meer liegt, das im Buch Gottes das heiße und schlammige Meer genannt wird. Es handelt sich jedoch nicht um eine Anspielung auf Platons Atlantis: Zum einen ist wie bei Aristoteles nur vom Schlamm die Rede, nicht aber von der Ursache für das Vorhandensein des Schlammes. Wir wissen nicht, ob Avicenna den Untergang der Insel Atlantis als Ursache des Schlammes ansah. Zum anderen ist die Erzählung sehr allegorisch, so dass wir nicht wissen, was darin symbolisch und was ernst gemeint ist. Die Bezeichnung

---

[589]Al-Farabi (1962) S. 65 f. bzw. II 33; Timaios 23a-c
[590]Al-Farabi (1962) S. 67 bzw. I 57 und Nomoi IV 716c; Al-Farabi (1962) S. 65 f. bzw. II 33 und Timaios 23a-c oder Nomoi III 677a ff.; Al-Farabi (1962) S. 66 bzw. II 35 und Nomoi IV 709a ff.
[591]Vgl. Nasr/Mehdi (2008) S. 312 ff.

des Meeres als „heiß" und dessen Erwähnung in einem Buch Gottes – welches immer das sein soll – weisen darauf hin, dass hier nicht einfach Aristoteles paraphrasiert wird.

Zwei-Insel-Allegorie (um 1100)

Die „Brüder der Reinheit" – Ikhwan al-Safa – waren eine islamische Geheimbewegung, die ca. 870 gegründet wurde. Es ist bis heute umstritten, wer genau ihre Mitglieder waren. Um 1100 veröffentlichten sie ein enzyklopädisches Werk in 52 Abhandlungen, das *Rasa'il Ikhwan al-Safa*.

Darin gibt es eine philosophische Allegorie, die sogenannte Zwei-Insel-Allegorie: Auf einer Insel leben die Menschen in Wohlstand auf einer Stadt, die auf einem Berg liegt. Als einige Bewohner dieser Stadt auf einer Reise Schiffbruch erleiden, landen sie auf einer rauhen Insel, die u.a. von Affen bewohnt ist. Nun müssen die Menschen sich mit den Affen arrangieren und Konflikte lösen. Zudem wird die Hoffnung auf Rückkehr zur Zivilisation thematisiert bzw. der Verlust dieser Hoffnung.[592]

Anders als manche vielleicht meinen hat die Zwei-Insel-Allegorie natürlich nichts mit Platons Atlantis zu tun.

Al-Ghazali (ca. 1095)

Das kurz vor 1095 veröffentlichte Werk *Tahafut al-Falasifa*, d.h. *Die Inkohärenz der Philosophen*, des islamischen Theologen al-Ghazali (1058-1111) markierte einen Wendepunkt in der Geschichte der islamischen Philosophie. Die Philosophie wurde von al-Ghazali als ein Weg zur Wahrheit grundsätzlich abgelehnt. Diese Kritik zielte besonders auf die großen islamischen Philosophen al-Farabi und Avicenna und deren Rezeption der Philosophie von Platon und Aristoteles.

Die von Averroes (1126-1198) veröffentlichten Gegenschriften *Fasl al-Maqal fi ma bayn al-Hikma wa al-Shariah min Ittisal*, d.h. *Die entscheidende Abhandlung*, und *Tahafut al-tahafut*, d.h. *Die Inkohärenz der Inkohärenz*, konnten nicht verhindern, dass sich die islamische Welt nun immer mehr von der Philosophie abwandte und in einen rationalitätsfeindlichen Traditionalismus verfiel, an dem sie bis heute leidet.

Eine explizite Erwähnung von Platons zyklischem Weltbild und Platons Atlantisgeschichte ist in diesem Zusammenhang zwar nicht bekannt, aber man kann davon ausgehen, dass die Beschäftigung mit Platons Dialogen seit al-Ghazali generell abgenommen hat. Drei philosophische Lehren wurden von al-Ghazali sogar als Abfall vom Islam eingestuft, darunter als erstes die aristotelische Vorstellung, dass die Welt unerschaffen ist und ewig existierte. Damit war spätestens ab jetzt die Beschäftigung mit

---

[592]Vgl. Callataÿ (2013)

Fragen wie dem Alter der Welt mit dem Risiko behaftet, von der islamischen Inquisition vor Gericht gestellt zu werden.

Ibn Tufail (1110-1185)

Der berühmte philosophische Inselroman *Hayy ibn Yaqzan* des Ibn Tufail ist von größter Bedeutung für die Bestimmung des Verhältnisses von Religion und Philosophie. Es geht um einen Menschen, der abgeschnitten von jeder Zivilisation und damit auch von der Offenbarung der Propheten nur durch die Betrachtung der Natur und eigenes Nachdenken zu aller Erkenntnis gelangt, auch zur Erkenntnis Gottes.

Der Inselroman des Ibn Tufail hat natürlich nichts mit Atlantis zu tun, auch wenn sich die Handlung auf einer Insel abspielt.

Messing- oder Kupferstadt

Die arabischen Geographen des Mittelalters scheinen sich mit Atlantis nicht beschäftigt zu haben. Statt dessen pflegten sie den Mythos einer Messing- oder Kupferstadt, die in Nordwestafrika oder auch in Al-Andalus gelegen haben soll. Offenbar lässt das arabische Vokabular es offen, ob Messing oder Kupfer gemeint ist.

Es gibt den Versuch, diese mythische Messing- oder Kupferstadt mit Atlantis in Beziehung zu setzen, indem man *chalkos* mit „Kupfer" statt besser und allgemeiner mit „Erz" übersetzt und auf die Verkleidung der äußersten Mauer von Atlantis mit *chalkos* verweist[593].

Die Berichte von der Messing- oder Kupferstadt haben sonst aber keinerlei weiteren Bezug zu Atlantis, und sind reich an mythischen Elementen. Schließlich ist dieser Mythos in die Geschichten von 1001 Nacht eingegangen. Wir können mit Sicherheit sagen, dass der Mythos von der Messing- oder Kupferstadt nichts mit Platons Atlantis zu tun hat.[594]

Versunkene Ruinen bei Gibraltar

Al-Dimashqi (1256-1327) berichtet, dass man bei ruhiger See bei der Überfahrt über die Meerenge von Gibraltar Ruinen unter Wasser sehen könnte[595]. Doch das bezieht sich auf die arabisch-islamische Alexanderlegende: Angeblich habe Alexander der Große Deichbaumaßnahmen bei Gibraltar durchgeführt, wodurch Ortschaften überschwemmt wurden, wie al-Idrisi (ca. 1100-1166) ausführlich berichtet[596].

---

[593]Kritias 116a
[594]Vgl. Ali (1999)
[595]Ali (1999) S. 269
[596]Al-Idrisi Nuzhat al-Mushtak fi-ichtiraq al-afaq IV 1

2.7 Arabische Reiche, Islam bzw. Judentum

Nasir ad-Din at-Tusi (13. Jhdt.)

Der persische Mathematiker und Philosoph Nasir ad-Din at-Tusi (1201-1274) lebte in Baghdad. Er veröffentlichte u.a. einen Kommentar zu einem Werk des Ibn Sina über islamische Mystik mit dem Titel *Al-isharat wa al-tanbihat*, d.h. *Andeutungen und Anweisungen*. In diesem Kommentar erzählt at-Tusi eine kurze Geschichte von zwei Liebenden, die sich nach „jenseits des westlichen Ozeans" flüchten. Papyri mit der Geschichte sollen später in Pyramiden aufbewahrt worden sein, von wo sie angeblich Aristoteles nach einer Anleitung Platons herausholte. Schließlich sei die Geschichte vom Griechischen ins Arabische übersetzt worden.[597]

Es handelt sich nicht um eine Anspielung auf Atlantis. Zunächst ist nur von einem Festland jenseits des westlichen Meeres die Rede, aber nicht von Atlantis. Zudem ist die Geschichte hochgradig allegorisch, so dass unklar bleibt, was davon wörtlich und was allegorisch zu verstehen ist. Der Kommentar des at-Tusi zeigt aber, dass Topoi, die nahe an die Atlantisgeschichte rührten, im arabischen Raum präsent waren: Land westlich des westlichen Meeres und die Herkunft von Wissen aus Ägypten, das von den Griechen von dort hergeholt wurde.

Abulfeda (1273-1331)

Der kurdische Universalgelehrte Abu'l-Fida, lat. Abulfeda, wurde in Damaskus geboren und stieg später zum Emir von Hama auf. Zu seinen wichtigsten Werken zählen eine Geographie der ihm bekannten Welt und eine chronologische Geschichte der Menschheit bis ins Jahr 1329. Abulfeda kannte Spanien, Britannien und Thule, schwieg aber zu Atlantis. Platon wird mit einem einzigen Satz als der Nachfolger des Sokrates abgehandelt. Immerhin wird Platon offenbar im Anschluss an al-Farabi *göttlich* genannt.[598]

Ibn Khaldun (1332-1406)

Der bekannte Universalgelehrte Ibn Khaldun verfasste mit seinem Werk *Kitab al-ibar* eine Universalgeschichte, die er aus einer Geschichte der Araber und Berber entwickelt hatte. Das erste der sieben Bücher dieser Universalgeschichte ist auch als *Muqaddima* – „die Einleitung" – bekannt, in der er seine fortschrittlichen Methoden der Geschichtsschreibung darlegt und auch erste Ansätze zur Entwicklung einer Soziologie präsentiert.

Obwohl es mehrere inhaltliche Anknüpfungspunkte gegeben hätte, enthält das Werk Ibn Khalduns keine Hinweise auf Platons Atlantis. Auch die zahlreichen geo-

---

[597]Dehghan (1971) S. 120; Inati (1996) S. 81; Schaerer (2009) S. XXXVII
[598]Abulfeda (1754); Abulfeda (1831); Abulfeda (1848)

graphischen Darstellungen schweigen dazu. Weder bei der Einteilung der Erde in Zonen noch bei der Erwähnung der Kanaren ergreift Ibn Khaldun die Gelegenheit, sich in irgendeiner Form zu Atlantis zu äußern.

Man beachte, dass Ibn Khaldun u.a. das Werk *Historiae adversum paganos* des Paulus Orosius (ca. 385-418) als Vorlage benutzte. Paulus Orosius stand im Einklang mit den Auffassungen des Augustinus, der die Auffassungen der Philosophen von einer Welt, die älter als 6000 Jahre ist, oder von bewohnten Ländern jenseits des Meers, für falsch hielt, weil das der biblischen Offenbarung widersprach.

Entsprechende Gerüchte, dass sich bei Ibn Khaldun Aussagen über Atlantis finden lassen, sind offenbar falsch. So u.a. auch die Behauptung von Egerton Sykes in seiner Zeitschrift *Atlantis* von 1967, dass Ibn Khaldun in seiner Geschichte der Berber eine Verbindung zu Atlantis herbestellt hätte[599].

Anonyme hebräische Abhandlung (1378/9)

In einer anonymen hebräischen Abhandlung aus dem Jahr 1378/9, die offenbar eine teilweise Paraphrase eines arabischen Werkes ist, liegt vielleicht eine Andeutung zu Platons Atlantis vor. Im Zusammenhang mit der Frage, wo man den Anfangspunkt setzen soll, um die Erde mit einem Netz von Längengraden zu überziehen, werden verschiedene Möglichkeiten diskutiert: Ptolemaios soll den westlichsten Längengrad bei den Kanarischen Inseln angesetzt haben. Andere hätten das Festland vorgezogen. In diesem Zusammenhang heißt es in englischer Übersetzung:

> „Some say that they [the inhabited regions] begin at the beginning of the western ocean [the Atlantic] and beyond. For in the earliest times [literally: the first days] there was an island in the middle of the ocean. There were scholars there, who isolated themselves in [the pursuit of] philosophy. In their day, that was the [beginning for measuring] the longitude[s] of the inhabited world. Today, it has become [covered by the?] sea, and it is ten degrees into the sea; and they reckon the beginning of longitude from the beginning of the western sea."[600]

Diese in frühesten Zeiten im Atlantik gelegene Insel, die später versank, könnte von Platons Atlantisgeschichte inspiriert worden sein. Allerdings ist die Andeutung zu vage, um das sicher sagen zu können. Die Vorstellung von Gelehrten, die auf der Insel in Isolation lebten, geht vielleicht auf die griechischen euhemeristischen Entmythologisierungsversuche des Mythos um den Titanen Atlas zurück, denen zufolge Atlas ein großer Astronom gewesen sei, der dann wiederum mit König Atlas von Atlantis verwechselt wurde.

---

[599] Atlantis July/August 1967, S. 68
[600] Langermann (2000) S. 574

Zusammenfassung

Über den Umgang mit Platons Atlantis im arabischen Raum können wir zusammenfassend sagen, dass er ebenso wie im byzantinischen Raum enttäuschend ist. Zwar bestreitet niemand direkt, dass Platons Atlantis ein realer Ort war, doch ist das Interesse an diesem Thema nur sehr gering ausgeprägt.

Auch eine umfassende Zusammenstellung von Erwähnungen von Inseln in der mittelalterlichen arabischen Literatur schweigt zu Atlantis[601].

2.8 Zusammenfassung der mittelalterlichen Atlantisrezeption

Wie wir sahen, hat sich fast ausschließlich der lateinische Westen mit Platons Atlantis beschäftigt. Von Byzanz und den arabisch-islamischen Ländern haben wir nur wenige Belege für eine Beschäftigung mit Atlantis. Folgende Ursachen könnten dafür verantwortlich sein:

- Die Religion in Byzanz und der islamischen Welt war zu stark und nahm meistens eine unfreundliche Haltung zur Philosophie ein. Im Westen hingegen erstarkte die Inquisition erst nach einer längeren Phase relativer geistiger Freiheit.
- In Byzanz und der arabisch-islamischen Welt lagen alle bzw. viele Werke von Platon und Aristoteles vor, so dass ein Teilaspekt wie die Atlantisgeschichte nicht ähnlich ins Gewicht fiel wie im lateinischen Westen, wo man fast nur über Platons Timaios verfügte.
- Byzanz war ein in die Jahre gekommenes, sattes, eben „byzantinisches" Reich. Die arabisch-islamischen Reiche entstanden im Dunstkreis des byzantinischen Reiches und erbten mit dem Territorium auch dessen Beamtenschaft und Geisteshaltung und entwickelten ihrerseits schnell Wohlstand und Sattheit. Der lateinische Westen hingegen hatte viel aufzuholen und war deshalb hungriger nach Entwicklung, auch nach geistiger Entwicklung.

Für den lateinischen Westen können wir sagen, dass sein Umgang mit dem Thema Atlantis sehr ähnlich ausfiel wie in der Antike: Die einen hielten die Atlantisgeschichte lapidar für wahr, die anderen redeten nicht darüber, und nur wenige zweifelten. Insofern gab es zwischen der Antike und dem lateinischen Mittelalter gar keinen echten Bruch im Umgang mit Atlantis. Eine Erschwernis stellte im Spätmittelalter offenbar das Erstarken der Inquisition dar, die die Lehre von der Erschaffung der Welt

---

[601] Arioli (2015)

vor wenigen tausend Jahren durchzusetzen versuchte. Man behalf sich mit der Interpretation der 9000 Jahre als Mondjahren, also Monaten.

Ähnlich wie in der Antike wurde Platons Atlantis dabei vor allem unter geographischen und geologischen Gesichtspunkten wahrgenommen. Der Bezug zur biblischen Sintflut legte das auch nahe. Doch es kam am Rande auch zu einer weitergehenden Interpretation. Hier ist insbesondere Bernhard von Chartres zu nennen, der die Atlantisgeschichte mit dem biblischen Paradies in Verbindung bringt, und Wilhelm von Conches, der das Verhalten von Ur-Athen nach dem Sieg über Atlantis lobt. Ein Bezug zu den Kreuzzügen wäre möglich, ist damit aber noch nicht hinreichend belegt.

Wie die Antike, so zeigte auch das lateinische Mittelalter eine gewisse Interesselosigkeit an Atlantis, so dass es eher am Rande Erwähnung fand. Die Gründe hierfür sind:

- Ein im Atlantik versunkenes Atlantis bzw. eine Kultur vor mehr als 10000 Jahren war für die Menschen des Mittelalters natürlich eine sehr abstrakte Realität und sowohl geographisch als auch geistig unerreichbar.
- Die Atlantisgeschichte war lediglich die Einleitung für die Rede des Timaios, die damals im Mittelpunkt des Interesses stand. Atlantis passte thematisch kaum zu kosmologischen Überlegungen und wurde deshalb gerne übergangen.
- Die Menschen des Mittelalters waren an irdischen Dingen generell weniger interessiert. Außer an der Suche nach Reliquien war das Mittelalter nicht an der Suche von kulturellen Hinterlassenschaften interessiert. Die Menschen des Mittelalters lebten zudem auf den Untergang der Welt am Ende der Zeiten hin[602], so dass eine lokale Katastrophe in ferner Vergangenheit nicht auf Interesse stieß.
- Einige Aspekte der Atlantisgeschichte passen nicht ins christliche Weltbild. Dazu gehören die hohen Jahreszahlen, das zyklische Geschichtsbild, mehrfach auftretende Flutkatastrophen, die Verschonung Ägyptens von jeder Flutkatastrophe, die Präexistenz der Materie vor der „Schöpfung", aber auch die „Pflanzung" von Menschen an mehr als nur einem Ort durch „heidnische" Götter.

Überhaupt benutzten die Platonisten des Mittelalters Platons Timaios häufig nur im Sinne einer Steinbruch-Exegese: Was zur Bibel passte, wurde befürwortet, was hingegen widersprach, mit Schweigen bedacht. Was nicht passte, wie z.B. die Frauengemeinschaft im Idealstaat, wurde manchmal durch eine gewagte Interpretation passend gemacht.

---

[602]Vgl. Fried (2016)

2.9 Die „Schwarze Legende" der mittelalterlichen Atlantisrezeption

Über die Rezeption von Platons Atlantisgeschichte im Mittelalter gibt es zwei grundlegende Auffassungen, die mit dem Erscheinen des vorliegenden Buches als moderne Mythen entlarvt werden:

- 1841 behauptete Thomas H. Martin in seiner berühmte *Dissertation sur l'Atlantide*, dass sich im Mittelalter niemand mit Platons Atlantis befasste. Einen Grund dafür gab er nicht an: „L'histoire des opinions sur l'Atlantide se trouve à peu près interrompue au moyen-âge. Pendant cette longue période, on en rencontrerait à peine une mention, un vague souvenir."[603] Noch 2006 fabulierte Pierre Vidal-Naquet von einem „Bruch" zwischen Antike und Mittelalter, der angeblich dazu führte, dass man im Mittelalter den Timaios zwar noch kommentierte, zu Atlantis aber schwieg[604].

- 1932 formulierte Alexander Bessmertny vermutlich als erster den Gedanken, dass das Mittelalter sich deshalb nicht mit Platons Atlantis befasste, weil das Mittelalter der Philosophie des Aristoteles folgte, und Aristoteles gegen die Existenz von Platons Atlantis eingestellt war: „Im wesentlichen ist die Vernachlässigung des Atlantisproblems gerade während der Zeit der Scholastik wohl auf die Meinung des Aristoteles zurückzuführen, dass Atlantis nur als Mythos zu verstehen sei."[605]

Wie wir sahen, gab es auch im Mittelalter eine vielfache Beschäftigung mit Platons Atlantis. Die nachtschwarze Dunkelheit, die sich angeblich im Mittelalter über die Atlantisrezeption gebreitet hätte, rechtfertigt die Bezeichnung „Schwarze Legende" für die vorherrschende Geschichtsschreibung zur Atlantisrezeption einmal mehr.

Im Mittelalter glaubte auch niemand, dass Aristoteles das Atlantis des Platon für eine Erfindung hielt. Dass Aristoteles diese Meinung vertreten haben soll, ist – wie bereits 2010 in *Aristoteles und Atlantis* gezeigt[606] – ein moderner Mythos, der erst

---
[603] Martin (1841) S. 261
[604] Vidal-Naquet (2006) S. 65 (frz.) / S. 57 (dt.)
[605] Bessmertny (1932) S. 17
[606] Franke (2010/2016)

Anfang des 19. Jahrhunderts aufkam. Das ganze Mittelalter hindurch hat kein einziger Gelehrter einen solchen Gedanken formuliert. Die aufkommende Beschäftigung mit Aristoteles ab 1250 hatte lediglich eine passive Verdrängung zur Folge gehabt.

Ebenso falsch ist es, zu suggerieren, dass Kosmas Indikopleustes exemplarisch für den Umgang „der Christen" mit Platons Atlantisgeschichte im Mittelalter steht. Diese Suggestion findet sich z.B. bei Pierre Vidal-Naquet:

> „Von den Christen spricht Proklos nicht ...". Und: „Es gibt indes einen letzten antiken Christen, der sich Kaufmann nennt und nur mit 'ein Christ' unterschreibt."[607]

Pierre Vidal-Naquet bedient geschickt sämtliche Vorurteile gegenüber dem „finsteren" Mittelalter, um seine These vom schweigenden Mittelalter zu untermauern. Zusätzlich streut Vidal-Naquet Nebel aus, indem er behauptet, dass vielleicht die irische Legende des heiligen Brendan auf die Atlantisgeschichte zurückgehe[608].

Aber auch eine vermeintliche Kontinuität einer angeblich existierenden allgemeinen antiken Atlantisskepsis ist nicht festzustellen. Vielmehr enthalten einige spätantike Werke, auf die das lateinische Mittelalter aufbaute, die üblichen positiven Aussagen über Platons Atlantis. Auch die hohen Jahreszahlen in der Atlantisgeschichte, die dem biblischen Geschichtsbild widersprechen, haben das Mittelalter nicht grundsätzlich von einer Beschäftigung mit Platons Atlantis abgeschreckt; erst im Spätmittelalter kommt dieser Widerspruch mit der Etablierung der Inquisition zum Tragen.

Falsch ist auch die Behauptung von James Bramwell von 1937, dass Platons Atlantisgeschichte im lateinischen Westen verloren war, bis sie durch arabische Übersetzer wieder nach Westeuropa gelangte:

> „For many centuries after Cosmas, Atlantis lay buried in the Dark Ages. But the legend survived in the translations of Arab scholars who handed it on to the early mediaeval precursors of the Age of Discovery."[609]

In Wahrheit lag die lateinische Übersetzung des Calcidius von Anfang an im lateinischen Westen vor, und später gelangten weitere Übersetzungen aus byzantinischen Quellen nach Europa. Die Araber verfügten zwar auch über die Werke Platons, doch es bedurfte keiner Überlieferung der Atlantisdialoge aus dem arabischen Raum nach Europa, um sie dort bekannt zu machen.

Ein einziger moderner Autor vertritt die Meinung, dass sich zahlreiche mittelalterliche Autoren mit Platons Atlantis befasst hätten. Es ist Martin Gardner:

---

[607]Vidal-Naquet (2006) S. 60 (frz.) / S. 53 (dt.)
[608]Vidal-Naquet (2006) S. 65 (frz.) / S. 57 (dt.)
[609]Bramwell (1937) S. 236

2.9 Die „Schwarze Legende" der mittelalterlichen Atlantisrezeption

„The existence of Atlantis was widely accepted by the scholars of the Middle Ages. There are many references to it in medieval writings, but nothing of importance was added to Plato's story."[610]

Wie kommt Martin Gardner zu dieser Einschätzung? Belege für seine Behauptung trägt er nicht vor. Zudem weiß er nichts davon, dass es im Mittelalter auch Atlantisskeptiker gab.

Wahrscheinlich handelt es sich um eine bloße Vermutung, die Gardner auf die Kenntnis von vielleicht ein oder zwei mittelalterlichen Autoren stützt. Aus dem Kontext geht hervor, dass es Gardner offenbar gefällt, den Glauben an Atlantis mit dem „finsteren Mittelalter" in Verbindung zu bringen, um ihn auf diese Weise zu diskreditieren. Denn Gardner hat als typische Atlantisbefürworter Donnelly und Blavatsky vor Augen. Insbesondere fühlt sich Gardner nicht genötigt, den allgemeinen Irrtum, dass sich im Mittelalter niemand um Atlantis gekümmert hätte, auch nur zu erwähnen, geschweige denn, ihn zu widerlegen! Das kann nur heißen, dass Gardner so oberflächlich in das Thema eingestiegen ist, dass er gar nicht bemerkt hat, dass dieser allgemeine Irrtum existiert.

Gardners auf den ersten Blick hellsichtig erscheinende Auffassung bezüglich der Befassung mit Platons Atlantis im Mittelalter entpuppt sich damit als eine falsch motivierte, polemische, bloße Vermutung.

---

[610]Gardner (1957) S. 166